MW01641597

¡Ahora sí!
Expresión comunicativa
para hispanohablantes

# ¡Ahora sí!

## *Expresión comunicativa para hispanohablantes*

*Instructor's Annotated Edition*

George M. Blanco
University of Texas - Austin

Victoria M. Contreras
University of Texas - Pan American

Judith M. Márquez
University of Houston - Clear Lake

Heinle & Heinle Publishers
Boston, Massachusetts 02116 USA

I(T)P A division of International Thomson Publishing, Inc.

New York • London • Bonn • Boston • Detroit • Madrid • Melbourne • Mexico City • Paris
Singapore • Tokyo • Toronto • Washington • Albany NY • Belmont CA • Cincinnati OH

The publication of *¡Ahora sí! Expresión comunicativa para hispanohablantes* was directed by the members of the Heinle & Heinle College Spanish and Italian Team:

Vincent R. Di Blasi, *Team Leader, Vice President of Sales & Marketing*
Carlos Davis, *Editorial Director*
Patrice Titterington, *Production Services Coordinator*
Marisa Garman, *Marketing Development Director*

Also participating in the publication of this program were:

*Publisher:* Stanley J. Galek
*Developmental Editor:* Nancy Siddens
*Director of Production:* Elizabeth Holthaus
*Manufacturing Coordinator:* Jerry Christopher
*Project Management / Composition:* HISPANEX, Inc.
*Text and Cover Design:* Margaret Ong-Tsao
*Illustration:* Len Shalansky
*Photo Research:* Judy Mason



Manufactured in the United States of America

ISBN 0–8384–4783–X

Heinle & Heinle is a division of International Thomson Publishing, Inc.

10 9 8 7 6 5 4 3 2 1

# Índice

## Capítulo 10 La salud y el bienestar 325



## Capítulo 11 El medio ambiente 371

# Preface

## Introduction

Traditionally, Spanish has been taught as a foreign language to native speakers. Students who have spoken Spanish all their lives and wish to study their own language are usually forced to enroll in courses designed to teach non-native speakers, and they are taught as if Spanish were a foreign language to them. This is tantamount to placing native English-speaking students in English as a second language courses. Native speakers of Spanish typically profit very little from courses designed for monolinguals, since their needs are not addressed. Native speakers generally feel unchallenged and/or resist the grammatical approach used to "teach" them a language whose grammatical structures they have already internalized. These students find themselves bored in Spanish classes which offer a great deal of grammatical analysis and use instructional materials that lack excitement or interest.

Many, if not most, bilingual Hispanic students demonstrate a better command of oral Spanish than their non-native classmates; yet due to outdated pedagogical concepts and practices, teachers typically do not (or do not know how to) capitalize on their students' existing language proficiency. Also, negative attitudes toward the native Spanish speakers' existing language can create problems of self-esteem both inside and outside the classroom.

Since Hispanics are a rapidly growing minority in the U. S., their educational and linguistic needs must be addressed. Teaching native Spanish speakers separately from the non-natives, while using specialized materials, is crucial if we expect these students to succeed. Since the Spanish language skills of the Hispanic bilingual and the English monolingual student are different, the focus and the method of instruction must also be different.

Hispanic students represent a wide range of linguistic abilities in Spanish—from those who are able to communicate in the domain of the home and neighborhood, to those who are completely fluent and literate. Many can communicate orally, even though their dialect may be classified as informal or nonstandard. What they need, then, is the opportunity to **expand** their existing proficiency, rather than **eradicate** and **replace** it with what many feel is the "correct" version of the language. In doing this, it is important to build on their existing listening and speaking skills, and also to develop their reading and writing skills. The instructor's task is not to eradicate the student's knowledge, but to facilitate the linguistic expansion that is needed for communicating in domains beyond the home and the neighborhood. This is not an easy task because many students believe that the Spanish they are learning in the classroom is not useful; they believe that they already know Spanish and therefore do not need to study it, or they think that the school does not value their existing language competence. Students must be made aware of the prestige that standard dialects enjoy and the advantages of being able to use them without disparaging the home dialect. With the proper attitude and knowledge, the instructor can make students aware of linguistic realities and foster positive attitudes towards their existing Spanish language skills, as well as those they are learning.

## Program Philosophy

**The *¡Ahora sí!* program recognizes the language and culture of the native speaker of Spanish as a valuable resource which can and must be expanded and strengthened systematically.** These instructional materials have been designed to use the native speakers' existing Spanish language proficiency and their own knowledge of Hispanic culture. Expansion, rather than replacement, is the key element of this program. While other instructional programs are based on the notion of constant correction in the futile attempt to replace the students' existing language, ***¡Ahora sí!*** seeks ways to take advantage of the largely informal language acquired at home in an effort to expand this native proficiency into the formal realm. The major instructional characteristic of the program focuses on language acquisition, rather than language learning.

The ***¡Ahora sí!*** program is primarily intended to affect students psychologically, that is, to show them how much Spanish they do know. The program exposes them to various standard dialects of Spanish, as well as to regional variations in oral and written form; it provides them with ample opportunities to express themselves on a variety of topics of interest to them; it evaluates both *form* and *content;* it promotes the notion that **the language the students already know is a completely structured communication system which is appropriate for use in certain domains**, such as the home or neighborhood. **The language of the book and the classroom is likewise a completely structured communication system that is appropriate for other domains**, such as the business world and the school classroom.

**The tenets of this philosophy are as follows:**

- **Teaching Spanish to native speakers is not foreign language instruction** and should not be based on a grammatical syllabus that imposes an artificial sequence of linguistic concepts. Using oral and written Spanish to communicate on topics of interest presented in a content-based curriculum is one of the key goals of the **¡Ahora sí!** approach.

- **Teaching strategies should be based on language acquisition**, rather than language learning.
- **University students' literacy skills in English transfer to Spanish**. They are already able to read and write in English at the beginning of their formal study of Spanish.
- **Bilingual Hispanic students can often communicate more effectively in Spanish than they are given the opportunity to demonstrate in the classroom**. Recognizing the students' existing language proficiency creates a favorable learning environment and promotes a positive attitude both among the Hispanic students themselves, and among their English-speaking fellow students.
- **Language is viewed as appropriate or inappropriate for given domains, rather than as "correct" or "incorrect."** It is either "informal" home language or "formal" school language.
- **Native speakers represent a wide range of language proficiency**—from individuals who understand a great deal but have some difficulty articulating their ideas, to those who are completely fluent in Spanish. Many, if not most, possess a level of proficiency that far surpasses that which most English monolinguals will ever attain.
- **One course in Spanish cannot completely change the language habits acquired over a number of years.** The course should rather attempt to enrich and strengthen the student's existing communicative abilities.

## Program Approach

**Chapter exercises and activities promote the four language skills.** The exercises are interrelated so that students have the opportunity to view language in an integrated manner. In all cases, exercises have a cognitive base or connection, stemming from the chapter theme and reading materials. The program emphasizes content at all stages of learning, unlike other programs. The ***¡Ahora sí!*** program follows the principles of **language acquisition** and **content-based instruction.** The goal is to immerse the students in the Spanish language. The ***¡Ahora sí!*** text and accompanying materials provide models of oral and written language.

Students learn to read by reading, and they learn to write by writing. As such, rather than doing endless decontextualized fill-in-the-blank and completion exercises, **students are exposed to whole-language learning strategies**. A whole-language approach not only provides the necessary contexts or schema that aid communication, but it also allows students to use the language skills that they already possess. Students are also asked to make use of Spanish-language mass media, such as television, music, and radio. They are asked to report on what they find in the community and are evaluated not only on how they express themselves (form), but also on what they have to communicate (content).

The ***¡Ahora sí!*** readings represent a variety of genres from all over the Spanish-speaking world. The emphasis is on groups that make up a majority of the Hispanic population in the United States, but the materials are not limited to these groups. The readings provide students with the opportunity to observe for themselves how they form an integral part of a world language and culture. **Reading strategies** are presented to help students access effectively the information in the readings.

Among the topics presented are the following:

| | |
|---|---|
| **environmental concerns** | **social issues** |
| **music** | **planing for the future** |
| **Hispanic identity and traditions** | **health and well being** |

Selections come from such sources as:

| | |
|---|---|
| **magazines** | **newspaper articles** |
| **short stories and legends** | **poetry** |

**Each chapter provides materials appropriate for students of varying language proficiencies.** Since Spanish-speaking students vary in their abilities, instructors are often frustrated in their attempts to teach bilingual Hispanics. To meet the needs of the instructor, readings selected for a diverse range of abilities are provided, and instructors can choose what is most appropriate for the class. Activities also address **the needs of many different students of wide-ranging abilities.**

**Writing exercises** are of a whole-language nature. That is, whatever students are asked to write is linked to something they have already read, heard, seen, or experienced. As such, ***¡Ahora sí!*** emphasizes content that is interesting to students, unlike other books that stress form, which students find tedious and boring. In these books, the exercises become an end in themselves simply to illustrate or practice a (decontextualized) language item.

**Grammatical study** is a natural outgrowth of the content of the reading materials presented in ***¡Ahora sí!*** Language lessons stress and provide contextualized practice with the standard forms included in the readings. Grammatical items that are new to students and that are necessary for effective communication are practiced.

Using the ***¡Ahora sí!*** materials, instructors relinquish some of their "authority" to the students themselves. Students in the classroom can and should be allowed to participate in many independent activities. They should be given opportunities to practice the language among themselves, using the instructor as a facilitator. Thus, instructors are not expected to be the sole source of knowledge, nor are they required to be constantly evaluating students as they speak or participate in other class activities. Some of the responsibility for teaching and learning shifts from the instructor to the students themselves.

# Acknowledgements

The publisher and authors would like to thank the following people who reviewed ***¡Ahora sí!*** at various stages of development. Their comments were very helpful and much appreciated.

Ninfa Burgos-Kohler
*University of Texas - Pan American*

Lucía Caycedo Garner
*University of Wisconsin - Madison*

Aída Díaz
*Valencia Community College*

Celeste Díaz
*Bergen Community College*

Lucía Elías Olivares
*University of Illinois - Chicago*

Carmen Esteves
*Lehman College*

Rosa Fernández
*University of New Mexico*

Bárbara González Pino
*University of Texas - San Antonio*

María Rosario Griffiths
*San Jose State University*

John Gutiérrez
*Pennsylvania State University*

Magali Jerez
*Bergen Community College*

Kimberly Kowalczyk
*University of San Diego*

Guadalupe López-Cox
*Austin Community College*

Olga Marina Morán
*Cypress College*

Orlando Martínez
*Cerritos College*

Ana Martínez-Lage
*George Mason University*

Juan Matallana
*San Jose State University*

Joanna McClendon
*St. Edward's University*

Pam McCollum
*University of Colorado - Boulder*

Florence Moorhead
*Boise State University*

Cecilia Pino
*New Mexico State University*

Rubén Sandoval
*Passaic County Community College*

Karen Schairer
*Northern Arizona University*

Virginia Vigil
*Northern Arizona University*

# Reconocimientos

Quisiéramos reconocer la asistencia y el apoyo de las siguientes personas:

Al personal de Heinle & Heinle le agradecemos muy sinceramente todos sus consejos y su valiosa dirección en el complejo proceso de elaborar este texto: Nancy Siddens, Carlos Davis, Patrice Titterington.

A José Blanco y a sus colegas de HISPANEX les damos las debidas gracias por su valiosa ayuda en la producción del texto.

Les agradecemos a nuestros estudiantes y a varios colegas su inspiración e ideas durante el desarrollo del texto.

Además queremos expresar nuestro agradecimiento a algunos colegas y amistades por su apoyo en varios esfuerzos y aspectos de esta obra:

- Ruth Hassell y Enrique Ricardo Rodríguez por su ayuda en localizar fuentes de información en México y EE.UU.
- Ileana Casanova por su sentido de humor y su ayuda en localizar fuentes de información sobre asuntos cubanos y musicales.
- Glenn Wharton por su ayuda en hacer las investigaciones necesarias en varias bibliotecas.

Queremos expresar nuestros más sinceros agradecimientos a Robert LaBouve e Inés García, de *Texas Education Agency,* no sólo por su amistad, apoyo y consejos, sino también por haber tenido la visión de emprender todo un programa estatal en Texas que enfocara al hispanohablante y que culminara en la elaboración de la guía didáctica, *Español para el hispanoablante: Función y noción.*

Victoria M. Contreras y Judith M. Márquez cariñosamente expresan sus más sinceras gracias a sus esposos Roberto N. Contreras y Robert Márquez y a sus familias por su paciencia y apoyo durante la elaboración de este texto.

No hay palabras que puedan expresar nuestro sentimiento y agradecimiento por el orgullo y el legado lingüístico y cultural que nos impartieron nuestros padres al darnos de manera natural, humana y cariñosa el español como nuestra lengua materna:

Fortunato y Mercedes D. Blanco — Arnulfo S. y Victoria V. Martínez

**gmb**
**vmc**
**jmm**

# La enseñanza con ¡Ahora sí!

# Prefacio

## Introducción

Tradicionalmente el español se le ha enseñado al hispanohablante como idioma extranjero. Los estudiantes que han hablado español toda la vida y que desean estudiar formalmente su idioma materno por lo general tienen que inscribirse en cursos diseñados para enseñar a no nativos y se les enseña el español como si fuera un idioma extranjero para ellos. Esto equivale a la enseñanza del inglés como segundo idioma a anglohablantes. Típicamente los hispanohablantes no aprenden mucho de los cursos diseñados para monolingües, porque la enseñanza no se dirige a sus necesidades. Los hispanohablantes por lo general no se sienten desafiados y/o resisten el acercamiento gramatical que se utiliza para "enseñarles" una lengua cuyas estructuras gramaticales ya han internalizado. Estos estudiantes se encuentran aburridos en las clases de español en las cuales se les ofrece mucho análisis gramatical y en las cuales se usan materiales que carecen de interés para ellos.

Muchos, si no la mayoría, de los estudiantes bilingües hispanos demuestran que dominan mucho mejor el español oral que sus compañeros de clase que no son nativos; sin embargo, por las prácticas pedagógicas y los conceptos anticuados, los maestros típicamente no utilizan (o no saben cómo utilizar) las habilidades lingüísticas ya existentes de estos estudiantes. Además, las actitudes negativas hacia el lenguaje del hispanohablante crean problemas de autoestima tanto dentro, como fuera, del salón de clase.

Los hispanos son una minoría creciente en los EE.UU. Por lo tanto es imperativo que se responda a sus necesidades educativas y lingüísticas. La enseñanza del español a hispanohablantes en clases separadas de los no nativos, utilizando materiales especializados, es de suma importancia si realmente deseamos que estos estudiantes tengan éxito. Opinamos firmemente que esta disposición es necesaria no sólo para que los hispanohablantes se sientan suficientemente motivados para continuar sus estudios de la lengua, sino también para apoyar y desarrollar uno de los recursos lingüísticos más importantes de los EE.UU. Como la capacidad expresiva en español del hispano bilingüe y la del anglohablante son diferentes, el enfoque y los métodos de instrucción necesariamente tienen que ser diferentes.

Los estudiantes hispanos representan toda una gama de habilidades lingüísticas en español; desde los que se pueden comunicar en el ámbito del hogar y la vecindad, hasta los que dominan perfectamente el idioma oral y escrito. Muchos se pueden comunicar oralmente, aunque su dialecto se pueda clasificar como informal o no estándar. Lo que necesitan estos alumnos es, entonces, **la oportunidad de expandir sus habilidades existentes, en lugar de tratar de erradicar o reemplazar ese lenguaje** con lo que muchos consideran ser la versión "correcta" del idioma. Al hacer esto, es importante extender la comprensión auditiva y la habilidad oral ya existentes y además ampliar las habilidades de lectura y escritura. El papel del profesor no debe ser el de erradicar el habla existente del estudiante, sino el de amplificar esta habilidad comunicativa de manera que eventualmente pueda explayarse en otros ámbitos además del hogar y la vecindad. Esto no es nada fácil porque muchos estudiantes creen que el español que están aprendiendo no será de ninguna utilidad; creen que el español que ya dominan es suficiente y no lo necesitan estudiar formalmente, o creen que la escuela no estima sus habilidades lingüísticas existentes. Es importante que los estudiantes sepan que los dialectos estándar gozan de cierto prestigio y que existen muchas ventajas en su manejo. Pero al informar a los estudiantes de esto es importante no criticar el dialecto del hogar. Con actitudes y conocimientos apropiados, el profesor puede proveer la información necesaria a los estudiantes y al mismo tiempo fomentar actitudes positivas hacia sus destrezas lingüísticas existentes así como hacia las que están aprendiendo.

## Filosofía del programa

**El programa de *¡Ahora sí!* reconoce que el idioma y la cultura del hispanohablante es un recurso valioso que se puede y se debe expandir y fortalecer sistemáticamente.** Estos materiales de instrucción se han diseñado para utilizar las habilidades lingüísticas ya existentes del hispanohablante así como su conocimiento de la cultura hispánica. La expansión, y no el reemplazo, es el elemento clave de este programa. Mientras que otros programas de instrucción están basados en la noción de corrección constante con el propósito de reemplazar el lenguaje ya existente del estudiante, ***¡Ahora sí!*** trata de utilizar el lenguaje mayormente informal adquirido en el hogar para poder extender esta habilidad nativa a un ambiente formal. La característica pedagógica principal de este programa enfoca la adquisición en vez del aprendizaje del idioma.

El programa de ***¡Ahora sí!*** intenta apoyar y respaldar a los estudiantes psicológicamente, es decir, mostrarles cuánto español ya saben y de esta manera empezar a mejorar su autoestima como hispanohablantes. El programa los expone a varios dialectos estándar del español, así como a algunas variantes regionales en forma oral y escrita; les provee amplia oportunidad para expresarse sobre una variedad de temas de interés para ellos; evalúa forma y contenido; promueve la noción de que el lenguaje que ya saben los estudiantes es un sistema comunicativo completamente estructurado y apropiado para usarse en ciertos ámbitos, como el hogar o la vecindad. El lenguaje que se usa en el libro y en el salón de clase también es un sistema comunicativo estructurado que es apropiado para el uso en otros ámbitos, como el mundo del negocio y de la educación.

Los principios de este programa son los siguientes:

- **La enseñanza del español a hispanohablantes no es la enseñanza de un idioma extranjero** y por lo tanto no se debe basar en una organización gramatical que impone una secuencia artificial de conceptos lingüísticos. El uso del español oral y escrito para comunicarse acerca de temas de interés presentados en un currículum basado en el contenido es una de las metas claves del acercamiento pedagógico de ***¡Ahora sí!.***
- **Las estrategias de la enseñanza se basan en primer lugar en la adquisición** (contenido), y en segundo en el aprendizaje (forma).
- **Las destrezas de lectura y escritura se transfieren del inglés al español.** Estos estudiantes ya saben leer y escribir en inglés al empezar su estudio formal del español.
- **Los estudiantes hispanos bilingües, por lo general, se pueden expresar mucho mejor que lo que comúnmente se piensa o lo que se les permite demostrar en la clase.** Al reconocer las habilidades lingüísticas existentes de los estudiantes se crea un ambiente favorable para el aprendizaje y se promueve una actitud positiva entre los estudiantes hispanos y entre sus compañeros anglohablantes.
- **El lenguaje se considera "apropiado" para un ámbito determinado, y no intrínsecamente "incorrecto".** Puede ser el lenguaje "informal" del hogar o el lenguaje "formal" de la escuela, de la prensa, o del mundo de los negocios.
- **Los hispanohablantes representan una amplia gama de habilidades lingüísticas,** desde los individuos que comprenden mucho pero tienen dificultad al articular sus ideas, hasta los que dominan el español perfectamente. Muchos, si no todos, poseen un nivel de habilidad comunicativa en español que supera el que jamás alcanzará la mayoría de los no nativos.
- **Una clase de español de uno o dos años no puede cambiar la habilidad lingüística adquirida desde la infancia.** Por el contrario, la clase debe tener como meta el enriquecimiento y fortalecimiento de las destrezas comunicativas del estudiante.

## Acercamiento pedagógico

**Los ejercicios y las actividades de cada capítulo apoyan y desarrollan las cuatro habilidades lingüísticas.** Los ejercicios se interrelacionan con la idea de que los alumnos tengan la oportunidad de observar y usar el idioma de una manera natural e integral. En toda instancia, los ejercicios cuentan con una base cognoscitiva o una conexión que se origina en el tema y las lecturas del capítulo. A diferencia de otros programas, ***¡Ahora sí!*** enfoca el contenido en todas las etapas del aprendizaje. El fundamento principal del programa es **la adquisición del idioma,** en vez del aprendizaje, y **la instrucción basada en el contenido.** La meta principal es el poner a los estudiantes en contacto directo e intensivo con la lengua española. ***¡Ahora sí!*** y los materiales adicionales proporcionan una variedad de modelos de lenguaje oral y escrito.

Se aprende a leer leyendo y se aprende a escribir escribiendo. Por lo tanto, en vez de hacer innumerables ejercicios descontextualizados de tipo "llenar el blanco" o "completar la oración", en este programa **se expone a los estudiantes a estrategias de lenguaje integral.** El lenguaje integral no sólo proporciona el contexto esencial a la comunicación, sino que también les permite a los estudiantes usar el lenguaje que ya poseen. También se les pide usar los medios de comunicación en español, tal como la televisión, la prensa, la radio. Además, se les pide que informen a los compañeros sobre lo que encuentran en la comunidad. La evaluación de los estudiantes se basa en lo que comunican (contenido), así como en la manera en que se expresan (forma).

Las lecturas de ***¡Ahora sí!*** abarcan una variedad de géneros procedentes de diferentes regiones del mundo de habla española. Se enfocan los grupos hispanos con mayor representación en los Estados Unidos, pero hay que señalar que los materiales no se limitan a estos grupos. Las lecturas les permiten a los estudiantes observar por sí mismos el hecho de que ellos constituyen una parte intrínseca de una tradición lingüística y cultural de importancia mundial. Las **estrategias de lectura** tienen como finalidad el proporcionarles a los estudiantes una preparación eficaz para asimilar la información de las lecturas.

***¡Ahora sí!*** cuenta con los siguientes temas, entre otros:

| | |
|---|---|
| **asuntos ambientales** | **asuntos sociales** |
| **música** | **planificación del futuro** |
| **tradiciones y costumbres** | **salud y bienestar** |

Las fuentes de las lecturas incluyen algunas de las siguientes:

**revistas**
**cuentos y leyendas**
**reseñas periodísticas**
**poesía**

**Cada capítulo incluye material apropiado para estudiantes con diferentes capacidades lingüísticas.** La disparidad de habilidades comunicativas en español por parte de los estudiantes frecuentemente frustra al profesor. Por lo tanto, las lecturas se han seleccionado cuidadosamente y además el profesor tiene la libertad de escoger las lecturas que sean apropiadas para la clase. Igualmente, las actividades se han elaborado con la idea de satisfacer **las necesidades lingüísticas y culturales de una amplia gama de estudiantes**.

**Los ejercicios de escritura** son de tipo lenguaje integral. Es decir, lo que escriben los estudiantes está vinculado a lo que ya han leído, oído, visto o experimentado. De esta manera, ***¡Ahora sí!*** enfatiza el contenido, lo cual contribuye a crear interés en los estudiantes, al contrario de otros libros de texto que resultan aburridos por enfocar mayormente la forma del idioma. En semejantes textos, los ejercicios de lenguaje, casi siempre totalmente descontextualizados, se convierten en su propia finalidad sencillamente para ilustrar o practicar algún determinado giro gramatical.

El estudio de **la gramática y del lenguaje** parte con naturalidad del contenido de las lecturas presentadas en ***¡Ahora sí!***. Las lecciones de lenguaje enfatizan y proporcionan práctica contextualizada con formas universales o cultas que figuran en las lecturas. Se practican los giros gramaticales que, tal vez, sean nuevos para los estudiantes, y que sean indispensables para la comunicación en ámbitos más amplios que el hogar el cual, en muchos casos, representa el único sitio donde muchos estudiantes han usado el español.

Al usar los materiales de ***¡Ahora sí!***, los profesores ceden parte de su "autoridad" a los estudiantes mismos. Los estudiantes en la clase tienen la capacidad y se les debe conceder la oportunidad de participar en muchas actividades independientes. Se les debe dar muchas oportunidades de practicar el idioma entre sí, usando al profesor como facilitador. Así pues, los profesores no son la única fuente de información, ni tampoco se les requiere estar constantemente vigilando y evaluando a los estudiantes cuando éstos estén hablando o participando en otras actividades de la clase. Por lo tanto, una parte de la responsabilidad de la enseñanza y del aprendizaje se traslada del profesor a los estudiantes mismos.

# Estructura de los capítulos

Cada capítulo de ***¡Ahora sí!*** empieza con actividades diseñadas para darle a la clase entera una idea general del tema del capítulo. De esta manera todos los miembros de la clase comparten el mismo punto de partida y se beneficiarán al compartir sus respectivas opiniones y conocimientos sobre el tema. Los estudiantes más capacitados podrán expresarse inmediatamente, mientras que los menos capacitados se beneficiarán al exponerse a una variedad de modelos lingüísticos aparte del profesor. Al crear y promover un ambiente positivo, el profesor puede valerse de semejante intercambio entre los estudiantes para mostrar el carácter del bilingüismo y el concepto de la expansión lingüística según se manifiesten en los dos grupos de estudiantes. Las actividades de lectura incluyen preguntas diseñadas para utilizar las habilidades lingüísticas de ambos grupos de estudiantes. Por ejemplo, los estudiantes menos capacitados lingüísticamente pueden responder oralmente o por escrito a preguntas sencillas que les piden información que viene directamente de la lectura. Los estudiantes más avanzados podrán expresar y defender sus opiniones o aún formular hipótesis acerca de lo que leyeron. El propósito de los ejercicios de post-lectura es el reunir a toda la clase para participar en actividades comunicativas orales y escritas.

## Objetivos

Cada capítulo contiene tres tipos de objetivos: contenido, lenguaje y cultura. Las metas de cada capítulo se explican en esta sección del capítulo y se especifican de la siguiente manera:

**Contenido.** El enfoque principal de cada capítulo es más la adquisición del lenguaje que el aprendizaje. Esto permite que los estudiantes se concentren en el contenido y cuestiones de las lecturas por su mérito intrínseco, y no como simples vehículos del lenguaje. Al enfocar el contenido y no la forma, este acercamiento pedagógico utiliza la habilidad lingüística del estudiante, y el estudiante desarrolla su confianza y su autoestima como hispanohablante.

**Cultura.** La cultura hispana es una parte íntegra del texto. Como se utilizan materiales auténticos, éstos inherentemente contienen elementos de la cultura hispana de Latinoamérica, España, y los Estados Unidos. A los estudiantes se les guía en la identificación de elementos culturales que se encuentran en las lecturas, y se les hacen preguntas en las cuales se relacionan los conceptos culturales con su propia realidad y sus experiencias.

**Lenguaje.** Como se utiliza un acercamiento pedagógico de lenguaje integral y los estudiantes son hispanohablantes nativos, las cuatro destrezas lingüísticas se promueven de una manera integral. El hecho de que los estudiantes ya leen y escriben en inglés es sumamente importante para nuestra labor porque esta habilidad se transfiere directamente al español. Por lo tanto se les exige que lean y se expresen por escrito desde un principio. La introducción del alfabeto del español y de los sonidos que difieren del inglés se presenta en el primer capítulo del texto, con problemas específicos de ortografía. De acuerdo con la filosofía del texto, el estudio de la gramática y de otras cuestiones relacionadas con la forma se rige por tres criterios. Los conceptos gramaticales o lingüísticos tienen que:

a) figurar en las lecturas del capítulo.
b) ser esenciales a la comprensión del contenido, y/o
c) ayudar a los estudiantes a aumentar su habilidad lingüística total en lo que se refiere al español universal.

## Funciones

Las funciones lingüísticas específicas que se enumeran al principio de cada capítulo se basan en las lecturas y en las actividades. Las funciones varían en los capítulos e incluyen, entre otras: enumerar, narrar, describir, pronosticar, formular hipótesis, etc.

## Para empezar

La sección inicial de cada capítulo da una introducción breve al contenido. El método de presentar el tema varía según el material del capítulo. Esta sección enfoca la atención de los estudiantes en el tema del capítulo y les ayuda a recordar y utilizar información que ya saben acerca de ese tema. Se sugieren algunas actividades para empezar este proceso.

## Estrategias de lectura

En cada capítulo, se presenta y se explica una estrategia de lectura para ayudarles a los estudiantes en el proceso lector. Ejemplos de algunas de estas estrategias son: anticipar el contenido, utilizar el contexto, y reconocer cognados.

## Lecturas

Después de las estrategias de lectura se presentan varias lecturas. Cada lectura se presenta con las siguientes subsecciones:

**Prelectura.** Esta sección sirve para enfocar el tema de cada lectura. Al leer esta sección los estudiantes empiezan a recobrar y utilizar sus conocimientos previos con respecto al tema para poder comprender la información y las ideas en esa selección.

**Lectura.** Cada capítulo contiene varios textos auténticos que representan diversos intereses, géneros, niveles de dificultad y dialectos del mundo de habla hispana. Aunque se ha recortado la extensión de algunos de los textos el lenguaje siempre permanece intacto. Los textos reflejan la cultura hispana en sus múltiples facetas y contextos en los EE.UU., en países de habla hispana, y en la comunidad global. Se les exige a los estudiantes que lean y comprendan las selecciones, que identifiquen y tomen nota de vocabulario desconocido, que utilicen las selecciones como modelos de lenguaje y que extiendan su conocimiento de la cultura hispana.

**Después de leer.** Esta sección contiene preguntas que permiten a los estudiantes demostrar su comprensión de cada lectura. Las preguntas están diseñadas para motivar a los estudiantes a comentar y analizar las lecturas sin la presión de preocuparse por la forma del lenguaje.

**Para escribir y comentar**. Esta sección consiste en actividades en las cuales se integran las experiencias y los conocimientos de los estudiantes con la información del texto. Se les anima a los estudiantes a que incorporen en su trabajo oral y escrito el vocabulario y las estructuras lingüísticas que se modelan en el capítulo. Al utilizar estas estructuras en la clase, es probable que empiecen a incorporarlas en su repertorio lingüístico. Algunas actividades se han diseñado para desarrollar la expresión oral, por ejemplo: conversar informalmente, discutir un tema específico, hablar extemporáneamente, reportar, y presentar minidramas. Otras actividades desarrollan la expresión escrita, por ejemplo la escritura creativa o la escritura para algún propósito específico. Algunas actividades se han diseñado para animar a los estudiantes a salir del salón de clase e ir a la comunidad para explorar otros aspectos relacionados con el tema del capítulo. Los resultados de las investigaciones "etnográficas" de los estudiantes se comparten con el resto de la clase. Este tipo de actividad puede servir también para reforzar el valor de la comunidad como fuente de lengua y cultura. El nivel de dificultad de las actividades varía para que puedan participar los estudiantes de todos los distintos niveles de habilidad lingüística representados en la clase. El **diario**

**interactivo** también forma una parte integral de la escritura, y se utiliza para apoyar el desarrollo de la comunicación mediante la escritura. Además se hacen algunas sugerencias para lograr el beneficio máximo del diario.

## Cómo usar el diario interactivo

En vista de que este libro enfatiza la comunicación oral y escrita, uno de los componentes indispensables es el diario interactivo. Esencialmente, el diario es una comunicación escrita entre el estudiante y el profesor, y el propósito básico es el proporcionar al estudiante la oportunidad de escribir sobre temas relacionados con el capítulo o sencillamente sobre asuntos que sean de interés personal. Una de las diferencias entre un ensayo, por ejemplo, y el diario, es que aquél es esencialmente un monólogo y éste es un diálogo entre dos personas, el estudiante y el profesor (o tal vez entre dos o más estudiantes). La idea básica del diario interactivo es la comunicación. El enfoque primordial es el mensaje y no la forma. Por lo tanto la regla principal para el profesor es la siguiente: **Lo que escribe el estudiante en el diario no se corrige. Se lee y se responde.** El propósito de esta estrategia es el de desarrollar la confianza del estudiante en sí mismo para que se pueda comunicar en forma escrita sin el constante temor de cometer errores gramaticales u ortográficos. Al responder a las entradas del estudiante, el profesor le demuestra la forma correcta del idioma. Lo que escribe el profesor, pues, constituye otro contacto (así como las lecturas básicas de cada capítulo) con un lenguaje contextualizado.

¿Cuál debe ser la disposición de errores en lo que escribe el estudiante? Como ya se mencionó, lo que escribe el estudiante no se corrige. Sin embargo, se sabe que el papel del maestro debe ser el guiar y encauzar al estudiante hacia un medio de comunicación cada vez más extenso y correcto y se recomienda lo siguiente. Por ejemplo, si el estudiante escribe:

*El domingo me kede en la casa y no ise nada.*

El profesor contesta:

*Pues, siquiera usted pudo descansar un poco. En cambio el domingo yo me <u>quedé</u> en la oficina hasta las nueve de la noche; <u>hice</u> dos exámenes para la próxima semana.*

El profesor le muestra al estudiante la manera correcta de escribir *quedé* e *hice,* incorporándolas y subrayándolas en su respuesta. No será posible, ni se recomienda, que el profesor trate de incorporar en su respuesta todo lo que escribió mal el estudiante. Se trata, sencillamente, de incorporar las palabras o giros gramaticales que el profesor piense sean de mayor importancia.

¿Es necesario contestar a todos los estudiantes? Lo ideal sería decir que sí, pero la realidad no lo permite. Por lo tanto, el profesor puede usar las siguientes técnicas:

a. Dividir la clase en grupos para que cada uno haga el diario en días distintos.
b. Contestar mayormente a aquellos estudiantes que necesitan más práctica.
c. Establecer equipos en los cuales los estudiantes más avanzados responden a los compañeros que necesiten la práctica.

El diario se puede escribir en un cuaderno dedicado exclusivamente para este trabajo para que no haya confusión con otras clases. Si el departamento tiene un laboratorio de computación, es posible mantener los diarios en discos particulares de cada estudiante. Así cada comentario puede tener su fecha para facilitar su manejo.

### Estrategias de escritura

A través de varios capítulos se desarrolla el proceso de la escritura. Los primeros capítulos describen el proceso y les ayudan a los estudiantes a desarrollar ese proceso. Otros capítulos enfocan aspectos específicos de la escritura. Se sugieren varias actividades de escritura para que los estudiantes practiquen lo que aprendieron en esta sección.

### Lenguaje

En vista de que la gramática no es el foco ni el elemento organizador del texto, se enfatizan sólo los conceptos gramaticales que, tal vez, sean nuevos o que sean indispensables para la comunicación efectiva. Los conceptos gramaticales parten de una manera natural del contenido de las lecturas y siempre se presentan en contexto. Frecuentemente se le pide al estudiante examinar cuidadosamente las lecturas del capítulo con el motivo de encontrar y examinar determinados giros gramaticales u otros elementos lingüísticos. Además se presenta información sobre cognados falsos, problemas de ortografía, o elementos importantes de la escritura si, en efecto, aparecen en las lecturas.

# Componentes del programa

**Texto estudiantil.** En los doce capítulos integrantes se presentan distintos temas de interés para el hispanohablante, usando textos auténticos representativos de una variedad de regiones hispanas del mundo y de varios géneros. Las cuatro habilidades lingüísticas se practican de una manera unificada y contextualizada usando las estrategias de lenguaje integral.

**Edición anotada del profesor.** La edición del profesor indica el raciocinio de haber diseñado estos materiales con la idea de implantar y enfatizar el concepto de la adquisición lingüística y también proporciona la información necesaria para realizar la expansión lingüística mediante las actividades adicionales sugeridas. Esta edición también indica tanto los materiales para evaluar a los estudiantes como el apoyo necesario para realizar la técnica evaluativa indicada en el acercamiento pedagógico.

**Programa de video.** El programa de video, filmado en cinco países de habla española, pone al estudiante en contacto con varios dialectos del español. Cada uno de los doce segmentos amplifica el contenido presentado en su capítulo correspondiente. Este apoyo audiovisual proporciona valiosa información cultural que se puede comentar en clase como punto de partida de cada capítulo.

## Evaluación

En vista de que el lenguaje se presenta en forma integral como sistema comunicativo, la evaluación igualmente se rige por este mismo criterio.

**Contenido.** El énfasis primordial de la evaluación en todas las etapas del programa, pero especialmente al principio, se encuentra en el contenido. El acercamiento pedagógico promueve la adquisición, lo cual contribuye al desarrollo de la confianza y autoestima del estudiante. Es decir, se trata de poner a los estudiantes en situaciones donde se sientan cómodos, a gusto, y sin el constante temor de cometer errores de la lengua. Este aspecto del proceso evaluativo enfoca el contenido y constituye una expansión natural de las lecturas y de sus actividades correspondientes. Los materiales evaluativos sugeridos concuerdan con las metas de ***¡Ahora sí!*** en el sentido de que la lengua española se ve como medio de comunicación, y no solamente como sujeto sometido al análisis. Los materiales evaluativos igualmente concuerdan con la metodología recomendada, al animar a los estudiantes a sintetizar y aplicar lo que han aprendido en la clase.

**Cultura.** Las actividades evaluativas están estrechamente ligadas a la habilidad de los estudiantes de usar el idioma en situaciones de la vida real. Así, se les requiere a los estudiantes llevar a cabo las funciones del capítulo dentro de un marco sociolingüístico y culturalmente apropiado. Las funciones se contextualizan, usando el material cultural presentado en el capítulo.

**Lenguaje.** Los estudiantes tienen la responsabilidad de usar correctamente los conceptos lingüísticos presentados en un capítulo determinado, o en los anteriores. Tanto los conceptos esenciales para la comprensión del contenido, así como los que ayudarán a los estudiantes a expandir su dominio oral y escrito de un dialecto estándar, se evalúan en contexto después de haber sido explicados en el capítulo.

## Técnica

**Escritura.** Cuando los estudiantes tienen que escribir un ensayo, se recomienda que el profesor los evalúe en términos de criterios específicos, ya sea sobre el contenido, organización y lenguaje del ensayo. Por ejemplo:

| | |
|---|---|
| contenido | 50 puntos |
| organización | 30 puntos |
| lenguaje | 20 puntos |

El lenguaje del ensayo se debe evaluar en términos de los elementos lingüísticos que se presentaron en la lección, y en términos de la *Estrategia de escritura* específica que se enfocó en el capítulo. Se da por entendido que los elementos previamente presentados en otros capítulos también se incluyen en el proceso evaluativo. Por ejemplo, los siguientes elementos se pueden usar para evaluar un ensayo escrito al completar el Capítulo 7:

| | |
|---|---|
| **Contenido** - la relación del tema con la planificación del futuro | 50 puntos |
| **Organización** - el uso de la narración | 30 puntos |
| **Lenguaje** - | 20 puntos |
| *(uso correcto de los tiempos futuros* | *10 puntos)* |
| *(uso correcto del acento ortográfico* | *10 puntos)* |
| | 100 puntos |

**Habla (Comunicación oral).** Cuando los estudiantes tienen que hacer una presentación oral, se debe establecer criterios similares. Los siguientes elementos son ejemplos de criterios que se pueden usar para evaluar el habla:

| | |
|---|---|
| **Contenido** | 50 puntos |
| **Organización** | 30 puntos |
| **Lenguaje** | 20 puntos |
| *(uso correcto de los elementos lingüísticos del capítulo* | *10 puntos)* |
| *(uso apropiado del lenguaje según el contexto* | *10 puntos)* |
| | 100 puntos |

## Sugerencias para la evaluación

Cada lectura tiene marcadas con [E] varias preguntas de las secciones **Después de leer** y **Para escribir y comentar** que le corresponde. Estas preguntas pueden servir para evaluar al estudiante en cuanto a su comprensión de la lectura. Se sugieren preguntas adicionales en la sección que sigue.

# Evaluación

## Capítulo 1

### 1 Quiénes somos

1. ¿Cuáles son los tres grupos hispanos más numerosos en EE.UU.?
2. ¿Cuáles son dos de los factores que contribuyen al gran número de hispanos en este país?
3. ¿Quiénes son los hispanos donde vive Ud.? ¿De qué procedencia son? ¿Qué papel desempeñan en su comunidad? Escriba un ensayo de una página describiendo la situación del hispano en su comunidad.

### 2 Origen de las raíces culturales hispanas

Las preguntas están indicadas en el texto.

### 3 Por la unidad

1. ¿Cuáles son algunas de las razones que contribuyen a la falta de participación en el proceso político por parte del hispano?

## Capítulo 2

### 1 Refranes

1. Explique en sus propias palabras lo que significan cinco de los refranes.

### 2 Los farolitos de Navidad

1. ¿Cuáles son algunas otras tradiciones hispanas que se asocian con el invierno y/o la Navidad? ¿Qué simbolismo tienen?

### 3 Me fui con Coché

Las preguntas están indicadas en el texto.

## Capítulo 3

### 1 La pared

1. Dé un resumen del cuento *La pared*.

### 2 Padres, padres

1. Haga una lista de las características de un padre padre. Escriba por lo menos 5 características.
2. Escriba un ensayo sobre lo que es un padre padre para Ud. Incluya tres características y elabore sobre cada una.
3. Escriba 5 consejos que un padre puede seguir para ser un buen padre.

### 3 ¿Por qué cada quien es como es?

1. ¿Cuáles son los cuatro tipos de temperamentos que se mencionan en la lectura? Discuta cada uno de ellos e incluya por lo menos tres cualidades y tres debilidades de cada uno.
2. En un ensayo, describa a una persona que Ud. conozca que tiene las cualidades y/o debilidades de uno de los tipos de temperamentos mencionados en la lectura.

## Capítulo 4

### 1 Romance & realidad

Las preguntas están indicadas en el texto.

### 2 Una sortija para mi novia

1. Dé un resumen del cuento.

### 3 El precio de ser mujer

1. ¿Piensa que ha cambiado la situación de la mujer en los últimos diez años? ¿Cómo ha cambiado? Escriba un ensayo al respecto. Incluya por lo menos tres puntos en los cuales explica cómo ha cambiado.
2. Según la tradición hispana, ¿qué papel debe desempeñar la mujer? ¿Qué papel debe desempeñar el hombre?
3. ¿Qué es el machismo para usted? ¿Influye el machismo en el éxito de la mujer?
4. Explique en sus propias palabras lo que dice la poetisa Sor Juana Inés de la Cruz.

### 4 ¿Existen diferencias entre el cerebro del HOMBRE y el de la MUJER?

Las preguntas están indicadas en el texto.

## Capítulo 5

### 1 Las últimas noticias de Jorge Ramos y María Elena Salinas

1. La televisión forma un elemento fundamental de la sociedad hoy en día. Es difícil creer que este medio de comunicación es relativamente nuevo, pero que su presencia es sumamente penetrante en nuestra vida cotidiana. Piense en cómo sería diferente nuestra vida sin la tele. Escriba un ensayo en el que describe el papel que tiene la televisión en su vida y después describa cómo sería su vida sin la tele.
2. ¿Cuáles son algunas de las cualidades que deben tener los locutores en lo que se refiere a: a) preparación formal; b) experiencias personales y profesionales; c) personalidad; d) habilidad comunicativa y expresiva?
3. Describa a María Elena Salinas y a Jorge Ramos.

### 2 Creer en utopías: La felicidad existe

1. Escriba una "receta" de la felicidad.
2. Describa estas mismas emociones desde la perspectiva del sector comercial.
3. La tasa de personas deprimidas en EE.UU. es enorme, a pesar de que somos un país rico materialmente y un país que mucho del mundo envidia por "ser una utopía." Escriba un corto ensayo en el que le explica a una persona del tercer mundo las razones por las cuales EE.UU. no es la utopía que muchos creen.
4. Es imposible estar en un constante estado eufórico y por lo tanto, tal vez la depresión o infelicidad sea un estado necesario en el ser humano. ¿Cuál será el papel que desempeñan estas dos emociones opuestas?
5. Aunque el Dr. Seguel indica que no se puede enseñar a ser feliz, ¿habrá acciones que nos ayuden a lograr esta meta? ¿Cuáles son?

### 3a SIDA y el desamparo

1. Según lo que ha aprendido acerca del SIDA y VIH, ¿presentan las personas infectadas una amenaza al público en general? ¿Por qué o por qué no?
2. ¿Existe la discriminación contra las personas con SIDA o que son VIH seropositivas? ¿Por qué? Exprese su opinión al respecto.
3. ¿Cree que EE.UU. hace lo suficiente para combatir la epidemia del SIDA? ¿Por qué o por qué no?
4. Identifique los problemas principales de las personas con SIDA. Identifique los problemas principales de las personas que son VIH seropositivas.

5. Se ha dicho que la epidemia actual cundirá desenfrenadamente por todo el mundo y que las consecuencias serán mucho más graves en comparación a las de la peste bubónica de la Edad Media. Discuta este comentario, usando datos que ha recopilado en este capítulo, e incluyendo semejanzas y diferencias entre las dos epidemias.
6. Por último, ¿por qué opina el autor que la situación actual es inmoral? ¿Qué opina Ud.?
7. ¿Está Ud. a favor o en contra de aumentar el presupuesto público para subvenir los refugios de dichos desamparados? Dé su opinión y diga por qué piensa así.
8. Defina VIH y SIDA e indique las diferencias entre los dos términos.

### 3b En memoria

1. La Sra. Collado habla abiertamente sobre la muerte de su esposo, víctima del SIDA. En muchos casos al sufrir semejante pena, los parientes se niegan a comentar o reconocer la verdadera causa de la muerte. Escriba un corto ensayo en el que expresa su opinión sobre lo que Ud. haría al respecto y las razones por pensar así.

## Capítulo 6

### 1a El primer día de escuela

1. Dé un resumen del cuento.
2. Escriba un ensayo corto describiendo su primer día de escuela.
3. En un ensayo compare sus experiencias durante sus años escolares con las experiencias del niño en la lectura.

### 1b Ya no quería ir a la escuela

1. Dé un resumen del cuento.
2. Enumere cuatro razones o factores que pueden influir en la deserción escolar.
3. Enumere cuatro cosas que se pueden hacer para prevenir la deserción escolar.
4. ¿Es necesaria la educación formal? ¿Por qué? Haga una lista de las razones por las cuales la educación formal es necesaria y otra lista de las razones por las cuales la educación no es necesaria.

### 2 Laboratorios de genios

1. Describa la vida de un chico superdotado según lo que ha leído.

### 3 La educación formal

1. ¿Cree Ud. que los problemas a los cuales se refiere Alexis Guerrero Chaves también existen en el sistema educativo de EE.UU.? Es decir, el sistema de educación de EE.UU., ¿es un sistema bancario? ¿Se moldean mentalidades conformistas, dóciles y repetitivas? Comente al respecto en un ensayo.
2. Describa 5 de los problemas que Ud. percibe en el sistema educativo en EE.UU. y 5 de los aspectos positivos del sistema.

## Capítulo 7

### 1 El llegar a nacer

Las preguntas están indicadas en el texto.

### 2 En paz

Las preguntas están indicadas en el texto.

### 3 Las mejores profesiones del futuro

1. Escriba un ensayo en el cual describe la carrera que Ud. ha escogido. Incluya el tipo de trabajo que piensa hacer, los requisitos de capacitación para esa carrera, y por qué cree Ud. que ese tipo de trabajao será importante en el futuro.

### 4 El futuro es nuestro

1. Escriba un ensayo describiendo su vida en el futuro (en 20, 30 ó 40 años). ¿Dónde estará? ¿Cómo será? ¿Qué estará haciendo? etc.
2. Haga una lista de lo que un individuo puede hacer para prepararse para el futuro.
3. ¿Qué se puede hacer para mejorar el sistema educativo y preparar a todos los jóvenes para el futuro? Escriba un ensayo dando sus recomendaciones.

### 5 El valioso aporte de los latinos.

Las preguntas están indicadas en el texto.

# Capítulo 8

### 1 Diversiones con el idioma

1. ¿Qué características o exigencias de parte del oyente comparten las *Obras de teatro* y *las adivinanzas?*

### 2 ¿Existe el mal de ojo?

1. Describa un método del artículo para comprobar la existencia del mal de ojo.
2. Describa un remedio del artículo para curar el mal de ojo.

### 3 Unos cuentitos populares

#### El santo

1. Dé un resumen del cuento.

#### Don Pedrito Jaramillo

Las preguntas están indicadas en el texto.

#### La Tía Panchita

1. Describa el rito de la Tía Panchita.

#### Una visita de ultratumba

1. Dé un resumen de la leyenda.

# Capítulo 9

### 1 La cumbia de la frontera

Las preguntas están indicadas en el texto.

### 2 ¡Y no me gusta mi voz!

1. ¿Qué opina Mercedes sobre su propia voz? ¿Piensa que está diciendo la verdad o que es insincera en lo que dice?
2. Identifique algunos artistas latinos o norteamericanos cuya obra trata la política y diga lo que le gusta o disgusta de su música.
3. Identifique y describa a algunos artistas, ya sea cantantes o pintores, de izquierda y de derecha.
4. ¿Por qué piensa Ud. que Mercedes utiliza términos quechuas en la canción, *Taki Ongoy II?* ¿Es parecido esto a lo que se hace con el español e inglés en EE.UU. con el cambio de código ("code-switching")? Escriba su reacción y opinión sobre la costumbre de combinar dos idiomas.

### 3 Juan Luis Guerra y la leyenda de su merengue-jazz

Las preguntas están indicadas en el texto.

### 4 Mi ritmo

1. ¿Hay semejanzas entre los diferentes tipos de música latina? Escriba un párrafo sobre sus observaciones.
2. ¿Cuál es el efecto del uso de palabras extranjeras dentro de la narración española? ¿Constituye este fenómeno una corrupción o un empobrecimiento del español? ¿Por qué piensa así?

## Capítulo 10

### 1 Salud en bicicleta

1. En el artículo se mencionan varias maneras en que el ciclismo ayuda a su cuerpo. Haga una lista de cinco de los beneficios del ciclismo.
2. Enumere 3 ejercicios que requieren equipo o ropa especial y describa lo que se necesita para cada uno.
3. En la lectura se clasifican los ejercicios en cuatro categorías básicas. ¿Cuáles son? ¿Cuál tipo de ejercicio es el mejor según el artículo? ¿Por qué?
4. ¿Es importante hacer ejercicio? ¿Por qué? En general, ¿piensa que se enfatiza lo suficiente la necesidad de hacer ejercicio? Si piensa que no, ¿cree que debe cambiar esto? ¿Cómo se podría cambiar? ¿Qué cambios sugiere? ¿Es necesario cambiar la actitud de la sociedad en cuanto al ejercicio? ¿Por qué? Escriba un ensayo en el cual expresa su opinión en cuanto al ejercicio.

### 2 70 maneras de vivir mássaludable

1. Haga una lista de diez consejos que son importantes para vivir saludable.
2. Enumere 5 alimentos que pueden tener algún beneficio para el cuerpo y explique cuál es el beneficio.
3. ¿Por qué es importante mantenerse uno en forma?
4. ¿Existen algunas opciones a un programa de ejercicio formal? Haga una lista de tres opciones.
5. Escriba un ensayo describiendo lo que el ser saludable significa para usted.
6. ¿Cuáles son los mayores problemas de salud que se encuentran entre los hispanos?

### 3 La importancia de la variedad en la dieta

1. ¿Cuál es más saludable, la dieta vegetariana o la omnívora? Explique su respuesta.

2. Escriba un ensayo donde se comparan los conceptos tradicionales que se ven en su cultura con respecto a la sana alimentación con los conceptos más modernos.
3. Escriba un ensayo sobre lo que significa para usted la buena nutrición .

### 4 ¿Y usted de qué se ríe?

Las preguntas están indicadas en el texto.

## Capítulo 11

### 1 Contaminación y salud

1. ¿Cuáles son los problemas mayores en la región donde Ud. vive? ¿Qué es lo que afecta el medio ambiente en esa región?

### 2 Un bien escaso y muy mal repartido

1. ¿A qué se debe el hecho de que haya aguas contaminadas? ¿Qué es lo que contamina esas aguas?
2. ¿Cuáles son los cuatro países que consumen más agua? ¿A qué se debe el alto consumo de agua en esos países?

### 3 Las siete plagas que destruyen España

Las preguntas están indicadas en el texto.

## Capítulo 12

### 1 Rosa

1. Dé un resumen del cuento *Rosa*.

### 2 Siete aplicaciones de la tecnología espacial a los problemas terrestres...

1. ¿En qué se inspiraron las invenciones que se mencionan en el artículo?
2. ¿Cómo ha cambiado el mundo gracias a la tecnología? Haga una lista de las invenciones que han cambiado el mundo. Al lado de cada una ponga una descripción de lo que podemos hacer gracias a esa invención. Haga una lista de por lo menos 10 ejemplos.

### 3 Genios trabajando

1. ¿Cuáles son algunas cosas que hacen los medlabs? Discuta dos o tres.
2. ¿Cuáles son algunos de los avances tecnológicos que ha visto durante su vida? Mencione 5 cosas que ha visto y explique cómo ha afectado su vida cada uno.

# ¡Ahora sí!

*Expresión comunicativa para hispanohablantes*

# Capítulo 1
# Los hispanos en Estados Unidos

## Objetivos

En este capítulo, usted:

### Contenido

- Estudiará la información demográfica del hispano en los Estados Unidos.
- Verá varios aspectos de la situación social del hispano en los Estados Unidos.
- Comentará sobre algunos de los problemas que afligen al hispano al vivir en los Estados Unidos.

### Cultura

- Explorará algunas contribuciones culturales del hispano a este país.
- Identificará semejanzas y diferencias culturales entre determinados grupos hispanos y otros grupos residentes del país.

### Lenguaje

- Estudiará algunas semejanzas y diferencias entre los sistemas ortográficos del español y del inglés.

## Funciones lingüísticas del capítulo

- Identificar hispanos destacados que han hecho contribuciones a los Estados Unidos y dar su opinión sobre su importancia.
- Comentar sobre el papel que ha desempeñado el hispano en los Estados Unidos.
- Entrevistar a miembros de la comunidad hispana en los Estados Unidos.

# Para empezar

Como Ud. ya sabe leer inglés, va a poder leer español sin grandes dificultades, porque ambos idiomas usan el mismo alfabeto cuyas letras mayormente representan sonidos parecidos. No debe intentar comprender cada palabra, sino las ideas principales de las lecturas. Los siguientes signos representan sonidos que difieren del inglés: **g, h, j, ll, ñ, rr, v, x, z.**

Dígales a los estudiantes que, como ya saben leer inglés, van a poder leer español sin grandes dificultades. Deben intentar comprender las ideas principales.

Antes de que los estudiantes lean los artículos del capítulo, algunos profesores preferirán repasar la sección **Lenguaje,** en la página 28. Si decide no hacer eso, se recomienda que, por lo menos, les explique a los estudiantes las diferencias en pronunciación de las letras mencionadas en la nota para el estudiante.

El hispano, actualmente, representa en los Estados Unidos (EE.UU.) el grupo más numeroso después del negro y se calcula que será el grupo minoritario más grande para el año 2000. Sin embargo, las percepciones de la mayoría de la población de los Estados Unidos con respecto a sus vecinos de habla hispana se basan aún en mitos. Por un lado existe la idea de que todos los hispanos son iguales física, cultural y lingüísticamente. Por otro lado, la inestabilidad política y económica que ha existido en muchos de estos países ha dado la impresión de que la población hispana es pobre e inculta —la personificación del Tercer Mundo. Los medios de comunicación y diversión —la prensa, la televisión y el cine— han contribuido a perpetuar esta percepción negativa, al ofrecernos constantemente imágenes desfavorables de América Latina.

En los últimos treinta años, sin embargo, la América Latina y sus trastornos políticos y económicos han pasado de ser una lejanía abstracta a una realidad muy cercana para los Estados Unidos. Hemos presenciado una enorme inmigración de hispanos refugiándose de sus respectivos países por estas mismas situaciones políticas y económicas cada vez más agudas.

Indudablemente la transición no ha sido fácil. Pero poco a poco se ven signos positivos. Esta inmigración está cambiando la fisonomía de los Estados Unidos. La población latina es, como grupo, más joven que el resto de la población. El hispano se está dando a conocer por sus contribuciones artísticas y culturales en la música y las artes plásticas. Existen cada vez más estaciones de radio y televisión en español, además de revistas y periódicos en este idioma. En la política, los hispanos están contribuyendo a la comunidad al ser elegidos o nombrados para puestos municipales, estatales y nacionales, y en el mundo de los negocios el hispano empieza a gozar de posiciones importantes que parecían un sueño hace unos escasos veinte años.

En este capítulo vamos a explorar algunos de esos mitos que existen aún sobre los hispanos. Empezaremos dándole un vistazo a quiénes son los que integran "el pueblo hispano" —o más correctamente, quizás, "los pueblos hispanos", ya que están formados por un sinnúmero de variantes que abarcan toda la gama del ser humano. Seguiremos con un examen de las raíces de este pueblo, y de algunas de sus contribuciones a los Estados Unidos. Por último, leeremos sobre cómo muchos piensan que la unidad entre los diversos grupos hispanos es imprescindible para asegurar tanto su supervivencia como su prosperidad.

Como los estudiantes se sienten más cómodos usando el español hablado en vez del español escrito, tal vez Ud. quiera empezar por mostrar el video *Latinos en los Estados Unidos.* En este video los hispanos de este país hablan de sus valores, sus ambiciones y sus intereses.

**¿Cuál es su herencia?** Con el resto de la clase, identifique su ascendencia u origen nacional, por ejemplo, cubano, dominicano, mexicano o puertorriqueño. Diga también el número de generaciones que su familia ha residido en los Estados Unidos y hagan una lista en el pizarrón. Si sabe las razones por las cuales inmigró su familia, escríbalas con el resto de la información para cada alumno. Si no sabe esta información, comente con sus compañeros sobre las motivaciones que tuvieron para inmigrar otros miembros de su comunidad.

**Hispanos famosos.** Usando el formato que figura a continuación, y trabajando con el resto de la clase, hagan una lista de algunos de los latinos famosos o sobresalientes de la actualidad o del pasado, ya sea a nivel local, estatal, nacional o internacional.

| Nombre | Procedencia / Grupo Latino | Contribución / Oficio |
|---|---|---|
| Gloria Estefan | cubanoamericana | cantante |
| César Chávez | méxicoamericano | activista que apoyó a los trabajadores agrarios en California |

¿Qué país o países tienen la mayor representación? ¿Qué oficios parecen ser los más populares en términos de su representación? Comente con sus compañeros de clase y con el profesor sobre algunos factores que pueden haber contribuido a los resultados que se obtuvieron.

# Estrategias de lectura

Si ésta es la primera vez que usted lee algo más que palabras o frases aisladas en español, estas sugerencias pueden ayudarle a comprender mejor lo que lee.

**El uso de conocimientos previos.** Las ideas que se exponen en la sección **Para empezar** probablemente lo han hecho pensar en la situación del hispano en los Estados Unidos. Tal vez aprendió algo nuevo al leer esos párrafos o lo que leyó le ha ayudado a precisar ciertas ideas sobre el tema. Al leer sobre cualquier tema, es importante utilizar la información y experiencias que Ud. tiene para comprender mejor la lectura.

Cuando Ud. lea los artículos en este capítulo, piense en lo que ya sabe sobre el tema. Esto le ayudará no sólo a enfocar en el tema y a comprenderlo, sino también a formar nuevas ideas y conclusiones.

**La lectura preliminar.** Cuando leemos un artículo, un cuento u otra obra literaria es importante hacer más de una lectura del material. Es útil comenzar por leer la selección rápidamente una vez. Esta primera lectura es un paso inicial que contribuye a la comprensión general del tema, y durante la cual usted puede: 1) obtener información sobre el tema y el nivel de interés de la lectura; 2) escoger palabras desconocidas que son importantes para la comprensión; 3) obtener datos importantes, tales como cifras y fechas. Estos pasos preliminares harán la segunda lectura más rápida y le ayudarán a comprender mejor lo que lea.

# 1 Quiénes somos

## Prelectura

Sabemos que el latino en los Estados Unidos cobra cada día más importancia, no sólo por su número, sino también por sus contribuciones a la sociedad y a la economía del país. Pero es imposible generalizar en cuanto a sus características físicas o sociales, ya que el latino no representa únicamente un grupo étnico, una clase social o una raza: los hay blancos, indios, negros y asiáticos. Por lo tanto es imposible generalizar demasiado en cuanto a sus características físicas, o sociales. Sin embargo, existen entre los distintos grupos latinos, o hispanos, ciertos rasgos comunes que contribuyen a su *hispanidad,* por ejemplo, el idioma español en distintos grados y variantes, y ciertos elementos de la cultura que casi todos comparten. En este primer artículo vamos a ver y a comentar sobre algunas características del hispano como grupo y a explorar ciertos rasgos que comparten los varios grupos latinos.

Para ayudar a su comprensión de la lectura, intente obtener la información que se pide para completar el siguiente esquema.

| Fechas o años mencionados | A qué se refieren |
|---|---|
| 1 abril 1990 | fecha del censo |
| 1992 | año en que hay 24,4 millones de personas de origen hispano |
| (Busque otros ejemplos y apúntelos.) | |
| **Cifras o números dados** | **A qué se refieren** |
| 22.354.059 | número de personas de origen hispano en el censo de 1990 |
| 24,4 millones | número de personas de origen hispano en 1992 |
| (Busque otros ejemplos y apúntelos.) | |
| **País mencionado** | **La razón por la que se mencionan** |
| Estados Unidos | su población hispana es la quinta más numerosa del mundo |
| México | país con mayor población hispana |
| (Busque otros ejemplos y apúntelos.) | |
| **Grupos étnicos hispanos** | **Información sobre éstos** |
| mexicano | grupo más grande: 6 de cada 10 hispanos son de este grupo; 80% nacen en EE.UU; ¿qué otra información encuentra? |
| puertorriqueño | 1 de cada 10 hispanos es de este grupo; ¿qué otra información encuentra? |
| cubano | 1 de cada 20 hispanos es de este grupo; ¿qué otra información encuentra? |
| (¿Encuentra otro grupo? Apúntelo.) | |

# Quiénes somos

**El crecimiento de la población hispana, con sus similitudes y diferencias, juega un papel cada vez más importante y decisivo en la formación de Estados Unidos.**

Cuando se trata de números en un texto en español, se utilizan puntos cuando en inglés se usan comas; y se utilizan comas cuando en inglés se usan puntos.

Según el censo de 1990, el 1 de abril de ese año había 22.354.059 personas de origen hispano en Estados Unidos. En 1992 la cifra es de 24,4 millones, es decir, casi uno de cada diez habitantes del país. Esto hace de la población hispana de Estados Unidos la quinta más numerosa del mundo después de México, España, Colombia y Argentina.

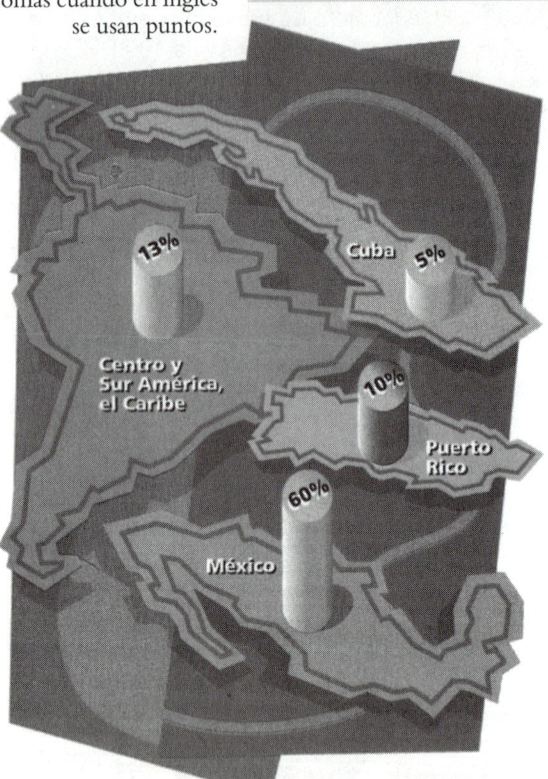


A diferencia de estos países, sin embargo, la mayoría de los hispanos de Estados Unidos no nacieron aquí. Especialmente en los últimos 40 años, millones de ellos han ido llegando de algunos de los 21 países que conforman el mundo hispanoparlante.

La mitad del crecimiento de la población hispana en la década de los años ochenta se debió a la inmigración. Se estima que dos de cada tres adultos hispanos nacieron en el exterior. De éstos, cuatro de cada cinco llegaron al país cuando contaban con más de 16 años de edad.

Esto hace de los hispanos en Estados Unidos una nación de inmigrantes relativamente recientes.

En 1970, por primera vez, la categoría de Hispano apareció en los formularios del censo. Esto oficializó una situación que ya se veía venir después de la década de los años sesenta, cuando la lucha por los derechos civiles empezó a cambiar décadas de discriminación a través de importantes decisiones judiciales.

A diferencia de los negros, una minoría definida racialmente, los hispanos se distinguen de los demás grupos por provenir de países de habla española donde las razas blanca, negra e india llevan cinco siglos mezclándose en diferentes proporciones. Esto significa que los hispanos como minoría son definidos por su herencia y bagaje cultural, por su idioma y, por extensión, por sus valores. Lo cual es perfectamente normal porque esto es lo que tenemos en común.

Pero, ¿y qué pasa con nuestras diferencias?

Por razones históricas y geográficas, seis de cada diez hispanos en Estados Unidos son de origen mexicano. Éstos conforman el 80% de los hispanos méxicoamericanos que han nacido en Estados Unidos.

Uno de cada diez hispanos es de origen puertorriqueño. Los habitantes de la isla empezaron a llegar en grandes cantidades después de la Segunda Guerra Mundial. A diferencia de todos los demás hispanos, los puertorriqueños, quienes son ciudadanos nominales de Estados Unidos desde 1917, nunca tuvieron problemas de visa. Hoy en día, hay casi tantos puertorriqueños en Estados Unidos como en la isla. Éstos están concentrados en el noreste del país, especialmente en el área metropolitana de Nueva York y en Chicago.

Uno de cada 20 hispanos en Estados Unidos es de origen cubano. A pesar de que antes de 1960 ya había muchos de ellos establecidos, a partir de ese año comenzaron a llegar cientos de miles de refugiados que huían de la revolución comunista. En 1980 otra ola de refugiados, más de 100.000, llegó al país como resultado del éxodo del Mariel. Hoy en día los cubanos forman el núcleo minoritario más importante de Florida y hay concentraciones importantes en Nueva York, Nueva Jersey y Chicago.

Aunque el proceso de asimilación del que depende en gran medida el progreso de los hispanos tiende a disminuir las diferencias entre ellos, todavía hay desigualdades. El ingreso familiar promedio para una familia cubana es de $31.400, el de una familia mexicana es de $23.300 y el de una familia puertorriqueña de $18.000.

La llegada de otros grupos de inmigrantes en los últimos años está contribuyendo a la diversidad de las comunidades y cambiando sus fisonomías demográficas. La situación política en Centro América hizo que en la década de los años ochenta cientos de miles de inmigrantes salvadoreños y nicaragüenses llegaran a Estados Unidos huyendo de la guerra civil y de las paupérrimas[1] condiciones económicas. Hoy en día, los centroamericanos conforman el núcleo principal de la población hispana en ciudades como Washington D.C. y Philadelphia. Unos 170.000 salvadoreños, por ejemplo, se han registrado en el servicio de inmigración para recibir

1. muy pobres

residencia legal y permisos de trabajo. Se calcula que entre 300.000 y 500.000 son elegibles para la amnistía temporal. De la República Dominicana han llegado entre 200.000 y 400.000 inmigrantes en la última década y de Sur América, especialmente Colombia, Ecuador y Perú, siguen llegando inmigrantes que se suman a los cientos de miles de personas que han venido a este país desde mediados de siglo.

Aparte de las diferencias entre sí, hay características que distinguen a los hispanos de los demás habitantes del país. Una de éstas es la fertilidad, que junto con la inmigración es responsable de que el número de hispanos crezca a un ritmo cinco veces mayor que el de la población en general. Los hispanos, por ejemplo, tienen 3,4 habitantes por familia, frente a 2,6 para el resto de la población. Una tercera parte de los hispanos son solteros, mientras que en la población no hispana una de cada cuatro personas no está casada.

Los hispanos también son más jóvenes, siete años menos para ser exactos, que el resto de la población. Esto da cuenta del número creciente de estudiantes hispanos en las escuelas del país. A pesar de ser el 10% de la población, 14% de los estudiantes en las escuelas públicas son de origen hispano. Aunque se sabe que los hispanos están menos educados que la población en general, la situación tiende a mejorar en este sentido. En la actualidad más de la mitad (51,3%) de aquéllos que pasan de 25 años son graduados de secundaria. Hace ocho años la proporción era de 45,8%.

Los hispanos son predominantemente seres urbanos. Nueve de cada diez viven en ciudades, especialmente en grandes metrópolis como Nueva York, Los Ángeles, Chicago, Miami y San Antonio. Éstos tienden a vivir juntos, en sus propios barrios, donde pueden desempeñarse en su propio idioma y donde el proceso de asimilación es más lento. Nueve de cada diez de los inmigrantes que llegaron hace menos de diez años hablan español en casa y cerca de la mitad usan el idioma en casi todos los aspectos de su vida.

Otras estadísticas apuntan a características poco deseables. Aunque el 78,2% de los hispanos adultos forman parte de la fuerza laboral, la mayoría de los empleos están concentrados en ocupaciones de bajos salarios o no especializadas. Casi uno de cada dos hispanos trabaja como obrero en fábricas, o en la rama de la construcción o en industrias de servicios, desde operadores de teléfonos y meseros hasta mucamas[2].

2. criadas, sirvientas

Las preguntas marcadas con **[E]** pueden servir para la evaluación formal del estudiante en cuanto a su comprensión de la lectura. Para más sugerencias, vea la página xxx.

A pesar de que la tasa de desempleo entre hispanos ha disminuido de un 16,6% que había en el año 1982 a un 10% existente en la actualidad, el nivel de pobreza ha aumentado. Según el último informe de la Oficina Federal del Censo el número de familias hispanas por debajo del nivel de pobreza aumentó de un 26,2% a un 28,1% en el último año, más que el doble del nivel nacional de 13,5%. No obstante, el ingreso total de los hispanos creció un 67% entre 1982 y 1990, un aumento debido principalmente a que el número de hogares hispanos creció un 52%.

La situación de las mujeres hispanas no es menos preocupante. Más de la mitad de aquéllas que son mayores de 16 años, unos 3,8 millones, se han integrado a la fuerza de trabajo y están empleadas o buscando empleo. Por otro lado, casi una de cada cuatro familias hispanas está encabezada por una mujer sola, comparado con una de cada seis en la población en general. ■

1. En los últimos 40 años, millones han inmigrado de los 21 países del mundo latino. / 2. La lucha por los derechos civiles en los años sesenta. / 3. El hispano lleva cinco siglos en que se han mezclado las razas blanca, negra e india, este grupo está definido por su herencia y bagaje cultural, por su idioma y por sus valores. / 4. La gran parte del suroeste de EE.UU.perteneció a México; los dos países comparten una frontera de 1.952 millas. / 5. En 1960 huyeron de la revolución comunista. En 1980 se refugiaron más de 100.000 en el éxodo del Mariel. / 6. Han huido de la guerra civil y de las terribles condiciones económicas. / 7. La República Dominicana, Colombia, Ecuador, Perú. / 8. Su fertilidad. / 9. 14% de los estudiantes en las escuelas públicas son hispanos. 51,3% de los mayores de 25 años son graduados de secundaria. Hace ocho años la proporción era de 45,8%. / 10. 78,2% de los hispanos forman parte de la fuerza laboral; se concentran en ocupaciones de bajos salarios o no especializadas.

## Después de leer

1. ¿Cómo se explica el enorme crecimiento de la población hispana en los Estados Unidos? [E]
2. ¿Qué ocasionó la aparición del hispano como categoría específica en el censo de 1970?
3. ¿En qué sentido es diferente el hispano, como grupo minoritario, a las minorías raciales de los Estados Unidos ? [E]
4. ¿Cuáles son las razones por las cuales la mayoría de hispanos en los Estados Unidos son de origen mexicano?
5. Los cubanos representan el tercer grupo hispano más numeroso en EE.UU. ¿A qué se debe su gran número?
6. ¿Cuáles fueron los factores que motivaron a muchos centroamericanos a venir a EE.UU.?
7. ¿Cuáles son algunas de las demás procedencias principales de inmigrantes hispanos?
8. Según el artículo, hay otro factor importante que contribuye al elevado número de hispanos. ¿Cuál es?
9. Describa brevemente la demografía escolar de los hispanos en EE.UU.
10. Describa la situación del hispano en el sector laboral.

## Para escribir y comentar

Se recomienda repasar la información sobre el concepto y el propósito del Diario Interactivo en la página xxvi.

**El Diario Interactivo.** En vista de que este libro enfatiza la comunicación oral y escrita, uno de los componentes importantes es el **Diario interactivo.** Esencialmente, el diario le da la oportunidad de escribir sobre temas relacionados al capítulo o sencillamente sobre asuntos de interés personal sin pensar mucho en la forma en que escribe. Lo importante del **Diario interactivo** es la comunicación. El enfoque es el mensaje, no la forma. El profesor no corregirá las formas gramaticales de su escritura. Al leer las respuestas del profesor, aprenderá las fórmulas aceptadas del idioma. De esta manera Ud. se acostumbrará a comunicarse por escrito en español.

1. Empiece su diario interactivo. El profesor le indicará el proceso. En su primera entrada, escriba una descripción personal, indicando el papel que desempeña usted como hispano en los Estados Unidos. O si prefiere, escriba una reacción al artículo "Quiénes somos".

Si necesita ayuda con la escritura, el estudiante puede referirse a la sección **Estrategias de escritura** en la página 24 de este capítulo.

2. Entreviste a un miembro de por lo menos dos grupos hispanos para averiguar lo que ellos consideran semejanzas y diferencias entre estos grupos. Estas características pueden ser con respecto a valores, idioma, religión, celebraciones, costumbres, comidas, etc. Escriba un resumen de sus entrevistas y compártalo con la clase. Si no encuentra miembros de otros grupos, busque información en la biblioteca.
3. Complete el siguiente esquema con la información sobre los miembros de su familia inmediata, por ejemplo:

Guillermo Vargas
**Nombre**

méxicoamericano
**Grupo hispánico**

| Miembro de familia | Edad | Lugar de nacimiento | Nivel de educación | Profesión / Oficio |
|---|---|---|---|---|
| padre | 45 | Nogales, México | Graduado de escuela secundaria | Comerciante —tiene su propia tienda |
| madre | 42 | Tucson, Arizona | Graduada de escuela secundaria | Ama de casa / peluquera |
| hermano/a | | | | |

Cuando se hayan recopilado los datos de todos los miembros de la clase, hagan un resumen indicando la frecuencia o los porcentajes para cada categoría. Use los datos como base para una discusión de la situación actual del hispano en EE.UU.

4. El artículo indica que por razones históricas y geográficas, la mayoría de hispanos en EE.UU. son de origen mexicano. Explique lo que significa "históricas y geográficas".
5. ¿A qué se debe el hecho de que hay casi tantas personas puertorriqueñas en EE.UU. como en Puerto Rico mismo?

# 2 Origen de las raíces culturales hispanas

## Prelectura

La observación del Quinto Centenario de la llegada de Cristóbal Colón a América ha provocado mucha discusión en pro y en contra del verdadero significado de este acontecimiento histórico. A pesar de que las exploraciones y colonias españolas antedatan la llegada de los colonos ingleses, las contribuciones históricas, sociales, lingüísticas y culturales del hispano han permanecido por mucho tiempo en el desprecio y aún en el olvido. Ahora, sin embargo, estamos presenciando un nuevo interés en el verdadero descubrimiento: el reconocimiento y orgullo del pueblo hispano por sus raíces culturales. En este artículo, leeremos sobre algunas contribuciones históricas y actuales del hispano a EE.UU.

Para ayudar a su comprensión de la lectura, intente obtener la información que se pide para completar el esquema.

| Fechas o períodos mencionados | Lo que pasó |
|---|---|
| hace más de quinientos años | Colón estableció la comunicación entre el Viejo y el Nuevo Mundo |
| 1803 | EE.UU. dobló su tamaño al comprar territorios de España donde habitaba mucha gente de origen hispano |
| (Busque otros ejemplos y apúntelos.) | |
| **Personas / tratados mencionados** | **Su importancia** |
| Colón | persona que estableció contacto entre Europa y las Américas |
| Guadalupe Hidalgo | nombre del tratado que prometía derechos a los habitantes de los territorios españoles |
| (Busque otros ejemplos y apúntelos.) | |
| **Sitios mencionados** | **Información sobre éstos** |
| Norteamérica | España tiene presencia aquí entre la llegada de Colón y la de los peregrinos ingleses |
| Nueva Inglaterra | donde llegaron los peregrinos ingleses |
| la región entre Florida y California | el sur de EE.UU. |
| (Busque otros ejemplos y apúntelos.) | |
| **Campos** | **Contribución hispana** |
| monetario | primer papel moneda |
| música | norteña, tejana, ranchera, cumbia (cantantes: Celia Cruz, Gloria Estefan) |
| baile | mambo, chachachá |
| (Busque otros ejemplos y apúntelos.) | |

# Origen de las raíces culturales hispanas

**A lo largo de cinco siglos la contribución hispana a la cultura nacional ha sido una corriente subterránea que ahora empieza a expresarse en todo su esplendor.**

A las puertas del siglo XXI y después de quinientos años transcurridos desde que Colón estableciera una vía de comunicación entre el Viejo y el Nuevo Mundo, Estados Unidos está redescubriendo su herencia hispana. Entre los hallazgos figura la presencia hispana en Norteamérica durante el período comprendido entre la llegada de Colón y la de los peregrinos ingleses a Nueva Inglaterra. Este dato nunca figuró en los textos de historia, como si antes de 1607 el sur de Estados Unidos, desde Florida a California, no hubiera existido.

En 1803 comenzó la apropiación de un extenso territorio de raíces históricas hispanas. Ese año Estados Unidos prácticamente dobló su tamaño al comprar a Napoleón el territorio de Louisiana, que ocupaba 13 estados y que había pertenecido a España durante 37 años. En 1819 Estados Unidos anexó Florida. En 1845, Texas y en 1848, el Tratado de Guadalupe Hidalgo, al final de la Guerra México-Americana, cerró esta expansión estadounidense con la anexión de lo que en aquel entonces era casi una tercera parte del territorio mexicano.

En 1848 se selló la suerte de los hispanos en este país. A pesar de que el Tratado de Guadalupe Hidalgo prometía respetar los derechos de propiedad y conceder la ciudadanía a todos los habitantes de los territorios, muchos de los granjeros y rancheros de origen mexicano, quienes nunca se tomaron la molestia de registrar sus propiedades, fueron despojados de la tierra por los colonos anglosajones venidos del Este. Los nuevos amos, quienes apenas unos años antes tenían que pedir permiso para entrar, impusieron su ley, su idioma y sus costumbres.

El estatus de los mexicanos, ahora convertidos en méxicoamericanos, se redujo de inmediato. De dueños pasaron a ser jornaleros[1] y a excepción de los criollos "ricos" de Nuevo México, fueron segregados y mantenidos aparte de los blancos anglos. En muchas partes se prohibió el uso del idioma español.

Otro hecho decisivo en la presencia hispana en Estados Unidos fue la guerra de 1898 en la que España perdió Cuba, Puerto Rico y las Filipinas. Irónicamente, España había desempeñado un papel esencial en la emancipación estadounidense. El español Bernardo de Gálvez derrotó a los ingleses en el Golfo de México y a lo largo del Mississippi con tropas compuestas, en su mayoría, por soldados latinos. Fue España, más que Francia, la que financió buena parte de las campañas de la independencia norteamericana. La decisiva batalla de Yorktown fue financiada en parte con dinero y joyas donados por las damas de La Habana. Y el Segundo Congreso Continental hizo suyo el símbolo de una moneda española, el cuarto de a ocho (dos columnas con una cinta cruzada), el mismo que después se convertiría en el signo del dólar.

El primer papel moneda emitido por Estados Unidos estaba avalado[2] por el tesoro español. A los españoles también se les acredita el haber fundado la primera escuela integrada para niños blancos y negros de Estados Unidos, en San Agustín, Florida, a su vez la ciudad más antigua del país. Esta escuela desapareció con la integración de Florida a Estados Unidos.

A pesar de haber sido ignorada por la historia oficial, la contribución hispana a la formación de Estados Unidos forma una corriente subterránea que ha resurgido constantemente en la historia del país a través de múltiples expresiones culturales.

Los extraordinarios murales que hoy en día se ven en los barrios de California son el resultado de la herencia dejada por Orozco, Rivera y Siqueiros. La llamada música norteña y tejana que se escucha en el

1. personas que trabajan a sueldo

2. garantizado

suroeste es una amalgama[3] de ritmos que incluyen la polca europea, la ranchera mexicana y la cumbia colombiana. La música de Gloria Estefan es pariente de los sones de su nativa Cuba. De Cuba también llegaron Celia Cruz, el mambo y el chachachá; y los inmigrantes como Vicente Martínez Ybor, quien en el siglo XIX se mudó a Tampa a fabricar puros que competían con los mejores habanos de Cuba. Los hispanos, unidos para salvar las viejas iglesias de adobe de Nuevo México, una riqueza arquitectónica de origen colonial español, son descendientes directos de aquéllos que las construyeron. Los detalles desconocidos de esta historia han ido aflorando a medida que la población latina crece y cientos de miles de inmigrantes siguen llegando en busca de un futuro mejor. Por ejemplo, ahora se reconoce la importancia de la participación hispana en todos los conflictos bélicos de este país, desde la Guerra de Independencia hasta la del Golfo Pérsico. El hispano es el grupo étnico más condecorado en los anales bélicos de Estados Unidos.

En todos los estados de mayor población hispana existe un movimiento para reescribir los textos de historia en las escuelas para que los niños sepan que esos nombres que oyen bateando jonrones y cantando, nombres de pintores, escritores y músicos, atletas y políticos, no se encuentran aquí por pura casualidad.

Hoy en día los hispanos estamos representados en casi todos los niveles de la vida nacional. Los más reconocidos son las figuras del mundo deportivo y artístico que han logrado la fama entre los anglosajones, pero hay más. Los hispanos están presentes en la fuerza laboral, en el ámbito cultural, en las mesas de votación, en los departamentos de policía, en los hospitales, en el ejército, en la educación, en los medios de comunicación. Y su presencia se hace cada día más notoria y relevante en Estados Unidos. Lo que no se conoce tan bien en el mundo anglosajón es la energía pujante[4] de un mundo hispano que está creciendo a pasos agigantados.

Varias redes de televisión enlazan el mundo hispanoparlante de Estados Unidos. Por cada escritor latino que recibe premios por su obra en inglés hay otro que se reconoce en español. Por cada cantante que realiza su *crossover,* hay varios que cantan a diario únicamente en nuestro propio idioma llenando los mayores auditorios de este país. En varias ciudades de Estados Unidos existen grupos de teatro, reconocidos por la crítica, especializados en obras hispanas, tanto en inglés como español. Nuestros periódicos y revistas aumentan cada día.

3. mezcla

4. vigorosa

Cientos de estaciones de radio transmiten exclusivamente en español y hay latinos que se han hecho millonarios sin hablar una palabra en inglés.

Por lo tanto, no todo lo que brilla es en inglés. Existe en ciertas ciudades del país un mundo de estrellas latinas. La farándula, como la llamamos —con sus cazadores de autógrafos, sus fotoperiodistas al acecho, sus promotores semisiniestros, sus restaurantes de moda, sus entrevistadores y chismógrafos— ,se desplaza deslumbrante por un Estados Unidos que ríe y se divierte todas las noches en español.

Este mundo totalmente hispano, escondido del mundo que llamamos, por falta de otra palabra, "americano", también comienza a "descubrirse". Quizás, la contribución hispana de mayor transcendencia para el futuro de esta nación sea el auge de la enseñanza del idioma español en escuelas y universidades, en gran parte desempeñado por maestros hispanos. Apenas vislumbramos lo que esto puede significar: un país donde latinos y no latinos nos entendamos sin barreras lingüísticas, donde aprendamos unos de los otros sin complejos ni prejuicios, donde el proceso de asimilación se dé en ambas direcciones. Éste podría ser el gran Encuentro, el mayor Descubrimiento. ■

## Después de leer

1. Su presencia en los textos de historia. / 2. 1803, territorio de Louisiana; 1819, Florida; 1845, Texas; 1848, Tratado de Guadalupe Hidalgo, casi una tercera parte de México. / 3. Muchos de los granjeros y rancheros mexicanos fueron despojados de tierras y ciudadanía. / 4. Pasaron de dueños a ser jornaleros, fueron segregados y se prohibió el uso del español. / 5. Perdió Cuba, Puerto Rico y las Filipinas. /

1. ¿Cuál es uno de los indicios importantes que señalan el nuevo interés en lo hispano?
2. Enumere las apropiaciones que convirtieron a EE.UU. en el enorme país que es hoy en día. [E]
3. Describa lo que sucedió históricamente con el Tratado de Guadalupe Hidalgo. [E]
4. En términos humanos, ¿cuál fue el resultado del tratado? [E]
5. ¿Qué le sucedió a España en 1898? [E]

6. Opinión de cada alumno. / 7. Símbolo de una moneda española, el cuarto de a ocho: dos columnas con una cinta cruzada. / 8. Al apropiarse EE.UU.de Florida. / 9. En las artes plásticas (especialmente los murales), música, arquitectura colonial, participación en la guerras de EE.UU. / 10. Es el grupo étnico más condecorado en la historia del país. / 11. Para dar a conocer la importancia y las contribuciones del hispano a este país. / 12. Deportes, artes, fuerza laboral, mesas de votación, departamentos de policía, hospitales, ejército, educación, medios de comunicación / 13. La literatura, la música, la prensa, radio y la televisión. Se destacan por ser realizados por latinos sin hablar una palabra en inglés. / 14. Opinión de cada alumno.

6. Según el artículo, España y algunas de sus colonias habían figurado prominentemente en la historia de EE.UU. ¿Por qué cree que estos acontecimientos no aparecían en textos de historia?
7. ¿Cuál es la procedencia del símbolo del dólar?
8. La integración de las escuelas existía en las colonias españolas. ¿Cuándo se abolió?
9. Aunque las contribuciones hispanas no hayan figurado oficialmente en la historia de EE.UU., se han manifestado de otra manera. ¿Cómo?
10. ¿Qué papel desempeñó el pueblo latino en los conflictos militares de EE.UU.?
11. ¿Por qué es importante reescribir los textos de historia para incluir el elemento hispano?
12. Enumere algunos de los ámbitos en que figuran prominentemente los latinos hoy en día. [E]
13. ¿Cuáles son algunos ramos de la diversión en que se ha destacado el pueblo latino? ¿Por qué se destacan muchos de estos logros?
14. El autor del artículo opina que, tal vez, la mayor contribución del pueblo hispano sea la enseñanza del español, en gran parte por maestros hispanos. ¿Qué piensa usted? [E]

## Para escribir y comentar

Acuérdese que por ahora debe tratar de comunicar sus ideas, sin preocuparse por la manera en que escribe en español.

1. Escriba la segunda entrada en su diario, comentando sobre algún hispano que usted admire. Explique las razones por las cuales admira a esta persona.
2. Repase un texto de historia de EE.UU. publicado recientemente. Cuente e identifique a los personajes hispanos que figuran en el libro. Fíjese en el número de líneas o páginas dedicadas a cada personaje. Comente los resultados con el resto de la clase. Si es posible, compare este libro con otro publicado hace un mínimo de veinte años.

3. Trate de encontrar en la biblioteca fotos o láminas de murales realizados por artistas hispanos en EE.UU. o fotos de los murales mexicanos clási cos de Rivera, Siqueiros, etc. Escriba una descripción de los mismos. ¿Existen murales pintados por hispanos en su ciudad? Saque fotos de los murales y monte su colección en un cuaderno o álbum identificando cada uno por artista y ubicación. Escriba una corta descripción de cada uno e incorpórela al cuaderno para formar un tipo de catálogo de los murales. Compárelos con los que vio en la biblioteca.

4. ¿Hay programas de radio y locutores de habla hispana en su ciudad? Escriba un informe de una página en el que describe el tipo de programa o música que se toca y, a la vez, comente sobre el tipo de idioma que se usa. Si no existen programas en español en la radio, tal vez tenga un disco o cassette que quiera describir y compartir con la clase.

5. Según el artículo, España y algunas de sus colonias habían figurado prominentemente en la historia de los Estados Unidos ¿Por qué cree que estos acontecimientos no aparecían en textos de historia? En pequeños grupos, comenten sobre esta pregunta.

# 3 Por la unidad

## Prelectura

En este capítulo hemos visto y comentado sobre la noción de que la comunidad hispana en los Estados Unidos consta de varios millones de individuos, y que este país cuenta con una de las mayores poblaciones hispanas del mundo entero. Que esta población tiene un enorme potencial político y económico es indiscutible, pero que esta población sostenga metas comunes y sea reconocida como fuerza unida ha sido tema de discusión. ¿Pueden o deben unirse las metas e intereses de los dominicanos, mexicanos, cubanos, puertorriqueños, salvadoreños, colombianos y demás grupos hispanos por el bien común? Según Henry Cisneros, autor de este artículo, cada grupo hispano lucha por lo suyo en vez de apoyar el bien colectivo de todos los hispanos. Henry Cisneros, un líder político méxicoamericano, ha sido alcalde de San Antonio y miembro del equipo del presidente Clinton.

Para ayudar a su comprensión de la lectura, intente obtener la información que se pide para completar el esquema.

| echas o períodos mencionados | Su importancia |
|---|---|
| siglo XXI<br><br>(Busque otros ejemplos y apúntelos.) | la unidad hispana se traducirá en un poder de voto, influencia de los consumidores y liderazgo en instituciones privadas |
| **Cifras o números dados** | **A qué se refieren** |
| 53% | crecimiento de la población hispana entre 1980 y 1990 |
| 106% | crecimiento de la población asiática entre 1980 y 1990 |
| (Busque otros ejemplos y apúntelos.) | |
| **Grupos u organizaciones mencionados** | **Información sobre éstos** |
| dominicanos en Nueva York | se quejan de que los puertorriqueños dominan el gobierno de la ciudad injustamente |
| republicanos / demócratas | grupos políticos estadounidenses |
| Agenda Nacional de Liderazgo Hispano | grupo que quiere participar en la agenda política nacional |
| (Busque otros ejemplos y apúntelos.) | |

## *Por la unidad*

**Uno de nuestros líderes políticos más destacados argumenta que la unidad de propósitos entre todos los hispanos nos llevará a conseguir un futuro mejor.**

Un cambio fundamental para el futuro de la comunidad hispana está ocurriendo lenta pero inexorablemente. Somos 23 millones de personas pero, ¿tenemos el poder de 23 millones? Sí, si actuamos juntos. De lo contrario estaremos destinados a ser tribus en guerra.

La unidad nacional hispana es uno de los factores que alimenta nuestro avance en negocios, gobierno, academias y otras áreas. En el futuro habrá más presidentes de universidades, jueces federales y ejecutivos hispanos si se crean metas comunes a través de la comunicación. Las redes hispanas serán más efectivas a medida que los hispanos ocupen más posiciones ejecutivas y directivas.

Las contribuciones que los hispanos aportarán a la sociedad de Estados Unidos en el futuro serán inconmensurables[1]. En el siglo XXI esta unidad hispana se traducirá en un tremendo poder de voto, influencia de los consumidores y liderazgo en instituciones privadas.

1. enormes

A medida que nos aproximamos al nuevo milenio, nuestro desarrollo cultural como miembros de grupos individuales de la familia hispana continuará evolucionando en forma positiva, celebrando nuestras similitudes, respetando nuestras diferencias. Nos ligaremos como grupo, mantendremos nuestra diversidad y nuestra fuerza residirá no sólo en el número de nuestra población, sino también en nuestra síntesis cultural.

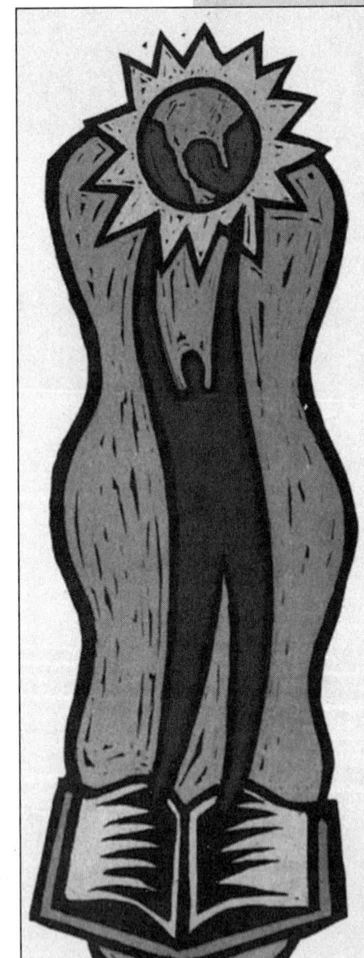

Desde luego, al igual que ocurre con cualquier otro grupo diverso, hay desacuerdos internos. Los dominicanos en Nueva York, por ejemplo, se han quejado de que los puertorriqueños dominan el gobierno de la ciudad injustamente. A nivel nacional, en los años ochenta, algunas organizaciones cubanoamericanas apoyaron la política de Estados Unidos en Centro América, una posición diferente a la de la mayoría de los otros grupos hispanos. A medida que surgen desacuerdos en nuestro futuro, que son más de origen regional que étnico, los líderes hispanos estarán preparados para encontrar soluciones a través de mejores contactos.

Los hispanos enfrentamos el desafío de cambiar la percepción que la gente tiene de nosotros. Somos aparentemente tan similares que los no hispanos nos ven como una entidad grande y homogénea. Mirando nuestra piel canela y escuchando nuestra mezcla de inglés-español, es fácil entender por qué la gente supone que todos procedemos del mismo lugar.

Aunque venimos de diferentes mundos hispanos, somos de la misma familia. Nos diferenciamos uno del otro como los irlandeses de los ingleses o de los escoceses. Así como las comunidades inmigrantes europeas han crecido y prosperado en Estados Unidos, también lo harán los inmigrantes latinoamericanos.

Tradicionalmente, los inmigrantes trabajan duro y están tan concentrados construyendo nuevas vidas, que se involucran poco en el proceso político. La falta de familiaridad con el sistema de gobierno de Estados Unidos y la desconfianza hacia los políticos alimentan su apatía.

Esta resistencia a comprometerse políticamente cambiará a medida que los republicanos y los demócratas busquen el apoyo de la comunidad hispana y de otros inmigrantes. Este esfuerzo de los partidos por ganar peso político entre los hispanos permitirá a sus líderes enfocar mejor las preocupaciones de la comunidad.

En el futuro enfrentamos el desafío de elegir más funcionarios hispanos. Con más de 4.000 elegidos en todo el país, la mayoría de ellos sirviendo en cargos locales, existe la expectativa de que emerjan nuevos líderes nacionales, un nivel en el que hasta ahora hemos estado subrepresentados. En la actualidad hay sólo 10 hispanos en el Congreso, ninguno en el Senado y no hay gobernadores hispanos.

Los temas que confrontemos y las oportunidades que compartamos harán posible la elección de más senadores hispanos, gobernadores y otros funcionarios nacionales. La carrera presidencial de 1992 puede ser el primer evento que obligue a los hispanos a hablar con una sola voz. ¿Podremos cooperar como una comunidad coherente? Una organización, la National Hispanic Leadership Agenda (Agenda Nacional de Liderazgo Hispano), de la que soy copresidente, está desarrollando una plataforma política para 1992. Nuestra esperanza es organizar un grupo nacional con el que podamos participar en la agenda nacional de Estados Unidos.

Las minorías en general ejercerán más influencia. Los hispanos, negros y asiáticos serán el 25% de la población para el año 2000. Entre 1980 y 1990, la población hispana creció en un 53%, y la asiática en un 106%. De continuar el ritmo de inmigración e índices de natalidad, para finales de siglo la población hispana habrá crecido un 21%, la asiática un 22%, los negros casi un 12% y los blancos algo más del 2%. Para el año 2020, los especialistas dicen que los hispanos y otras minorías se duplicarán a cerca de 115 millones. Esta perspectiva y en concreto el incremento de los hispanos ofrece una oportunidad increíble para capitalizar nuestros talentos.

Para asumir los cambios tecnológicos del próximo siglo, tenemos que estar en condiciones de saber quién es nuestra gente.

¿Los hispanos estamos preparados para el futuro?, ¿Estamos recibiendo la correcta educación y entrenamiento para ser empresarios, analistas de computadoras, obtener doctorados o ser ingenieros? ¿Seremos competitivos en el mercado laboral?

La única forma de ser competitivos, de lograr los puestos más elevados y mejorar el nivel de vida, es concentrarse en una sólida educación.

Sin embargo las cifras de deserción escolar no son muy alentadoras[2]. En 1989, según un estudio del American Council on Education, el porcentaje de estudiantes hispanos de bachillerato que abandonan los estudios entre los 18 y 24 años era de un 56%. Entre la población hispana, el grupo méxico-americano posee los niveles más elevados con un 57,3%, seguido de los puertorriqueños con un 46% y los cubanos con un 37%. Según el estudio sólo el 78,7% de los hispanos de 16 y 17 años están en la escuela, comparado con el 91,6% del total de la población.

2. no dan ánimo

Además de la educación, en los años venideros los grupos hispanos se unirán alrededor de los grandes temas que afectan más a nuestra comunidad: educación bilingüe, inmigración y derechos civiles. Entre otros temas comunitarios vitales, figuran el de la vivienda accesible, la salud, las oportunidades de empleo y los contratos gubernamentales.

Ya comprendemos el 10% de la población. El último censo indica que estamos creciendo a un ritmo del 22%. Nuestra unidad política como grupo en los años noventa y en el siglo XXI no pondrá en peligro nuestra individualidad como un pueblo diverso. No podemos ser homogeneizados; somos blancos, negros, indios, una mezcla de los dos o de los tres. Tenemos diferentes costumbres, diferentes memorias nacionales y héroes culturales.

Mientras que los mexicanos, puertorriqueños y cubanos siguen siendo los grupos hispanos dominantes, el porcentaje puede cambiar en el futuro. Hoy, los mexicanos son el grupo más grande, con casi dos terceras partes de la población hispana. Con el acuerdo de libre comercio entre Estados Unidos, México y Canadá en el horizonte, el flujo de inmigrantes mexicanos se reducirá a medida que se desarrolla la economía mexicana. El segmento de más rápido crecimiento en el futuro vendrá de Centro y Sur América. Sus números han crecido en cerca de un 40% en los últimos cinco años. Ya hay unos 500.000 salvadoreños viviendo en Estados Unidos.

1. Si los hispanos actúan juntos tendrán el poder de 23 millones, en vez de ser tribus en guerra. / 2. Existen desacuerdos internos, p.ej., dominicanos contra puertorriqueños; algunas cubanoamericanos apoyaron la política de EE.UU.en Centro América. / 3. Significa que hay grandes similitudes entre los diversos grupos hispanos; hay que respetar las diferencias. / 4. Ven similitudes de la piel y escuchan el uso de inglés-español. / 5. Opinión de cada alumno. / 6. La mayoría ha sido a nivel local. Cada estudiante expresará su opinión sobre la segunda pregunta. / 7. Cada estudiante explicará lo que sabe sobre el asunto. / 8. Para finales del siglo, la población hispana habrá crecido un 21%, la asiática un 22%, los negros casi un 12%, y los blancos algo más del 2%. Para el año 2020, se dice que los hispanos y otras minorías se duplicarán a cerca de 115 millones.Las minorías, en general, ejercerán más influencia. / 9. El hispano tiene que lograr altos niveles de educación. Cada estudiante dará su opinión al respecto. / 10. Hay una alta tasa de deserción escolar. El grupo méxicoamericano no tiene el nivel más elevado: 57,3%; el puertorriqueño 46%; el cubano 37%. /

El crecimiento de la población puede ser la tendencia más profunda en la comunidad hispana. Según reportó la revista *Time* en un artículo de portada, a comienzos del siguiente siglo uno de cada cuatro ciudadanos americanos será hispano, negro, asiático o del Oriente Medio. Para el año 2015 habrá 40 millones de hispanos.

Lo que hagamos con el poder potencial de estas cifras no depende del gobierno de Estados Unidos ni tampoco de los líderes hispanos. En definitiva, aprovechar las oportunidades futuras dependerá de la preparación y de la voluntad de los hispanos mismos. ■

## Después de leer

1. ¿Por qué apoya Henry Cisneros la unidad de la comunidad hispana?
2. A pesar de que los hispanos representan una enorme parte de la población norteamericana, el autor pone en duda el poder político y económico de esta comunidad. ¿Por qué? ¿Tiene razón?
3. El Sr. Cisneros dice que el poder del hispano no sólo reside en su numerosa población, sino también en su síntesis cultural. ¿Qué cree que significa esto?
4. ¿Cuáles son algunas de las razones por las cuales el pueblo norteamericano ve a los latinos como un grupo enorme en el cual todos son iguales?[E]
5. El autor señala unas razones que contribuyen a la falta de participación en el proceso político por parte del hispano. ¿Está de acuerdo? ¿Por qué?
6. ¿En qué sector político se han concentrado la gran mayoría de los latinos? ¿Cree que esto es parte de la evolución del poder del latino? Explique su respuesta.
7. El artículo se escribió antes de las elecciones nacionales de EE.UU. de 1992, y el autor menciona algunos de los esfuerzos y planes de los líderes hispanos para esas elecciones. ¿Sabe usted si se llevaron a cabo estos planes?
8. ¿Qué pronostica demográficamente el Sr. Cisneros para el hispano y para otros grupos minoritarios? Según él, ¿cuáles serán las consecuencias?

11. Educación bilingüe, inmigración, derechos civiles, vivienda accesible, salud, empleo y contratos gubernamentales. / 12. No. Existen diferentes razas, costumbres, diferentes memorias nacionales y héroes culturales. / 13. El flujo de inmigrantes mexicanos se reducirá y la mayoría vendrá de Centro y Sur América. / 14. Los hispanos mismos. Cada estudiante expresará su opinión.

9. Para tomar nuestro lugar legítimo en el mundo del siglo XXI, según el autor, ¿qué será lo indispensable? ¿Está de acuerdo?
10. Describa la realidad escolar del hispano.
11. Enumere los temas principales para el latino en el porvenir, según el Sr. Cisneros. [E]
12. ¿Nos podemos mezclar completamente todos los grupos hispanos? ¿Por qué? [E]
13. ¿Cuál será el efecto del acuerdo de libre comercio?
14. A fin de cuentas, ¿quién o quiénes controlan nuestro destino, según el Sr. Cisneros? ¿Qué opina Ud. al respecto?

## Para escribir y comentar

Acuérdese que por ahora debe tratar de comunicar sus ideas, sin preocuparse por la manera en que escribe en español.

1. Continúe con su diario interactivo, dando su opinión sobre lo que se propone en el artículo. ¿Qué opina sobre lo que dice Henry Cisneros? ¿Conoce a alguien que sea de otro grupo hispano? Compare lo que comparte esta persona con su propia familia.

Se puede hacer con los miembros de la clase.

2. Haga una encuesta entre varios hispanos para averiguar su afiliación política y las razones de su preferencia. Comente los resultados con el resto de la clase.
3. ¿Piensa Ud. que es posible la unión hispana propuesta por el Sr. Cisneros? Escriba un ensayo de una página en el que da su opinión al respecto. [E]

Se puede seguir con este tema con una tarea escrita sobre el mismo.

4. Piense sobre la siguiente situación hipotética: Es el año 2050 y la mayoría de los hispanos ocupa puestos de prestigio y de influencia política y económica. ¿Piensa que puede ser posible esta situación? ¿Cuáles serían los efectos sobre la percepción del hispano por parte del resto de la población? La clase entera debe comentar oralmente sobre esta situación imaginaria.

# Estrategias de escritura

La escritura es uno de los medios que utilizamos para expresar nuestros pensamientos. Puesto que lo que escribimos queda grabado para que otros lo vean, normalmente nos esmeramos más en este proceso que cuando hablamos.

El proceso de la escritura que se discute en los Capítulos 1 al 5 se puede hacer en conjunto, o capítulo por capítulo como se presenta en el libro. Además se pueden utilizar los temas de los capítulos previos y siguientes para llevar a cabo el proceso completo.

La escritura nos da la oportunidad de cambiar, corregir y reorganizar lo que queremos expresar, lo cual no es siempre posible cuando nos expresamos oralmente. Al escribir es necesario seguir un proceso lógico para organizar nuestras ideas. Este proceso tiene varios pasos o etapas que debemos seguir:

1. La planificación (pre-escritura)
    a. La selección y limitación del tema
    b. El propósito del escritor y del lector
    c. La conceptualización de ideas ("Lluvia de ideas")
2. El borrador
3. La revisión del borrador
4. La versión final

En cada capítulo de este libro se presentará una etapa del proceso de escritura para que usted lo practique. Continúe utilizando los pasos que vaya aprendiendo cada vez que escriba.

## La planificación

La pre-escritura consiste en la planificación del tema o las ideas que van a exponerse. Parte de esta planificación incluye la selección y la limitación del tema, la identificación del propósito del escritor y del lector, y la selección de las ideas o conceptos que compondrán el núcleo del trabajo.

### a. La selección y limitación del tema

Cuando escribimos un párrafo o ensayo es necesario seleccionar un tema general. Al elegir el tema, usted debe considerar que:

1. le interese a usted;
2. le interese a los lectores;
3. se pueda desarrollar en el tiempo y espacio que se hayan indicado.

Si el tema se puede escoger libremente, usted puede recurrir a sus intereses principales para generar ideas. En el caso de este libro, usted puede buscar ideas en su diario o en las lecturas mismas. Todos estos son medios útiles para presentar una serie de temas y al final decidirse por el más indicado.

Una vez escogido el tema, probablemente será necesario limitarlo para que sea más específico. Un tema como "Los hispanos en California", requeriría una investigación extensa y detallada y, por lo menos, todo un libro para tratarlo debidamente. Limitar el tema nos permite enfocar un solo aspecto del tema general.

## Actividades

1. Para practicar este paso de la escritura, haga una lista de cinco temas generales que le interesen y que se relacionen con el hispano.
2. Cuando los haya escrito, repáselos y decida cómo se pueden limitar para escribir un ensayo. Dé por lo menos dos opciones para cada tema.

   Ejemplo: Tema general: Los cubanos

   Temas limitados: La música cubana contemporánea en EE.UU<br>Tres políticos de ascendencia cubana

### b. El propósito del escritor y del lector

A veces, cuando escribimos, lo hacemos para cumplir con un requisito de la clase. Tal vez por eso pensamos que ese trabajo no tiene un propósito "verdadero". Sin embargo, todo lo que escribimos tiene un propósito, y esto influye no sólo en las ideas que exponemos, sino también en la manera o el estilo en que nos expresamos. Algunos propósitos para un ensayo pueden ser:

Explicar o informar
Crear (un poema o cuento)
Persuadir
Expresar sentimientos
Describir
Recordar una experiencia
Entretener

A veces al escribir tenemos más de un propósito. Por ejemplo, usted puede describir su lugar favorito y a la vez tratar de convencer al lector de que lo visite. El propósito determinará la información que se incluirá en el ensayo. También es necesario tomar en cuenta a su lector. ¿Quién leerá su ensayo? ¿Cómo debe comunicar sus ideas para que el lector se interese? ¿Qué sabe el lector acerca del tema? Aunque usted piense que el único lector será su profesor, usted debe considerar que puede haber otros lectores y que éstos tendrán un propósito específico al leer su ensayo.

## Actividades

1. Repase la lista de temas generales y limitados que escribió anteriormente.
2. Repase la lista de temas limitados que escribió. Piense en el propósito que usted puede tener como escritor y en el propósito del lector.

Ejemplo: Tema general: Los cubanos
Temas limitados: La música cubana contemporánea en EE.UU.
Propósito del escritor: Informar
Lector: Profesor, compañeros de clase

### c. La conceptualización de ideas ("Lluvia de ideas")

Una vez que usted ha escogido el tema, lo ha limitado y ha determinado su propósito y la identidad del lector, necesita recopilar la información necesaria. Este paso puede llevarse a cabo en diferentes formas, dependiendo del tipo de ensayo y de su propósito. Si está escribiendo una descripción, por ejemplo, puede ser suficiente observar sus alrededores para obtener palabras e ideas que le ayuden a desarrollar su tema. Usted también puede obtener detalles importantes mediante el uso de las preguntas que utilizan los periodistas: ¿Quién?, ¿Qué?, ¿Cómo?, ¿Cuándo?, ¿Dónde? y ¿Por qué?

La lluvia de ideas se puede hacer individualmente o en grupos. Si se hace individualmente, el alumno escoge su tema y anota todas sus ideas. Cuando se hace en grupo, toda la clase puede escoger el tema y generar ideas.

Otra buena manera de obtener la información necesaria para escribir es la conceptualización o "lluvia de ideas". Su meta, en este caso, es hacer una lista de todas las ideas que se relacionan al tema. Usted debe dejar que sus ideas fluyan sin obstáculos para que pueda anotar todas las posibles ramificaciones del tema. Así se dará cuenta de lo que sabe sobre el tema o si, en efecto, sabe lo suficiente.

Las ideas que obtenga con la lluvia de ideas se pueden desarrollar más detalladamente en un proceso visual llamado "racimos". Las ideas principales se ponen, cada una, dentro de un círculo. De estos círculos van saliendo rayos, donde se escriben los subtemas relacionados a cada idea principal. A menudo estos grupos o "racimos" de ideas se van enlazando unos con otros, y el proceso continúa hasta que usted haya agotado el tema y tenga una serie de ideas concretas con las cuales trabajar.

Ejemplo: Tema general: Los cubanos

Tema limitado: La música cubana contemporánea en EE.UU.

Propósito del escritor: Informar

Lector: Profesor, compañeros de clase

Lluvia de ideas: ¿Qué tipo de música es la más popular?

¿Quién la escucha?

¿Quiénes son los artistas?

¿Dónde la escuchan?

¿Por qué les gusta?

Racimo: Vea el ejemplo que figura a continuación

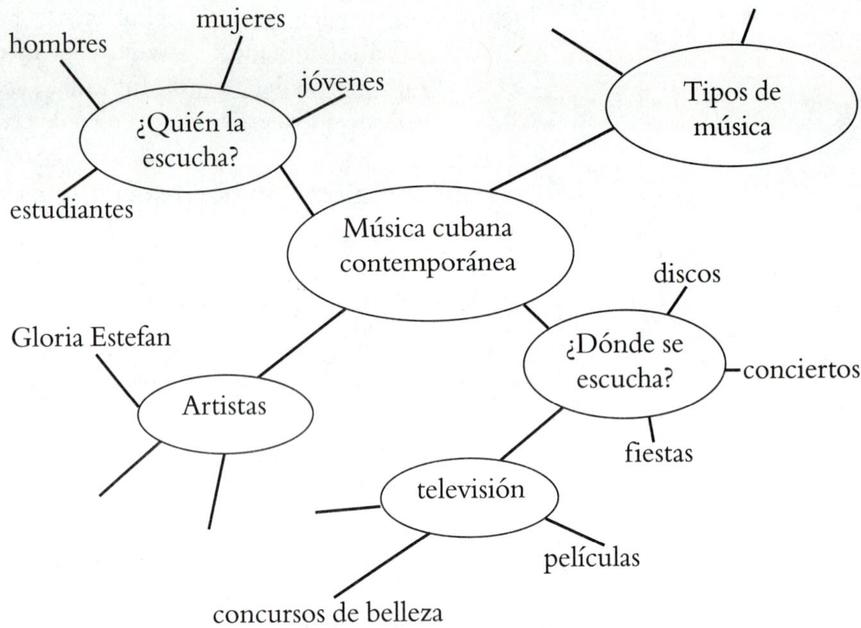


## Actividades

1. Desarolle su propia lluvia de ideas.
2. Utilizando su propio tema, forme un racimo, así como el ejemplo.

# Lenguaje

## La ortografía española

¿Es ésta la primera vez que lee en español? ¿O tiene mucha experiencia en lecturas en este idioma? El hecho de que leyó los artículos de este capítulo (con mayor o menor comprensión) demuestra que pudo, por lo menos, descifrar la mayoría de las palabras. En esta sección, vamos a utilizar los conocimientos básicos que ya tiene usted para repasar el sistema ortográfico en español.

La Real Academia de la Lengua Española ha eliminado **ch** y **ll** como letras independientes del alfabeto y se incluirán en el diccionario bajo la **c** y la **l** respectivamente.

Como usted sabe, el inglés y el español usan el mismo alfabeto: el romano. Esto quiere decir que en la mayoría de los casos usted puede transferir sus conocimientos de un idioma al otro. Pero hay ciertas diferencias importantes. En español hay cuatro signos o letras adicionales: **ch, ñ, ll** y **rr.** Además, la **h** en español es muda, es decir, no representa ningún sonido; se usa sólo por razones históricas. A veces la **u** también es muda, en las combinaciones **gue, gui, que** y **qui.** También hay algunas letras que representan sonidos diferentes en español y en inglés, por ejemplo la **ll** *(Yo me llamo Juan),* la **g** *(Miguel es muy buena gente),* la **r** *(Esa raqueta es mía),* la **z** *(Marta se compró zapatos negros),* la **j** *(La jarra contenía vino)* y la **x** *(México es un país grande).*

Usted sabe también que la ortografía en inglés puede ser sumamente irregular. Muchas palabras se tienen que aprender de memoria porque parecen no seguir ninguna regla. En español, sin embargo, la ortografía es muy regular, y esto simplifica la lectura y la escritura. Hay relativamente pocas palabras que se tienen que aprender de memoria para escribirlas correctamente. En español las vocales representan solamente cinco sonidos en el lenguaje oral. Y las consonantes también representan mayormente un solo sonido. Por otra parte, hay ciertos sonidos o fonemas del lenguaje oral que se pueden representar con una o más letras. Por ejemplo **/s/** en la América Latina se puede representar con la **c** *(cinco),* la **s** *(siempre)* o la **z** *(zapato).* En España, la **c** (en las combinaciones **ce, ci)** y la **z** representan un sonido parecido al de **th** *(**th**in)* en inglés. La otra diferencia obvia entre los dos idiomas es el uso del acento ortográfico en español. Pero de este asunto se hablará más en otros capítulos.

Se recomienda que no se dedique mucho tiempo repasando los nombres de las letras y que sencillamente se presenten de una manera natural al repasar y comentar los ejercicios.

En esta sección, vamos a hacer algunos ejercicios ortográficos basados en las lecturas del capítulo, para presentar las palabras dentro de un contexto. Se compararán las letras del alfabeto español con las del inglés, en términos de los sonidos que representan en cada idioma, y se presentará una o más preguntas sobre cada letra. Usando el esquema que sigue, escriba cinco ejemplos en español y cinco en inglés para cada letra. Busque los ejemplos españoles en las lecturas de este capítulo y los ejemplos ingleses en revistas a su disposición.

Todas las vocales son esencialmente invariables en español.

1. sonido significativo, es decir, que señala un cambio en el significado de las palabras. Por ejemplo: **doy, voy, soy**

**b:** Esencialmente son iguales. En español existen variaciones pequeñas (alófonos). [b] oclusiva: **b**ueno, **b**ote [ƀ] fricativa: lo **b**ueno, a**b**uelo. Las letras **b** y **v** representan los mismos sonidos en español.

**c:** [s] antes de **i, e: c**ielo, **c**entavo, en España se pronuncia como la *th* de inglés. [k] antes de **a, o, u: c**antar, **c**odo, **c**una.

**ch:** Esencialmente igual.

**d:** Esencialmente son iguales. En español existen variaciones pequeñas (alófonos). [d] oclusiva: **D**on Ramiro, al**d**ea, an**d**ar [đ] fricativa: le **d**oy, a**d**obe.

**f:** En español, el sonido se representa sólo con la letra **f.** En inglés, se representa con **f** *(fun),* **ph** *(photo),* **gh** *(cough).*

**g:** En cada idioma representa dos sonidos. En los dos existe la [g] oclusiva. En inglés también representa el sonido de la **j** inglesa, [ǰ]. En español a veces representa el mismo sonido que la **j** española [x], antes de **i, e:** gigante, genio. [g] antes de **a, o, u:** gato, tengo, gusto [ǥ] fricativa: pagar, la gota, agua.

**h:** Muda en español; [h] en inglés.

| Letras(s) | Ejemplos en español | Ejemplos en inglés | Información adicional |
|---|---|---|---|
| **Vocales** | | | |
| a | | | ¿Cambia o varía el fonema[1] que representa en diferentes palabras? |
| e | | | ¿Cambia o varía el fonema que representa en diferentes palabras? |
| i | | | ¿Cambia o varía el fonema que representa en diferentes palabras? |
| o | | | ¿Cambia o varía el fonema que representa en diferentes palabras? |
| u | | | ¿Cambia o varía el fonema que representa en diferentes palabras? |
| **Consonantes** | | | |
| b | | | ¿La letra **b** tiene el mismo sonido en inglés que en español? |
| c | | | ¿Cuáles son los dos sonidos que puede representar la **c**? Escriba en sus propias palabras una regla que explique los dos sonidos de la letra **c** en español. |
| ch | | | El sonido representado por estas letras, ¿es igual en inglés y en español? |
| d | | | ¿La letra **d** tiene el mismo sonido en inglés que en español? |
| f | | | ¿Cree que presente problemas en español? ¿Cómo se representa el sonido de la **f** en inglés? |
| g | | | ¿Cuáles son los sonidos que puede representar esta letra en español? ¿Es igual o diferente en inglés? Escriba una regla que explique los sonidos de esta letra en español. |
| h | | | ¿Cómo difiere la función de esta letra entre el español y el inglés? |

**j:** No. En español representa [x]. En inglés representa [ǰ].

**k:** En palabras de origen extranjero: *kilo, kilómetro, kiosco*.

**l:** Esencialmente son iguales, aunque [l] en español es dental. En inglés es palatal *(look)* o velar *(bell)*.

**ll:** Representa el sonido /y/ en español, [l] en inglés.

**m:** Sí.

**n:** Esencialmente son iguales.

**ñ:** Sí existe: *canyon, onion*

**p:** Esencialmente son iguales. Diferencias en la pronunciación de **p** : en inglés se aspira en posición inicial: [$p^h$] *pencil, port;* no después de **s:** [p] *sport, spin*. En español no se aspira: papá, puente.

**q:** [k] en inglés se aspira en posición inicial: [$k^h$] *quiet;* no después de s: [k] *squander*. En español no se aspira: quemar, aquel. Inglés: se usa con la **u** y otras vocales: *quantity, quick, quest*. Español: sólo con **ue, ui:** queso, quitar. En español no se pronuncia la **u** cuando sigue a la **q**.

**r:** En español la **r** representa uno de dos sonidos: al principio de palabra es múltiple vibrante (Rosa, remedio). En posición interior es simple vibrante (pero, para). El simple vibrante existe en inglés norteamericano *(Betty, butter, ladder)*. En inglés norteamericano es retrofleja *(run, Mary, more)*.**rr:** En español es múltiple vibrante, en inglés norteamericano es igual a la **r** retrofleja: *terrific, horrible*.

| Consonantes | Ejemplos en español | Ejemplos en inglés | Información adicional |
|---|---|---|---|
| j | | | ¿Es igual el sonido representado por esta letra en los dos idiomas? |
| k | | | ¿Cuántas palabras puede encontrar en las lecturas de este capítulo que contengan la letra **k**? ¿Por qué cree que sucede esto? ¿Sabe de algunas palabras en español que se escriben con **k?** |
| l | | | ¿La letra **l** tiene el mismo sonido en inglés que en español? |
| ll | | | ¿Representa el mismo sonido en inglés y en español? |
| m | | | ¿Tiene el mismo sonido en inglés que en español? |
| n | | | ¿Tiene el mismo sonido en inglés que en español? |
| ñ | | | ¿Existe en inglés el sonido representado por la **ñ?** ¿Cómo se representa? |
| p | | | ¿Tiene el mismo sonido en inglés que en español? |
| q | | | ¿Cree que presente problemas en la pronunciación? ¿Cómo difiere el uso de esta letra en los dos idiomas? |
| r | | | ¿Cómo difiere el sonido representado por esta letra en los dos idiomas? ¿Existe este sonido en inglés norteamericano? |
| rr | | | ¿Cómo difiere el sonido representado por esta letra en los dos idiomas? ¿Existe este sonido en inglés norteamericano? |
| s | | | ¿Tiene el mismo sonido en los dos idiomas? ¿Cuáles de las otras letras representan el mismo sonido? |
| t | | | ¿Tiene el mismo sonido en los dos idiomas? |
| v | | | ¿Tiene el mismo sonido en los dos idiomas? |

**s:** Esencialmente son iguales. En español latinoamericano también se representa el mismo sonido con la **c** y la **z.** En inglés se representa también con la **c.** A veces la **s** en inglés tiene el mismo sonido que la **z** inglesa. Por ejemplo: *misery, clause.*

**t:** Esencialmente son iguales. En inglés se aspira en posición inicial: [$t^h$] *ton, tuba;* no después de *s:* [t] *stop, string.* En español no se aspira: Tomás, tanto.

**v:** No. En español se pronuncia como la **b.** En inglés tiene su propio sonido.

**w:** En palabras de origen extranjero. Tal vez el estudiante trate de escribir palabras como agua, aguantar, huevo usando la **w:** awa*, awantar*, wevo*.

**x:** Representa varios: [s] Xochimilco, [ks] examen. El sonido [x] representado por la **g, j,** o **x** en español aproxima el sonido [h] en inglés representado por la *h, hello.* En inglés existen [ks] *exam* y [z] *xylophone.*

**y:** Un sonido de la **y** es parecido a la [y] en inglés: yo, yema. Cuando está al final de palabra con otra vocal, se convierte en semivocal: Paraguay, buey. Cuando se usa sola (como conjunción) se pronuncia como la vocal **i.**

**z:** La **z** española se pronuncia como la *th* de inglés. La **z** latinoamericana se pronuncia igual que la **s.** En inglés la **z** tiene su propio sonido.

| Consonantes | Ejemplos en español | Ejemplos en inglés | Información adicional |
|---|---|---|---|
| w | | | ¿Cree que esta letra presenta problemas en español? ¿Cómo se representa el sonido de la **w** en inglés? |
| x | | | ¿Representa esta letra más de un sonido en español? ¿Existen estos sonidos en inglés? ¿Se representan con la(s) misma(s) letra(s)? |
| y | | | ¿Representa esta letra más de un sonido? ¿Existen estos sonidos en inglés? ¿Se representan con la(s) misma(s) letra(s)? |
| z | | | ¿Representa esta letra más de un sonido en español? ¿Existen estos sonidos en inglés? ¿Se representan con la(s) misma(s) letra(s)? |

La sección de **Evaluación** para este capítulo aparece en la página xxxiv.

# Capítulo 2
# Tradiciones y costumbres

## Objetivos

En este capítulo, usted:

### Contenido

- Reconocerá algunas tradiciones y costumbres que le ayudarán a comprender mejor la cultura hispana.

### Cultura

- Identificará algunas diferencias en las tradiciones y costumbres de distintos grupos hispanos.
- Identificará algunas tradiciones y costumbres que permanecen vigentes en la cultura hispana hoy en día.
- Reconocerá algunos de los cambios que han ocurrido en las tradiciones y costumbres hispanas con el paso del tiempo.

### Lenguaje

- Aprenderá a separar las palabras en sílabas.
- Aprenderá lo que es un cognado.
- Reconocerá y podrá usar varios giros gramaticales para expresar el modo indicativo.
- Indicará las diferencias estilísticas que connotan estos giros.

## Funciones lingüísticas del capítulo

- Explicar cómo se celebran algunas costumbres y tradiciones en su propia familia y por qué se celebran así.
- Comparar tradiciones actuales con la época pasada.

# Para empezar

Tal vez Ud. quiera iniciar el capítulo con un video. El video *Creencias y celebraciones* presenta fiestas religiosas y celebraciones tradicionales de distintas poblaciones hispanas. Si no presenta el video ahora, puede hacerlo con la Lectura 2: "Los farolitos de Navidad".

Cada cultura tiene sus tradiciones y costumbres que han surgido a través de los siglos. Todo grupo, comenzando por la familia, empieza a desarrollar ciertas costumbres que llegan a simbolizar un rasgo de la cultura. Al llegar estas ideas o costumbres a un grupo mayor de la población, lo que antes existía dentro del círculo familiar llega a incorporarse a un grupo más extenso. Así con el paso del tiempo, han llegado a formarse las tradiciones y costumbres de los hispanos. Lo que probablemente empezó con una familia se extendió y se pasó de generación en generación. Ahora, esto forma el legado que cada hispano le va pasando a sus hijos. ¿Cuáles son algunas de estas tradiciones y costumbres que forman una parte íntegra de la cultura? Pues si consideramos los diversos grupos que existen dentro de la gama de los hispanos hay un gran número de tradiciones. Sin embargo, probablemente hay algunas tradiciones y costumbres que forman parte de cada segmento de esta población. No obstante, hay tradiciones que se reconocen por todos los hispanos y que se identifican como típicas de este grupo.

**Las tradiciones.** Considere algunas tradiciones o costumbres que tiene usted como individuo, como miembro de su familia y como parte de un grupo hispano. ¿Cuáles de las tradiciones que se consideran "hispanas" forman parte de sus tradiciones familiares? Haga una lista de las tradiciones que tienen en su familia y compárelas con las de sus compañeros. ¿Tienen algunas tradiciones en común? ¿Cuáles son?

**De generación en generación.** En grupos de tres o cuatro estudiantes, conversen sobre las siguientes preguntas. ¿Sigue Ud. las mismas tradiciones que sus padres? ¿Piensa que se van perdiendo algunas tradiciones y costumbres que tenían sus padres o abuelos? ¿Por qué? Después de hacer esto en grupos, pueden comparar sus resultados con los del resto de la clase.

# Estrategias de lectura

### La identificación de estrategias de la narración

Después de leer las obras debe conversar con la clase o en grupos para decidir quién es el narrador en cada una, y cuál es el tono de cada obra.

La narración se usa en cartas, noticieros, historias, biografías, anécdotas, cuentos y novelas para relatar una serie de sucesos ficticios o verídicos. En este tipo de lectura se puede contar un acontecimiento que le sucedió a quien lo escribe o a otra persona. Esto determina el punto de vista: primera o tercera persona.

Un narrador en primera persona es uno de los personajes que cuenta lo que le sucede. En tercera persona, el narrador observa y cuenta lo que les pasa a los demás. El tipo de narrador, su edad y su actitud hacia los acontecimientos determinan el tono de la obra. Al leer, entonces, es importante determinar la identidad del narrador. ¿Es un narrador omnisciente, que "ve" y "sabe" todo lo que ocurre? ¿Es un narrador que sólo relata lo que sucede sin hacer juicios, o uno que deja asomar sus sentimientos e impresiones? ¿Es el narrador un personaje de la obra? ¿Cambiaría la obra si el narrador no fuera uno de los personajes? Todas estas preguntas contribuyen a la comprensión total de una narración. Al leer los cuentos en este capítulo, considere el tipo de narrador, así como el tono de la obra.

# 1 Refranes

## Prelectura

Los refranes, una tradición tan antigua como el idioma mismo, se encuentran en todos los pueblos de habla hispana. En inglés existen también los refranes, claro, pero no desempeñan un papel tan importante como el que se les brinda en español. Figuran notablemente en la literatura, y el valerse del refrán en la conversación cotidiana es un elemento indispensable de nuestra cultura. Existen libros de refranes (refraneros) en todos los países de habla española, lo cual indica no sólo su importancia, sino también su cantidad y variedad asombrosa. Los refranes, proverbios o dichos encierran mucha de la sabiduría, valores y experiencias del pueblo. Muchos de ellos son conocidos por todos los pueblos hispanos. Otros son específicos de regiones determinadas y usan términos regionales que se desconocen en otros lugares. Otros refranes varían en su expresión de una región a otra, pero tienen esencialmente el mismo significado. Veamos, pues, algunos de ellos.

1. No hay que hacerle mala cara a lo gratis o regalado. / 2. Hay quienes nunca están contentos con nada. / 3. El inteligente no necesita mucha explicación. / 4. La vida tiene momentos buenos y malos. / 5. Uno es, o aprende a ser, como las amistades. / 6. Cada quien tiene el derecho de vivir como guste. / 7. Un mal incidente nos daña a todos. / 8. Después de que ocurre algo malo, todos saben cómo evitar ese mal. / 9. Una perspectiva materialista: Uno vale sólo la cantidad de dinero que tiene. / 10. Cuando uno ha fracasado en algo y está débil, todos se aprovechan. / 11. Con la vejez viene toda clase de males y achaques. / 12. Es necesario cumplir con las obligaciones. / 13. Los malos ratos enseñan más que solamente el tiempo. / 14. Esperar a alguien o algo causa ansiedad. / 15. El perezoso, por no hacer las cosas bien, las hace mal y después tiene que componerlas. / 16. Es mejor callar y no andar con chismes. / 17. Cada quien tiene su disposición física o psicológica que básicamente no se puede cambiar. / 18. El que tiene más recursos, logra más. / 19. El repiqueteo de las castañuelas es un sonido alegre. / 20. Se dice de la persona miedosa que hace la señal de la cruz por razones insignificantes / 21. De aquí no sigues adelante. / 22. Se dice cuando aparece la persona de la que se está hablando. / 23. Se dice de la persona que piensa lograr alguna cosa y le resulta muy mal el asunto. / 24. Se dice de la persona que no sabe nada del asunto, pero da su opinión, sin embargo. / 25. La soga, por más gruesa que sea, sólo es tan fuerte como la parte más débil o delgada. / 26. Si algo no te mata, te fortalece. /

## *Refranes*[1]

1. A caballo "regalao", no se le mira el colmillo.
2. Al cabo lo hacen sargento y no está conforme.
3. Al buen entendedor, pocas palabras bastan.
4. Alegría, víspera de pesares.
5. Arrímate a los buenos y serás uno de ellos.
6. Cada loco con su tema.
7. Cuando llueve, todos nos mojamos.
8. Después que el barco se pierde, todo el mundo es piloto.
9. Dime cuánto tienes y te diré cuánto vales.
10. Del árbol caído, todos hacen leña.
11. Después de vejez, viruela.
12. El que la debe, la paga.
13. El tiempo avisa y los golpes enseñan.
14. El que espera, desespera.
15. El haragán trabaja doble.
16. En boca cerrada, no entra mosca.
17. El que nace barrigón, aunque lo fajen chiquito.
18. El que tiene más saliva, traga más harina.
19. Está más contento que unas castañuelas.
20. Hacerse cruces sin ver al diablo.
21. Hasta aquí te trajo el río.
22. Hablando del rey de Roma, por la puerta asoma.
23. Ir por leña y salir trasquilado.
24. Juan Miguel no tiene colmena y vende miel.
25. La soga revienta por lo más delgado.
26. Lo que no mata engorda.
27. Lo que está en el corazón, por la boca sale.
28. Lo barato sale caro.
29. La ociosidad es madre de todos los vicios.
30. La lengua del mal amigo, corta más que el cuchillo.
31. No hay que dejar el camino viejo, por coger el nuevo.
32. No me la manosee, si no me la va a pagar.
33. No se mueve la hoja del árbol, sin que Dios lo quiera.
34. No amargues la vida de otro, ni endulces mucho la tuya.
35. No hay sabio que no tenga que aprender, ni bruto que no enseñe.
36. No hay enemigo pequeño.
37. No hay peor sordo, que quien no quiere oír.
38. No hay peor cuña, que la del mismo palo.
39. No se pueden asar a un tiempo dos conejos.
40. Nadie sabe cómo está la olla, sino la cuchara que la menea.
41. No cojas el rábano por las hojas.
42. Haz bien y espera el trancazo. ■

27. Tarde o temprano los sentimientos se dan a conocer. / 28. Las cosas baratas son caras, porque se descomponen o no duran, y después hay que reponerlas. / 29. Cuando uno no tiene nada que hacer, piensa en cosas malas. / 30. Las malas palabras dañan. / 31. Lo conocido es importante y seguro. No hay que abandonarlo cuando se nos presenta algo nuevo. / 32. No toque la mercancía, si no la va a comprar. / 33. Dios lo controla todo. / 34. Trata bien al prójimo; no seas avaricioso o tacaño. / 35. Nadie lo sabe todo; todos tenemos algo que contribuir. / 36. Todo enemigo es malo. / 37. El testarudo padece de un mal aún peor que el veradero sordo. / 38. Los dolores más grandes son ocasionados por las personas más allegadas a uno. / 39. Es mejor hacer una cosa, y hacerla bien, que tratar de hacer varias cosas a la vez. / 40. La proximidad proporciona un conocimiento profundo o completo de algo. / 41. Al cosechar el rábano, es necesario escarbar en vez de simplemente arrancarlo de la tierra por las hojas, ya que éstas son débiles. Así se corre el peligro de quedarse sólo con las hojas. En otras palabras, si se va a hacer algo, que se haga bien. / 42. El malagradecido te paga tu bien con un mal.

Cada estudiante puede escribir su descripción y después leerla al resto de la clase. Los otros estudiantes deben escoger el refrán que se usaría en esa situación.

## Después de leer

1. ¿Por qué piensa que los refranes son tan populares en la cultura latina? [E]
   Porque encierran mucha de la sabiduría, valores y experiencias del pueblo.
2. ¿Gozan los refranes en inglés de la misma popularidad que en español?
   No. Las respuestas pueden variar.
3. Explique en sus propias palabras lo que significa cada uno de los refranes. Compare sus explicaciones con los demás estudiantes.

## Para escribir y comentar

1. ¿Opina Ud. que los refranes reflejan los valores y la sabiduría del pueblo? En su diario, dé su opinión al respecto y las razones por las que piensa así.
2. Haga una lista de refranes que Ud. conoce en español. ¿Dónde los aprendió? ¿En qué situación usaría cada uno? ¿Cuáles son sus preferidos? Compare su lista con la del resto de la clase.
3. Pregúnteles a algunas personas mayores si han oído los refranes que se presentan aquí o algunos semejantes. ¿Cuáles de los refranes habían oído anteriormente? ¿En qué situación usarían ellos esos refranes? ¿Cuáles son algunos otros refranes en español que ellos conocen que no se incluyen en la lista anterior? Comparta con la clase los resultados de sus entrevistas.
4. Hágales las preguntas del N° 3 a algunos de sus compañeros. ¿Hay diferencias entre las dos generaciones en cuanto a las respuestas? Comparta con la clase sus resultados.
5. Consulte un refranero en español y haga una lista de los quince refranes que usted considere los mejores o más conocidos. ¿Existen equivalentes en inglés para todos? ¿Cómo difieren? Si no conoce un equivalente en inglés, traduzca el refrán o explique su significado en inglés. Entreviste a varias personas que hablen inglés solamente para obtener un equivalente. Comparta sus resultados con el resto de la clase.
6. Escoja uno de los refranes que aparecen en la lista o uno de los que se hayan discutido en clase. Describa una situación en la cual sería apropiado utilizar ese refrán. [E]
7. Examine la lista de refranes e indique sus temas principales. Haga una lista de refranes que Ud. conoce en inglés. Haga un análisis y comparación de los temas de los refranes en inglés y en español. ¿Hay algunos temas comunes entre los dos idiomas? ¿Cuáles prevalecen en cada idioma? ¿Cuáles son algunas de las imágenes que se usan en cada idioma?

# 2 Los farolitos de Navidad

## Prelectura

Hay tradiciones y costumbres que se pasan de generación en generación y que permanecen como parte íntegra de la cultura. Muchas de estas costumbres se relacionan a los días festivos. Los hispanos, como todo otro grupo étnico, tienen costumbres que siguen durante los días especiales. Entre estos días, uno muy especial es el de la Navidad. Durante la época navideña hay aún dentro del grupo de los hispanos, un sinfín de tradiciones y costumbres. Lea las siguientes descripciones. ¿Conoce usted algunas de estas costumbres o tradiciones? ¿Se celebra alguna en su familia o comunidad?

### COSTUMBRES Y TRADICIONES

SABÍA USTED QUE...

MISAS DE AGUINALDO En 1586, S.S.[1] El Papa Sixto V extendió una Bula[2] para que en México se celebraran misas, llamadas de Aguinaldo, durante nueve días consecutivos antes de la Nochebuena. Estas misas son precursoras de las Posadas que hoy se celebran en México, San Salvador y en los estados donde viven méxicoamericanos.

1. Su Santidad
2. documento pontificio

NACIMIENTOS, PESEBRES Y BELENES Los pesebres mexicanos, retablos peruanos y los belenes españoles son parte de la artesanía religiosa creada por San Francisco de Asís. Cada país latinoamericano sigue sus propias tradiciones. En Paraguay se hace la cunita con la cáscara de la flor del coco y también se rodea con ésta. En Costa Rica se utiliza el follaje de las orquídeas para hacer el portal y musgo (lama) de los árboles para la cunita.

LA FLOR DE NOCHEBUENA Cuetlaxochitl, llamada por los aztecas "la flor que no se marchita", fue incorporada por los franciscanos, junto con otras flores, para decorar los altares navideños.

Un embajador de EE.UU. en México, Joel Poinsett, la introdujo en este país como poinsetia.

LA GRITERÍA Y LA PURA LIMPIA Fiestas que los nicaragüenses y colombianos organizan la víspera de la Inmaculada Concepción, el 7 de diciembre. Durante la Gritería, los nicaragüenses cantan, rezan e intercambian "gorras"[3] llenas de golosinas.

3. prenda con visera para cubrir la cabeza

LA NOCHEBUENA CHIQUITA En ciudades cubanas como Camagüey, donde existía una gran influencia española, se celebraban novenas y reuniones de amigos donde la conversación giraba alrededor de manjares y bebidas como el atole[4], casabe (pan), naranja en almíbar, rosquitas de calibía[5] con miel de abejas y pastelón camagüeyano, que acompañaban con agua loja[6] y la gaseosa de Pijuán[7].

4. bebida compuesta de harina de maíz y leche / 5. líquido extraído de la yuca molida, el cual se utiliza para cocinar / 6. bebida compuesta de agua, miel y especias / 7. una bebida

LAS PASTORELAS Son escenificaciones teatrales, originadas en Francia en el siglo XI y traídas por los misioneros al Nuevo Mundo. Los franciscanos las llevaron a la Villa de San Fernando (San Antonio, Texas) donde se incorporaron a la cultura indígena. El tema de las Pastorelas es la búsqueda del Niño Dios por los pastores.

LA PIÑATA Esta tradición forma parte de las posadas. Al llegar a la última posada, los peregrinos se reúnen alrededor de una piñata de arcilla cubierta de papeles de colores que cuelga en el aire y la rompen con una estaca, recogiendo después los regalitos. Simbólicamente, la piñata es el diablo; los regalos que contiene, los placeres que atraen a la humanidad y la estaca, simboliza la fe, naturalmente ciega, destructora del espíritu de maldad.

Las parrandas mencionadas sólo se celebran en Hatillo, P.R. La mayor parte de la isla celebra las parrandas más o menos entre el 20 de diciembre y el 6 de enero. Los grupos van de casa en casa cantando con instrumentos y reciben comida típica de Navidad.

LAS PARRANDAS O CORRER DE LOS INOCENTES Las parrandas puertorriqueñas comienzan el 27 de diciembre y continúan hasta la madrugada del 28. Chicos y grandes, portando espadas y estandartes de colores, van de casa en casa cantando, bailando y contando historias bíblicas del Rey Herodes y los Santos Inocentes. En las casas de los asaltados les ofrecen pequeños obsequios o aguinaldos como agua loja, cazuela[8], anís, arroz con gandules, empanadas, gandinga[9], pasteles[10] y lechón.

8. guisado hecho con legumbres y carne / 9. guisado hecho con el hígado, corazón y otras partes del puerco / 10. plátanos pisados con carne molida, envueltos en sus hojas y hervidos

# *Los farolitos de Navidad*

**Un cuento de Navidad de Nuevo México**

—Va a ser una Navidad triste —pensó Luz mientras se dirigía apresuradamente a la casa de su amiga Reina. Faltaban sólo tres días para la Navidad y su papá todavía no había regresado a casa. Y lo peor de todo era que su abuelo estaba enfermo.

—Cau, cau —chilló el cuervo negro desde las ramas desnudas del piñón.

A Luz ese chillido le sonaba a "frío, frío".

Se paró para mirar al pájaro negro y grande.

—Sí, señor Cuervo —dijo en voz alta—. Es una mañana fría.

Luz agarró firmemente los regalos que llevaba a la escuela. Luego escondió su barbilla bajo la bufanda y continuó caminando.

A excepción de unos pocos niños que iban apurados hacia la escuela, las calles del pueblo estaban vacías. Los hombres ya se habían ido a trabajar y las mujeres estaban cocinando y limpiando en sus casas calientitas. Todo el mundo se estaba preparando para la Navidad.

Había escarcha en el suelo y un viento frío soplaba a través de los árboles desnudos. Luz miró hacia las Montañas Sangre de Cristo. Nubes grises cubrían las cumbres altas.

—Tal vez nevará para Navidad —pensó Luz. Mientras doblaba la esquina del mercado, se paró a mirar las figuras de cartón de Santa Claus en la ventana. "Beba Coca Cola", decía el letrero.

—¡Qué bonito! —dijo en voz alta—. Parece un abuelo.

"Santo Clos", era como su abuelo le decía a Santa.

—¿Existe de verdad Santo Clos? —le había preguntado Luz a su abuelo un día.

—Oh sí, es verdad —su abuelo había dicho, guiñando—. Viene con su bolsa llena de regalos para los niños. Pero los pastores vienen a adorarle y a cantarle al Santo Niño.

—Cuéntame sobre los pastores, abuelo —Luz había dicho. Ella sabía que los pastores eran gente del pueblo que se vestían de pastores para la Nochebuena. Ellos representaban la historia de los pastores que habían ido a ver el nacimiento de Jesús.

—Los pastores son una tradición antigua —su abuelo le había dicho—. Han sido parte de la Navidad por cientos de años. Los pastores de San Juan son los mejores en todo Nuevo México. Durante la Nochebuena, cuando vienen por el camino hacia la iglesia, se paran para representar la historia en frente de la casa que tiene luminarias más brillantes.

—¿Y ésa es nuestra casa, abuelo? —había dicho Luz ansiosamente.

—Sí. Tú y yo vamos a hacer las luminarias. Vamos a hacer unas pequeñas pilas de leña y las apilaremos en dos filas hasta nuestra puerta. En Nochebuena encenderemos la leña, y todo el mundo vendrá a ver las fogatas. Luego los pastores se pararán en nuestra casa y cantarán. Después de que canten y cuenten la historia de los pastores que fueron a ver el nacimiento de Jesús, los invitaremos a comer.

Desde que Luz podía recordar, su abuelo había prendido las luminarias cada Nochebuena. Ahora él estaba resfriado y el doctor no le quería dejar salir afuera a trabajar. No habría luminarias esta Navidad. Los pastores no se pararían para cantar en frente de la casa de Luz.

Luz estaba preocupada. ¿Qué clase de Navidad iba a ser sin que los pastores vinieran a cantar a su casa?

Luz oyó sonar la campana de la escuela mientras se apresuraba a llegar a la casa de Reina. Ellas no querían llegar tarde a la escuela, porque la Sra. Smith, su profesora de cuarto grado, las haría pararse en un rincón de la clase.

Luz tocó a la puerta y Reina salió corriendo con sus brazos llenos de regalos para llevar a la escuela. Llevaba puestos una chaqueta roja de punto y guantes gruesos. Su madre era una de las mejores tejedoras del pueblo.

—¡Buenos días, Luz! —dijo Reina.

—Hola, Reina. Déjame ayudarte.

Luz tomó uno de los paquetes de Reina.

—¿Para qué es el hilo? —preguntó. Reina tenía madejas de hilo de colores brillantes.

—Para el árbol de Navidad de la escuela —dijo Reina.

—Ah, va a quedar hermoso —sonrió Luz.

—Buenos días, Luz —dijo la mamá de Reina desde la puerta—. ¿Cómo está tu mamá?

—Buenos días —contestó Luz—. Está bien, gracias.

—¿Y tu abuelo?

—Todavía tiene que quedarse en cama. Su tos está peor.

—Dile que tome té de oshá[1]. Le mandaré un poco contigo esta tarde. Eso lo ayudará.

—Gracias, Sra. Abeyta.

La mamá de Reina les dijo adiós, y las dos chicas se apresuraron por llegar a la escuela.

—Vamos a decorar el árbol de Navidad en la escuela —dijo Reina—. ¿No te parece maravilloso?

—Sí —asintió Luz—. Nosotros no tenemos un árbol de Navidad en casa.

—Nosotros generalmente vamos a bailes en otros pueblos para celebrar la Navidad —dijo Reina—, pero papá dijo que tal vez este año podríamos tener un árbol. ¿Podrías venir para ayudarme a decorarlo?

—Sí —asintió Luz.

—Mi papá dijo que cortará una estrella de estaño para la punta del árbol.

—Quedará muy hermoso —dijo Luz.

—¿Viene tu papá a casa para la Navidad? —preguntó Reina.

—Está trabajando muy lejos —dijo Luz—, y no sabemos si llegará antes de la Navidad.

—Lo siento, Luz.

—De todos modos, no necesito un árbol de Navidad. Mi abuelo y yo hacemos las luminarias para los pastores.

—Los pastores son lo que más me gusta —dijo Reina—. Me gusta Bartolo, es el payaso.

—A mí me gusta Gila. Ella canta tan bonito. Mamá dijo que cuando crezca, tal vez yo podría ser Gila.

—Es mi historia favorita —dijo Reina.

1. un remedio para la tos

—La mía también —dijo Luz en voz baja.

—Luz, te ves triste. ¿Es porque tu abuelo está enfermo?

Luz se paró y miró a su amiga. Las lágrimas le llenaban los ojos.

—Abuelo ha estado enfermo mucho tiempo —dijo Luz—. El doctor dijo que tiene un resfrío. Ahora no puede hacer ningún trabajo pesado. No puede cortar la leña para hacer las luminarias. Ni siquiera puede cortar leña para cocinar. Está tan triste.

—Lo siento, Luz. ¡Ojalá hubiera algo que nosotras pudiéramos hacer!

—Nadie puede hacer nada —dijo Luz. Se limpió las lágrimas de los ojos—. Ven, no debemos llegar tarde a la escuela.

Se volvió y corrió hacia la escuela para que Reina no la viera llorar.

Ese día, en la escuela, decoraron el árbol de Navidad e hicieron dibujos de Santa Claus con su gran bolsa llena de regalos. La Sra. Smith les enseñó a cantar "Silent Night".

Mientras estaban cantando, Luz pensó en su abuelo y deseó que se pusiera bien para que pudieran encender las luminarias para los pastores.

Esa tarde, Luz y Reina se apresuraron a volver a casa al salir de la escuela. La mamá de Reina le dio a Luz un poco de oshá para que se lo llevara a su abuelo. También mandó pan recién horneado y una docena de tamales[2] frescos para la mamá de Luz.

—Gracias —dijo Luz. Se despidió de Reina y corrió hacia su casa.

En casa, su mamá estaba haciendo empanaditas, pastelitos rellenos de dulce. Salía un olor delicioso de la cocina. El abuelo tomaba una siesta en una silla cerca del horno. El gato descansaba tranquilamente en sus piernas.

—Luz, qué bueno que ya estás aquí. ¿Cómo te fue en la escuela? —preguntó su mamá.

—Bien —dijo Luz, quitándose la chaqueta—. Decoramos el árbol de Navidad y cantamos. Después nos dimos los regalos. La Sra. Smith dijo que te agradeciera por las galletas que le mandaste. ¿Cómo está Abuelito?

Miró a su abuelo.

—Está mejor hoy —dijo su mamá.

—La mamá de Reina mandó un poco de oshá.

Su mamá la ayudó a hacer el té de oshá.

Después de prepararlo, Luz le llevó una taza de té a su abuelo. Le tocó un brazo.

2. un platillo mexicano hecho con masa de maíz, usualmente relleno con carne de puerco en chile (ají) colorado, todo envuelto en hojas de maíz y cocinado al vapor

—Abuelito, ya estoy en casa.

Su abuelo abrió los ojos.

—Luz, mi'jita. Estoy contento de verte. Me dormí; estaba soñando. En mi sueño vi a los pastores que venían a nuestra casa. Oí a los pastores que cantaban sobre el niño recién nacido en Belén. Vi al arcángel San Miguel que conducía a los pastores al pesebre.

—Fue un sueño muy bonito —dijo Luz—, porque al final los pastores llegan a Belén a tiempo para ver el nacimiento de Jesús.

Besó la mejilla de su abuelo.

—Mira, te hice té de oshá para la tos.

Le dio la taza y se sentó a su lado. Luz sentía la presencia cálida del abuelo. A su lado ella ya no se sentía triste.

El abuelo sorbió el té.

—Ah, esto es mejor que la medicina del médico —dijo—. Con este té me voy a poner mejor. Pronto me sentiré lo suficientemente fuerte para cortar la leña para las luminarias. Tengo que tenerlas listas para los pastores.

Luz miró a su madre. Su mamá no sabía qué decir. Ambas sabían que el doctor había dicho que el abuelo no podría hacer nada sino hasta después de Navidad. No habría luminarias para la Navidad.

Esa tarde Luz fue a la casa de Reina. El papá de Reina había traído un pequeño arbolito verde de las montañas. Luz ayudó a Reina a decorarlo. Colgaron cadenas de palomitas de maíz y madejas de hilo de colores brillantes en el árbol. La mamá de Reina puso una manta de lana blanca alrededor de la base del árbol para que pareciera nieve. Finalmente, el papá de Reina ató la estrella en la punta del árbol.

Una vez que terminaron dieron un paso atrás para admirar su trabajo.

—Nuestro primer árbol de Navidad —dijo Reina.

—Cuando éramos niños, no teníamos árboles de Navidad —dijo su mamá.

—¿Ni Santa Claus tampoco? —preguntó Reina.

—No.

—¿Qué hacían para Navidad? —preguntó Luz.

—Visitábamos a familiares y amigos. Les llevábamos comida a los ancianitos. La gente de aquí del pueblo hacía el Baile del Venado después de ir a misa.

—¿Y los pastores? —preguntó Luz.

—Desde que tengo memoria, los pastores han venido a la casa de tu abuelo —dijo la mamá de Reina—. Es la parte más hermosa de la Navidad.

—Y este año no los tendremos—, pensó Luz tristemente.

No hubo clase al día siguiente. Luz barrió la casa mientras su mamá hacía tamales y pozole, un guiso que se hace con maíz, puerco y chile. El abuelo se anduvo dando vueltas en la cocina, tratando de ayudar. No habría pastores este año, pero tendrían mucha comida para la familia y los vecinos que vinieran a visitar. Y podrían llevarles comida a los ancianos del pueblo. Era una tradición en San Juan que todos compartían lo que tenían.

Por la tarde, Reina vino de visita. Ella y Luz decoraron la ventana que daba a la calle con pequeñas velitas.

—Las prenderemos en Nochebuena —dijo la mamá de Luz—. Desde el camino la gente podrá ver las velas ardiendo. Tal vez los pastores se detengan al pasar por aquí.

—No lo creo —dijo el abuelo—. Si no hay luminarias, no se pararán.

—Tal vez podríamos poner una fila de velas afuera —dijo Reina—. Las velas pueden ser las luminarias.

—Buena idea —asintió Luz—. ¿Cuántas velas tenemos, Mamá?

—Ah, tengo docenas —dijo su mamá—. Compré tres cajas para poder tener suficientes para llevar a la iglesia.

—¡Entonces, hagamos una fila con ellas! —dijo Luz—. Como dijo Reina, desde nuestra puerta hasta la calle. Las velas serán las luminarias.

Su mamá miró al abuelo. Él se rio y movió la cabeza.

—Mira —le dijo, y señaló fuera de la ventana—. ¿Ves aquellas nubes en las montañas? Eso quiere decir que va a nevar en la Nochebuena. El viento y la nieve apagarán las velas. Por eso hago las luminarias con pilas de piñón. Ni siquiera la nieve y el viento pueden apagar las hogueras cuando yo las prendo. Si nieva, los pastores todavía pueden venir a cantar y a contar su historia. La gente que viene a mirarlos puede calentarse a las hogueras. La tradición continúa porque los fuegos aguantan. ¿Pero velas? No. La nieve y el viento las apagarían.

Movió la cabeza tristemente y se volvió a sentar en su silla al lado del horno.

—Tal vez podríamos poner las velas en latas —dijo Luz—. Entonces el viento no podría apagarlas.

—Pero entonces no podríamos ver la luz de las velas —dijo su madre.

Luz suspiró. Miró a Reina. Reina no sabía qué hacer tampoco. No habría luminarias esta Nochebuena, y los pastores no se pararían. No serían invitados a compartir los tamales, el pozole, el chocolate caliente ni los bizcochitos.

Toda la tarde Luz miró las velas y pensó en qué podría hacer. —Si tuviera algo en qué ponerlas—, pensó Luz. —Entonces podría hacer una fila con las velas y encenderlas para los pastores. Eso alegraría al abuelo.

Poco antes de cenar, la mamá de Luz la llamó.

—¿Podrías correr al almacén antes de que se ponga oscuro y comprar azúcar? Lo usé todo hoy haciendo los bizcochitos.

Luz se puso el abrigo y los guantes, besó a su mamá y al abuelo y corrió afuera. Hacía frío. El viento estaba empezando a soplar y había briznas de nieve en el aire. La luz brillaba desde las ventanas del pueblo. Todos estaban cenando. Por la mañana, el pueblo estaría cubierto con un manto de nieve. Sería una Navidad blanca.

Luz entró en la tienda y compró el azúcar para su mamá. El tendero puso el azúcar en una bolsa de papel color café. Luz le agradeció y comenzó su regreso a casa. Todavía estaba pensando en alguna manera en que pudiera usar las velas para hacer las luminarias. Se paró y miró las ventanas de las casas. El sol ya se había puesto y las ventanas se veían bellas y alegres.

—Las velas necesitan una casa para protegerlas del viento—, pensó Luz, —pero, ¿qué cosa podría sostener una vela en su lugar y además permitirle alumbrar?

Luz no lo sabía.

Cuando llegó a casa, le entregó la bolsa de azúcar a su mamá.

—Gracias, Luz —dijo su mamá—. No tenía azúcar para el café de tu abuelo.

Vació el azúcar en la lata de azúcar y le entregó la bolsa a Luz.

—¿Podrías guardarla, por favor?

Luz tomó la bolsa. Guardaba todas las bolsas de papel en un lugar especial en la despensa. Una vez al mes las llevaba a la tienda y el tendero le daba un centavo por las bolsas. Luego Luz podía comprar lo que quisiera con ese centavito. Algunas veces compraba dulces, otras veces chicle.

Luz comenzó a doblar la bolsa, pero se detuvo. ¿Qué pasaría si pusiera la vela en la bolsa? ¿Brillaría la vela? —Sí—, pensó. —Brillaría—. Su corazón comenzó a latir más rápidamente. Corrió hacia el abuelo.

—¡Abuelo! ¡Podemos poner las velas en las bolsas! De esa manera brillarían y no se apagarán.

Su abuelo levantó la vista del periódico.

—¿Cómo? —preguntó.

—Podemos poner una vela en cada bolsa y de esa manera hacer luminarias.

Le entregó una bolsa a su abuelo y corrió a traer una de las velitas.

—Mira, así.

Puso la bolsa abierta sobre la mesa y colocó la velita dentro de la bolsa.

—Ahora, la prenderemos —dijo. Su corazón latía muy aprisa.
—Esto resultará bien —pensó— resultará bien.

Su abuelo se quitó los anteojos. Se levantó lentamente y miró la vela en la bolsa. Su mamá dejó de poner la mesa y miró la bolsa.

—Luz, no creo que resulte —dijo la mamá de Luz—. El viento haría volar la bolsa.

—Si hubiera azúcar en la bolsa, no se caería —dijo Luz. Tomó una taza llena de azúcar y la puso en la bolsa. Luego puso la vela en el azúcar.

—Pero no podemos usar tanto azúcar —dijo su mamá.

—Espera —dijo el abuelo—. Su idea es buena. Podemos usar arena en la bolsa, en vez de azúcar.

Tomó un fósforo de su bolsillo y lo prendió raspándolo con la uña de su dedo pulgar. Entonces encendió la vela dentro de la bolsa. Chisporroteó y entonces se iluminó. Los tres se quedaron mirando la luz cálida de la vela. La luz parecía bailar dentro de la bolsa.

—Parece un farol —dijo el abuelo—. Has hecho un hermoso farolito. Así lo llamaremos, un farolito. Llévalo afuera para ver cómo brilla en la oscuridad.

Luz tomó cuidadosamente la bolsa con la vela encendida mientras su madre le abría la puerta. Ella y el abuelo se pararon en la puerta mientras Luz caminaba en la oscuridad. En la noche, la vela brillaba en la bolsa de papel color café.

—Es muy bonito —dijo la mamá de Luz.

—Imagínate cien de ellos —dijo el abuelo—. A todo lo largo del sendero hasta el camino, encima de la pared de adobe, alumbrando el paso de los pastores.

—Y los niños podrían hacerlos —dijo la mamá—. Entonces sí que sería una Navidad de niños.

Luz corrió hacia su madre y el abuelo. Los tres se quedaron parados en la puerta, mirando el farolito que brillaba en la noche oscura.

—Tengo docenas de bolsas —dijo Luz.

—Y yo tengo docenas de velas —dijo su mamá.

—Y yo me siento lo suficientemente fuerte para ayudarles a poner arena en las bolsas y prender las velas —dijo el abuelo.

Se pusieron a reír y se abrazaron.

—Mañana se lo diré a Reina —dijo Luz—. Ella me ayudará.

Esa noche, antes de acostarse, Luz miró fuera de la ventana. El farolito que había hecho todavía estaba brillando. Mañana era Nochebuena. Habría cien farolitos iluminando el camino. Luz rezó para que su padre pudiera llegar a casa a tiempo para compartir su alegría.

A la mañana siguiente, Luz saltó de la cama antes de que saliera el sol. Se apresuró a ayudar a su abuelo a encender el horno de leña para calentar la casa.

—Te ves contenta, chiquita —dijo su abuelo.

—Estoy feliz —contestó Luz—. Tengo muchísimas ganas de contarle el secreto a Reina. Y tú, Abuelo, ¿cómo te sientes?

El abuelo sonrió: —Me siento mucho más fuerte. Creo que es el té de oshá que me preparaste. Estoy listo para ayudarte a llenar las bolsas de arena.

Luz lo abrazó. Luego se fue a ayudar a su mamá a preparar el desayuno. Comieron atole caliente, huevos, tortillas y empanaditas calientes.

Después del desayuno, Luz se puso el abrigo y los guantes y corrió a la casa de Reina. Muy emocionada, le contó a Reina el secreto de los farolitos. Luego se fueron corriendo a casa de Luz para hacerlos.

El abuelo fue al arroyo y trajo arena. Luz y Reina abrieron todas las bolsas y pusieron la arena en el fondo. Luego, en la base de arena pusieron las velas. Cuando terminaron, pusieron las bolsitas en fila, desde la puerta hasta la calle.

Hasta pusieron bolsas en la pared alta de adobe del abuelo.

Algunos vecinos pasaron mientras estaban trabajando. No entendían para qué eran las bolsas. Se pusieron a reír.

—¿Qué vas a agarrar con las bolsas, estrellas fugaces? —preguntaban. Los chicos del vecindario se congregaron y se rieron de Luz, Reina y el abuelo.

—Sí —contestaba Luz— vamos a agarrar estrellas fugaces. Esperen y verán.

—Vengan esta noche —les dijo el abuelo a los vecinos.

—Sí, vendremos —se reía la gente—. Queremos ver las estrellas fugaces.

Al final de la tarde, cuando terminaron de colocar los farolitos, se fueron adentro para tomar chocolate caliente. Ahora, lo único que les quedaba por hacer era esperar hasta que oscureciera para encender las velas.

A su alrededor, la gente del pueblo de San Juan estaba ocupada preparándose para la Navidad. La gente iba de casa en casa para visitar y llevarles comida a los ancianos. La iglesia estaba limpiecita y las velas estaban encendidas. Celebrarían con una misa de gallo.

Los pastores se pusieron sus trajes y se prepararon para hacer la representación. Sin embargo, había un aire de tristeza porque todos sabían que el abuelo de Luz estaba demasiado enfermo y por eso no podía encender las hogueras. Los pastores cantarían sobre el niño recién nacido en Belén mientras la procesión se apresuraba a llegar a la iglesia, pero no se pararían en ninguna casa a menos que hubiera luminarias para guiarlos.

Después de beber el chocolate, Luz y Reina esperaron en la ventana. Miraron la puesta del sol y vieron caer las primeras briznas de nieve. Pronto se puso oscuro, y la nieve suave empezó a caer como plumas blancas.

—Es hora de prender los farolitos —gritó Luz.

—¡Es hora! —repitió Reina.

Miraron al abuelo.

—Sí, es hora —sonrió él.

Envueltos en sus abrigos más gruesos, salieron a encender los farolitos. El abuelo sostenía la caja de fósforos. Luz y Reina fueron cuidadosamente de bolsa en bolsa para encender las velas. Cien farolitos brillaron en la noche.

Los niños del pueblo vinieron para ver esta cosa tan bonita. Jamás habían visto farolitos como éstos.

—¡Ay, qué bonitos! —decían los niños.

Luego los pastores vinieron por la calle. Se pararon a ver los farolitos que brillaban en la oscuridad.

—Éste es el lugar para nuestra representación —dijo Gila, la pastora. Todos los pastores asintieron. Los farolitos eran las estrellas que los guiaron a Belén.

Todo el pueblo se juntó alrededor de ellos para mirar con alegría la representación de los pastores. Luz y Reina estaban paradas la una junto a la otra radiantes de felicidad. La luz danzante de los farolitos brillaba en sus ojos. El abuelo estaba parado a su lado, tan feliz como las niñas.

Cuando la representación de los pastores terminó, todos los actores y los vecinos fueron invitados a la casa para comer. El abuelo sirvió el pozole y chile picante. La mamá sirvió las empanaditas y el café caliente.

—Me siento bien —les dijo el abuelo a los vecinos—. Les dijimos que agarraríamos estrellas fugaces —guiñó.

Luz sonrió. Todo el pueblo estaba hablando de los farolitos.

El próximo año cada casa tendrá farolitos —dijo el abuelo.

Todos estaban contentos. De cuando en cuando iban a la ventana para mirar afuera. Los farolitos estaban brillando en la oscuridad. Alrededor de ellos, la nieve caía suavemente creando una escena de paz y belleza.

Cuando la gente comenzó a cantar las canciones de Navidad, Luz se puso el abrigo y salió sola. Estaba feliz de ver que su abuelo estaba mejor y que los pastores habían venido a su casa. Pero también estaba triste porque su papá no había llegado a casa para Navidad.

Caminó por el sendero hasta la calle. Alrededor de ella, los farolitos brillaban. La nieve caía suavemente.

—¡Qué Navidad tan hermosa! —pensó Luz—. Si solamente Papá estuviera aquí para compartirla con nosotros.

Se paró cuando vio una figura oscura que venía por la calle. La figura se acercó.

—¡Luz! —gritó la figura.

Era su papá, y traía consigo un árbol de Navidad.

—¡Papá! —gritó Luz y corrió a saludarlo. Él la levantó en sus brazos.

—Cuánto me alegro de que estés en casa —gritó mientras lo abrazaba.

—Fue un viaje largo —dijo—, y me paré para cortar un árbol de Navidad para ti. Pero, ¿qué es esto?

Él estaba mirando los farolitos.

—Los hicimos hoy. Abuelito no podía hacer las luminarias. Los llamamos farolitos.

—Son muy bonitos —dijo su papá—. Los podía ver desde lejos. Nunca había visto algo tan bonito.

Luego entraron juntos a la casa. Mamá lloró de alegría. Papá le contó que había venido en el autobús y que había visto los farolitos cuando llegó al pueblo. Todos estaban felices de que el papá de Luz hubiera regresado a tiempo para la Navidad.

El abuelo colocó el árbol de Navidad y Luz y Reina lo decoraron con hilos brillantes y cadenas de palomitas de maíz. Papá había traído una estrella que pusieron en la punta. Mamá puso el nacimiento al pie del árbol. El nacimiento consistía en pequeñas figuras de Jesús en la cuna, María y José y los pastores con sus animales.

Pronto fue hora para que la procesión continuara hacia la iglesia. Todos salieron gritando: —Feliz Navidad.

Esa noche cuando Luz y su familia regresaron de la iglesia, los farolitos todavía estaban brillando. En la nieve, brillaban como luces para guiarlos y darles la bienvenida a casa.

—Farolitos de Luz —dijo su abuelo—. Una tradición que durará cada Navidad, siempre que haya amor en nuestros corazones. ■

**Rudolfo A. Anaya**

## Después de leer

1. ¿Por qué iba a ser una Navidad triste para Luz? [E]
2. ¿Qué tipo de relación tiene Luz con su abuelo? [E]
3. ¿Por qué aparecen juntas la figura de cartón de Santa Claus y las palabras "Beba Coca Cola"?
4. ¿Qué le dice el abuelo a Luz acerca de "Santo Clos"?
5. ¿De qué prefiere hablar el abuelo de Luz en lugar de "Santo Clos"?
6. ¿Qué hacen los pastores de San Juan durante la Nochebuena? [E]
7. ¿Por qué no habría luminarias esa Navidad?
8. ¿Cuáles son algunas de las tradiciones relacionadas a la Navidad que sigue la familia de Luz? ¿Y la familia de Reina? ¿Cuáles de ésas son tradiciones y costumbres hispanas? ¿Son diferentes a las que Ud. conoce? ¿Han cambiado? ¿Por qué? [E]
9. Compare las decoraciones del árbol de Navidad en las casas de Luz y de Reina con las decoraciones que mucha gente utiliza hoy en día. ¿Cómo han cambiado? ¿Qué piensa Ud. de los cambios?

1. Porque su papá no estaba en casa y su abuelo estaba enfermo. / 2. Se quieren mucho. / 3. Era un anuncio de Coca Cola con un retrato de Santa Claus. / 4. Le dice que sí existe y que viene con su bolsa llena de regalos para los niños. / 5. Prefiere hablar de los pastores. / 6. Representan la historia de los pastores que habían ido a ver el nacimiento de Jesús. / 7. Porque el abuelo estaba enfermo. / 8. Esperaban a los pastores para que representaran la historia de los pastores en Belén; ponían luminarias; decoraban un árbol de Navidad; ponían una estrella en la punta del árbol; esperaban a Santa Claus; comían tamales; decoraban las ventanas con velas; iban a misa de gallo. / 9. Decoraban los árboles con hilos brillantes y cadenas de palomitas de maíz y le ponían una estrella en la punta. Hoy se utilizan lucecitas y decoraciones compradas.

## Para escribir y comentar

1. En su diario, describa alguna Navidad u otro día festivo que Ud. recuerde con cariño. En esta entrada, describa a las personas y acontecimientos principales y diga por qué recuerda ese día hasta el presente.

2. Investigue la tradición de las pastorelas. ¿Quiénes son los personajes? ¿Qué representan? ¿Cómo empezó la tradición?

3. Compare la tradición de las pastorelas con las posadas, si las conoce, u otra festividad semejante que usted conozca. [E]

4. ¿Cuáles son algunas otras tradiciones hispanas que se asocian con el invierno o con la Navidad? ¿Cuáles de esas tradiciones sigue Ud.? ¿Cómo empezó esa tradición en su familia?

5. Escoja una de las tradiciones hispanas que se asocian con el invierno o con la Navidad e investigue su origen. Escriba un resumen de sus investigaciones.

6. ¿Han cambiado las tradiciones y costumbres en su familia? ¿Por qué? Entreviste a algunos miembros mayores de su familia acerca de las tradiciones que recuerdan de su juventud. ¿Cuáles son algunas de esas tradiciones que recuerdan? ¿Les gustaría mantener todas las tradiciones y costumbres que seguían cuando eran jóvenes? ¿Por qué?

7. Entreviste a algunos niños hispanos. ¿Qué perciben ellos como tradiciones? ¿Saben lo que son tradiciones? ¿Qué piensan ellos acerca de las tradiciones? Comparta sus investigaciones con el resto de la clase.

# 3 Me fui con Coché

## Prelectura

En tiempos pasados, las familias tenían tradiciones y costumbres que seguían para muchas de sus actividades cotidianas. Si nacía un bebé, si se moría un pariente o si se casaba un miembro de la familia, todos se reunían y celebraban de una manera especial. Muchas de esas celebraciones han llegado a formar parte de nuestra cultura y se siguen pasando de generación en generación. Sin embargo, a veces las nuevas generaciones van cambiando algunas de estas costumbres. Otras veces los jóvenes se rebelan y no hacen lo que se espera de ellos. En el siguiente cuento la narradora relata lo que sucede cuando uno de esos jóvenes rompe con la tradición.

## *Me fui con Coché*

1. casamiento, boda

El lenguaje de este cuento es de la región del suroeste de EE.UU. y contiene muchos regionalismos. Se dan explicaciones de estos términos al lado de la lectura.

2. padres

3. te casaste

—Abuela —le dije, cuando nos habíamos sentado en la sala, después de acabar el almuerzo—, ese retrato de casorio[1], con el hombre con los guantes blancos, ¿no son usted y mi abuelo?

—Sí, mi lindo, esos somos nosotros, en el día de mi casorio. ¿Que te gustan los guantes, eh?

—Pues sí. Oiga, abuela, ¿que no tenían que pedir la mano de la novia en esos días?

—Oh sí, hijito. Era muy diferente entonces. Uno no se juntaba con su novio y ahí nos vamos. No, había muchas reglas, tú sabes. Cuando ya te ibas a casar, tenían que venir los padres de tu novio a la casa a pedirte a tus papaces[2]. Hasta mandaban una carta primero en veces, muy formal todo. Yo todavía tengo la carta pidiéndome que mandaron.

—Pero era muy diferente entonces, hijo. Los padres decidían todo. Los pobres novios no tenían ningún derecho de nada. Cuando tus papaces decidieron que te ibas a casar, pues ahí te casates[3]. No podías empezar con "pero es muy viejo", o "él es muy fiero", ¡oh no! Y nos casaban muy temprano también. Yo no, porque todavía tenía la familia en la casa para cuidar. Pero yo me acuerdo de mana[4] Amalia. Ella fue una niña cuando la casaron. Yo creo que no tenía más que doce años. Y me acuerdo que allí estábamos afuera jugando juntas con las muñecas cuando su mamá le gritaba: "¡Ya mero[5] llega tu esposo, Lala!" Y ella tenía que dejar la muñeca y entrar a la casa a hacer de cenar para su hombre.

—Luego había mana Susana. Ella ni conoció a su novio antes de casarse con él.

—¿No?

—Oh no, 'jito. Muchas veces las muchachas no conocían al novio hasta el día del casorio. Pero el cuento es que la semana antes, cuando estaban trayendo el carro de leña a la casa de su papá —porque el novio tenía que traer un carro de leña antes del casorio, y no nomás charangas[6] pero buena leña— pues, la Susana vido[7] al novio apilando la leña adelante de la casa y se excitó. Era blanco, y muy lindo. Nomás que ella no sabía que ése no era el novio. Era el hermano de él. Pues, en el día del prendorio, aquí viene el novio y resulta que es muy feo, muy negro, sabes.

—¿Qué era ese pren...? ¿Cómo?

—Prendorio, hijo. Eso era como una fiesta que la gente de la novia tenía que hacer en su casa para la familia del novio. Era cuando el novio entregaba las donas[8] a la novia. Y el novio y toda su familia llegaba en tu casa con la petaquilla[9] —esa petaquilla que tengo ahora es todavía la misma que me dieron entonces, sabes. Y la madrina le daba la llave de la petaquilla a la novia y luego la novia le daba la llave pa'trás[10] a ella. Entonces la madrina abría la petaquilla y sacaba las cosas una por una para que las miraran todos.

—¿Agarró muchas cosas usted?

—Oh sí. Me dieron dos... tres túnicos[11], y tijeras, alfileres, oh, muchas cosas. Y luego las familias formaban dos líneas en los lados del cuarto y el novio tenía que pasar por la línea de la familia de su novia, y la novia por la del novio, conociendo a su nueva familia, abrazando a cada uno hasta que llegaban a la orilla. Yo me acuerdo que decían: "Éste es tu tío", "Ésta es tu cuñada" y por ahí.

—¡Qué costumbre tan bonita! Así uno sí conociera a todos los parientes.

—Sí, nomás que muchas veces, como el lugar era tan chiquito, ya casi todos se conocían. Pero lo hacía uno siempre.

4. hermana

5. casi

6. cosas que no sirven, que no tienen valor / 7. vio

8. dinero que el novio le da a la novia antes de casarse, para que compre los accesorios de la boda, p.ej., el vestido, etc. / 9. baúl / 10. le devolvía la llave

11. vestidos

—¡Qué lindo fuera hacer los casorios hoy en día como los que hacían ustedes entonces!

—Sí 'jito, nomás que yo digo que es mucho mejor que ahora una muchacha está libre de escoger el novio que quiere.

—Oh sí, cierto que sí. Oiga, ¿aceptaban todos ese negocio de dejarles a los papaces escoger el novio? ¿Que no había naiden[12] que dijera: "Yo no, yo me voy a casar con el que me dé la buena gana"?

—Muy pocos, murre[13] pocos, hijito. Ésos eran otros tiempos, acuérdate. Lo que te decía tu papá, eso era la ley. Bueno, fácil que algunas muchachas no obedecían a sus papaces, pero ésas eran muy pocas. Allí en Coyote no había más que una que yo conociera.

—¿Quién fue ésa?

—Mi prima Marcelina, la tartamuda. Ella era hija de mi tío Félix, el hermano de mi papá.

—¿Qué paso? ¿Qué hizo ella?

—Bueno, la Marcelina tenía un novio que se llamaba José María y lo quería mucho. Pero, por alguna razón, sus papaces arreglaron de que se casara con un viudo de ahí por Arroyo de Agua, rico pero ya muy viejo y acabado. Bueno, protestaba y protestaba la pobre muchacha, pero nada. Su papá estaba aferrado de que se casara con este viudito. Pues, en aquellos tiempos tenían la costumbre de preguntar si había un impedimento. No sé si habrá tal cosa hoy en día o no, yo creo que no. Pero el cuento es que el padre llegó a ese punto en la ceremonia y le preguntó a toda la plebe en la iglesia si había un impedimento. Pues, de una vez se paró el José María y dijo que sí, que él sí sabía una razón por la que estos dos no podían casarse. Pero el padre no le puso nada de atención y los casó de todos modos.

—Luego en el fandango, después, todos estaban platicando de cómo el José María había hablado en la ceremonia. Hasta los viejos más viejitos no podían acordarse de naiden que había levantado un

12. nadie

13. muy

impedimento nunca. Parecía que la Marcelina se había conformado un poco, porque bailaba como una "barreta"[14] (como decía mi abuelita). Nomás que ya al último del baile cuando todos se estaban yendo pa'la casa, ya la Marcelina no andaba ahí. Ella se había huido con el José María y dejó a su marido nuevo en el baile.

—¿Sí? ¡Qué curioso!

—Pues, sí. Y no sacó divorcio ni nada, nomás comenzó a vivir con el otro. Prima Marcelina fue muy valiente para aquellos tiempos. No era como ahora que la plebe ni conoce a una iglesia y las parejas se juntan como conejos.

—¿Se huyeron para otro lugar ellos?

—Oh no. Allí en Coyote vivieron y hasta la hermana del pobre viudo fue a la casa de la Marcelina a aconsejarla de que volviera con él. Isque[15] la hermana le preguntó qué había pasado y la Marcelina dijo: "Toda la noche bailé con tunco[16] blanco y logo[17] me fui con Coché". Era tartamuda la pobre y así le decía al José: el Coché. Y decían que cuando la hermana del viudo insistía que era su deber vivir con su marido propio, mi prima dijo: "Oh, ¡que lo lleve el diablo, y que lo lleve en buen caballo!"

—Pero, pobrecita mi prima Marcelina, resultó que su Coché no servía pa'nada. Era un hombre tan flojo que tú no tienes idea. Pues, ella tuvo que hacer todo pa'hacer la vida, pobrecita. Él no hacía nada. Yo me acuerdo que una vez llegó ella del trabajo ahí en casa a visitar. Al rato se levantó y montó su caballo, diciendo: "¡Qué duro es ser el hombre y la mujer!"

—Me acuerdo que siempre se paseaba en su caballo. Era poca fiera ella y siempre usaba un paño colora'o amarrado en la cabeza. Pero, ¡cómo trabajaba esa mujer! Era tan fuerte como un hombre, y así trabajaba, junto con ellos. Trabajaba mucho allí en el rancho del difunto Josenacio encerrando zacate[18]. Y con la pura horquilla[19], hijo. También luchaba con los hombres, nomás para divertirse. Mi hermano Tomás llegó a luchar con ella y decía que él no la podía tumbar, que ni uno de ellos podía ganarle a ella. También hacía adobes. Ooh, muchos adobes hacía por contrato pa' los que estaban levantando casa. Eso estaba haciendo, yo creo, cuando la mataron.

—¿La mataron? ¿Cómo pasó eso?

—Pues, al fin se cansó, quizás, de lidiar tanto con ese Coché y lo dejó. Yo creo que también lo hizo porque su papá estaba muy enfermo en esos días. Fue pa' la casa de su papá allá en Cañones para

14. bailaba como un trompo; bailaba muy bien

15. dicen que

16. túnico, vestido / 17. luego

18. hierba para alimentar al ganado / 19. herramienta con púas que se usa para recoger el zacate

cuidarle a él y también llevó a sus hijos —tuvo dos hijos y una hija, yo creo.

—Bueno, no le gustó al Coché que le dejaron solo. Y, una noche agarró su rifle y fue pa' los Cañones. Era en agosto, se me hace — bueno, en el verano, porque la Marcelina tenía la puerta abierta para que entrara el vientecito. También había puesto su colchón ahí adelante, en la mera puerta[20]. Pues, no le dio nada broma al Coché hallarla. E isque entró y le dio un balazo en el pecho y se huyó en su caballo. Pronto murió ella. Su papá dijo que ella no dijo más que: "Ya el Coché me mató".

—¿Lo pescaron?

—Oh sí, pronto después. Bueno, ella no tuvo más enemigos que él, sabes. Él había huido pa' la casa. Yo mismo lo oí pasando por el camino a todo mata-caballo. Isque se escondió atrás de su casa, pero pronto lo pescaron los oficiales. Y dicen que, cuando lo agarraron, que él les dijo: "El que nada debe, nada teme".

—¿Él dijo así? El que nada debe...

—...Nada teme, sí. Ese hombre no tenía nada de vergüenza.

—¿Lo llevaron para la corte?

—Oh sí, y lo echaron en la pinta[21] también. Yo creo que le dieron veinticinco años, no me acuerdo muy bien. Pero él se quedó ahí mucho tiempo. Luego después su mamá andaba en las casas queriendo colectar firmas para que lo soltaran.

—¿Sí? ¿Cómo una petición?

—Sí.

—Yo no sabía que hacían eso. Y, ¿firmó usted?

—Sí, tan buena mujer que era la Eufemia. Nomás que su hijo no servía, pero era su hijo siempre. ■

**Jim Sagel**

20. exactamente en la puerta

21. cárcel

1. El lenguaje. / 2. Es su nieto. / 3. Había muchas reglas. Tenían que venir los padres del novio a la casa a pedir a la novia. Los padres decidían todo y ellos mandaban. Se acostumbraba casarse más joven. Muchas veces las muchachas no conocían al novio hasta el día del casamiento. Los parientes de la novia tenían que hacer una fiesta en su casa para la familia del novio, en la cual el novio entregaba las donas a la novia. / 4. En EE.UU. no, pero en algunas culturas todavía se acostumbra. / 5. Tenían que venir los padres del novio a la casa a pedir a la novia. A veces mandaban una carta primero. / 6. Piensa que es mucho mejor que la muchacha pueda escoger el novio que quiera. / 7. Era la prima de la abuela, hija de su tío Félix. / 8. Se paró José María y dijo que sí, que él sabía una razón por la que estos dos no podían casarse. / 9. Todos estaban platicando de cómo José María había hablado en la ceremonia. Marcelina bailó mucho, pero después se huyó con José María y dejó a su marido nuevo en el baile. / 10. Pensaba que había sido muy valiente para aquellos tiempos. / 11. José María. Así le decía Marcelina a José María porque era tartamuda. / 12. Era muy flojo, no hacía nada. / 13. Era fiera y siempre usaba un paño colorado amarrado en la cabeza. Era tan fuerte como un hombre y trabajaba junto con ellos. / 14. La mató Coché. / 15. Era la mamá de Coché. Ella anduvo colectando firmas para que soltaran a Coché de la cárcel.

## Después de leer

1. ¿Cuáles son algunos elementos de este cuento que le dan el sabor de Nuevo México? [E]
2. La narradora es la abuela. ¿Quién es la otra persona? [E]
3. La abuela dice que las costumbres matrimoniales eran muy distintas cuando ella era joven. ¿En qué sentido eran distintas? [E]
4. Según la abuela, en muchos casos los padres de los novios se encargaban de todo, es decir, que ellos arreglaban todos los detalles empezando por escoger la pareja. ¿Sucede esto hoy en día en los EE.UU.? ¿En otros países? [E]
5. Describa las costumbres que precedían al matrimonio, es decir, al pedirse la mano de la novia. [E]
6. ¿Qué opina la abuela acerca de las costumbres antiguas y las modernas?
7. ¿Quién era Marcelina?
8. ¿Qué sucedió en la iglesia cuando el sacerdote preguntó si había oposición al matrimonio de su hija?
9. ¿Qué ocurrió en la fiesta de matrimonio?
10. ¿Piensa Ud. que la abuela admira a Marcelina? ¿Por qué?
11. ¿Quién era Coché? ¿Cuál era su nombre verdadero? ¿Por qué se le puso el apodo "Coché"? [E]
12. Después de casarse, ¿cómo resultó el Coché?
13. Describa a Marcelina. [E]
14. ¿Qué le sucedió a Marcelina? [E]
15. ¿Quién era Eufemia? ¿Cuál es su papel en el cuento? [E]

## Para escribir y comentar

1. En su diario, escriba sus impresiones del cuento, ya sea sobre las costumbres que se describen o sobre el lenguaje del Nuevo México rural.
2. Este cuento incluye una multitud de elementos lingüísticos de Nuevo México. Repase el cuento e identifique los elementos que usted cree que son de esa región. Categorícelos de la siguiente manera:

| Pronunciación | Forma verbal | Vocabulario | Sintaxis |
|---|---|---|---|
| 'jito | casates | charangas | andaba en las casas |
| | | | |
| | | | |

3. Escriba un ensayo en el cual describe las tradiciones y costumbres relacionadas al noviazgo hoy en día. [E]
4. En el cuento "Me fui con Coché" se mencionan varias costumbres relacionadas al noviazgo. Entreviste a algunas personas mayores (de la generación de sus abuelos y de la generación de sus padres) sobre las costumbres que ellos seguían cuando eran jóvenes. Después entreviste a algunos de sus amigos acerca del mismo tema. ¿Han cambiado las costumbres a través de las generaciones? ¿En qué sentido? ¿Por qué han cambiado? ¿Cuáles de las costumbres prefiere Ud.?

Por ejemplo, el vestido blanco, el velo, los padrinos, las arras, el lazo, etc.

5. En los casamientos, por lo general, se observan varias tradiciones y costumbres. ¿Cuáles son algunas de las tradiciones que ha observado Ud. en los casamientos? ¿Cuál es el origen de esas tradiciones? ¿Cómo han cambiado las tradiciones? ¿Cuáles son costumbres hispanas?
6. ¿Existen culturas hoy en día en las cuales los padres de los novios se encargan de todo y escogen las parejas? ¿Qué piensa Ud. acerca de esa tradición?

# 4 Dos puntos de vista: La tradición frente al modernismo

## Prelectura

A través de los años muchos aspectos de la vida familiar cambian. A veces por la presión de los amigos o por la necesidad de competir con los demás, la familia modifica las tradiciones que antes regían lo que se hacía en el hogar. Si antes se esperaba que los jóvenes permanecieran en casa, ahora para seguir su educación, muchos han dejado el hogar. Otros piensan que no deben abandonar a sus padres. Piensan que su responsabilidad primordial está en la casa. Consideremos las dos posibilidades: la de dejar el hogar para seguir con su vida y la de permanecer en casa hasta una edad madura. ¿Qué piensa usted sobre este tema? El siguiente artículo refleja dos puntos de vista sobre esta idea.

# Dos puntos de vista: La tradición frente al modernismo

**Por: Eduardo Pajés**

"Me voy a vivir mi vida."

Y el adolescente se va, aunque no esté muy seguro de lo que realmente es "su vida".

Buen tema éste de los adolescentes que emprenden vuelo para alejarse repentinamente del seno familiar.

Y, a propósito de "vuelo", nos permitimos aconsejar a esos jóvenes que vean un documental que se presenta a menudo en televisión. Se trata de varios aspectos de la vida de las águilas. En uno de los pasajes, vemos a un aguilucho tratando de emprender vuelo. Aparentemente ya tiene todos los atributos para ello. Sin embargo, le falta lo principal: la madurez que da la vida. Y se queda allá, en lo alto de la encrespada sierra, en el acogedor nido, agitando torpemente las alas. Un buen día, en el instante preciso, volará majestuosamente, y dejará atrás el nido, ya innecesario. Este pasaje es propicio para una aleccionadora fábula.

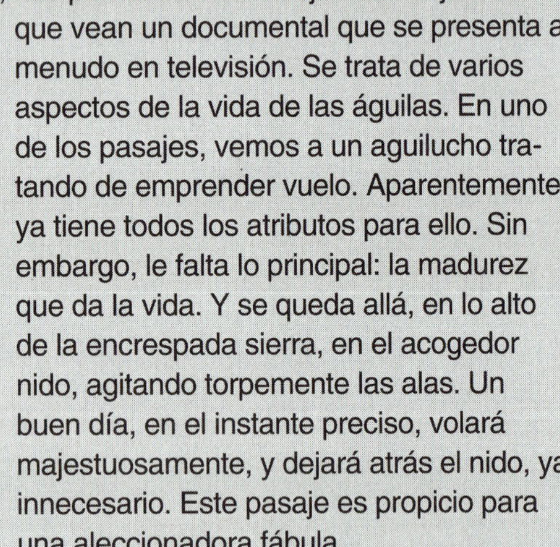

Cuando un adolescente abandona el recinto familiar, no se va de la casa, sino que se desgaja del hogar, y eso es algo bien distinto.

El hogar necesita y exige la presencia de sus componentes, ya que la suma de ellos constituye su propia existencia. Marcharse, alejarse para siempre, es una manera de traicionar la confianza, el amor, el cuidado y, en fin, la irreemplazable acogida que, en todos los instantes, el hogar brinda a sus miembros.

¿Qué pretende un adolescente cuando abandona el hogar? No puede esgrimir argumentos válidos. Todo cuanto pueda hacer fuera de ese hogar es factible hacerlo en él. A no ser que pretenda llevar a cabo alguna actividad inconfesable, en cuyo caso quedará invalidado para justificarse.

Por otra parte, la vida, inclemente en muchos aspectos, amenaza al adolescente, inmaduro para percatarse de sus peligros e impreparado para enfrentarlos y vencerlos.

Regresar diariamente al hogar, es reencontrarse con la esencia misma de esa vida familiar íntima, amorosa y entrañable, que vale más, muchísimo más que la otra vida: ésa que nos acecha peligrosamente por ahí.

Dejar el hogar es perder algo insustituible, irreemplazable.

**Por: Beatriz González**

Para mis padres y para mí, era lógico que el siguiente paso que debería dar en mi vida, una vez graduada de bachiller, sería asistir a la universidad. Eso significaba que era muy posible que yo quisiera irme a estudiar a otra ciudad, y tener que vivir lejos de casa. Y así fue. Cuando tenía 18 años, llegué a un dormitorio de la Universidad de Michigan. Hoy, a los 21, estoy terminando mi último semestre de Leyes, y comparto un apartamento con cuatro amigas.

Mi partida representó para mi abuela una prueba irrefutable de que mis padres habían cometido graves errores en su manera de educarme. Sin embargo, yo siento que la unión que siempre he tenido con mi familia ha sobrevivido a la distancia; incluso, en ciertos aspectos ha mejorado. Estar lejos de ellos me ha llevado a que los aprecie y les agradezca más que antes todo lo que han hecho por mí.

Para aceptar la idea de que un adolescente se mude de su casa, tiene que haber buenos motivos que contrapesen las ventajas de quedarse en su hogar. Para mí, fue la oportunidad de estudiar en una excelente universidad.

Los padres deben darles los instrumentos necesarios a sus hijos para que dirijan sus propias vidas. Aunque las relaciones familiares son un punto clave en la realización de sus miembros, el individuo es el único realmente capaz de encontrar su felicidad. Es normal el deseo de los padres de proteger a sus muchachos, pero llega un punto donde ese deseo se convierte en una necesidad egoísta.

Vivir sola me ha posibilitado ejercer mi independencia, mi madurez y mi espíritu práctico, y siento que esto me ha brindado un amplio conocimiento de mí misma, que creo que no hubiera adquirido de otra manera. Muchos pueden argumentar que todas estas experiencias se pueden tener viviendo con los padres. Puede ser cierto, y tengo amigos que lo prefieren de esta manera. Pero eso no significa que necesariamente se deba limitar a los jóvenes a explorar nuevos horizontes dentro de las cuatro paredes de su propia casa. Eso no es justo ni lógico en absoluto. ■

## Después de leer

1. Las respuestas van a variar. / 2. Los compara a las águilas. Las respuestas van a variar. / 3. Dice que el hogar necesita y exige la presencia de sus componentes. / 4. Porque fue a estudiar a otra ciudad. / 5. Las respuestas van a variar. / 6. El señor Pajés utiliza palabras como abandonar, traicionar, alejarse, etc. La señorita González utiliza palabras y frases como mudarse, explorar nuevos horizontes, etc. / 7. Los factores podrían ser la educación, la crianza, la familia, la región donde se crió, la edad, etc.

1. ¿Con cuál de los dos puntos de vista está Ud. de acuerdo? ¿Por qué? [E]
2. ¿Con qué compara el Sr. Pajés a los adolescentes que emprenden vuelo para alejarse del seno familiar? ¿Qué piensa Ud. de esta comparación? ¿Tiene razón el Sr. Pajés? [E]
3. Según el Sr. Pajés, ¿por qué es importante que los adolescentes no abandonen su hogar? [E]
4. ¿Por qué decidió mudarse de su casa Beatriz González? ¿Qué piensa usted de su razón? [E]
5. Beatriz González menciona que para aceptar la idea de que un adolescente se mude de su casa, tiene que haber buenos motivos que contrapesen las ventajas de quedarse en su hogar. ¿Cuáles son algunos buenos motivos para mudarse de la casa? [E]
6. Al leer este artículo, ¿notó usted una diferencia en el tipo de vocabulario que utilizaron los dos autores? ¿Cuáles son algunas de las palabras y frases que indican el punto de vista de cada uno?
7. ¿Qué factores cree Ud. que podrían influir en el punto de vista de los dos autores? [E]

## Para escribir y comentar

1. ¿Con cuál de los dos puntos de vista está Ud. de acuerdo? En su diario, explique cuál de los dos es semejante a su propio parecer y por qué.
2. A veces los padres no permiten que sus hijos asistan a una universidad lejos de su casa. ¿Ha oído de algún caso semejante? ¿Piensa que tienen razón los padres? ¿Por qué?
3. Imagínese que una amistad o pariente joven ha decidido mudarse de su casa. Escríbale una carta indicando si usted está de acuerdo con lo que ha decidido hacer.
4. En la clase formulen un cuestionario que se pueda utilizar para entrevistar a adolescentes sobre el tema del artículo. Entrevisten a unos tres o cuatro estudiantes utilizando el cuestionario que se formuló. ¿Cuáles son las opiniones de los adolescentes en cuanto al tema? ¿Cuándo piensan ellos que se deben mudar de su casa? ¿Difieren las opiniones según el sexo? Comparen sus resultados con los del resto de la clase.

5. En la clase formulen un cuestionario que se pueda utilizar para entrevistar a adultos sobre el tema del artículo. Entrevisten a algunos adultos utilizando el cuestionario. ¿Cuáles son las opiniones de los adultos en cuanto al tema? ¿Cuándo piensan ellos que los jóvenes se deben mudar de su casa? ¿Difieren las opiniones según el sexo? ¿Según la edad? ¿Según el nivel de educación? Comparen sus resultados con los del resto de la clase.

# Estrategias de escritura

## La organización de ideas

En el capítulo anterior vimos las diferentes etapas de la pre-escritura. La última de estas etapas nos permitió pensar en los detalles relacionados al tema. Pero no es suficiente tener estas ideas y detalles. También hay que organizarlos. Para esto es preciso hacerse algunas preguntas:

1. ¿Cuál es el propósito de este ensayo?
2. ¿Qué quiero decir sobre el tema?
3. ¿A quién voy a dirigir mi ensayo?

Cuando haya tomado estas decisiones, usted debe revisar los detalles que ha anotado y empezar a organizarlos. Esto se puede hacer de varias maneras:

1. en orden de importancia
2. en orden cronológico
3. en orden espacial o físico
4. en secuencia lógica
5. en forma de comparación o contraste

Esta decisión dependerá de lo que usted haya contestado a las preguntas anteriores. Cuando haya escogido la forma de organización más conveniente para su ensayo, debe hacer un bosquejo para organizar sus ideas.

Ésta es la forma general para un bosquejo:

I. Introducción
II.
    A.
    B.
        1.
        2.
III.
    A.
    B.
IV.
    A.
    B.
V. Conclusión

Los detalles de su bosquejo dependen mucho de su propósito y de la extensión de su ensayo. Por lo general, los números II, III y IV constituyen el cuerpo del ensayo y éstos requieren más detalles.

## Actividad

Escoja un tema relacionado a las tradiciones y siga los pasos de la pre-escritura presentados en el Capítulo 1. Después organice sus ideas en forma de bosquejo.

# Lenguaje

## La acentuación

### La separación de palabras en sílabas

La acentuación escrita en español es una parte esencial de la ortografía que, a veces, ocasiona ciertas dificultades para el hispanohablante. La razón fundamental es que en muchos casos al nativo se le dificulta la identificación de la sílaba tónica, lo cual es un paso primordial en el proceso. Por lo tanto, se propone dedicar una parte significativa de este texto a desarrollar la habilidad de identificar la sílaba fuerte o tónica de la palabra y a practicar la acentuación escrita.

Para comenzar, definamos los términos básicos:

**acento tónico:** la fuerza que se le da a una de las sílabas de la palabra; la sílaba en que sube el tono de la voz.

Ejemplos: *ven-TA-na* *mu-CHA-cho* *se-ÑOR*

**acento ortográfico:** la señal escrita que se le pone a ciertas palabras.

Ejemplos: *lá-piz* *dá-me-lo*

**letra:** cada uno de los signos escritos que integran el alfabeto. Para más detalles, consulte el Capítulo 1.

**fonema:** cada uno de los sonidos básicos del idioma.

Ejemplos: *mamá* (cuatro letras, cuatro fonemas)
*que* (tres letras, dos fonemas)
*fascinar* (ocho letras, siete fonemas)
*helado* (seis letras, cinco fonemas)

**diptongo:** combinación de una vocal débil **(i, u)** con una fuerte **(a, e, o)** o dos débiles en la misma sílaba. **(Nota:** Se encontrará más información sobre el diptongo en el Capítulo 7)

**sílaba:** el conjunto de uno o más fonemas que forman un sonido independiente dentro de la palabra. Hay un gran número de palabras que empiezan con vocal, pero por lo general, la sílaba empieza con una consonante y termina con una vocal. Con la excepción de los grupos consonánticos (ver a continuación), dos consonantes contiguas se separan entre dos sílabas distintas.

Ejemplos: *mu-cha-cho* *bron-co* *al-mor-zar*

La sílaba puede consistir en:

- una sola vocal: *a-quel, u-nir*
- una vocal y una o más consonantes: *al-ma* *a-tre-vi-do* *tron-co*
- dos vocales (diptongo) y una o más consonantes: *cien-cia* *pei-ne*

**grupo consonántico:** conjunto de una consonante con **l** o **r** dentro de la misma sílaba.

Ejemplos: *blan-co, brin-car, cla-vo, cri-ti-car, dro-ga, flo-jo, fro-tar, gran-de, plu-ral, pron-to, trom-po*

¡OJO! En inglés existen muchos grupos consonánticos que incluyen la **s**, como **sl, st, sp, str,** y **spr.** En español estas combinaciones no se consideran grupos consonánticos. Siempre se dividen las sílabas entre la **s** y otra consonante.

Ejemplos: *Es-pa-ña* *es-tric-to* *es-cla-vo*

## Ejercicios

1. A continuación se presenta una lista de palabras tomadas de las lecturas de este capítulo. Se ha omitido a propósito el acento ortográfico de las palabras que lo requieren. Usted debe:
   - dividir cada palabra en sílabas
   - subrayar la sílaba tónica o fuerte

   Se recomienda que pronuncie las palabras en voz alta, poniéndole énfasis (y aun exagerando) sobre la sílaba tónica. En vista de que esta parte de la acentuación es la más difícil para muchos nativos, es muy importante no pasarla por alto. Acuérdese de que las combinaciones **ll** y **rr** no se dividen.

| | | | |
|---|---|---|---|
| calles<br>ca / lles | cumbre<br>cum / bre | bonito<br>bo / ni / to | cocinando<br>co / ci / nan / do |
| pastores<br>pas / to / res | comer<br>co / mer | Navidad<br>Na / vi / dad | chaqueta<br>cha / que / ta |
| arbol<br>ar / bol | alrededor<br>al / re / de / dor | azucar<br>a / zu / car | papel<br>pa / pel |
| raspandolo<br>ras / pan / do / lo | hogar<br>ho / gar | proposito<br>pro / po / si / to | logico<br>lo / gi / co |
| universidad<br>u / ni / ver / si / dad | amor<br>a / mor | aguilas<br>a / gui / las | fandango<br>fan / dan / go |
| horquilla<br>hor / qui / lla | divertirse<br>di / ver / tir / se | adobes<br>a / do / bes | facil<br>fa / cil |
| Jose<br>Jo / se | cuñada<br>cu / ña / da | escoger<br>es / co / ger | Felix<br>Fe / lix |
| familiar<br>fa / mi / liar | horizontes<br>ho / ri / zon / tes | argumentar<br>ar / gu / men / tar | escarcha<br>es / car / cha |

2. Haga una lista de veinte términos de objetos relacionados al hogar. Divídalos en sílabas y subraye la sílaba tónica. Cada estudiante de la clase pronunciará en voz alta por lo menos cinco de sus palabras, poniéndole énfasis a la sílaba tónica.

## Cognados

Los cognados, o palabras afines, son palabras que tienen el mismo origen y formas similares o análogas en dos idiomas. Por ejemplo, la palabra española **ciclo** y la inglesa *cycle* son cognados cuya procedencia es la palabra latina *cyclus*. Existe un gran número de cognados en inglés y español, y en muchos casos el significado de los cognados es igual o parecido en los dos idiomas. Pero hay que tener cuidado con los **cognados falsos**, palabras con ortografía parecida, pero con significados distintos.

## Ejercicios

1. Repase las lecturas de este capítulo para identificar cognados usando el formato que se presenta a continuación. Dé la información solicitada e indique si las palabras son cognados verdaderos (**V**) o falsos (**F**):

<table>
<tr><th>Palabras</th><th>Significado o Ejemplo</th><th>V</th><th>F</th></tr>
<tr><td>español: librería</td><td>tienda de libros</td><td rowspan="2"></td><td rowspan="2">X</td></tr>
<tr><td>inglés: library</td><td>biblioteca</td></tr>
<tr><td>español: favorito</td><td>Anoche fuimos al cine a ver mi película favorita</td><td rowspan="2">X</td><td rowspan="2"></td></tr>
<tr><td>inglés: favorite</td><td>Last night we went to the movies to see my favorite film.</td></tr>
<tr><td>español:</td><td></td><td rowspan="2"></td><td rowspan="2"></td></tr>
<tr><td>inglés:</td><td></td></tr>
</table>

## El verbo: El modo indicativo

En la gramática, el **modo** se refiere a la manera en que se expresa el significado del verbo. Uno de los modos en español es el **indicativo** que se usa para expresar el estado, la existencia o la acción de algún acontecimiento. Los otros modos, el **imperativo** y el **subjuntivo** se presentarán más adelante. Dentro de la categoría del modo indicativo, existen varios **tiempos** que se usan para precisar si la acción o el estado del verbo ocurre en el presente, pasado o futuro. Ud., como hispanohablante, usa una gran variedad de estos tiempos para expresarse y para comprender una conversación o una lectura, sin pensar en el aspecto gramatical. A continuación se presentan ejemplos de las lecturas que representan los tiempos principales del modo indicativo.

Los tiempos simples son los que se expresan con una sola palabra:

**Tiempo presente:** *Es una mañana fría.*

**Tiempo imperfecto:** *Y lo peor de todo era que su abuelo estaba enfermo.*

**Tiempo pretérito:** *Para mí, fue la oportunidad de estudiar en una excelente universidad.*

**Tiempo futuro:** *Un buen día… volará majestuosamente, y dejará atrás el nido, ya innecesario.*

Los tiempos compuestos usan el verbo auxiliar **haber** y la forma del verbo llamada **participio pasivo:**

**Tiempo pretérito perfecto:** *Yo he aprendido mucho viviendo sola.*

**Tiempo pluscuamperfecto:** *También, había puesto colchón ahí adelante, en la mera puerta.*

Los tiempos progresivos usan un verbo auxiliar **estar** y la forma del verbo llamada **gerundio.**

**Tiempo presente progresivo[1]:** *Estamos trabajando todos los fines de semana.*

**Tiempo pasado de progresivo:** *...cuando estaban trayendo el carro de leña antes del casorio...*

1. Las lecturas de este capítulo no contienen ejemplos de este tiempo verbal.

En los capítulos que siguen, Ud. va a aprender más sobre los tiempos del modo indicativo y los otros modos que existen en español.

## Ejercicios

1. Repase cada una de las lecturas de este capítulo y para cada una conteste las siguientes preguntas:
   a. ¿Cuál es el tiempo verbal que predomina? Si hay más de uno, ¿por qué piensa Ud. que sean necesarios? Por ejemplo, en "Los farolitos de Navidad", se usa más de un solo tiempo pasado. ¿Qué sucedería si se cambiaran todos los verbos a un solo tiempo pasado? ¿Existen estos dos tiempos pasados en inglés?
   b. ¿Qué clase de tiempos predominan en la lectura: los compuestos o los simples?
2. Repase las lecturas de este capítulo y copie por lo menos una oración en cada uno de los tiempos del modo indicativo que se han presentado. En sus propias palabras, escriba una regla para cada tiempo que explique cómo se usa, según el ejemplo que haya encontrado.
3. Escriba un breve informe sobre el siguiente tema: "Mi Navidad favorita" (u otro día festivo). En el informe, indique las razones por las cuales es su favorita y describa a algunas de las personas presentes. Después de escribir su informe, intercámbielo con otro estudiante. Conteste las siguientes preguntas en cuanto al informe que le dieron:
   a. ¿Qué tiempos se usan para hablar del pasado?
   b. ¿Cuándo se usa cada uno? Es decir, ¿en qué tipo de situación se usa cada uno?
   c. Si Ud. tuviera que darle a alguien que no habla español una regla que explicara el uso de estos dos tiempos, ¿cuál sería?

La sección de **Evaluación** para este capítulo aparece en la página xxxiv.

# Capítulo 3
# Las relaciones humanas

## Objetivos

En este capítulo, usted:

### Contenido

- Describirá diferentes tipos de relaciones humanas.
- Aprenderá sobre los diferentes tipos de relaciones humanas que se desarrollan y se manifiestan durante la vida.
- Aprenderá sobre los diferentes tipos de temperamentos que existen.

### Cultura

- Aprenderá cómo la cultura influye en los diferentes tipos de relaciones humanas.

### Lenguaje

- Podrá separar las palabras en sílabas.
- Usará correctamente las conjunciones **y, o.**
- Explicará y aplicará la concordancia entre el sustantivo y el adjetivo.

## Funciones lingüísticas del capítulo

- Describir la personalidad de diferentes individuos conocidos.
- Comparar las características positivas o negativas de individuos conocidos.

# Para empezar

Continuamente y con razón, nos quejamos de que el ser humano se preocupa cada vez menos por el bienestar de sus semejantes. Y esta actitud de indiferencia se ve aún más en las grandes ciudades, donde las presiones, la competencia y la lucha contra el tiempo, contribuyen a inhibir cualquier posibilidad de empatía y a fomentar, en cambio, un egoísmo que nos hace pensar únicamente en nuestros intereses y a dar la espalda a los problemas de los demás. Tal y como están las cosas, la frase "Que cada cual se rasque con sus propias uñas" parece resumir el pensamiento del hombre actual.

Sin embargo, recientemente se produjo en Nueva York, y nada menos que en la estación del metro, un hecho insólito que aparentemente desmiente el pobre concepto que no merece el mundo en el cual vivimos.

En el video *Millones en el mercado* se muestra la importancia del mercado como centro de comercio y de relaciones.

Resulta que, precisamente durante las horas pico, una señora cargada de paquetes y con una bolsa de plástico en la que llevaba su gato, se subió al tren. Justo en el momento en que las puertas comenzaban a cerrarse, el travieso animalito saltó de la bolsa y escapó hacia el exterior. Su dueña gritó, sus compañeros de vagón hicieron sonar la alarma, la máquina se detuvo y la señora se lanzó precipitadamente en busca de su mascota pero, en su prisa por darle alcance, dejó olvidados sus paquetes. Cuando los demás pasajeros se dieron cuenta del olvido, se lo comunicaron al conductor, quien volvió a detener el tren y depositó los bultos en el andén. Mientras tanto, habiendo ya encontrado al gatito, la mujer en cuestión subió de nuevo al tren por otra puerta, y vio con horror que todas sus cosas habían desaparecido. Nuevamente se escuchó la alarma y, una vez más, el paciente maquinista aplicó los frenos de la locomotora. Pero, como bien dicen que "a la tercera va la vencida", esta última parada culminó en un final feliz: el gato, su dueña y las pertenencias de ésta volvieron a reunirse. Hechos como éste nos obligan a reflexionar y a preguntarnos: ¿Se tratará simplemente de una excepción a la regla? ¿O es que acaso la humanidad empieza a cambiar? ¿Qué piensan?

**La humanidad.** Se dice que la humanidad está cambiando y que las personas ya no se ayudan las unas a las otras. Sin embargo, de vez en cuando los noticieros reportan un incidente en el cual un individuo actúa de una manera humanitaria. Relate algún incidente de ese tipo que usted haya visto o del que haya oído. O relate alguna experiencia que Ud. haya tenido en la cual algún desconocido le ayudó.

**Nuestras relaciones.** Durante nuestra vida mantenemos distintos tipos de relaciones con otras personas. Al decir que alguien es nuestro hermano, primo, amigo o maestro, indicamos el tipo de relación que tenemos con esa persona. Haga una lista de diez personas que usted conoce, indique la relación que tiene con cada una (por ejemplo, hermano, amigo, hijo, etc.). Escoja a cinco de esas personas y explique cómo han influido en su vida.

# Estrategias de lectura

### La identificación de las ideas principales

Cuando leemos un periódico o una revista, primero nos fijamos en los encabezamientos o en los títulos de los artículos. El título usualmente nos da una buena idea del contenido. Después, si leemos el primer párrafo y las primeras oraciones de otros párrafos, podemos obtener la información básica de la selección. Esta información probablemente sea suficiente para contestar preguntas tales como ¿quién?, ¿qué?, ¿cuándo?, ¿dónde?, ¿por qué? y ¿cómo? sobre el artículo. Recuerde que no es necesario entender todas las palabras para comprender la lectura. Si puede identificar las ideas principales, podrá contestar casi cualquier pregunta acerca del contenido de la lectura.

## Actividades

1. Lea los títulos de los artículos de este capítulo. ¿Le dan éstos algún indicio del contenido de cada artículo? ¿Qué ideas iniciales le sugiere el título de cada artículo?
2. Lea el primer párrafo y la primera oración de los demás párrafos de cada artículo. A base de lo que leyó, ¿puede usted determinar el contenido de los artículos?
3. Haga una lectura preliminar del cuento "La pared"; luego complete el siguiente esquema.

| Lectura | ¿quién? | ¿qué? | ¿cuándo? | ¿dónde? | ¿por qué? | ¿cómo? |
|---|---|---|---|---|---|---|
| La pared | | | | | | |

# 1 La pared

## Prelectura

Aunque el cuento "La pared" fue escrito a fines del siglo XIX por Vicente Blasco Ibáñez (1867-1928), los incidentes podrían haber ocurrido hoy en día. A pesar de los avances que se han visto en este siglo, las relaciones humanas no parecen haber cambiado mucho. Al leer este cuento piense en las situaciones que ocurren en nuestra sociedad actual.

## *La pared*

**Las dos familias**

Siempre que los nietos del tío Rabosa se encontraban con los hijos de la viuda de Casporra en las sendas de la huerta o en las calles de Campanar, todo el vecindario comentaba el suceso. ¡Se habían mirado! ¡Se insultaban con el gesto! Aquello acabaría mal, y el día menos pensado el pueblo sufriría un nuevo disgusto.

El alcalde con los vecinos más notables predicaban paz a los mocetones de las dos familias enemigas, y allá iba el cura, un vejete de Dios, de una casa a otra, recomendando el olvido de las ofensas.

Treinta años que los odios de los Rabosa y Casporra traían alborotado a Campanar. Casi en las puertas de Valencia, en el risueño pueblecito que desde la orilla del río miraba a la ciudad con los redondos ventanales de su agudo campanario, repetían aquellos bárbaros la historia de luchas y violencias de las grandes familias italianas en la Edad Media. Habían sido grandes amigos en otro tiempo; sus casas, aunque situadas en distinta calle, lindaban por los corrales, separadas únicamente por una tapia baja. Una noche, por cuestiones de riesgo, un Casporra tendió en la huerta de un escopetazo a un hijo del tío Rabosa, y el hijo menor de éste, para que no se dijera que en la familia no quedaban hombres, consiguió, después de un mes de acecho, colocarle una bala entre las cejas al matador. Desde entonces las dos familias vivieron para exterminarse, pensando más en aprovechar los descuidos del vecino que en el cultivo de las tierras. Escopetazos en medio de la calle; tiros que al anochecer relampagueaban desde el fondo de una acequia o tras los cañares o ribazos cuando el odiado enemigo regresaba del campo; alguna vez un Rabosa o un Casporra camino del cementerio con una onza de plomo dentro del pellejo y la sed de venganza sin extinguirse, antes bien, extremándose con las nuevas generaciones, pues parecía que en las dos casas los chiquitines salían ya del vientre de sus madres tendiendo las manos a la escopeta para matar a los vecinos.

Después de treinta años de lucha, en casa de los Casporra sólo quedaban una viuda con tres hijos mocetones que parecían torres de músculos. En la otra estaba el tío Rabosa, con sus ochenta años, inmóvil en un sillón de esparto, con las piernas muertas por la parálisis, como un arrugado ídolo de la venganza, ante el cual juraban sus nietos defender el prestigio de la familia.

Pero los tiempos eran otros. Ya no era posible ir a tiros como sus padres en plena plaza a la salida de la misa mayor. La Guardia Civil no les perdía de vista; los vecinos les vigilaban, y bastaba que uno de ellos se detuviera algunos minutos en una senda o en una esquina, para verse al momento rodeado de gente que le aconsejaba la paz.

Cansados de esta vigilancia que degeneraba en persecución y se interponía entre ellos como infranqueable obstáculo, Casporras y Rabosas acabaron por no buscarse, y hasta se huían cuando la casualidad les ponía frente a frente.

**La pared**

Tal fue su deseo de aislarse y no verse, que les pareció baja la pared que separaba sus corrales. Las gallinas de unos y otros, escalando los montones de leña, fraternizaban en lo alto de las bardas; las mujeres de las dos casas cambiaban desde las ventanas gestos de desprecio. Aquello no podía resistirse: era como vivir en familia; la viuda de Casporra hizo que sus hijos levantaran la pared una vara. Los vecinos se apresuraron a manifestar su desprecio con piedra y argamasa, y añadieron algunos palmos más a la pared. Y así, en esta muda y repetida manifestación de odio la pared fue subiendo y subiendo. Ya no se veían las ventanas; poco después no se veían los tejados; las pobres aves del corral estremecíanse en la lúgubre sombra de aquel paredón que les ocultaba parte del cielo, y sus cacareos sonaban tristes y apagados a través de aquel muro, monumento de odio, que parecía amasado con los huesos y la sangre de las víctimas.

Así transcurrió el tiempo para las dos familias, sin agredirse como en otra época, pero sin aproximarse; inmóviles y cristalizados en su odio.

**El incendio**

Una tarde sonaron a rebato las campanas del pueblo. Ardía la casa del tío Rabosa. Los nietos estaban en la huerta; la mujer de uno de éstos en el lavadero, y por las rendijas de puertas y ventanas salía un humo denso de paja quemada. Dentro, en aquel infierno que rugía buscando expansión, estaba el abuelo, el pobre tío Rabosa, inmóvil en su sillón. La nieta se mesaba los cabellos, acusándose como autora de todo por su descuido; la gente arremolinábase en la calle, asustada por la fuerza del incendio. Algunos, más valientes, abrieron la puerta pero fue para retroceder ante la bocanada de denso humo cargada de chispas que se esparció por la calle. ¡El pobre agüelo!

—¡El agüelo! —gritaba la de los Rabosa volviendo en vano la mirada en busca de un salvador.

Los asustados vecinos experimentaron el mismo asombro que si hubieran visto el campanario marchando hacia ellos. Tres mocetones entraban corriendo en la casa incendiada. Eran los Casporra. Se habían mirado cambiando un guiño de inteligencia, y sin más palabras se arrojaron como salamandras en el enorme brasero. La multitud les aplaudió al verles reaparecer llevando en alto como a un santo en sus andas al tío Rabosa en su sillón de esparto. Abandonaron al viejo sin mirarle siquiera, y otra vez adentro.

—¡No, no! —gritaba la gente.

Pero ellos sonreían siguiendo adelante. Iban a salvar algo de los intereses de sus enemigos. Si los nietos del tío Rabosa estuvieran allí, ni se habrían movido ellos de casa. Pero sólo se trataba de un pobre viejo, al que debían proteger como hombres de corazón. Y la gente les veía tan pronto en la calle como dentro de la casa, buceando en el humo, sacudiéndose las chispas como inquietos demonios, arrojando muebles y sacos para volver a meterse entre las llamas.

Lanzó un grito la multitud al ver a los dos hermanos mayores sacando al menor en brazos. Un madero, al caer, le había roto una pierna.

—¡Pronto, una silla!

La gente, en su precipitación, arrancó al viejo Rabosa de su sillón de esparto para sentar al herido.

El muchacho, con el pelo chamuscado y la cara ahumada, sonreía, ocultando los agudos dolores que le hacían fruncir los labios. Sintió que unas manos trémulas, ásperas, con las escamas de la vejez, oprimían las suyas.

—¡Fill meu! ¡Fill meu![1] —gemía la voz del tío Rabosa, quien se arrastraba hacia él.

Y antes que el pobre muchacho pudiera evitarlo, el paralítico buscó con su boca desdentada y profunda las manos que tenía y las besó un sinnúmero de veces, bañándolas con lágrimas.

Ardió toda la casa. Y cuando los albañiles fueron llamados para construir otra, los nietos del tío Rabosa no les dejaron comenzar por la limpia del terreno, cubierto de negros escombros. Antes tenían que hacer un trabajo más urgente: derribar la pared maldita. Y empuñado el pico, ellos dieron los primeros golpes. ■

1. "hijo mío" en dialecto local

## Después de leer

1. Al leer el título de este cuento, ¿cuál fue su primera reacción? ¿En qué pensó?
2. ¿Cómo empezaron los problemas entre los Rabosa y los Casporra?
3. ¿Cómo reaccionaba el resto del pueblo al odio entre las dos familias?
4. ¿Cuánto tiempo llevaban odiándose las dos familias?
5. ¿Cómo se comportaban las dos familias antes del incidente?
6. ¿Por qué se convirtió en pared la tapia que separaba las dos casas?
7. ¿Por qué decidieron los Casporra salvar al tío Rabosa? ¿Por qué volvieron a entrar a la casa llena de humo?
8. ¿Qué le pasó a uno de los Casporra?
9. ¿Cómo reaccionó la gente del pueblo de Campanar cuando sacaron al hermano menor de los Casporra?
10. ¿Qué hizo el tío Rabosa para mostrar su agradecimiento? ¿Qué hicieron sus nietos?
11. ¿Piensa Ud. que los Rabosa hubieran hecho lo que hicieron los Casporra en una situación semejante? ¿Por qué?
12. ¿En qué época y en qué sitio tiene lugar el cuento?

1. Las respuestas van a variar. Opinión del alumno. / 2. Una noche un Casporra mató a un hijo del tío Rabosa. / 3. El pueblo los vigilaba y la gente les aconsejaba que hiceran la paz. / 4. Treinta años que habían empezado los problemas. / 5. Habían sido grandes amigos. / 6. No querían verse y querían aislarse. / 7. Porque era un pobre viejo al que debían proteger. Para salvar algo de los intereses de los enemigos. / 8. Se quebró la pierna. / 9. Quitaron al viejo Rabosa de su sillón para sentar al herido. / 10. Le dijo: "Hijo mío" y le apretó las manos y se las besó. Derribaron la pared. / 11. Las respuestas van a variar. Opinión de los alumnos. / 12. Tiene lugar en una aldea en Valencia, España en el siglo XIX.

## Para escribir y comentar

1. Comente en su diario sus reacciones al cuento.

*Romeo y Julieta, West Side Story,* etc.

2. El tema de la rivalidad entre familias o grupos opuestos se encuentra a través de la historia y de la literatura. ¿Conoce usted alguna historia que trate de la rivalidad entre dos familias o grupos? ¿Qué hace a los grupos en esas obras reaccionar y olvidar el odio que los separa?
3. ¿Piensa Ud. que el incidente que ocurre en el cuento podría ocurrir hoy en día o en el futuro? ¿Por qué? Escriba una versión moderna o futurista de este cuento. [E]

Estas preguntas se pueden utilizar como temas para discusión o para escribir una composición.

4. ¿Piensa Ud. que se podría comparar la rivalidad entre pandillas a la rivalidad entre las dos familias del cuento? ¿Por qué? ¿Qué semejanzas y diferencias ve Ud. entre las pandillas y estas dos familias?
5. Escriba un reportaje noticiero describiendo lo que ocurrió en el cuento. Este reportaje noticiero se puede presentar con una escena en la cual un reportero entrevista a los Casporra, a los Rabosa o a algunos testigos del incidente. [E]

# 2 Padres ¡padres!

## Prelectura

Una de las relaciones más importantes que mantenemos durante nuestra vida es con nuestro padre. A veces tenemos una relación buenísima que parece ser indestructible. En otras ocasiones, nuestra relación puede ser inestable y llena de problemas. ¿Se ha puesto a pensar en la relación que usted tiene o tenía con su padre? ¿Tiene usted un padre ¡padre!?

## *Padres ¡padres!*

Este texto va dirigido a todos los padres mexicanos, que son: ¡padres![1] Sí, me estoy refiriendo a los papás que son la buena onda[2], con los que se puede establecer una relación directa y llana. Esos padres que tienen sentido del humor y que no se toman demasiado en serio y que no llegan a su casa de mal humor dando portazos y pidiendo a gritos que le suban su cena. No, de ellos no estamos hablando; porque nada más de imaginarlos, uno siente que se le revuelve el estómago.

No hay nada más desagradable para los chavos[3] de los noventa que liar con papás sin criterio, autoritarios, intransigentes, y por añadidura, codos[4]. "Con cincuenta mil pesos[5] te alcanza muy bien para toda la semana", aseguran éstos sin siquiera dirigirles una mínima mirada. Como estos padres no son ¡padres!, no hay que celebrarles su día. ¡Que aprendan a ser papás padres! Por lo general, estos papás le huyen a la ternura, a las manifestaciones de amor. Jamás se permitirían, por ejemplo, darles un beso en el cachete a sus hijos adolescentes. ¿Cómo si ellos son bien machos? Y los papás-machos no dan besitos, ¡qué va! Ellos dan consejos, buen ejemplo, regaños y asesoría económica cuando ésta se requiere. ¡Pobres de estos padres, porque en realidad les da miedo comportarse como papás solidarios! Creen que tienen que imponer su autoridad "a chaleco"[6]. Por eso muchos de ellos, ocupan la cabecera en la mesa del comedor. Ellos son los que tienen que dar la última palabra. "Lo que diga tu papá", dicen las mamás, esas esposas buenas y resignadas. "Si se entera tu papá; te va a ir muy mal", afirman temerosas frente a la rebeldía de sus hijos. "No hay que hacer enojar a tu papá. Pobrecito, trabaja tanto", comentan todavía algunas de ellas que son como de los cincuenta. Y mientras tanto los hijos se van alejando de ese padre que parece como que vive en otro mundo. Y cuando de vez en cuando se lo encuentran en las escaleras de su casa: "¡Hola!", se dicen como si se tratara de extraños. La verdad es que pobres de estos papás, porque si siguen así de enconchados[7], de ausentes y de egoístas, van a pasar a lo largo de la adolescencia de sus hijos sin darse cuenta. De pronto un buen día, se van a topar con un hombre joven con el cual no van a tener nada en común.

En cambio, a los papás ¡padres!, a ésos siempre se los busca. "¿Ya llegó mi papá?", preguntan los hijos cuando ven que ya han pasado las nueve de la noche. Y cinco minutos después, ya están llamando estos padres por teléfono para avisar que están en medio del periférico[8]

1. padres fantásticos, chéveres, buenísimos / 2. los padres que están en la onda, los padres buenos

3. jóvenes, muchachos, chicos

4. tacaños

5. vieja moneda mexicana equivalente a diecisiete dólares

6. a fuerza

7. ensimismados

8. autopista, carretera

pero que no tardan. "No cenen sin mí. Ya voy. Les tengo muchas cosas que contar", dicen algunos desde sus celulares. Y cuando llegan, unos hasta chiflan, otros juegan con el perro y no faltan los que en el vestíbulo se van quitando la corbata y gritan: "¡Ya llegué!" Y mientras están saboreando sus quesadillas sincronizadas, preguntan: "¿Cómo les fue en el colegio? ¿Ya hicieron su tarea? ¿Le dijiste a tu maestro que quería ir a hablar con él?", etcétera, etcétera. Porque estos papás ¡padres!, sí van a los colegios a preguntar cómo están sus hijos. Estos papás sí se acuerdan de los nombres de los amigos de sus hijos. Estos papás sí saben cuál es la parte de la historia que está estudiando su hija que va en segundo de preparatoria[9]. Estos papás, sí conocen los intereses de sus hijos, y aunque muchos de ellos no entienden ni papa de la música que les gusta, por lo menos procuran explicarles el por qué a ellos sí les gusta. Estos papás sí saben perfectamente las fechas de cumpleaños de cada uno de ellos. Estos papás sí advierten cuando uno de sus hijos anda como azotado[10], como triste y entonces preguntan muy quedito[11]: "¿Te peleaste con la novia?" Y aunque el hijo jura y perjura que su estado anímico no se debe a eso, sino a la contaminación, los papás ¡padres! saben en el fondo que su hijo tiene lastimado el corazón. "¿Por qué no me acompañas a *Sanborn's*[12]? Voy a comprar revistas", preguntan delicadamente.

9. noveno grado de *High School*

10. andar deprimido

11. preguntar en voz baja

12. cadena de librerías y restaurantes populares en México

Y en el coche, de pronto comienzan a hablar de su primera novia o de cómo las mujeres son tan incomprensibles...

No, no es fácil ser buen papá. Muchos piensan que con traer el gasto a la casa[13], pagar colegiaturas[14], ropa y doctores, ya la hicieron como padres. "Es que no tengo tiempo. ¡Además los adolescentes de ahora son extrañísimos!", piensan estos papás como para justificarse. Y luego, cuando son viejos, y los hijos no pasan a verlos los fines de semana, empiezan con las quejas: "¡Malagradecidos! Después que hice tantos sacrificios por su educación, etcétera, etcétera". Pero ya se les olvidó que cuando eran papás jóvenes, estaban demasiado sumidos en sus negocios para ocuparse de ellos.

13. traer el sueldo o el dinero a la casa / 14. pagar las mensualidades de un colegio privado

¿Serán entonces buenos abuelos estos papás que no fueron tan padres? No siempre, porque aunque aparentemente tienen más tiempo, ya no les queda paciencia y su ternura se les ha ido agotando a lo largo de los años. Sí, también es difícil llegar a ser abuelito ¡padre!.

Tal vez lo que sucede con estos padres "neoliberales" es que bien a bien, ya no sepan ni qué onda[15]. Ha habido tantos cambios, tantas reformas, tantos derrumbes en tantos órdenes, que se sienten como rebasados. Quizá muchos de ellos tienen toda la buena voluntad por convertirse en papás ¡padres!, pero no saben cómo. A lo mejor otros tuvieron a su vez, padres autoritarios, prepotentes e intransigentes. Es probable que algunos se encuentren sinceramente preocupados por el bienestar económico de la familia. Y que cuando están como ausentes, en realidad, están pensando en la Bolsa o en cómo van a hacer ahora que les quiten los ceros[16]. Humanos como son también los padres, muchos también están preocupados por la vejez, por cómo lucir más delgados o cómo evitar que se les caiga el pelo.

15. al final de cuentas ya no saben lo que sucede

16. cuando cambien la moneda mexicana

¿Por qué no pensar que habrá los que se sienten rechazados por sus propios hijos? ¿Por qué no imaginar, que a veces se sienten solos, como que a nadie le importan realmente? ¿Por qué muchos de ellos tienen la convicción de que sus hijos nada más los buscan para sacarles dinero? "No soy un banco", aseguran algunos con la voz temblorosa. Y por último, ¿por qué no darles una oportunidad a todos los papás mexicanos en este Día del Padre y se lo festejamos como si todos fueran papás ¡padrísimos!?

No nos queda más que decir: ¡Muchas felicidades a todos ellos incluyendo los vivos, los muertos, los buenos, los malos, los feos y los bonitos! ■

## Después de leer

1. Ahora que ha leído el artículo, ¿qué piensa que quiere decir "padre ¡padre!"?
2. El autor del artículo describe a algunos padres que se consideran desagradables. ¿Cómo son estos padres?
3. ¿Qué se dice de los papás-machos?
4. ¿Qué quiere decir "macho"?
5. ¿Por qué piensa que hay tanta preocupación con el machismo entre los hispanos? ¿Existe el machismo entre los anglosajones? Explique su respuesta.
6. Según el artículo no es fácil ser buen papá. ¿Cuáles son algunas cosas con las cuales están satisfechos algunos que se consideran buenos padres?
7. ¿Cuáles son las características principales de un papá ¡padre!, según el artículo? ¿Por qué es tan difícil convertirse en un papá ¡padre!?
8. ¿Por qué piensa Ud. que algunos padres no les demuestran ternura a sus hijos, sobre todo a los adolescentes?

1. Padres fantásticos. / 2. Son autoritarios, intransigentes y "codos". / 3. Huyen a la ternura o las manifestaciones de amor. / 4. Las respuestas pueden variar. Para muchos es el ser fuerte, huir de la ternura. Además puede ser el imponer su autoridad. / 5. Las respuestas pueden variar. / 6. Sus hijos los buscan, avisan cuando van a llegar tarde, entran a la casa con gusto, y quizás hasta juegan con el perro. / 7. Los papás ¡padres! se preocupan por sus hijos, se interesan en lo que sus hijos hacen y en sus amigos, salen con sus hijos, saben lo que estudian en la escuela. Algunos no saben cómo, otros tuvieron padres autoritarios, otros están preocupados por el bienestar de la familia / 8. Porque esto es parte del machismo. No se demuestra la ternura, especialmente a los hijos varones.

## Para escribir y comentar

1. ¿Piensa Ud. que la cultura influye a los padres, ya sean hispanos o no? En su diario, comente sobre esta pregunta y si es posible use sus propias experiencias para apoyar su opinión.
2. Piense en su padre o en algún otro miembro de su familia. Haga una lista de cinco a diez adjetivos que describan a esa persona. Compare su lista con las de algunos compañeros. ¿Qué adjetivos se utilizaron más a menudo? ¿Qué adjetivos se asocian con características positivas? ¿Y cuáles con características negativas?
3. En grupos de cuatro estudiantes, escriban diez consejos que un hombre puede seguir para ser un buen padre.
4. ¿Cómo es su padre? Escriba un ensayo donde describe su relación con su padre o con algún otro miembro de su familia. [E]
5. ¿Cuál es el estereotipo de los padres hispanos? ¿Cree usted que ese estereotipo es real? Explique por escrito lo que piensa, basándose en su propia experiencia o en lo que haya observado. [E]

Después de que todos hayan hecho su propia lista, se puede compilar una lista de toda la clase.

Esta actividad se puede utilizar como tema de discusión en clase o para una composición.

6. Se dice que los padres han cambiado y que ahora participan más que antes en la crianza de sus hijos. ¿Qué piensa Ud. al respecto? ¿Es verdad? ¿Es esto bueno o malo? ¿Por qué? [E]
7. ¿Existen diferencias en la forma en que los padres hispanos tratan a los hijos y a las hijas? ¿Piensa usted que hay diferencias al respecto entre los padres hispanos y los de otras culturas? ¿Cuál ha sido su experiencia en cuanto a este tema, ya sea en su familia o en las familias de sus amigos? Pregúnteles a diez jóvenes adolescentes hispanos o de otras culturas, cinco mujeres y cinco hombres, lo que piensan sobre este tema. Pídales que den por lo menos un ejemplo de su propia experiencia. Compare sus resultados con los del resto de la clase.

Si reciben programación extranjera en la región donde viven, pídales que comparen a los padres que aparecen en la tele de los EE.UU. con los que aparecen en los programas de otros países.

8. ¿Cómo son los padres en los programas de televisión? Escoja algunos programas y describa a los padres. ¿Son padres ¡padres!? Escriba una composición con sus descripciones de los padres que aparecen en la televisión.

# 3 ¿Por qué cada quien es como es?

## Prelectura

Cuando nace una persona, tiene ciertas características y la disposición para cierto tipo de comportamiento. Durante el proceso de desarrollo, los padres, los amigos y el ambiente influyen de diferentes formas. Según va madurando y creciendo un niño, se va forjando su personalidad. ¿Qué ocurre durante este proceso? ¿Cómo cambiamos? ¿Qué nos hace lo que somos? ¿Podemos cambiar nuestra personalidad? ¿Cómo afecta nuestra personalidad nuestras relaciones con otras personas? Consideremos algunas de estas preguntas antes de leer este artículo.

# ¿Por qué cada quien es como es?

**Se dice desde hace siglos que los seres humanos pueden ser clasificados según cuatro temperamentos básicos: sanguíneo, melancólico, colérico y flemático. Conocerlos, además de ser divertido, puede constituir una gran ayuda para entendernos a nosotros mismos y llevarnos mejor con los demás.**

Todos los seres humanos nacen con ciertos rasgos de temperamento que son, por decirlo así, la materia prima de su personalidad, la cual se conforma luego sobre esta base y en relación con las circunstancias personales tales como el coeficiente de inteligencia, la nacionalidad, el medio ambiente, la posición económica y social, la educación y especialmente la influencia familiar. Ese substrato primigenio[1] aporta al individuo tanto cualidades como debilidades.

Desde luego, siempre es posible realizar algunos cambios, especialmente si la persona posee una gran fuerza interior y una férrea voluntad, pero no se puede pensar en una transformación total. A ello se debe el frecuente fracaso de los intentos de cambiar a los demás, ya sea la pareja, los hijos o las personas cercanas.

Cada quien busca distintas cosas, porque los motivos son diferentes, como también lo son los propósitos, las necesidades, los impulsos y las habilidades.

Se cree, se piensa, se siente, se percibe, se conceptualiza y se entiende de manera diferente, y estas diferencias se reflejan inevitablemente en las actitudes y las emociones, que están gobernadas por lo que se quiere y se cree.

Hay que aprender a reconocer que cada persona es realmente única, y que si no desea lo mismo que otro, eso no significa necesariamente que alguno de ellos esté equivocado. Y no hay que pretender tampoco que dos individuos sientan las mismas emociones en similares circunstancias. No es válido, pues, querer hacer a los demás a nuestra imagen y semejanza.

Por el contrario, llegar a apreciar esa diversidad de modalidades es sumamente enriquecedor y permite una relación más armónica, cabal e interesante con las otras personas.

Hace 25 siglos, Hipócrates, tratando de explicar las razones del comportamiento humano, llegó a la conclusión de que existen cuatro temperamentos fundamentales. En el siglo XX, Kretschmer, Adler y Spranger coincidieron en esta clasificación.

1. primitivo

Sanguíneo, melancólico, colérico y flemático, son los nombres asignados a esos cuatro tipos, y si bien es cierto que nadie corresponde en un cien por ciento a uno de ellos, cada persona tiene sin embargo en su forma de ser el predominio de uno. Las variaciones se pueden extender hasta 16 modalidades distintas, pero siempre dentro de estas cuatro grandes divisiones. Somos introvertidos o extrovertidos, nos rigen las emociones, las sensaciones o la intuición, pensamos o sentimos, percibimos o juzgamos.

En el cuadro que aquí se presenta, aparece el potencial de cada temperamento, clasificado según cualidades y debilidades. Si usted marca los rasgos con los que se identifica, podrá determinar a cuál de los cuatro tipos corresponde su forma de ser.

| | **SANGUÍNEO**<br>Extrovertido • Comunicativo • Optimista | **MELANCÓLICO**<br>Introvertido • Pensador • Pesimista | **COLÉRICO**<br>Extrovertido • Hacedor • Optimista | **FLEMÁTICO**<br>Introvertido • Pensador • Pesimista |
|---|---|---|---|---|
| EMOCIONES | **Cualidades**<br>Personalidad atrayente<br>Comunicativo<br>El "alma de las fiestas"<br>Buen sentido del humor<br>Memoria para el color<br>Capacidad de retener casi físicamente a sus oyentes<br>Emocional y demostrativo<br>Entusiasta y expresivo<br>Alegre, casi "burbujeante"<br>Curioso<br>Aptitudes para la escena<br>Inocente y siempre niño<br>Vive en el presente<br>Cambiante en su disposición<br>Sincero de corazón | **Cualidades**<br>Profundo y pensativo<br>Meditativo<br>Considerado<br>Analítico<br>Serio<br>Conducta guiada por propósitos e intenciones<br>Propenso a la genialidad<br>Talentoso y creativo<br>Inclinaciones artísticas<br>Gusto por la filosofía y la poesía<br>Amante de la belleza<br>Sensible en las relaciones humanas<br>Sacrificado<br>Idealista<br>Escrupuloso y recto | **Cualidades**<br>Líder nato<br>Dinámico y activo<br>Compulsivo, necesita del cambio<br>Tendencia a corregir los errores de todo el mundo<br>Gran determinación<br>Dueño de gran fuerza de voluntad<br>Decidido<br>Poco o nada emocional<br>Difícil de desanimar<br>Independiente<br>Autosuficiente<br>Inspira confianza<br>Capaz de llevar adelante o dirigir cualquier asunto | **Cualidades**<br>Personalidad suave<br>Carácter tranquilo, sereno<br>Despreocupado<br>Calmo, sosegado, apacible<br>Controlado<br>Paciente y bien equilibrado<br>Consistente en su vida<br>Callado pero ingenioso<br>Compasivo<br>Gentil y generoso<br>Propenso a esconder sus emociones<br>Conforme con la vida<br>Bueno para todo propósito |
| | **Debilidades**<br>Puede llegar a ser un hablador compulsivo<br>Es exagerado<br>Se pierde en lo trivial<br>Nunca recuerda los nombres<br>Su personalidad asusta a otros<br>Es "demasiado feliz" para algunos<br>Es egoísta<br>Tiene voz y risa fuertes<br>Lo controlan las circunstancias<br>Es quejumbroso<br>Se enoja fácilmente<br>Resulta un tanto farsante a algunos<br>Aparentemente no crece ni envejece | **Debilidades**<br>Recuerda sólo lo negativo<br>Tiene humor inestable<br>Se deprime fácilmente<br>Parece gozar al sentirse mártir<br>Tiene una falsa humildad<br>Parece vivir en otro mundo<br>Se subestima<br>Escucha de manera selectiva<br>Centrado en sí mismo<br>Es demasiado introspectivo<br>Es propenso a los sentimientos de culpa<br>Suele sentirse perseguido<br>Tiende a ser hipocondríaco | **Debilidades**<br>Es dominante<br>Es mandón<br>Se enoja rápidamente<br>Es impaciente<br>No descansa<br>Es demasiado impetuoso<br>Ama la controversia<br>No se da por vencido aunque pierda<br>Se impone demasiado sobre los demás<br>Es inflexible y terco<br>No hace cumplidos<br>Detesta las lágrimas y las emociones<br>No es compasivo | **Debilidades**<br>Es poco entusiasta<br>Es temeroso y preocupado<br>No toma decisiones<br>Evita responsabilidades<br>Es egoísta<br>Es tímido y reticente<br>Es hipócrita y santurrón |

| | SANGUÍNEO<br>Extrovertido • Comunicativo • Optimista | MELANCÓLICO<br>Introvertido • Pensador • Pesimista | COLÉRICO<br>Extrovertido • Hacedor • Optimista | FLEMÁTICO<br>Introvertido • Pensador • Pesimista |
|---|---|---|---|---|
| EN SU HOGAR | **Cualidades**<br>Mantiene el hogar divertido<br>Se hace amigo de los amigos de sus hijos<br>Encara situaciones difíciles con buen humor<br>Es el "director del circo"<br><br>**Debilidades**<br>Mantiene el hogar en un frenesí<br>Olvida citas de sus hijos con el doctor o el dentista<br>Es desorganizado<br>No escucha con atención a los demás | **Cualidades**<br>Impone estándares de conducta elevados<br>Mantiene el orden en el hogar<br>Vigila atentamente a los niños<br>Se sacrifica por los demás<br>Estimula a todos a buscar la excelencia<br>Orienta a sus hijos hacia el estudio<br><br>**Debilidades**<br>Impone metas inalcanzables<br>Descorazona a los hijos<br>Es demasiado meticuloso<br>Se vuelve mártir<br>Se resiente con los desacuerdos<br>Genera complejo de culpa en los demás | **Cualidades**<br>Ejerce el liderazgo<br>Establece las metas<br>Motiva a la familia a la acción<br>Tiene siempre la respuesta correcta<br>Organiza el hogar<br><br>**Debilidades**<br>Tiende a la dominación<br>Responde demasiado rápidamente<br>Concluye sin acabar de oír<br>Se impacienta ante un mal desempeño<br>No deja descansar a nadie, especialmente a sus hijos<br>Puede hacer deprimir a su familia | **Cualidades**<br>Es buen padre<br>Toma todo su tiempo para los hijos<br>Nunca tiene prisa<br>Acepta tanto lo bueno como lo malo<br>No se disgusta fácilmente<br><br>**Debilidades**<br>Es relajado con la disciplina<br>No organiza el hogar<br>Toma la vida con ligereza |
| EN SU TRABAJO | **Cualidades**<br>Pone entusiasmo en todos los trabajos<br>Genera nuevos proyectos y actividades<br>Impresiona bien en su aspecto<br>Es creativo<br>Despliega gran energía y entusiasmo<br>Empieza todo de manera casi ostentosa<br>Inspira a los otros a colaborar<br>Impulsa el trabajo de los demás<br>Es el mejor promotor<br>Tiene gran éxito en las relaciones públicas<br><br>**Debilidades**<br>Prefiere hablar a trabajar<br>Se olvida de las obligaciones<br>A veces no termina lo que empieza<br>Se distrae fácilmente<br>Es indisciplinado<br>Pierde la confianza con facilidad<br>No establece prioridades en su tarea<br>Decide según sus sentimientos<br>Pierde tiempo en trivialidades y hablando | **Cualidades**<br>Programa sus actividades<br>Es perfeccionista y detallista<br>Es persistente y cumplido<br>Su presentación es limpia e impecable<br>Tiende al orden y la organización<br>Percibe los problemas<br>Es económico<br>Encuentra soluciones creativas<br>Necesita terminar lo que empieza<br>Gusta de gráficas, listas, cifras y mapas<br><br>**Debilidades**<br>No le atrae la gente<br>Se deprime por las imperfecciones<br>Selecciona el trabajo difícil<br>Duda en empezar cualquier proyecto<br>Invierte demasiado tiempo en la planeación<br>Prefiere analizar a trabajar<br>Se desaprueba a sí mismo<br>Es difícil de complacer<br>Impone estándares demasiado altos<br>Experimenta una profunda necesidad de aprobación | **Cualidades**<br>Se orienta hacia la meta<br>Tiene visión de conjunto<br>Es buen organizador<br>Busca soluciones prácticas<br>Se pone rápidamente en acción<br>Delega el trabajo<br>Alcanza el objetivo<br>Impulsa a la actividad<br>La oposición lo motiva<br><br>**Debilidades**<br>Es poco tolerante ante los errores<br>No analiza detalles<br>Le aburre lo trivial<br>Toma decisiones drásticas<br>Puede ser rudo o falto de tacto<br>Manipula a la gente<br>Para él, el fin justifica los medios<br>El trabajo es su valor supremo<br>Demanda absoluta lealtad | **Cualidades**<br>Es competente y estable<br>Tiene condiciones para la administración<br>Es pacífico y complaciente<br>Reflexiona sobre los problemas<br>Evita los conflictos<br>Trabaja bien bajo presión<br>Siempre encuentra el camino fácil<br><br>**Debilidades**<br>No se traza metas<br>Le falta motivación<br>Le cuesta empezar a moverse<br>Es desidioso y poco cuidadoso<br>Desanima a otros<br>Prefiere observar a hacer |

| | SANGUÍNEO | MELANCÓLICO | COLÉRICO | FLEMÁTICO |
|---|---|---|---|---|
| | Extrovertido • Comunicativo • Optimista | Introvertido • Pensador • Pesimista | Extrovertido • Hacedor • Optimista | Introvertido • Pensador • Pesimista |
| COMO AMIGO | **Cualidades**<br>Hace amigos fácilmente<br>Le encanta la gente<br>Parece siempre divertido<br>Es estimulante<br>Le encantan los cumplidos<br>Es envidiado por otros<br>No guarda ningún resentimiento<br>Pide disculpas rápidamente<br>Evita todo momento aburrido<br>Gusta de las actividades espontáneas<br>Es popular | **Cualidades**<br>Hace amigos con gran cautela<br>Prefiere permanecer en segundo plano<br>Evita llamar la atención<br>Es fiel y devoto<br>Escucha las quejas<br>Soluciona los problemas de otros<br>Se interesa profundamente en los demás<br>Llega a las lágrimas por compasión<br>Busca la pareja ideal | **Cualidades**<br>Tiene poca necesidad de verdaderos amigos<br>Le gusta trabajar en equipo<br>Siempre está en lo correcto<br>Es excelente en casos de emergencia | **Cualidades**<br>Es fácil llevarse bien con él<br>Es agradable<br>Sabe escuchar<br>Es inofensivo<br>Le gusta observar a la gente<br>Tiene muchos amigos<br>Se preocupa por otros<br>Es compasivo |
| | **Debilidades**<br>Odia estar solo<br>Necesita ser centro de atención<br>Quiere ser popular<br>Busca la aprobación de todos<br>Domina la conversación<br>Interrumpe y no escucha<br>Contesta por otros<br>Es voluble, inconstante y olvidadizo<br>Da excusas<br>Repite historias | **Debilidades**<br>Vive a través de los otros<br>Es inseguro socialmente<br>Parece lejano o remoto<br>Muy crítico de los demás<br>No gusta de la oposición<br>Sospecha de la gente<br>Es antagonista<br>Es vengativo<br>No perdona ni olvida<br>Está lleno de contradicciones<br>Toma los cumplidos con escepticismo | **Debilidades**<br>Usa a la gente<br>Domina a los otros<br>Decide por los demás<br>Lo "sabe todo"<br>Siente que todo lo hace mejor<br>Es demasiado independiente<br>Es posesivo respecto a su pareja y sus amigos<br>No sabe decir "lo siento"<br>Puede estar en lo correcto pero es impopular | **Debilidades**<br>Ahoga el entusiasmo<br>Es indiferente a los planes<br>Juzga a otros<br>Es sarcástico y bromista<br>Resiste el cambio |

Una vez que haya sumado —por separado— los rasgos de su personalidad que corresponden a cada tipo, lo más probable es que la mayor parte se ubique dentro de uno de los cuatro temperamentos. Pero también puede ocurrir que comparta características de dos de ellos, y hasta puede darse el caso de que posea todavía unos pocos rasgos de los otros dos.

El beneficio que podemos obtener de este conocimiento es doble. En cuanto a nosotros mismos, podremos, después de analizar las cualidades y debilidades de nuestro potencial, trazar un plan de trabajo para mejorar aquello que consideramos necesario. En lo relativo a nuestra relación con las demás personas, diferentes a nosotros, podremos entender mejor su comportamiento y aprender a valorarlo a partir de este conocimiento. Así, nuestra convivencia será más rica, provechosa y armoniosa, pues encontramos puntos de contacto positivos con quienes nos rodean, aunque su forma de ser difiera notablemente de la nuestra, y aprenderemos a respetar sinceramente las diferencias, y, ¿por qué no?, a disfrutarlas. Porque en definitiva, ¿no es más divertido un mundo donde exista variedad que uno donde impere la uniformidad?

**DIVIRTÁMONOS CON EL SANGUÍNEO**

El mundo necesita de los sanguíneos porque ellos aportan:

- La alegría de vivir, especialmente necesaria en tiempos difíciles.
- El toque de inocencia en esta era descreída.
- La palabra ingeniosa en medio de la pesadumbre.
- El sentido del humor frente a la adversidad.
- El rayo de esperanza para alejar las nubes negras.
- El entusiasmo y la energía para volver a empezar una y otra vez.
- La creatividad y el encanto para iluminar un día oscuro.
- La simplicidad de un niño en una situación compleja.

Inquisitivos, curiosos, alegres y con personalidad encantadora, los sanguíneos no tienen más talento u oportunidad que los representantes de otros temperamentos, pero siempre parecen divertirse más. Incapaces de retener nombres, fechas, lugares o hechos, poseen una habilidad casi única para recordar colores y ciertos detalles que pueden convertir sus historias en relatos graciosísimos.

Son por lo general el "alma de la fiesta", así que si usted organiza una reunión, invite por lo menos a dos sanguíneos y ubíquelos separadamente si no desea que se junten y se diviertan sólo ellos.

**En el trabajo:** Saque del sanguíneo el mejor provecho situándolo en puestos donde pueda "brillar". No lo aleje jamás de la gente, recuerde que tratará con ella en forma entusiasta y expresará sus pensamientos de manera atractiva: hará un magnífico papel como promotor, vendedor o encargado de relaciones públicas. Inspira a otros a trabajar y ejerce liderazgo por medio de su encanto.

No le asigne jamás rutinas detalladas o trabajo aburrido, pues el sanguíneo tiene necesidad de que algo nuevo suceda todo el tiempo, le gusta la innovación en cuanto a ideas y a proyectos.

Si se le encomia[2] y felicita por su trabajo lo hará cada vez mejor, pero... ¡cuidado!, si se le critica ásperamente, simplemente se dará por vencido y se irá a otra actividad. Huye del conflicto, la crítica y la oposición.

2. alaba

**En el amor:** Si lo que usted busca es un esposo estable y conservador, de quien pueda depender, no se arriesgue con un sanguíneo; pero si lo que usted anhela es alguien realmente excitante, que le garantice variedad y desde luego, jamás un momento de aburrimiento, el sanguíneo es su hombre.

**Como amigo:** Mientras que otros se retraen o dudan, el sanguíneo se hace amigo de inmediato. No hay extraños para él; después de un simple saludo, abre la conversación y su amigable naturaleza permite a otros entrar en confianza. En realidad, tienen muchos amigos, más pocos buenos amigos, pues él huirá en tiempo de dificultad. No les gustan los velorios, los entierros, los enfermos o las visitas a los hospitales.

El sanguíneo desea popularidad y se esfuerza en ser agradable y pacífico, no desea dar problemas ni pelear con nadie; como es distraído y demasiado espontáneo fácilmente hiere, especialmente a los melancólicos que sospecharán que ha querido humillarlos, mientras él ni siquiera se dará cuenta del resentimiento de aquéllos.

No tiene atenciones con los demás pero le encanta recibir regalos al igual que un niño recibe un juguete nuevo.

Recuerde, el sanguíneo es circunstancial, vive el presente, es desorganizado e inmaduro. No desea crecer, le gusta vivir con fantasía, volar con Peter Pan a la Tierra de Nunca-Jamás y evadir las duras realidades de la vida.

**Consejos para el sanguíneo:** El sanguíneo debe esforzarse en hablar menos, interesarse más por los otros, no pensar demasiado en sí mismo y no huir de los problemas sino enfrentarlos.

### ORGANICEMOS CON EL MELANCÓLICO

El mundo necesita de los melancólicos porque ellos aportan:

- La visión clara de la esencia de la vida.
- El gusto por la belleza y el arte.
- El talento para crear la obra artística donde nada existía.
- La habilidad para analizar y llegar a la solución apropiada.
- La capacidad para estudiar el detalle.
- El empuje para terminar lo que empiezan.
- El hacer todas las cosas bien.
- El deseo de hacer todo con rectitud y orden.

Por otra parte, recuerde que el melancólico está programado con una actitud pesimista. Esto puede ser en algunos casos un rasgo positivo, ya que podrá ver por adelantado problemas que otros temperamentos no perciben.

Sin embargo, el melancólico cae fácilmente en la depresión. Ayúdelo, esté atento a las señales de depresión grave como la falta de interés en la vida, pesimismo y desesperanza, también si se retrae de los demás, si muestra desórdenes en el apetito o en el sueño y especialmente si habla de muerte o de suicidio.

No trate de alegrarlo superficialmente o de minimizar su problema, eso lo deprimiría aún más; por el contrario, escúchelo atentamente, baje al hoyo con él y desde ahí trate de que suban juntos paso a paso.

¡Cuidado, sanguíneos y coléricos!, la depresión no es un *switch* que se prende y se apaga con rapidez, sino algo muy serio. Si la persona no responde de inmediato no abandonen la escena. Recuerde que alguien deprimido necesita derramar sus sentimientos, examinar su causa con alguien más y analizar las posibles soluciones. Nunca le diga a un melancólico que su problema es tonto o ridículo, eso lo retraerá más y lo pondrá en grave peligro.

**En el trabajo:** El melancólico se desarrollará mejor atendiendo asuntos de mucho detalle, analizando problemas demasiado difíciles para otros, llevando récords, haciendo gráficas, planeando a largo plazo y pensando profundamente los asuntos.

**En el amor:** El melancólico es romántico y profundo en sus relaciones amorosas. Es formal y serio pero inseguro del amor de otros; mientras el sanguíneo es capaz de convertir un insulto en un elogio, el melancólico puede tomar el elogio como insulto.

El melancólico sospecha de todo, especialmente de la gente "demasiado feliz"; llega a creer que en una gran amabilidad hay sin duda gato encerrado.

**Como amigo:** Es confiable, selecciona con cuidado sus amistades, tiene pocas y se apega a ellas lealmente. Recuerde usted que él vive bajo un horario preciso y gusta de la puntualidad. Es tranquilo y callado pero, ¡cuidado, sanguíneos!, eso no quiere decir que esté aburrido, no rompan su encanto de mirar al vacío, meditar bajo la luz de la luna y respirar la brisa fresca.

**Consejos para el melancólico:** El melancólico debe esforzarse en comprender que a nadie le gusta la gente triste, que no hay que convertir situaciones positivas en negativas y que los sanguíneos y los coléricos no tienen malas intenciones para con ellos. Es necesario no ser demasiado sensible y no ofenderse tan fácilmente.

### ACTUEMOS CON EL COLÉRICO

El mundo necesita de los coléricos porque ellos aportan:

- El control firme cuando otros lo pierden.
- La decisión mientras otros tienen la mente confusa.

- El liderazgo.
- La voluntad de correr el riesgo en una situación dudosa.
- El sostén de la integridad aún ante el ridículo.
- La independencia suficiente para enfrentar solos cualquier situación.
- El señalamiento del camino a quien lo haya perdido.
- La reacción activa contra un mar de problemas para oponerse a ellos.

El colérico es una persona dinámica que trata de alcanzar el sueño imposible. Mientras el sanguíneo habla, el melancólico piensa y el flemático observa, el colérico actúa y las más de las veces tiene éxito.

Es el temperamento más fácil de entender y llevarse bien con él, siempre y cuando se respete su regla de oro: "hacerlo a su manera y ahora mismo".

Optimista como el sanguíneo, se comunica abiertamente con los demás y sabe que todo saldrá bien siempre y cuando él esté a la cabeza. La mayoría de los líderes políticos son esencialmente coléricos.

El colérico nace líder y la cuestión no es si él va a tomar el control de las cosas sino cuándo. Muchos lo logran desde la cuna, por eso, resígnese a obedecer y se evitará problemas.

Su voluntad es férrea y decidida, organiza bien, se fija metas que siempre alcanza y es capaz de dirigir cualquier empresa. Aprovéchelo y no se ponga a discutir con él.

**En el trabajo:** Se puede sacar el mejor provecho del colérico en puestos donde hace falta decisión rápida, en lugares donde se necesita pronta acción y logros inmediatos y en áreas donde se requiere un control rígido y autoritario.

**En el amor:** El colérico es poco romántico y emocional. La esposa o la pareja de un colérico debe insistir en la importancia del diálogo, pues él no cree que sea necesario discutir los asuntos sino sólo dar las respuestas. La esposa del colérico debe escucharlo atentamente y al finalizar pedirle tres minutos para contestar; sólo que tendrá que hacerlo en forma clara, concisa, firme y amigable.

En el hogar, divida las áreas de responsabilidad de manera que no haya choques y debe sacrificar su propia personalidad. No muestre nunca debilidad frente al colérico, pues muy pronto éste le perderá todo respeto.

**Como amigo:** El colérico se expresa abiertamente pero a veces sin tacto y ofende a muchos sin ser esa su intención. Si la conversación no es de negocios, de asuntos que le interesen o sobre cómo arreglar el mundo, puede preferir no hablar pues lo considera una pérdida de tiempo. Por lo general no pide sino toma. Como el colérico es demasiado pragmático no es muy compasivo con los débiles, los enfermos o los que lloran. Se llevará usted mejor con él si no espera ningún milagro. El colérico no acepta tener defectos. La impaciencia y el presionar a otros le parecen, por el contrario, parte de sus cualidades. No necesita amigos, sino personas a quien dirigir.

**Consejos para el colérico:** El colérico debe esforzarse en practicar la paciencia y no ser tan dominante pues esto no le ayuda en sus relaciones con otros. Si tan sólo en este aspecto modifica un poco su actitud, podrá llegar a ser ese líder que él desea.

No debe tratar de imponer su opinión o intentar dar consejo a menos que se le pidan. Debe evitar la prepotencia al pensar que los demás son tontos a los que hay que decir cómo hacer las cosas. Debe admitir que tiene que aprender a decir "lo siento". Con sólo abrir su mente para examinar sus debilidades y admitir unas cuantas de ellas, puede convertirse en esa persona perfecta que él cree ser.

## RELAJEMOS CON EL FLEMÁTICO

El mundo necesita de los flemáticos porque ellos aportan:

- La estabilidad y la permanencia en el curso trazado.
- La paciencia para enfrentar a los provocadores.
- La disposición para escuchar lo que otros tienen que decir.
- La habilidad para medir y unir fuerzas opuestas.
- La tendencia a buscar la paz a cualquier precio.
- La inclinación a consolar a los que sufren.
- La cualidad de guardar la compostura mientras los otros se salen de sus casillas.
- Una manera de vivir tal, que aún sus enemigos no pueden objetarla.

El flemático parece haber sido creado para estabilizar y balancear los otros tres temperamentos: moderar los alocados proyectos del sanguíneo, no dejarse impresionar con las brillantes decisiones del colérico y no tomar demasiado en serio los intrincados planes del melancólico. El flemático es el gran nivelador y nos hará pensar que nada es demasiado importante o grave para preocuparnos. Es en realidad el más fácil de los temperamentos, evita siempre el conflicto y no funciona en los extremos o excesos de la vida. Su gran habilidad es llevarse bien con todos y calmar tempestades.

**En el trabajo:** El flemático es ideal en una posición de mediador y en rutinas que pueden ser aburridas para otros. Tiene gran habilidad administrativa. Su gran dilema no es "ser o no ser" sino "trabajar o no trabajar", pero una vez que se decide es confiable y responsable.

**En el amor:** El flemático es leal y tranquilo. En el ámbito de la relación esposo-esposa, hay que forzarlo a entrar en las discusiones de familia y a ayudar a resolver los problemas; hay que exigirle una mayor decisión pues escoge la vía de menor resistencia y deja que los otros hagan como se les antoje. Como esposo, puede incluso preferir no ser el jefe del hogar.

**Como amigo:** Es muy fácil llevarse bien con el flemático, pero no hay que esperar gran entusiasmo de su parte. El "no importa" es esencial en su vocabulario.

Tiene muchos amigos y es muy apreciado por ser inofensivo. Es persona para todo propósito y le dará igual hacer o no hacer, ir a tal o cual lugar o no ir. Prefiere escuchar, callar, observar y hacer lo mínimo posible. Por lo general es gentil, tierno y compasivo.

**Consejos para el flemático:** El flemático debe esforzarse en encontrar motivaciones, fijarse metas, aprender a tomar decisiones, a asumir responsabilidades, sobre todo en el hogar, a mostrar un poco más de interés y entusiasmo por las cosas. Se le puede ayudar encomiándolo y animándolo a conseguir objetivos. ■

## Después de leer

1. ¿ Cuál es la materia prima de la personalidad?
2. ¿Con qué se combina esta materia prima para formar la personalidad?
3. ¿Cuáles son los cuatro temperamentos básicos en que puede ser clasificado el ser humano?
4. ¿Por qué es útil conocer a estos cuatro temperamentos?
5. ¿Quién fue el primero en concluir que hay cuatro temperamentos fundamentales?
6. Cuando una persona analiza su temperamento, ¿tiene todos los rasgos de una sola categoría?
7. ¿Cuál de los cuatro temperamentos puede ser el mejor amigo / pareja / compañero de trabajo? ¿Cuál prefiere usted? ¿Por qué?

1. Los rasgos de temperamento con que uno nace. / 2. Con las circunstancias personales como el coeficiente de inteligencia, la nacionalidad, el medio ambiente, la posición económica y social, la educación y la influencia familiar. / 3. Son: sanguíneo, melancólico, colérico y flemático. / 4. Es sumamente enriquecedor y permite una relación más armoniosa, cabal e interesante con las otras personas. / 5. Hipócrates fue el primero. / 6. No. Cada persona tiene, en su forma de ser, el predominio de uno de los cuatro temperamentos. / 7. Opinión del estudiante. /

8. El sanguíneo porque se esfuerza en ser agradable y pacífico, no desea dar problemas ni pelear con nadie. / 9. Todo depende del tipo de trabajo. Cada persona tiene sus cualidades para diferentes trabajos. / 10. Tiene paciencia y estabilidad, la habilidad para medir y unir fuerzas opuestas y la tendencia a buscar la paz a cualquier precio. / 11. Tiene sentido del humor frente a la adversidad, creatividad y entusiasmo y la alegría de vivir. / 12. Tiene talento para crear la obra artística, la visión clara de la esencia de la vida, el deseo de hacer todo con rectitud y orden. / 13. Tiene el control firme cuando otros lo pierden, el liderazgo, la independencia, la decisión mientras otros tienen la mente confusa. / 14. El flemático.

8. ¿Qué tipo de persona es la más popular? ¿Por qué?
9. ¿Qué tipo de persona es más eficiente en el trabajo?
10. ¿Cuáles son algunas cualidades del flemático?
11. ¿Cuáles son algunas cualidades del sanguíneo?
12. ¿Cuáles son algunas cualidades del meláncolico?
13. ¿Cuáles son algunas cualidades del colérico?
14. ¿Cuál de los cuatro temperamentos puede establizar y balancear la vida?

## Para escribir y comentar

1. En su diario, describa a su mejor amigo(a), tratando de categorizarlo(a) de acuerdo a uno de los cuatro temperamentos básicos del artículo. ¿Es posible hacerlo o abarca esta persona más de un solo temperamento?
2. Después de haber estudiado las cualidades de los cuatro temperamentos básicos del artículo, piense en las cualidades y debilidades que Ud. tiene.
   a) Haga una lista de sus cualidades.
   b) Haga una lista de sus debilidades.
   c) Según sus listas, ¿qué tipo de persona es usted?
   d) ¿Cree que sus amigos o parientes lo clasificarían igual? ¿Por qué?
3. Después de describir su propia personalidad (N° 2), la clase puede utilizar el siguiente formato para hacer un esquema de la personalidad de todos los estudiantes de la clase. ¿Cuántos sanguíneos hay en la clase? ¿Melancólicos? ¿Coléricos? ¿Flemáticos? ¿Predomina algún tipo de personalidad en la clase?

A continuación se encuentra un ejemplo.

| nombre | sanguíneo | melancólico | colérico | flemático |
|---|---|---|---|---|
| Roberto | XX | | | |

4. Haga una lista de las que Ud. considera las características de una persona ideal. Consulte con sus amigos o parientes y haga otra lista de las cualidades que ellos creen que debería poseer una persona ideal. Compare las dos listas. ¿Cuántas cualidades aparecen en ambas listas? ¿Cuáles son diferentes? ¿Conoce a alguna persona que tenga esas cualidades?

5. Si pudiera cambiar algún aspecto de su personalidad, ¿qué cambiaría? Escriba un ensayo en el cual describe su personalidad y después explique cómo la cambiaría. Además, indique las cualidades que considera desagradables y las que quisiera tener.
6. Ya que conocen las características de los cuatro tipos de personalidad, en grupos de cuatro estudiantes presenten una escena en la cual se represente uno de los cuatro tipos. ¿Cómo reaccionaría ese tipo a algún incidente? Por ejemplo, un accidente automovilístico, una fiesta, un incidente en el trabajo o un problema con un amigo. El resto de la clase puede tratar de identificar el tipo que se representa. [E]

# Estrategias de escritura

## El borrador y el título

En los primeros dos capítulos, usted aprendió a escoger y a limitar el tema. Además, aprendió la importancia de considerar el propósito del escritor y del lector. Al escribir el bosquejo, usted aprendió a seleccionar y organizar los detalles que va a utilizar. Ahora, usted puede empezar a escribir el borrador. Esta etapa de la escritura le ayudará a determinar si su tema es apropiado y si tiene suficiente información para desarrollarlo. Al empezar a escribir el borrador, usted debe recordar lo siguiente:

1. Escriba una introducción que capte el interés del lector.
2. Utilice el bosquejo y sus notas preliminares al escribir.
3. Si tiene problemas al escribir, vuelva a la etapa de planificación y haga los cambios necesarios.
4. Escriba una conclusión que resuma el tema y que haga al lector pensar en los puntos importantes del ensayo.

Una vez terminado su borrador, piense en un título. El título podría surgir de algunas palabras o frases que se encuentren en el ensayo, o Ud. podría escoger uno original o descriptivo. Lo importante es que el título capte la atención del lector y que a la vez sugiera la idea principal del ensayo.

## Actividades

1. Si usted hubiera escrito las lecturas de este capítulo, ¿habría usado los títulos que tienen? ¿Por qué? Piense en dos o tres títulos posibles para cada lectura que capten el interés del lector y a la vez den algún indicio del contenido.
2. Después de haber leído y conversado sobre las lecturas del capítulo, usted debe tener muchas ideas acerca de las relaciones humanas. Escriba una lista de temas que hayan surgido en la discusión y anote otros que se le ocurran. Escoja el que más le guste y empiece la planificación de su ensayo. Siga los pasos que se han presentado en las **Estrategias de escritura** de estos primeros capítulos.

# Lenguaje

## La acentuación

### La separación de palabras en sílabas

Como se explicó en el Capítulo 2, la separación de palabras en sílabas (el silabeo) y la identificación de la sílaba tónica constituye una parte indispensable en el desarrollo de la habilidad de colocar correctamente el acento ortográfico. Por lo tanto, seguimos con la práctica que comenzamos anteriormente.

## Ejercicios

1. A continuación se presenta una lista de palabras tomadas de las lecturas de este capítulo. Se ha omitido a propósito el acento ortográfico de las palabras que lo requieren. Usted debe:
   - dividir cada palabra en sílabas;
   - subrayar la sílaba tónica o fuerte.

   Se recomienda que pronuncie las palabras en voz alta, poniéndole énfasis a la sílaba tónica.

| dirigido<br>di / ri / <u>gi</u> / do | felicidad<br>fe / li / ci / <u>dad</u> | debilidad<br>de / bi / li / <u>dad</u> | peleaste<br>pe / le / <u>as</u> / te |
|---|---|---|---|
| proyecto<br>pro / <u>yec</u> / to / | imagina<br>i / ma / <u>gi</u> / na | segun<br>se / <u>gun</u> | temblorosa<br>tem / blo / <u>ro</u> / sa |
| estomago<br>es / <u>to</u> / ma / go | demas<br>de / <u>mas</u> | cuadro<br><u>cua</u> / dro | incluyendo<br>in / clu / <u>yen</u> / do |
| ausentes<br>au / <u>sen</u> / tes | fascinante<br>fas / ci / <u>nan</u> / te | melancolico<br>me / lan / <u>co</u> / li / co | ultimo<br><u>ul</u> / ti / mo |
| animico<br>a / <u>ni</u> / mi / co | lagrimas<br><u>la</u> / gri / mas | graficas<br><u>gra</u> / fi / cas | inteligente<br>in / te / li / <u>gen</u> / te |
| dificil<br>di / <u>fi</u> / cil | automovil<br>au / to / <u>mo</u> / vil | optimista<br>op / ti / <u>mis</u> / ta | hagale<br><u>ha</u> / ga / le |
| entonces<br>en / <u>ton</u> / ces | feliz<br>fe / <u>liz</u> | alguien<br><u>al</u> / guien | enfrentela<br>en / <u>fren</u> / te / la |
| etcetera<br>et / <u>ce</u> / te / ra | problemas<br>pro / <u>ble</u> / mas | inseguro<br>in / se / <u>gu</u> / ro | gustaria<br>gus / ta / <u>ri</u> / a |
| quiza<br>qui / <u>za</u> | educacion<br>e / du / ca / <u>cion</u> | adelantado<br>a / de / lan / <u>ta</u> / do | aquellos<br>a / <u>que</u> / llos |
| economico<br>e / co / <u>no</u> / mi / co | unica<br><u>u</u> / ni / ca | conocidas<br>co / no / <u>ci</u> / das | ingenio<br>in / <u>ge</u> / nio |
| festejamos<br>fes / te / <u>ja</u> / mos | podra<br>po / <u>dra</u> | ayudelo<br>a / <u>yu</u> / de / lo | a traves<br>a tra / <u>ves</u> |
| los papas<br>los pa / <u>pas</u> | juzgamos<br>juz / <u>ga</u> / mos | positivo<br>po / si / <u>ti</u> / vo | relacion<br>re / la / <u>cion</u> |

2. Haga una lista de veinticinco palabras que se pueden usar para describir la personalidad o la apariencia de personajes que Ud. haya visto en el cine o en la televisión. Divídalas en sílabas y subraye la sílaba tónica. Luego cada estudiante debe pronunciar en voz alta por lo menos cinco de sus palabras, poniéndole énfasis a la sílaba tónica.

## El uso de las conjunciones

Las conjunciones **y, o** se usan para enlazar:

- **dos o más palabras** — *...una relación directa **y** llana...*

  *...los hijos **o** las personas conocidas...*

- **dos o más frases** — *...especialmente si la persona posee una gran fuerza interior **y** una férrea voluntad...*

  *...si muestra desórdenes en el apetito **o** en el sueño...*

Si se usa la conjunción **o** para enlazar dos números se escribe con acento ortográfico (p.ej.: 3 ó 4)

- **dos o más cláusulas** *Esos padres que tienen sentido del humor* ***y*** *que no se toman demasiado en serio* ***y*** *que no llegan a su casa de mal humor dando portazos* ***y*** *pidiendo a gritos que le suban su cena.*

  *La gente se imagina que será feliz en cuanto se enamore, se case, reciba un ascenso en su trabajo* ***o*** *se gradúe de una carrera universitaria.*

Es importante recordar que, para que suene mejor, la **y** se sustituye por **e** cuando la palabra que le sigue comienza con **i** o **hi:**

*...grita* ***e*** *insiste en salirse con la suya...*

*padre* ***e*** *hijo*

Pero, si **hi** es parte de un diptongo, se usa **y:**

*...su personalidad es de fuego* ***y*** *hielo*

De igual manera, la **o** se sustituye por **u** cuando la palabra que le sigue empieza con **o, ho:**

*talento* ***u*** *oportunidad*

*mujer* ***u*** *hombre*

## Ejercicios

1. En parejas o grupos, repasen los artículos de este capítulo y escriban todos los ejemplos que encuentren con las conjunciones **e / u.** (Si quieren, pueden usar otras fuentes, aparte de las lecturas de este capítulo.) Después, escriban diez ejemplos de **y / o** para comparar su uso con los ejemplos anteriores.
2. Escriba doce oraciones originales usando las cuatro conjunciones que se han presentado.

## Concordancia del sustantivo y el adjetivo

En la gramática, el término **sustantivo** o **nombre** se refiere a las palabras que usamos para designar o nombrar lo que existe. Esta existencia bien puede ser real o imaginaria, tangible o intangible, concreta o abstracta. Por ejemplo, todas estas palabras se clasifican como **sustantivos** o **nombres:** *papel, calle, hombre, galletas, Los Ángeles, educación, apartamentos, justicia, línea, vida, muerte, María del Carmen, belleza, televisores, Nueva York.*

La siguiente gráfica representa una categorización parcial del sustantivo:

**Sustantivo / Nombre**

**Concreto**

papel, calle, hombre, galletas, Los Ángeles, apartamentos, línea, María del Carmen, televisores, Nueva York

**Abstracto**

educación, justicia, vida, muerte, belleza

**Común**

papel, calle, hombre, galletas, apartamentos, línea, televisores

**Propio**

Los Ángeles, María del Carmen, Nueva York

Los adjetivos son palabras que describen, cambian, modifican o limitan la extensión indefinida de los sustantivos. Por ejemplo, al hablar de *galletas,* podemos describirlas indicando alguna cualidad, como *galletas sabrosas* o *galletas saladas.* Igualmente podemos limitar las *galletas* diferenciándolas de todas las otras galletas en existencia: *esas tres galletas saladas que están en el plato.* Las palabras subrayadas funcionan como adjetivos. El adjetivo puede ser una palabra (p. ej.: *saladas* ) o un grupo de palabras, una frase o cláusula *(que están en el plato).* Los adjetivos se clasifican en dos grupos básicos: **los calificativos** tienen la función de añadir una cualidad descriptiva al sustantivo (p. ej.: *saladas, sabrosas*) y **los determinativos,** cuya función es la de concretar el sustantivo (*esas tres*). Una lista parcial de los adjetivos determinativos incluye los **demostrativos, indefinidos, posesivos, cuantitativos** y los **numerales ordinales.** A continuación se presenta una categorización parcial del adjetivo con algunos ejemplos específicos:

**Calificativo — ADJETIVO — Determinativo**

**Calificativo**

grande, aromáticas, inteligentes, bonita, literaria cinematográfica, político, redondo, venezolano

**Determinativo**

| **Demostrativos** | **Indefinidos** | **Posesivos** |
|---|---|---|
| este, estos, aquel, aquella | otro, cualquier, cierto, tal | mi, tu, nuestros, sus |

| **Cuantitativos** | **Numerales ordinales** |
|---|---|
| todo, mucho, algún | primer, primera, segundo |

Ya habrá notado Ud. que los adjetivos tienen diferentes formas, por ejemplo, a veces se usa **este** y en otras ocasiones se usa **estas.** De igual manera, al emplear los adjetivos calificativos, podemos usar **grande, grandes, aromáticas, aromático, venezolano** o **venezolanas.** Es decir que los adjetivos cambian su forma de acuerdo con su uso dentro de la oración. Como Ud. sabe, sería incorrecto decir, **Esa niño pequeños es muy traviesas*. ¿Por qué?

Cuando un ejemplo aparece indicado con el símbolo *, significa que es incorrecto desde el punto de vista gramatical.

En español, todos los sustantivos tienen un **género** inherente que los clasifica como **masculino** o **femenino.** También poseen **número,** lo cual determina si se está hablando de una sola cosa, **singular,** o más de una, **plural.** El concepto gramatical de **concordancia,** pues, se refiere a la necesidad de usar la forma del adjetivo que esté de acuerdo con el género y el número del sustantivo al que se refiere. Por esta razón la oración **Esa niño pequeños es muy traviesas* no suena bien. Para que fuera correcta, tendría que ser *Ese niño pequeño es muy travieso.*

¿Y qué sucede al describir dos sustantivos, uno masculino y el otro femenino? En este caso, se usa el adjetivo masculino plural: *Visitamos vari<u>os</u> pueblitos y ciudades mexicanos que nos encantaron.*

El género del sustantivo se puede identificar de varias maneras, pero la más común es por la terminación: la mayoría de los sustantivos que terminan en **-o, -ón, -al** y **-or** son masculinos y los que tienen las terminaciones **-a, -ción** y **-dad** comúnmente son femeninos. El género también se puede determinar a veces por el artículo: *<u>el</u> día, <u>la</u> muchedumbre.*

También es importante conocer el concepto de la **frase sustantiva,** que está formada por el sustantivo y todos sus atributos, por ejemplo: *esas galletas saladas / ese niño pequeño.*

Por último, es necesario conocer el concepto del **adjetivo sustantivado.** A menudo usamos un adjetivo como si fuera sustantivo, por ejemplo: *El carro azul es de Manuel; el rojo* es mío. En este caso, *el rojo* se usa como sustantivo.

## Ejercicios

1. Repase los artículos de este capítulo e identifique veinte frases sustantivas. Dé la siguiente información para cada una:

| Frase sustantiva | Género y número del sustantivo | Datos claves |
|---|---|---|
| todos los padres mexicanos | masculino, plural | todos los... mexicanos |

2. Usando nuevamente los artículos del capítulo, identifique veinte frases sustantivas y haga un análisis de acuerdo al siguiente esquema:

| Frase sustantiva | Adjetivos | Designación de adjetivos |
|---|---|---|
| El melancólico es romántico y profundo en sus relaciones amorosas. | romántico<br>profundo<br>sus<br>amorosas | calificativo<br>calificativo<br>determinativo (posesivo)<br>calificativo |
| | | |

La sección de **Evaluación** para este capítulo aparece en la página xxxiv.

# Capítulo 4
# El hombre y la mujer en la actualidad

## Objetivos

En este capítulo, usted:

### Contenido

- Comentará sobre diferentes ideas relacionadas a los papeles que desempeñan el hombre y la mujer en la actualidad.
- Aprenderá cómo los papeles del hombre y de la mujer han cambiado en los últimos treinta años.
- Comentará sobre los cambios que han resultado en la vida de ambos sexos hoy en día.

### Cultura

- Comentará sobre cómo la cultura influye en los papeles que desempeñan ambos sexos hoy en día.

### Lenguaje

- Aprenderá y aplicará la primera regla de la acentuación que rige las palabras que terminan en vocal, **n** o **s.**
- Aprenderá de memoria las palabras interrogativas y exclamativas que requieren acento ortográfico.
- Reconocerá y escribirá adecuadamente los homónimos **a, ah** y **ha.**
- Aprenderá a reconocer el infinitivo de un verbo.

## Funciones lingüísticas del capítulo

- Confirmar las semejanzas y diferencias que existen entre el hombre y la mujer.

# Para empezar

En el transcurso de su vida, un hombre y una mujer pasan por diferentes etapas en sus relaciones. Tanto en su relación como amigos, novios o esposos, muchas veces tienen diferencias que pueden traer conflictos. A veces parece que no pueden vivir en armonía porque sus deseos y metas los conducen por diferentes caminos. Sin embargo, este constante combate no tiene por qué destruir lo que puede ser una relación verdadera y duradera. Si hacen un esfuerzo por conocerse uno al otro y comprender las diferencias que existen entre ambos, podrán llegar a un entendimiento. Si comunican sus necesidades y sus expectativas, también se beneficiará su relación. Si dejan que cada uno exprese sus deseos y llegan a un buen acuerdo, habrá una mejor relación. ¿Qué piensa Ud.? ¿Es posible tener una relación estable con el sexo opuesto?

En los últimos treinta años, los papeles del hombre y de la mujer han cambiado. Antiguamente, si alguien se refería al trabajo de la mujer, sin duda hablaba sobre el trabajo que hacía en el hogar. Hoy en día, la mujer no sólo trabaja en la casa sino también fuera de ella, donde tiene que competir en el mundo laboral. Sus obligaciones se han multiplicado y por lo tanto sus responsabilidades en ambas áreas han incrementado. Sin embargo, el hombre también ha tenido que cambiar y adaptarse a un nuevo papel.

El video *Personajes inolvidables* presenta a hombres y mujeres hispanos mundialmente reconocidos por sus contribuciones a la historia, las bellas artes y las letras.

Ahora él se encuentra en un mundo que no está exclusivamente dominado por el hombre; para triunfar, ambos sexos comparten el campo profesional y las obligaciones domésticas.

**La socialización.** Cuando somos niños, nuestros parientes, amigos, maestros, etc., nos preparan para desempeñar cierto papel en la sociedad. Es decir, todas las personas que nos influyen nos inculcan ciertos modales y valores. Los juegos, los juguetes y las reglas que nos imponen así como muchos otros factores, ayudan a determinar el tipo de adulto que seremos. ¿Cuáles son algunos ejemplos de las diferencias entre la socialización de los niños y la de las niñas?

**Sus modelos.** Piense en una persona que Ud. admire mucho. Explique, en dos o tres oraciones, por qué admira tanto a esa persona utilizando cinco adjetivos para describirla. Comparta sus descripciones con el resto de la clase. ¿Qué tipo de adjetivos se utilizaron para describir a las mujeres? ¿Y a los hombres? ¿Cuántos estudiantes escogieron a un hombre como la persona que más admiran? ¿Cuántos escogieron a una mujer? ¿Cuántos escogieron a un miembro de su familia? ¿A un maestro? ¿A una persona famosa?

# Estrategias de lectura

## El próposito del autor

Al escribir cualquier tipo de obra, el autor tiene cierto propósito que comunica al lector de alguna forma. Este propósito determina, en muchos casos, la manera en que se expresa el autor. El propósito para escribir puede variar, pero por lo general el principal es entretener. Cuando leemos una novela, un cuento o un artículo en una revista, lo hacemos principalmente para divertirnos. Sin embargo, el entretener no es el único objetivo. El autor puede tener uno de los siguientes propósitos:

| | | |
|---|---|---|
| criticar | persuadir | convencer |
| informar | explicar | burlarse |

Sea cual sea el propósito, el autor, por lo general, lo manifiesta mediante el vocabulario, las expresiones, el título, la introducción y el tono de la obra.

## Actividades

1. Lea el título de cada lectura de este capítulo y determine si éste le ayuda a decidir cuál es el propósito del autor. Converse con sus compañeros y decidan si se puede determinar el propósito.
2. Lea el primer párrafo de cada lectura y considere el contenido y el vocabulario que usa el autor. ¿Le ayuda este párrafo a determinar el propósito del autor? ¿Hay suficiente información para determinar el propósito?
3. Después de haber leído cada lectura, observe el título, la introducción, el vocabulario y el tono. Decida qué le ha ayudado más para determinar el propósito del autor. Compare sus conclusiones con las de sus compañeros.

# 1 Romance & realidad

## Prelectura

¿Qué significa la palabra **romance** para Ud.? ¿Es usted romántico(a) con su pareja? Por lo general, se piensa que los latinos son muy románticos y que el romance es una parte íntegra de su vida. Es cierto que muchos latinos disfrutan de la lectura de novelas románticas, de las telenovelas, de bailes y de otras actividades que se consideran románticas. Y los detalles románticos en una relación se consideran esenciales. Sin embargo, a menudo al llegar a este país e integrarse a la vida apresurada de los EE.UU., no hay tiempo para disfrutar del romanticismo. Lea el siguiente artículo para examinar las diferentes experiencias que han tenido algunos latinos con el romance.

## Romance & realidad

Cada quien tiene su propia estrategia de conquista. Para Jorge, su plan de ataque reside en preparar una irresistible comida chicana para luego, en el transcurso de la romántica velada, describir con sensual lujo de detalles el origen precolombino de los ingredientes.

En otros casos, hay que esconder las armas culinarias y hacer ondear la bandera de la independencia. Así, Isabel se convenció de que su pretendiente puertorriqueño era "el príncipe azul" cuando le confesó la necesidad de irse sola de vacaciones, y él, no sólo respetó su decisión, sino que además la sorprendió a su regreso con un bello ramo de flores.

Pero, como en toda batalla, existen también las retiradas forzosas. Por ejemplo Andrea, secretaria colombiana, al cabo de varias relaciones frustradas con latinos, decidió olvidarse de ellos y atar lazos con un abogado norteamericano con el cual había "menos misterio" pero más oportunidad de mostrar todas las facetas de su personalidad.

En el proceso de adaptación a este país todos los valores latinos sufren un choque cultural. Entre ellos figura, en un puesto prominente, uno de los más arraigados en nuestra cultura: el romance. Los latinos sentimos el romance no como una moda pasajera sino como una forma de vida. Desde muy jóvenes observamos las parejitas abrazadas en las plazas, disfrutamos de los desenlaces apasionados de las telenovelas, nos angustiamos gustosamente con los tangos y boleros "para cortarse las venas". Herederos valientes de la Gran Pasión, llegamos a América del Norte para descubrir que aquí el nuevo tiempo y espacio generan la necesidad de una redefinición del amor.

¿Siguen siendo el romance y el machismo las dos caras de una misma moneda? ¿Es posible conservar la tradición latina del romance sin la tradición latina del machismo? ¿Amenaza el desarrollo profesional de la mujer latina la estabilidad de la pareja? ¿Existe la "liberación masculina" entre los latinos? ¿Qué lleva a ciertos latinos a casarse con anglosajones? ¿Qué tipo de "renacimiento" deberá atravesar el romance latino para subsistir en esta cultura?

A través de entrevistas informales, conversaciones con amistades y reuniones sociales, hablamos con mujeres y hombres latinos que, a pesar de las múltiples heridas sufridas en el frente del amor, siguen siempre listos para retomar la lucha por un instante de pasión. Lo que sigue no es una respuesta definitiva a las Grandes Preguntas del Amor, pero quizás sirva de guía a quienes vivimos la crisis del romance latino en las tierras del norte.

El desarraigo de nuestros países parece afectar a menudo las sutilezas románticas con las que fuimos educados por nuestros padres y abuelos. ¿Cómo reaccionan los latinos al enfrentarse a una sociedad más pragmática y directa?

José, periodista venezolano, un día descubrió que el proceso de transculturación a Nueva York lo había vuelto más frío. Sin darse cuenta, la gran ciudad lo llevó a tener relaciones exclusivamente pasajeras. "Antes, cuando intentaba aplicar la visión del mundo anterior, me estrellaba demasiado. Llegó un punto en que no quise correr más riesgos".

María, al trasladarse de Paraguay a Washington con su marido e hija, advirtió que su matrimonio había sufrido una gran crisis. "La vida moderna y la presión económica pusieron un compás de apuro a la relación y nos faltaba tiempo para los detalles. Tuvimos que hacer un esfuerzo consciente para reencontrarnos y gozar de la atracción que sentíamos en los viejos tiempos".

Pero María reconoce que el cambio no ha afectado únicamente a su matrimonio. Ella recuerda con ternura que en su nativa ciudad de Asunción los noviecitos sólo visitaban a sus enamoradas en los "días de visita" mientras que hoy, la iniciación sexual de su hija le preocupa. "En Paraguay el hecho de que los jóvenes no puedan salir del marco familiar hasta que se casen da más pie al romanticismo", recuerda con nostalgia. "Una se queda esperando al príncipe azul". Según María, "hay ilusiones románticas que jamás podrán ser enseñadas en una clase de educación sexual por más buena que sea la clase".

Como reacción natural al cambio de culturas, muchas familias adoptan una actitud convencional y aplican modales antiguos y estrictos. Los padres ecuatorianos de Beatriz no permitían que su hija regresara de una fiesta más tarde de la medianoche hasta que no cumpliera los veintiún años. Asimismo, cuando Pedro pidió la mano de su bienamada Clarisa, los padres de la novia mandaron a investigar la familia del novio en Santo Domingo. Querían asegurarse de que su futuro yerno no tenía ningún "antecedente penoso".

¿Cómo reacciona la nueva generación de latinos criados en este país? Hay jóvenes como Sonia, de Colombia, que prefieren aclarar las reglas del juego del amor desde un principio "para que el hombre sepa que porque te trae flores y te paga la cena no se va a acostar contigo". Andrés, un muchacho de origen cubano, procura agudizar su sensibilidad ante la mujer. "Todo llega en su momento justo", opina, "pero los hombres debemos entender que para cortejar a una mujer la primer actitud personal debe ser de respeto. Eso de responder a una actitud colectiva machista ya no es un comportamiento normal".

Claro que el machismo no desaparece solo porque uno cambie de país. La liberación femenina aún arrastra grandes contradicciones tanto para el hombre como para la mujer latina. Este es el caso de Clarisa y Pedro. Una vez casados, la pareja se sentaba a ver televisión y de golpe él decía, "mi amor, tengo sed". Ella emitía un "ajá" indiferente, sin sacar los ojos de la pantalla. Entonces él volvía a repetir, "¿cariño, no te dije que tengo sed?" y ella respondía muy tranquila, "sí, me lo acabas de decir". Finalmente Pedro se irritaba ante la supuesta flojera de su mujer y le preguntaba "¡¿por qué no me trajiste un trago?! ¡Mi mamá me lo hubiese traído!" Hoy Clarisa cuenta con gran deleite que esta escena por fin cambió. "Pedro tuvo que entender que en este país yo también trabajo ocho horas y no tengo por qué servirle como lo hacía su madre".

A pesar de esta pequeña gran victoria por su igualdad, Clarisa reconoce que a un nivel más profundo, su relación sigue limitada por muchos mitos machistas latinoamericanos. Pedro, por ejemplo, no podía aceptar que ella con su trabajo ganara $25 más a la semana que él. La pareja se estabilizó el día en que él llegó a la casa proclamando "¡recibí un aumento! ¡Ahora sí que te gané!"

¿Será acaso que el hombre latino necesita dominar todos los aspectos de la vida conyugal? Alberto, un chileno sin miedo a la autocrítica prefiere pensar que por naturaleza "el ego del hombre es demasiado frágil" y por eso siente que si la mujer recibe un sueldo mayor significa que ella tiene más poder en la casa que él. Sonia, a quien le gustan las cosas claras, opina que el mito del machismo tiene que ver con la forma en que la mujer actúa. "El hombre es macho en la medida en que la mujer se lo permita".

Y como siempre ocurre en el amor, cuando uno intenta crear una regla, enseguida surge la primera excepción. Marta vive en New Jersey con su marido salvadoreño, quien no sólo ayuda con las compras y la limpieza de la casa, sino que a veces hasta la sorprende con la plancha en la mano. ¿Qué receta mágica usó esta trabajadora social para encontrar al hombre ideal? "Lo que pasa es que al igual que muchos otros latinos, mi marido también fue el bebé engreído de su familia" dice. "Pero al llegar a este país solo, se vio obligado a aprender a planchar, lavarse la ropa y hacer otros quehaceres domésticos para poder adaptarse."

Pero si "el nuevo hombre latino" es una expresión positiva de la adaptación a este país, ¿por qué hay tantas mujeres que sólo admiten el matrimonio con hombres norteamericanos? Y por consiguiente, ¿qué ventajas le ofrece una novia norteamericana al hombre latino? Jorge, el romántico chef, confiesa que las anglosajonas, al no conocer plenamente su cultura, tienen menos expectativas "sobre quién soy o no soy y les resulto más exótico". También las encuentra menos a la defensiva que las latinas, quienes se anticipan a su presunta actitud machista. Sin embargo, reconoce que quisiera que su esposa fuera latina. Por el momento sus relaciones biculturales le permiten "protegerme de una relación verdaderamente profunda, ya que con una latina es mucho más difícil romper. La pasión es más fuerte".

En el plano económico, la mujer norteamericana puede brindar a la pareja una mayor estabilidad. Al casarse con una italoamericana, José descubrió que ella tenía "una visión de la vida más estable que la emigrante que aún debe encontrarse a sí misma en este país". Su esposa contaba con su propio carro y tarjeta de crédito, le brindaba más espacio y libertad, menos escenas de celos... ¿Por qué entonces acabaron divorciados? "Extrañaba demasiado el calor humano de la latina. Ahora soy feliz con mi caribeña tempestuosa."

¿La latina que se casa con el hombre no latino también busca una mayor seguridad económica? Parece que no, ya que la mayoría de las mujeres entrevistadas se quejan de que "si vas a salir con un gringo, mejor lleva bastante dinero". El problema fundamental para este grupo de mujeres es el notorio síndrome de dobles principios que mantiene el hombre latino. No toleran, por ejemplo, la exigencia masculina de que la mujer debe ser virgen antes de llegar al matrimonio, mientras que ellos pueden tener relaciones prematrimoniales con muchas mujeres. "¡Y luego de casados siguen siendo mujeriegos!", exclama Sonia. "Del 50% al 75% de los señores comprometidos tienen dos y tres mujeres al costado para demostrar que son 'hombres', que son bien machos."

Sin embargo, las mujeres siguen manteniendo unánimemente que el latino es mucho más sensible y cariñoso durante el cortejo. Las inseguridades surgen con el intercambio de anillos. "Una vez que se casa contigo, deja de tener atenciones." Con su actual marido irlandés, Andrea admite haber perdido el misterio y flirteo de sus relaciones anteriores con latinos pero, por otro lado "al americano nosotras lo podemos moldear y hacer con él lo que queramos. Al fin y al cabo las latinas crecimos viendo cómo nuestras madres dejaban creer a nuestros padres que ellos tenían la última palabra, cuando en realidad ellas hacían lo que querían".

Es posible que ante la opción de tenerlo todo, la mujer latina haya perdido el interés por el antiguo romance. Ernesto opina que como la mujer puede vivir de su trabajo y desarrollarse ella misma "se ha vuelto un ser completamente práctico y ha dejado de depender del hombre. Una vez que se pierde el respeto por el eje del hogar, también desaparece la forma más romántica y espiritual de compartir".

Cuando Alberto sale a comer con sus compañeras universitarias reconoce que aunque le molesta cada vez menos que ellas digan, "no es necesario que pagues por mí", en el fondo "preferiría sentir que yo lo puedo hacer".

¿Acaso los gestos galantes como el fino piropo, el tradicional ramo de flores y el caballero que abre la puerta a su dama acompañante ya no son motivo de placer? Isabel sugiere que no se trata de obviar los detalles románticos que estimulan la relación, sino de aceptar "que el mito ése de que para ser amada una debe ceder su identidad ya es parte del pasado. No hay nada más romántico que el hombre quiera tu independencia, apoye tu crecimiento y que además... ¡le guste lavar los platos!"

Jorge advierte que hoy en día los rituales románticos son distintos. "A la mujer actual le gusta que la escuchen. Como soy un romántico perdido, después de servirle el flan incaico me paso la noche oyéndola hablar." Si la norteamericana Jeanne prefiere las salidas con latinos es porque "al latino le encanta que luzcas como una mujer y nunca te va a criticar por haberte comprado un vestido nuevo, arreglado el cabello y puesto maquillaje de una forma especial. Mis admiradores norteamericanos, por el contrario, si advierten estos cambios sólo te responden con un 'deberías ser más natural'".

A pesar de la polémica sobre el romance bicultural, nuestros Romeos y Julietas aportan también soluciones a los conflictos que se presentan.

Andrés cree que lo primero es reconocer que existe la necesidad de un "equilibrio consciente con la mujer". La picardía y el humor latino pueden en muchos casos enmendar malentendidos y berrinches de celos.

A Jorge le encanta contar que "desde aquella vez que mi novia me tiró por el balcón siempre digo que la latina no sólo es capaz de romperle a uno el corazón, ¡sino también la pierna!". Isabel insiste en que tener amistades propias y poder tomarse vacaciones independientes de vez en cuando es una manera sana "de no ahogar la relación". Y para evitar las ansiedades causadas por las enfermedades que plagan el romance de hoy en día, Sonia advierte lo importante que es "conocer a la otra persona antes de entrar en una relación sexual".

¿Y qué ocurre al cabo del primer período de enamoramiento? Elvira, una jovial argentina de 82 años, insiste en que después de 43 años de convivencia con su actual marido el romance sigue siendo posible. "En el trabajo nos dicen 'los novios' porque aún hay coquetería: procuramos que ninguno vea al otro desarreglado y caminamos de la mano a la luz de la luna." Los novios aprendieron a no dar por sentado el cariño mutuo, a tratar permanentemente de conquistar al otro como al principio, a decir halagos y apoyarse mutuamente en todo lo posible.

Quizás, al no existir el hombre y la mujer ideal, el "híbrido" perfecto del futuro sea el latino que se crió en este país o la norteamericana que se crió en Latinoamérica.

De cualquier manera, los latinos seguiremos siempre enamorados del amor. Esto es lo que nos da la fuerza y la pasión de vivir. Este romanticismo innato es una de las maravillosas contribuciones que brindamos al complejo universo cultural interamericano que existe en este país.

Y a pesar de las opiniones contradictorias reflejadas en nuestra gente, todas parecen coincidir en que el romance latino sigue siendo el *boom* atemporal de nuestra vida, una ocurrencia sin la cual, para muchos, la existencia no tendría mucho sentido.

"Las parejas que dicen no tener tiempo para el romance es porque no tienen interés en el romance", reflexiona Elvira. "No sé si hoy te podría hablar de pasión, pero sí creo que entre José y yo aún existe una gran atracción física y un profundo amor." ■

Es posible que no se den gentilicios para todas las personas citadas en el artículo.

Isabel (puertorriqueña): Dice "que el mito ése de que para ser amada una debe ceder su identidad ya es parte del pasado". / Andrea (colombiana): "...al americano nosotras lo podemos moldear..." José (venezolano): "Extrañaba demasiado el calor humano de la latina" / María (paraguaya): Al trasladarse a Washington advirtió que su matrimonio había sufrido una crisis. / Beatriz (ecuatoriana): Sus padres no permitían que regresara a su casa después de la medianoche. / Pedro (dominicano): Los padres de su novia lo investigaron para asegurarse de que no tuviera ningún "antecedente penoso". / Sonia (colombiana): Prefiere aclarar las reglas del juego del amor desde un principio. / Andrés (cubano): "...para cortejar a una mujer la primera actitud personal debe ser de respeto..." / Clarisa (dominicana): Su relación sigue limitada por muchos mitos machistas. / Alberto (chileno): Si la mujer recibe un sueldo mayor significa que ella tiene más poder en la casa que él. / Marta: Su marido le ayuda con las compras y la limpieza de la casa. / Ernesto: "La mujer ha dejado de depender del hombre. / Jeanne (norteamericana): Prefiere salir con latinos. / Elvira (argentina): Después de 43 años el romance sigue siendo posible.

## Después de leer

1. En el artículo "Romance y realidad" se mencionan las experiencias románticas de varias personas. Al leer el artículo complete el siguiente esquema para organizar la información que se provee.

| Nombre | Gentilicio | Comentario o experiencia |
|---|---|---|
| Jorge | chicano/mexicoamericano | "A la mujer actual le gusta que la escuchen." |
| | | |
| | | |

2. ¿Qué es un príncipe azul? [E]
3. ¿Cómo ha sido afectado el sentido de romance de los latinos en el proceso de adaptación a este país? [E]
4. ¿Por qué se dice que los latinos sienten el romance como una forma de vida? [E]
5. En el artículo se hacen varias preguntas sobre el romance, el machismo, la "liberación masculina" y el "renacimiento" del romance latino. ¿Cuáles son sus respuestas a esas preguntas?
6. ¿Qué es el machismo? ¿Cómo afecta el romance y las relaciones entre los hombres y las mujeres? [E]
7. Según el artículo, ¿en qué difiere la sociedad norteamericana de la latina? [E]
8. ¿Cuál ha sido la reacción natural de los latinos al cambio de culturas?
9. ¿Qué es la liberación femenina? ¿Qué es la liberación masculina? [E]
10. Según el artículo, ¿cuáles son algunas diferencias entre el romance con los anglosajones y los latinos? [E]
11. ¿A qué se refiere Sonia cuando menciona "las enfermedades que plagan el romance de hoy en día"?
12. ¿Qué aconseja Elvira, la argentina de 82 años, en cuanto al romance? ¿Se puede considerar ella una experta en el romance? ¿Por qué?
13. Según el artículo, si no existe el hombre y la mujer ideal, ¿cuál sería nuestra opción?

2. El hombre de sus sueños. / 3. Sufre un choque cultural. / 4. Es parte de su vida diaria. / 5. Ver el párrafo 5 del artículo. Allí aparecen otras preguntas que se pueden utilizar como tema para discusión o escritura. / 6. Es una característica que se atribuye al hombre, especialmente al latino. Los alumnos pueden elaborar. / 7. Los latinos sienten el romance como una forma de vida. La sociedad norteamericana es más directa. / 8. Han tenido que redefinir el amor y cambiar algunas de sus actitudes. / 9. La igualdad entre ambos sexos. En la liberación femenina las mujeres esperan que se les trate igual en cuanto a deberes, derechos y privilegios. En la liberación masculina los hombres tiene la seguridad en sí mismos para compartir con las mujeres los deberes, derechos y privilegios. / 10. La pasión es más fuerte con los latinos, que son más sensibles y cariñosos. Los norteamericanos dan más espacio y libertad. / 11. SIDA, etc. / 12. Debe haber coquetería. Se puede considerar experta porque tiene 43 años de convivencia con su actual marido. / 13. El "híbrido" perfecto: el latino que se crió en este país o la norteamericana que se crió en Latinoamerica.

## Para escribir y comentar

1. En su diario indique su reacción al artículo. ¿Está Ud. de acuerdo con todo lo que se comenta?
2. ¿Qué consejos le daría a un joven adolescente (mujer u hombre) acerca del romance? Escriba cinco consejos y explique la importancia de cada uno. [E]
3. Lea el párrafo siguiente y conteste las preguntas.

Ni el atractivo físico, ni la inteligencia... ¡ni tan siquiera la cuenta del banco! A la hora de soñar con un buen romance, lo que las mujeres prefieren en los hombres es el buen sentido del humor. Ése fue el resultado de una encuesta realizada entre 350 candidatas al altar. El 69% de las futuras esposas, colocó el buen humor en el primer lugar de la clasificación de las cualidades más deseables en el hombre ideal. El segundo lugar (63% de las participantes) se lo llevó la personalidad romántica. A continuación quedó la inteligencia (55%) y el atractivo físico (49%). Y, como una ducha fría para las eternamente románticas que sueñan con el amor a primera vista, sólo una de cinco de las mujeres afirmaron que creían realmente en el flechazo.

a. Según esta encuesta, las mujeres prefieren a un hombre que tenga un buen sentido del humor. ¿Está Ud. de acuerdo con la información de la encuesta? ¿Qué piensa?
b. ¿Han cambiado las cualidades que una mujer busca en un hombre? Si piensa que han cambiado, ¿a qué se debe el cambio?
c. Haga su propia encuesta en cuanto a lo que las mujeres prefieren en los hombres y lo que los hombres prefieren en las mujeres con quienes se van a casar. Compare sus resultados con los del resto de la clase.

4. Escriba un ensayo sobre las cualidades que una mujer busca en un hombre o sobre las que un hombre busca en una mujer. Explique cada una de las cualidades e incluya la importancia de cada una. [E]
5. En la actualidad los papeles del hombre y de la mujer han cambiado mucho. ¿De qué manera han cambiado y por qué? Escriba un ensayo al respecto. [E]

# 2 Una sortija para mi novia

## Prelectura

En la sociedad, antes y aún hoy en muchos casos, se espera cierto comportamiento del hombre y de la mujer. A veces dejamos que estas costumbres rijan nuestra vida y hacemos lo que esperan la familia y los amigos.

Algunas costumbres que se relacionan con el noviazgo se siguen porque han sido parte de la herencia de generaciones pasadas. Las seguimos a pesar de que no podemos explicar ni la razón por la cual lo hacemos, ni los antecedentes de esa costumbre. Antes si una señorita no se había casado para los veintitantos años se decía que era una solterona o que se había quedado para vestir santos[1]. Los hombres también sienten las presiones de la sociedad y empiezan a pensar a cierta edad que ya es tiempo de casarse y de formar su propio hogar. En el cuento "Una sortija para mi novia", de Humberto Padró, autor puertorriqueño, vemos que un joven que había seguido una vida donjuanesca decide que debe cambiar y pensar en su futuro. Lea el cuento y piense en la situación en que se encuentra este joven. Decida si su vida se rige por la sociedad o no.

1. se había quedado soltera

## *Una sortija para mi novia*

**José Miguel**

Aquella mañana (¡ya eran las once!), José Miguel se levantó decidido a comprar una sortija para su novia. Esto, para José Miguel Arzeno, rico, joven, desocupado, debía ser la cosa más sencilla del mundo. Bastaría con tomar su "roadster" del garage, y de un salto ir a la joyería más acreditada de la ciudad. Pero he aquí que la cosa no era tan fácil como aparentaba, puesto que antes de procurarse la sortija, José Miguel debía buscar a quien regalársela. Para decirlo mejor, José Miguel no tenía novia.

Ni nunca la había tenido. Pero, eso sí, no vaya a dársele a esta actitud suya una interpretación beatífica... Ahí está, si no, para desmentirla, su "amigo de correrías" como le llamaba a su automóvil, cómplice suyo en más de una aventurilla galante y escabrosa.

Sin embargo, razón había para creer que aquella decisión suya de comprar una sortija para su novia, le iba haciendo sin duda, desistir de su inquietante vida donjuanesca, para darse finalmente a una última aventura definitiva. Pero... y ¿dónde estaba la novia?

**En la joyería**

Ya en la ciudad, José Miguel penetró en "La Esmeralda", tenida por la más aristocrática joyería de la urbe. Era la primera vez que visitaba un establecimiento de aquella índole, pues muy a pesar de su posición envidiable, las joyas nunca le habían llamado mucho la atención.

Mientras venían a atenderle, José Miguel se complacía en mirar, sin admiración, la profusión de prendas de diversas formas y matices que resaltaban desde el fondo de terciopelo negro de los escaparates, igual que una constelación de astros en el fondo de terciopelo negro de la noche. En su curiosear inconsciente y desinteresado, José Miguel llegó hasta hojear un libro de ventas que estaba sobre el cristal del mostrador. Sobre la cubierta estaba escrito un nombre de mujer.

—¿En qué puedo servirle, caballero? —le preguntó de pronto una joven que, para decirlo de una vez, era la dependienta. Pero, ¡qué dependienta!

—Deseo una sortija para mi novia —replicó José Miguel, al mismo tiempo que se apresuraba a dejar sobre la mesa el libro de ventas que distraídamente había tomado del mostrador. Y luego, alargándolo a la joven, medio turbado, preguntó:

—¿Éste es su libro de ventas, verdad?

—Sí, y suyo si le parece...

—No, gracias, no lo necesito —dijo José Miguel sonriendo.

—¡Ah!, pues yo sí, —agregó la joven con gracejo[1]. —En este libro de ventas está mi felicidad.

—¿Y cómo?

—Pues... cuanto más crecidas sean mis ventas, mayores serán mis beneficios —repuso ella, no encontrando otra cosa que contestar.

Ambos se buscaron con los ojos y rieron.

**Escogiendo una sortija**

—Y bien, volvamos a la sortija —dijo entonces la dependienta, que, ¿será preciso decirlo?, ya a José Miguel se le había antojado bonita.

—Sí, muéstreme usted algunas, si tiene la bondad.

1. gracia

—¿Qué número la busca usted?

—¡Ah, qué torpe soy! No lo recuerdo —trató de disculparse José Miguel.

—¿Tendrá su novia los dedos poco más o menos igual a los míos? —consultó la joven mientras le mostraba su mano con ingenuidad.

—Deje ver —dijo entonces José Miguel, atreviéndose a acariciar levemente aquellos dedos finos y largos, rematados en uñas punzantes y pulidas, hechas sin duda (como lo estaban) para palpar zafiros y diamantes.

—¡Ah! Tiene usted unas manos peligrosísimas —dijo al cabo de un rato José Miguel, mientras dejaba escapar suavemente los dedos de la joven.

—¿Sí? Y ¿por qué? —inquirió ella con interés.

—¡Ah! Porque serían capaces de hacer enloquecer a cualquiera acariciándolas.

—¿No me diga?

Y volvieron a sonreír.

—Bueno, ¿y cree usted que de venirme bien la sortija ha de quedarle ajustada a su novia?

—Sí, es muy probable.

Y la linda dependienta fue por el muestrario. En tanto, José Miguel estudiaba devotamente su figura maravillosamente modelada.

—Aquí tiene usted a escoger... ¿No le parece que ésta es muy bonita? —dijo la joven, mostrándole una hermosa sortija de brillantes.

—Tiene que serlo, ya que a usted así le parece... Pruébesela a ver...

—Me viene como anillo al dedo —agregó ella con picardía.

—¿Y vale? —consultó José Miguel.

—Mil doscientos dólares.

—Muy bien. Déjemela usted.

—Y ¿no desea grabarla?

—¡Ah!, sí... se me olvidaba...

—¿Cuáles son las iniciales de su novia?

José Miguel volvió a mirar el libro de ventas que estaba sobre el mostrador. Luego dijo:

—R.M.E.

—Perfectamente —dijo la joven dependienta, mientras escribía aquellas tres iniciales en una tarjetita amarilla que luego ató a la sortija.

—¿Cuándo puedo venir a buscarla? —inquirió José Miguel.

—La sortija... querrá usted decir... —comentó ella intencionadamente.

—Pues, ¡claro! Es decir... si usted no decide otra cosa...

Rieron de nuevo.

—Puede usted venir esta tarde a las cinco.

—Muy bien. Entonces, hasta las cinco.

—Adiós y gracias.

**A las seis**

No había motivo para extrañarse de que a las seis menos cuarto José Miguel aún no se hubiera presentado en la joyería a reclamar su sortija. El reloj y la hora eran cosas que nunca le habían preocupado. Suerte a que su "amigo de correrías" volaba como un endemoniado.

Ya estaban a punto de cerrar el establecimiento cuando José Miguel penetró jadeante en la joyería.

—Si se tarda usted un momento más no nos encuentra aquí —le dijo al verle llegar la bella dependienta que aquella mañana le había vendido el anillo. Y entregándole el estuche con la sortija, agregó:

—Tenga usted. Estoy segura de que a "ella" le ha de agradar mucho.

—Gracias —respondió José Miguel, mientras guardaba el estuche en el bolsillo del chaleco.

Y viendo que la joven dependienta se disponía también a abandonar el establecimiento, José Miguel le preguntó:

—¿Me permite que la lleve en mi carro hasta su casa? Después de todo, será en recompensa por haberme prestado sus dedos para el número de la sortija...

—Si usted no tiene inconveniente...

Y partieron.

**Una novia incrédula**

—Señorita, perdóneme que le diga a usted una cosa —le había dicho José Miguel a la linda dependienta, mientras el automóvil se deslizaba muellemente[2] a lo largo de la avenida.

—Con tal de que su novia no vaya a oírlo... —repuso ella con graciosa ironía.

—Rosa María, usted es una criatura sencillamente adorable...

—Pero... ¿Cómo sabe usted mi nombre? —inquirió ella con extrañeza.

—Rosa María Estades... ¿No se llama usted así?

—Justamente. Pero, ¿cómo lo ha llegado a saber?

—Lo leí esta mañana sobre la cubierta de su libro de ventas.

2. suavemente

—¡Vaya que es usted listo! Pero tenga cuidado con sus piropos, pues la sortija para su novia que le está oyendo, bien podría revelárselos a ella, y... ¡entonces sí que es verdad!...

—Rosa María, ¡por Dios! no se burle usted de mí. A usted es a quien únicamente quiero. No tengo ninguna otra novia.

—¡Ja! ¡Ja! ¡Ja! ¡ ¡Qué tonto! Y entonces, si no tiene usted ninguna otra novia, ¿cómo se explica lo de las iniciales en la sortija?

—Muy fácilmente. Verá usted.

Y esto diciendo, José Miguel buscó la sortija en el bolsillo del chaleco, y mostrándosela a la joven, añadió:

—Esta sortija es para ti, Rosa María, R. M. E. Rosa María Estades... ¿Comprendes ahora lo de las iniciales?

Y Rosa María, haciendo todo lo posible por poder comprender, inquirió, todavía medio incrédula:

—Pero...¿será posible?

—Sí —respondió entonces José Miguel que sonreía de triunfo — tan posible como la posibilidad de que se cumplan los deseos de darte un beso.

Doy fe de que se cumplieron, repetidas veces, sus deseos...

Lo demás... queda a la imaginación casi siempre razonable del lector. ■

**Humberto Padro**

## Después de leer

1. Describa a José Miguel. [E]
2. Describa a la dependienta. [E]
3. ¿Por qué fue José Miguel a la joyería?
4. ¿Por qué cree Ud. que José Miguel tomó esa decisión? ¿Cree Ud. que José Miguel tomó esa decisión esa mañana? ¿Por qué?
5. ¿Cuántos años cree Ud. que tienen José Miguel y su novia?
6. ¿Por qué llegó José Miguel a la joyería cuando ya estaba a punto de cerrar?
7. ¿Qué pensaría la dependienta cuando José Miguel empezó a piropearla?
8. ¿Le sorprendió el final del cuento? ¿Por qué?

1. Los estudiantes deben usar su imaginación para describirlo. / 2. Los estudiantes deben usar su imaginación para describirla. / 3. Para comprarle una sortija a su "novia". / 4. Porque pensaba que ya era tiempo de dejar su vida donjuanesca. Las respuestas pueden variar. / 5. Veinticinco años aproximadamente. / 6. El reloj y la hora nunca le habían preocupado. / 7. Las respuestas pueden variar. / 8. Las respuestas pueden variar.

## Para escribir y comentar

1. ¿Podría ocurrir la situación del cuento en el mundo real? Comente sobre su reacción al cuento en su diario.
2. ¿Qué le aconsejaría Ud. a Rosa María? ¿Cree que se debe casar con José Miguel? ¿Por qué? Presenten una escena en la cual Rosa María le explica a un(a) amigo(a) lo que pasó y esta persona le da consejos. [E]
3. Al final del cuento no sabemos lo que hizo Rosa María. ¿Qué piensa Ud. que pasó? Escriba una continuación para el cuento. [E]

Se le puede asignar a la mitad de la clase la actividad N° 4, y la N° 5 a la otra mitad.

4. Escriba una carta a una consejera (por ejemplo, la Dra. Corazón, Dear Abby o Ann Landers) como si fuera Ud. Rosa María, pidiéndole consejos acerca de su situación. [E]
5. ¿Qué consejos le daría a Rosa María? Conteste la carta de Rosa María como si Ud. fuera un(a) consejero(a).

Estas preguntas se pueden utilizar como tema para discusión o para escribir un ensayo.

6. ¿Cómo han cambiado las costumbres relacionadas al noviazgo en los últimos treinta años? ¿Qué ha contribuido a los cambios? ¿Se espera que los solteros se casen para cierta edad?
7. En el cuento se mencionan los piropos. Investigue la costumbre del piropo en la cultura hispana. ¿Cuáles son algunos piropos que Ud. ha oído? ¿Cómo reaccionan la mayoría de las mujeres a los piropos? ¿Qué piensa Ud. de esa costumbre? Escriba un informe al respecto.

# 3 El precio de ser mujer

## Prelectura

"Hijita, no trabajes tanto, recuerda que tienes la responsabilidad de la casa y de tus hijos." ¿Cuántas veces ha oído a padres o a abuelos decir frases semejantes a éstas? Siempre se le inculca a la hija que su responsabilidad primordial es la de la casa, el marido y los hijos. Pero, ¿sigue esto siendo igual hoy en día? En muchos casos todavía se sigue la tradición de que la madre permanezca en casa para atender a su familia. Sin embargo, los cambios y presiones de la sociedad moderna, a veces, fuerzan a la mujer a trabajar fuera de casa. Muchas veces es una necesidad para que la familia pueda mantener un nivel económico aceptable. Sin embargo, muchas mujeres quieren trabajar para desempeñar su carrera. Después de todos sus años de estudio, quieren mostrar su capacidad intelectual en el trabajo.

¿Qué piensa Ud.? ¿Debe trabajar la mujer fuera de la casa? El artículo que sigue relata, desde el punto de vista femenino, las presiones que tienen muchas mujeres cuando siguen una carrera.

## El precio de ser mujer

¿Cuántas veces hemos recibido la carta de una amiga que nos cuenta que está deprimida, que lleva seis meses arrastrando la vida con la secreta esperanza de que alguien la decrete loca y la interne en una pieza blanca, donde ella no tenga que hacer nada más que cerrar los ojos y descansar? ¿Cuántas veces nos hemos encontrado en una esquina, con otra amiga que no vemos desde hace tiempo y que nos cuenta cómo ha sido su último año, diciendo que no entiende por qué amanece triste, ni por qué el mundo le parece cada vez más hostil y peligroso? Esa pesadumbre con que uno amanece algunos días, sin razón aparente, sin que nada distinto de ayer haya ocurrido, ¿de dónde viene?

Mi abuela tenía una teoría. Decía que en el momento en que las mujeres se integraron al mundo de los hombres, empezaron a pagar la cuenta. A partir del mismo día en que salieron de sus casas, de sus cocinas, para ingresar a los bancos, hospitales, ministerios, academias, bolsas de comercio, medios de comunicación.

Según mi abuela, como los hombres son seres con mucho más miedo que nosotras, se asustaron ante la idea de que el ejercicio de su poder pudiera desvanecerse y pasar a manos de estas personitas de falda y tacón alto que se las daban de inteligentes en un mundo que, hasta entonces, manejaban sólo ellos. Y de puro susto que tenían, enfrentaron a las invasoras. ¿Usted quiere ser como nosotros? ¿Quiere tener las mismas responsabilidades, ser igual de habilidosa, llegar a los mismos estratos de la política, ser tan buena escritora, periodista, doctora, ministro y abogada? ¡Ah! Pues tiene que pagar un precio, no vaya a creer que el asunto es gratis. ¿Usted cree que la cosa es así nomás, llegar y salir de la casa, dejando botados a los niños, dejando los platos apilados, al perro solo y las plantas marchitándose? No estará pensando que esta audacia no va a costarle nada...

Y entonces, decía mi abuela, los hombres, con su miedo al cinto y la imagen de un fusil en la memoria, se lanzaron a cobrarle a las mujeres el precio "por querer intervenir en un mundo que es nuestro y no de ellas". El precio era alto, altísimo, más nos habría valido la pena quedarnos tranquilas mirando crecer las rosas, haciendo las tareas con los niños, guisando una *omelette,* comprando en el mercado. Nos habría valido más, claro, pero el problema reside en que el precio es precisamente ése. ¿Quiere integrarse al mundo de los hombres? ¡Intégrese! Nosotros la aceptamos encantados, pero además, tiene que hacer todo lo otro, y bien. Ahí está el problema. Y la resultante es un cansancio como de otros mundos.

La mujer de hoy tiene que ser buena para todo, perfecta para el trabajo, para criar a los niños, para el sexo, para hacer las cosas de la casa, pagarle al fontanero. Estar siempre con buena cara, bien arreglada, ocuparse de las rosas y saber cada detalle de cuanto sucede o no sucede en su hogar. Demostrarse feliz de la vida con los amigos que el marido o los hijos invitan a comer, no importa nada que ella esté agotada. Y por si ello fuese poco, tiene que vérselas con esa especie de rabia subterránea que demuestran algunos hombres frente al trabajo o al éxito de sus mujeres.

Tengo una amiga que trabaja doce horas diarias en un banco, y a media noche, cuando regresa a su casa, el marido está esperándola enojado, porque la Coca-Cola que compró el martes no tiene suficiente gas. Otra amiga es directora de una revista, y para corregir las pruebas de los artículos, tiene que encerrarse en el baño, porque al marido le molesta que ella ocupe su escritorio o se lleve el trabajo a la casa. Dice que la casa es para sentarse a mirar las noticias en la tele, con él sentado al lado.

Mi tío Roberto pasó un mes sin hablarle a mi tía Laura porque ella llegó cansada de su oficina y no tuvo fuerzas para quitarle la piel al pollo. Y como mi tío Roberto tiene el colesterol alto, "si se me bloquea la arteria, la culpa la tienes tú". Otra amiga estuvo a punto de separarse del marido. Ella era periodista y a veces tenía que quedarse a los turnos del día de cierre. Cada vez que salía del turno, el marido estaba esperándola detrás de un árbol, con un fusil de caza entre las manos, a ver si salía sola de la revista o con el editor. Menos mal que al editor no se le ocurrió nunca acompañarla, de haber sido así, ahí habría quedado el editor, muerto de un balazo, sin una sola razón para matarlo.

Para qué decir lo que sucede cuando la mujer se hace famosa. Los hombres latinos resisten de mala manera la fama de sus mujeres, y esto es particularmente notable en el caso de las escritoras, porque es en el campo de la literatura donde comenzaron a descollar las mujeres. Pero tuvieron que pagar un precio por la audacia. Cuando a Gabriela Mistral le dieron el Premio Nóbel de Literatura, los chilenos vinculados al mundo literario se miraron espantados; a ninguno de ellos se le había ocurrido otorgarle el Premio Nacional y entre gallos y medianoches, a toda carrera, la premiaron, antes de que el mundo notara el desatino.

Cuando Isabel Allende empezó a adquirir fama, cundió el nerviosismo, y sus colegas, en lugar de estar contentos porque la escritora triunfó y entró por la puerta ancha de la literatura, comenzaron a dispararle piedras a su obra. Primero dijeron que no tenía talento, que copiaba a García Márquez. Cuando publicó su último libro, *El plan infinito*, uno de los críticos literarios afirmó en un diario que su libro es "una obra secundaria, de consumo masivo, un libro fácil y facilón, escrito para el éxito y no para la belleza". Y a renglón seguido, el crítico, olvidando que su papel es criticar el texto y no a la autora, dice: "Veo que la autora, cuando en entrevistas le hacen presente un reparo como el mío, se llena la boca en su defensa como escritora de gran talento alegando que en las universidades de Estados Unidos y Europa se estudian sus obras: son objeto de trabajos académicos". "¡Oh, las universidades!", dice este crítico, y luego se lanza en picada en contra de los académicos norteamericanos y europeos, advirtiendo que como necesitan cualquier trabajo para "sus tesinas y tesis", lo buscan bajo las piedras del Tercer Mundo, porque ya no es "viable un enésimo trabajo sobre García Márquez".

Finalmente, como los críticos y sus colegas escritores no sabían qué otra piedra lanzarle a la autora, dijeron que su libro es "de mal gusto" y "malo", porque lo leían las dueñas de casa. Insultando de paso a las cien mil dueñas y dueños de casa españoles que agotaron la primera edición en menos de una semana, y a todas las dueñas de casa del mundo, que cometieron el delito de leer *El plan infinito.* Como si ser dueña de casa fuese algo deleznable y como si esas mismas mujeres no hubiesen leído jamás obras de la calidad de *Cien años de soledad* o *Crimen y castigo.* Es que hay que pagar un precio por ser mujer, latinoamericana para más remate, y tener ese exitazo.

Cuando la triunfadora es política, o directora de una empresa o jefa de redacción de un diario, la cosa se pone mucho más grave. Esos sí que son territorios masculinos. Y allí no sólo hay que lidiar con las miles de triquiñuelas y malas jugadas de los compañeros de trabajo, también hay que lidiar con esas frases que lanzan los maridos, bien cariñosas, pero con un no sé qué de ironía subterránea. "¿No decías, mi amor, que te encantaba ser candidata?" "¿No te dije, mi linda, que dirigir una revista no es trabajo para ti?" Y las quejas. "Desde que estás a cargo de esa empresa, en esta casa nunca más comimos *souflé* de queso". Y luego viene la cuenta de la soledad, ésa que lanzan los maridos cuando ya no saben qué inventar para sacar a su mujer de un mundo más exitoso que el del jardín de la casa. El listado de los temores: "Me estoy sintiendo cada vez más solo". "Me da vergüenza qué mis amigos sepan que tu cargo es más alto que el mío". "Me da pena llamar a la casa y que tú estés en la oficina". Y como la mujer se siente criminal, al día siguiente pasa a comprarle ese caviar que a él le gusta, para aplacar su desconsuelo, le prepara una comida deliciosa y no le dice una palabra de que acaban de ascenderla.

Mmmm... Mi abuela tenía razón, existe un precio y en Latinoamérica es más alto que en otras partes. A los trogloditas[1] nuestros les falta un buen rato para entrar en la modernidad y mirar a las mujeres como amigas. Pero ¿qué se hace? Nadie quiere vivir sola, sin marido, sin amante, sin compañero, peleando con los hijos varones... Lo mejor es darle tiempo al tiempo, dejar que pase un poco de historia, pensar que los hombres tienen la cabeza dura, pero no tanto, mirar sus miedos con simpatía. Y mientras no puedan comprender que las mujeres también pueden descollar en un mundo común, hay que multiplicarse. Escribir novelas con una mano y con la otra batir huevos, memorizar discursos con un lóbulo y con el otro memorizar la lista del almacén, regar las plantas con el brazo derecho y con el izquierdo revisar el estado de cuenta de la empresa. Después, tarde en la noche, cuando el troglodita regrese a la casa, poner cara de princesa, servirle el whisky con hielo, sentarse con él a ver las noticias... y tratar de dormir en paz, porque para estos efectos, cualquier tiempo pasado fue peor. ■

1. hombres bárbaros

## Después de leer

1. Se refiere a la teoría de la abuela de la autora. Según ella en el momento en que las mujeres se integraron al mundo de los hombres, empezaron a pagar la cuenta. / 2. Se asustaron ante la idea de que su poder pudiera pasar a manos de las mujeres. / 3. Además de trabajar e integrarse al mundo de los hombres tienen que cumplir con todas sus responsabilidades femeninas. / 4. Tiene que ser buena para todo. / 5. Se encelan, se enojan si traen trabajo a la casa o si no hacen todos sus quehaceres. / 6. Resiste de mala manera la fama de su mujer. / 7. Una escritora chilena que ganó el Premio Nóbel de Literatura; un escritor colombiano que también ganó el Premio Nóbel de Literatura; una autora chilena. /

1. ¿Qué indica el título del artículo "El precio de ser mujer"? [E]
2. Según el artículo, la abuela de la autora piensa que el hombre es un ser miedoso. ¿De qué y por qué?
3. ¿Cuál es el precio que tienen que pagar las mujeres que trabajan, según el artículo?
4. ¿Cómo tiene que ser la mujer de hoy? [E]
5. ¿Cuáles son algunos ejemplos de problemas con los maridos que se mencionan en el artículo?
6. Según el artículo, ¿cómo reacciona el hombre si la mujer se hace famosa? ¿Cree Ud. que todos los hombres reaccionan así?
7. ¿Quiénes son Gabriela Mistral, Gabriel García Márquez e Isabel Allende?

8. La mujer tiene que lidiar aún más por los celos de los hombres. / 9. Opinión de los estudiantes.

8. ¿Qué reacciones produce el éxito de una política o directora de empresa? [E]
9. ¿Está de acuerdo con la idea de que el precio de ser mujer es más alto en Latinoamérica? ¿Por qué? [E]

## Para escribir y comentar

1. ¿Piensa Ud. que es más difícil ser mujer hoy en día que hace veinte o treinta años? En su diario, exprese lo que opina Ud. sobre la pregunta y si es necesario, consulte a personas mayores que Ud. conozca para indagar sobre el asunto.

Estas preguntas se pueden utilizar como tema para discusión en clase o como tema para un ensayo. Si discuten las preguntas en clase, después puede asignar la actividad N° 3 y/o la N° 4 como continuación del mismo tema.

2. Según la tradición hispana, ¿qué papel debe desempeñar la mujer? ¿Qué papel debe desempeñar el hombre? ¿Cómo ha cambiado el papel de la mujer en las últimas dos o tres décadas? ¿Por qué? Y el papel del hombre, ¿ha cambiado? ¿Es posible que una mujer / un hombre desempeñe varios papeles y tenga éxito en todos? Comenten en grupos pequeños.
3. Entreviste a una mujer profesional casada y a una mujer profesional soltera. Hágales las preguntas de la actividad N° 2. Escriba un resumen de las entrevistas.
4. Entreviste a un hombre profesional casado y a un hombre profesional soltero. Hágales las preguntas de la actividad N° 2. Escriba un resumen de las entrevistas.
5. ¿Qué es el machismo para usted? ¿Es el machismo un fenómeno de la cultura hispana moderna? ¿Existe en la cultura anglosajona de Estados Unidos? ¿En otras culturas? ¿Cómo se manifiesta? ¿Influye el machismo en el éxito de la mujer? ¿Cómo? ¿Qué problemas pueden surgir para la mujer que tiene un esposo machista? ¿Cómo se pueden resolver esos problemas? Investigue este fenómeno y escriba un ensayo donde explique lo que encontró.
6. Entreviste a dos generaciones de mujeres o a dos generaciones de hombres. ¿Cómo describen su vida? ¿Qué cambios han visto en los últimos veinte años? Escriba un informe al respecto.

Estas redondillas se pueden utilizar como tema para discusión o como tema para un ensayo.

7. Sor Juana Inés de la Cruz (1651–1695) fue una mujer que tuvo que disfrazarse de hombre para recibir su educación. Ella escribió los siguientes versos (redondillas) acerca del hombre. ¿Cuál es su reacción después de leerlos?

Aquí se incluyen solamente algunas estrofas de la Parte I de las "Redondillas".

**Redondillas**

**I**

Hombres necios que acusáis
a la mujer sin razón,
sin ver que sois la ocasión
de lo mismo que culpáis.
Si con ansia sin igual,
solicitáis su desdén,
¿por qué queréis que obren bien,
si las incitáis al mal?
Combatís su resistencia,
y luego, con gravedad
decís que fue liviandad
lo que hizo la diligencia.
¿Qué humor puede ser más raro
que el que, falto de consejo,
él mismo empaña el espejo,
y siente que no esté claro?
Con el favor y el desdén,
tenéis condición igual
quejándoos si os tratan mal,
burlándoos si os quieren bien.
Siempre tan necios andáis,
que, con desigual desdén,
a una culpáis por cruel,
y a otra por fácil culpáis.
¿Pues cómo ha de estar templada
la que vuestro amor pretende,
si la que es ingrata ofende,
y la que es fácil, enfada?
Dan vuestras amantes penas,
a sus libertades alas,
y después de hacerlas malas,
las queréis hallar muy buenas.
Pues, ¿para qué os espantáis
de la culpa que tenéis?
Queredlas cual las hacéis,
o hacedlas cual las buscáis.
Dejad de solicitar,
y después, con más razón,
acusaréis la afición
de la que os fuere a rogar.
Bien con muchas armas fundo
que lidia vuestra arrogancia,
pues en promesa e instancia
juntáis diablo, carne y mundo.

# 4 ¿Existen diferencias entre el cerebro del HOMBRE y el de la MUJER?

## Prelectura

Frecuentemente oímos a la gente decir: "Es agresivo porque es niño." "La niña aprendió a hablar primero que el niño." "El niño tiene mejor coordinación que la niña." ¿Por qué pensamos que el comportamiento se debe al sexo de una persona? Muchas veces lo que se dice está basado en la tradición. Es decir, se espera que un niño, o una niña, se comporte de cierta manera. A veces es algo que nosotros mismos imponemos en los niños. Sin embargo, tal vez algunas de estas creencias tengan una base científica. Algunos estudios han comprobado que sí hay diferencias entre el cerebro del hombre y el de la mujer. A pesar de que los estudios no han obtenido conclusiones definitivas, hay suficiente evidencia que comprueba las diferencias en los cerebros de ambos sexos. ¿Qué piensa Ud. sobre esto? ¿Piensa que definitivamente hay diferencias que nos hacen pensar de maneras distintas?

## *¿Existen diferencias entre el cerebro del HOMBRE y el de la MUJER?*

**Desde que nacemos, un grupo de marcadas diferencias distinguen a un sexo del otro. Pero éstas no se limitan al aspecto sexual, hay otras que se reflejan hasta en el desarrollo síquico.**

Las niñas comienzan a hablar más pronto que los niños... Los varones son más agresivos, pero también más enfermizos... Las niñas son muy aplicadas en sus estudios... Todas estas frases que desde siempre hemos escuchado —y que se han transmitido de generación en generación— son simplemente el reflejo de los conceptos populares acerca de las diferencias entre los sexos más allá del aspecto físico. Algunos de estos conceptos parecen tener fundamento; otros son simples comentarios que han llegado a generalizarse, ocasionando incluso, serios problemas de discriminación... Pero no puede dudarse que entre los hombres y las mujeres existen diferencias que no sólo se relacionan con el aspecto físico... Pero, ¿existe algún mecanismo fisiológico tras ellas, o son sólo simples patrones establecidos por la sociedad?

Durante muchos años, sicólogos, educadores —y hasta las feministas más acérrimas— han argumentado que las particularidades que distinguen a uno de otro sexo, tienen su origen en las presiones culturales establecidas históricamente durante milenios, y que han obligado a cada sexo a asumir —desde niños— los papeles que le corresponden, según los patrones prefijados por la sociedad. Sin embargo, investigaciones recientes han comenzado a poner en duda algunos de estos criterios, y una revolucionaria idea está ganando crédito dentro de la comunidad científica internacional: las hormonas secretadas por los ovarios y los testículos —las mismas que desempeñan un importante papel en la aparición y desarrollo de los caracteres sexuales femeninos y masculinos— son las que establecen marcadas diferencias en la estructura del cerebro humano... Éstas son diferencias estructurales que se forman desde el estadío del período fetal hasta que comienza y termina la adolescencia y que son sostenidas y mantenidas, a la vez que modificadas por las propias hormonas sexuales a través de toda la vida.

Esta nueva área de investigaciones es conocida como **dimorfismo sexual del cerebro,** y en el centro del controversial tema se encuentra el doctor Roger Gorski, Profesor de la Escuela de Medicina de la Universidad de California y Director del Instituto de Investigaciones del Cerebro (ambas instituciones en los Estados Unidos). Durante varias décadas el Dr. Gorski ha estado realizando este tipo de investigaciones y es capaz de aseverar que "en la actualidad, existe una línea bien definida de áreas cerebrales que muestran diferencias estructurales según el sexo del individuo".

El cerebro del hombre y la mujer son diferentes, y precisamente los estudios realizados por el Dr. Gorski han demostrado hasta qué punto el proceso de "diferenciación sexual" puede llegar a incidir sobre la anatomía y funcionamiento del cerebro.

"En un inicio, el cerebro de todos es básicamente femenino", explica el Dr. Gorski, "pero la acción de las hormonas sexuales es lo que define si éste es el patrón que emergerá, o si cederá su lugar al patrón masculino. Puede ser que durante el período embrionario, cromosómicamente se haya determinado que el individuo en formación pertenece al sexo masculino; es decir, es portador de un **cromosoma X** y de un **cromosoma Y.** Pero si no se produce una respuesta de la hormona sexual masculina (testosterona), el individuo desarrollará un cerebro y una apariencia femeninos... incluyendo sus genitales externos... a pesar de que su carga genética indique lo contrario. Asimismo, si cromosómicamente es hembra... es decir, si es portadora de dos **cromosomas X...** y durante el proceso de desarrollo cerebral se expone a niveles elevados de hormonas testiculares, se producirá un cambio permanente en su identidad sexual".

Por otra parte, las investigaciones han mostrado que para la masculinización del cerebro también son necesarios los estrógenos, que comúnmente se consideran hormonas sexuales femeninas. Según el Dr. Gorski, "los estrógenos no son exclusivos de las mujeres, ni la testosterona del hombre... Lo que realmente importa es el balance de estas hormonas en cada sexo". En resumen: el sexo de cada individuo no está determinado sólo genéticamente por sus cromosomas, sino también por el balance hormonal durante su formación y desarrollo. Pero, ¿cómo pueden ellas incidir en la estructura cerebral?

## EL ÁREA PREÓPTICA DEL CEREBRO: ¡EL SITIO CLAVE PARA LA DIFERENCIACIÓN SEXUAL!

Las primeras investigaciones realizadas por el Dr. Gorski permitieron mostrar que pequeñas áreas encargadas de controlar la secreción hormonal, el apareamiento y la reproducción en el cerebro de las ratas, presentaban diferencias en su estructura según el sexo.

En 1978, casi por casualidad, Gorski hizo su principal descubrimiento: un área —nunca antes explorada— del hipotálamo de los ratones, la cual resultaba cinco veces más grande en los machos que en las hembras. Esta marcada diferencia en el tamaño se debía en su totalidad al efecto de las hormonas sexuales. De esta manera se descubrió lo que el Dr. Roger Gorski bautizó con el nombre de **núcleo sexual dimorfo,** que lo proveyó de un modelo ideal para el estudio de los efectos de las hormonas sexuales en la estructura y funcionamiento del cerebro.

Desde entonces hasta nuestros días, se ha podido comprobar que esta área de **dimorfismo sexual,** que es el área preóptica del hipotálamo, puede encontrarse en el cerebro de todos los mamíferos (incluyendo al hombre) presentando en todos la misma peculiaridad del considerable aumento de tamaño en el sexo masculino.

Los análisis del cerebro humano que el Dr. Gorski y su grupo de trabajo han realizado, han permitido comprobar que las diferencias estructurales del cerebro inciden no sólo sobre la esfera sexual, sino también sobre la memoria, la percepción, la imaginación y otros procesos cognoscitivos... e incluso, sobre el control de los movimientos corporales.

El Dr. Gorski advierte sobre la necesidad de ser cuidadosos en el manejo social que pueda hacerse de estas conclusiones, pues "las personas pudieran explotar negativamente esta observación..." Esto no significa que un sexo supere al otro, sino que —en determinadas áreas del funcionamiento cerebral— los hombres pueden tener mejor condicionamiento que las mujeres, mientras que en otras ocurre todo lo contrario...

Las diferencias sexuales entre el cerebro del hombre y la mujer no comprenden solamente el área preóptica del hipotálamo; el Dr. Gorski opina que "el cerebro, en su conjunto, forma parte del sistema reproductor, y como todo elemento de este sistema, sus otras áreas también deben presentar diferencias estructurales atendiendo al sexo". Pero, en la orientación sexual humana —además de los factores hormonales que provocan diferencias anatómicas y funcionales en el cerebro— también deben ser considerados los factores ambientales... "Ambos desempeñan su papel", explica el Dr. Gorski, "pero la cuestión básica estriba en saber cuánto contribuye cada uno en la preferencia sexual del individuo".

Como el cerebro sigue siendo considerado "un órgano misterioso", muchos científicos se resisten a aceptar que un agente totalmente externo a él —como es el caso de las hormonas sexuales— pueda provocar cambios en su estructura y hasta en su funcionamiento... "Nosotros ya sabemos que sí existen diferencias sexuales en el cerebro", señala el Dr. Gorski, "pero aún desconocemos qué provoca cada una de ellas en particular... ¡Para definirlo, continuamos trabajando!".

## ALGUNAS DE LAS PRINCIPALES DIFERENCIAS ENTRE AMBOS SEXOS

- Cerca de 105 niños nacen por cada 100 niñas.
- Desde el nacimiento, las niñas responden mejor a los olores y a los sonidos que los varones... pero éstos tienen mejores respuestas ante los estímulos visuales.
- Los varones muestran mejores habilidades en la orientación espacial; las niñas adquieren con mayor rapidez las habilidades orales.
- A partir de los 2 años los niños comienzan a presentar signos de gran agresividad, algo que suele persistir hasta la adultez.
- Los varones son más propensos que las niñas a ser zurdos y disléxicos (trastorno que dificulta el aprendizaje de la lectura).
- Para las mujeres adultas es sicológicamente mucho más difícil que para los hombres, mantener el peso deseado y cubrir las necesidades nutricionales.
- Las mujeres pasan más tiempo enfermas que los hombres, pero responden mejor al estrés que ellos.
- Las aberraciones sexuales —como el fetichismo por ejemplo— son prácticamente exclusivas de los hombres. ■

1. Que tienen su origen en las presiones culturales establecidas durante milenios y que han obligado a cada sexo a asumir los papeles que le corresponden, según los patrones fijados por la sociedad. / 2. Dimorfismo sexual del cerebro. / 3. El doctor Gorski; "en la actualidad existe una línea bien definida de áreas cerebrales que muestran diferencias estructurales según el sexo del individuo". / 4. En un inicio, el cerebro es básicamente femenino, pero la acción de las hormonas sexuales es lo que define si éste es el patrón que emergerá o si cederá su lugar al patrón masculino. / 5. El área preóptica del hipotálamo./ 6. Los factores ambientales. / 7. Nacen más niños que niñas; las niñas responden mejor a los olores y a los sonidos; los varones muestran mejor orientación espacial y son más propensos a ser zurdos y disléxicos; para las mujeres adultas es sicológicamente más difícil mantener el peso deseado; las mujeres pasan más tiempo enfermas pero responden mejor al estrés; las aberraciones sexuales son prácticamente exclusivas de los hombres.

## Después de leer

1. ¿Qué han argumentado los sicólogos acerca de las particularidades que distinguen a un sexo de otro? [E]
2. Las nuevas investigaciones han descubierto una nueva área de estudio que tiene que ver con el cerebro y las diferencias entre los sexos. ¿Cómo se llama este tipo de investigación? [E]
3. ¿Quién ha estado haciendo estas investigaciones sobre el cerebro? ¿Qué ha concluido? [E]
4. Explique brevemente qué es lo que determina el sexo durante el período embrionario. [E]
5. ¿Qué es el área del dimorfismo sexual?
6. ¿Qué otros factores se deben considerar en la orientación sexual además de los factores hormonales?
7. ¿Cuáles son algunas de las principales diferencias entre los sexos que se citan en el artículo? [E]

Las preguntas en esta sección se pueden utilizar como tema para discusión en clase o como tema para un ensayo.

## Para escribir y comentar

1. En su diario, escriba sobre algunas diferencias generales que Ud. haya observado entre los hombres y las mujeres. ¿Son estas características las mismas en la cultura latina y la anglosajona? ¿Hasta qué punto se puede generalizar?
2. ¿Piensa que, así como se menciona en el artículo, verdaderamente hay diferencias entre el cerebro del hombre y el de la mujer? ¿Por qué? [E]
3. Si tiene hermanos y/o hermanas, pregúnteles a sus padres si ellos notaron algunas diferencias o semejanzas en el comportamiento de los dos sexos. Si tiene Ud. niños o niñas (sobrinos, primos, etc.), ¿qué ha notado en su comportamiento? ¿Ha notado algunas diferencias como las que se señalan en el artículo?
4. ¿Piensa que estudios como los que se han hecho acerca de las diferencias entre el cerebro femenino y el masculino son importantes para el bien de la humanidad? ¿Por qué? [E]
5. Hoy en día se han hecho estudios extensos que comprueban que hay marcadas diferencias entre el cerebro del hombre y el de la mujer. En el artículo "¿Existen diferencias entre el cerebro del hombre y el de la mujer?" se incluyen algunas conclusiones que se han alcanzado basándose en estos estudios. Escriba un ensayo en el cual dé su opinión acerca de estas conclusiones. [E]

# Estrategias de escritura

## La revisión del ensayo

Cuando escribimos un ensayo, es importante volver a leer lo que hemos escrito y revisarlo. Aunque la revisión puede ocurrir en cualquier etapa del proceso de la escritura, los cambios mayores normalmente ocurren una vez escrito el borrador. Aunque en muchos casos la revisión incluye la corrección de ortografía y de problemas gramaticales, es importante, además, leer el ensayo y ponerse en el lugar del lector. ¿Comprenderá el lector lo que quiero decir en mi ensayo? ¿He escrito mis ideas clara y concisamente?

Tomando esto en cuenta, revise su trabajo cuantas veces sea necesario para comunicar las ideas de la mejor manera posible. Cuando haga su revisión considere lo siguiente:

1. Cuando sea posible, deje que pasen unas cuantas horas o días antes de revisar su borrador. Así lo podrá leer y evaluar objetivamente y hacer los cambios necesarios.
2. Hágase las siguientes preguntas:
   a. ¿He incluido todos los aspectos necesarios sobre el tema limitado?
   b. ¿He presentado ideas originales e interesantes?
   c. ¿He incluido los detalles necesarios para apoyar la idea principal?
   d. ¿Contribuyen los detalles a hacer las ideas concisas e interesantes?
   e. ¿He presentado las ideas en un orden lógico?
   f. ¿Hay alguna idea innecesaria?
3. Revise el ensayo y decida si es adecuado para el lector.
4. Decida si el título es adecuado para el ensayo.

## Actividades

1. Escoja una de las actividades del capítulo que requiera escritura. Escriba un ensayo, siguiendo todos los pasos que se han presentado en capítulos anteriores. Cuando llegue a la revisión, considere todos los puntos que se sugieren en este capítulo.
2. Escoja un tema que le interese acerca del hombre o la mujer en la actualidad. Escriba un ensayo, siguiendo todos los pasos que se han presentado en estos capítulos.

# Lenguaje

## La acentuación

### Palabras que terminan en vocal, *n* o *s*

En los últimos dos capítulos se estudió la separación de las palabras en sílabas (el silabeo) y la identificación de la sílaba tónica de la palabra. Estos dos conceptos seguirán siendo sumamente importantes a lo largo de su estudio de la acentuación; y si aún tiene dificultad con ellos, debe seguir practicando con palabras que encuentre en las lecturas de éste y de otros capítulos.

En español existen varias reglas que rigen la colocación del acento ortográfico o escrito. Por ahora, basta con decir que las palabras que están de acuerdo con las primeras dos reglas **no** requieren el acento escrito.

Definiciones importantes:

**última sílaba:** la sílaba que se encuentra al final de la palabra

Ejemplos: *co-rrer* *mu-jer* *to-tal*

**penúltima sílaba:** la sílaba que se encuentra inmediatamente antes de la sílaba final

Ejemplos: *se-ño-ri-ta* *es-cue-la* *pa-si-llo*

Recuerde que el **acento tónico** es el **énfasis** o la **fuerza** que se le da a la palabra al pronunciarla; **no** se escribe.

**Regla N° 1:** Las palabras que terminan en vocal, **n** o **s** normalmente tienen el acento tónico en la penúltima sílaba.

Por ejemplo, las siguientes palabras de las lecturas de este capítulo están de acuerdo con esta regla. Para comprobarlo, pronuncie cada palabra, divídala en sílabas y subraye la sílaba tónica. (Recuerde que tendrá más éxito si las pronuncia en voz alta, exagerando la pronunciación.)

| | | | |
|---|---|---|---|
| esquina<br>es / qui / na | abogada<br>a / bo / ga / da | tranquilas<br>tran / qui / las | logran<br>lo / gran |
| amiga<br>a / mi / ga | costarle<br>cos / tar / le | jugadas<br>ju / ga / das | extraños<br>ex / tra / ños |
| tiempo<br>tiem / po | demuestran<br>de / mues / tran | comenzaron<br>co / men / za / ron | llegaron<br>lle / ga / ron |

Es importante notar sin embargo que no todas las palabras que terminan en vocal, **n** o **s** necesariamente llevan el acento tónico en la penúltima sílaba.

# Ejercicios

1. Busque en las lecturas de este capítulo diez palabras que terminen en vocal, **n** o **s** que no tengan acento ortográfico, tales como las que se presentaron anteriormente. Cópielas, divídalas en sílabas y subraye la sílaba tónica en cada una. Cada estudiante recitará en voz alta por lo menos cinco palabras y le explicará a la clase cómo las dividió y cuál es la sílaba tónica.

Puede usar las palabras que se presentan a continuación u otras que terminen en vocal, **n** o **s** sin acento ortográfico)
mis-mas
co-men-za-do
hor-mo-nas
co-mien-za
di-fe-ren-cias
du-ran-te
per-te-ne-cen
mas-cu-li-no
as-pec-to
e-le-va-dos
per-fec-cio-nis-mo
de-tie-nen
ca-li-fi-can
vuel-ve
pro-duz-ca

2. El profesor presentará en forma de dictado una lista de palabras; Ud. debe dividirlas en sílabas y subrayar la sílaba tónica.

## Palabras interrogativas y exclamativas

En español, las palabras interrogativas y exclamativas no se rigen por las reglas que tienen que ver con la terminación de la palabra. Las palabras interrogativas y exclamativas siempre llevan un acento ortográfico en la vocal fuerte de la sílaba tónica:

| Palabras interrogativas | Palabras exclamativas |
|---|---|
| ¿**Cómo** dijo que se llama el niño? | ¡**Cómo** batallamos con este ejemplo! |
| ¿**Cuál** es la diferencia entre el cerebro del hombre y la mujer? | |
| ¿**Cuáles** son las mujeres que se ganaron el premio? | |
| ¿**Cuándo** fueron Uds. a San Juan? | |
| ¿**Cuánto** me va a costar el viaje? | ¡Mira **cuánto** dinero me encontré! |
| ¿**Cuántos** niños tiene Ud. en su clase? | ¡**Cuántos** hombres murieron! |
| ¿**Por qué** no se entienden? | |
| ¿**Qué** dijo el señor? | ¡**Qué** rico está este café! |
| ¿**Quién** es el más inteligente? | ¡**Quién** supiera la respuesta! |
| ¿**Quiénes** son aquellos señores? | |

Es importante también recordar que aun cuando se trata de una pregunta **indirecta,** la palabra interrogativa se escribe con acento ortográfico, por ejemplo:

*Yo no sé **por qué** mi hijo no recibe buenas notas. (**¿Por qué** no recibe buenas notas mi hijo?)*

*Sabemos exactamente **cuánto** cuesta la pulsera. (**¿Cuánto** cuesta la pulsera?)*

*No supo **quién** encontró la cartera. (**¿Quién** encontró la cartera?)*

## Ejercicios

1. Repase las lecturas de este capítulo e identifique cinco oraciones que contengan palabras interrogativas (directas o indirectas) y palabras exclamativas. Copie las oraciones y subraye las palabras en cuestión. ¿Encontró algunas palabras que no se hayan identificado en esta sección? ¿Encontró algunas sin el acento ortográfico?
2. Analice lecturas de otras fuentes, por ejemplo revistas, anuncios comerciales, etc., y busque el uso de palabras interrogativas y exclamativas. ¿Llevan todas acento ortográfico? Si les falta, ¿cuál cree que es la razón? ¿Tiene aún sentido la oración?

## Los homónimos *a, ah* y *ha*

En español estas tres combinaciones de letras a veces se confunden porque se pronuncian todas igual. El uso individual de cada una, sin embargo, es distinto:

1. **A** es una preposición que tiene varios usos. En los ejemplos que se presentan a continuación, la palabra que sigue a esta preposición empieza con la letra **a** para mostrar que, aunque la preposición **a** se asimila a la siguiente **a,** y por lo tanto normalmente no se pronuncia en conversación, sí se tiene que escribir:
   a. *A Alicia le gusta comer hamburguesas.* (Algunos verbos comúnmente usan esta preposición: *encantar, faltar, ganar, gustar, parecer, pasar.*)
   b. *Le di el carro a Alfredo.* (Se usa **a** para indicar la persona que especifica el complemento indirecto, **le.)**
   c. *Vimos a Antonio en el club.* (La **a personal** se emplea cuando el complemento directo se refiere a una persona definida.)

d. *Me voy a alquilar un carro.* (Algunos verbos de movimiento requieren esta preposición al usarse con un infinitivo, por ejemplo: *ir a, llegar a, venir a, salir a, volver a, entrar a, llevar a.* Éstos se aprenden con el uso o de memoria.)

e. *Manolo está aprendiendo a administrar la finca.* (Otros verbos que no son necesariamente de movimiento también requieren esta preposición al usarse con un infinitivo, por ejemplo: *aprender a, empezar a, comenzar a, obligar a.* Éstos también se aprenden con el uso o de memoria.)

f. *Estaremos en casa a partir del sábado.* (La preposición **a** se usa con algunas expresiones idiomáticas, por ejemplo: *a no ser que.* Estas expresiones igualmente se aprenden con el uso o de memoria.)

2. **¡Ah!** es una exclamación que se usa para expresar sorpresa o emoción, como en inglés:

   *¡Ah, qué sorpresa que el hombre y la mujer son tan diferentes!*

   *¡Ah, qué bueno que llegaste temprano!*

3. **Ha** es la tercera persona del singular, tiempo presente de indicativo del verbo **haber; ha** se usa como verbo auxiliar con el participio para formar los tiempos compuestos. (El participio es la forma del verbo que termina en **-ado, -ido** en las formas regulares.) El verbo **haber** se estudia más detalladamente en el Capítulo 10.

   *Rolando todavía no ha alcanzado su meta.*

   *Lucrecia no ha comido nada en todo el santo día.*

   *Ese señor ha vivido en San Antonio por muchos años.*

   En el próximo ejemplo, note el uso de los tres homónimos dentro de la misma oración:

   *¡Ah, qué suerte que Ud. ya ha visto a los Ramírez!*

## Ejercicios

1. Busque en las lecturas de este capítulo oraciones que contengan uno o más de los homónimos **a, ah** y **ha.** En cada caso, indique de cuál de los homónimos se trata, según la información de este capítulo.
2. Escriba doce oraciones originales en las que se usen los homónimos presentados.

## El infinitivo

En inglés la palabra *to* es la parte inicial del infinitivo.

El infinitivo es la forma básica del verbo que expresa la acción de una manera indeterminada, sin especificar la persona, el número o el tiempo.

El infinitivo lleva siempre la terminación **-ar, -er** o **-ir.** Teóricamente, el término **infinitivo** implica que esta forma encierra o puede generar una infinidad de formas adicionales. Aunque el número de formas verbales en español a veces parezca no tener fin, en realidad no es así. Pero sí es verdad que el número de formas verbales en español es mucho mayor que en inglés. En esta sección se presentan algunas de las funciones principales del infinitivo en español, contrastándolas con el inglés:

| Español | Inglés | Función |
|---|---|---|
| Espero terminar pronto | *I hope to finish soon.* | Complemento del verbo principal |
| Quiero saber la verdad. | *I want to know the truth.* | Complemento del verbo principal |
| Desea vivir en San Juan. | *She wants to live in San Juan.* | Complemento del verbo principal |
| No se permite fumar.<br>(El) Fumar no se permite. | *Smoking is not allowed.* | Sujeto de la oración |
| (El) Escribir bien es un arte. | *Writing well is an art.* | Sujeto de la oración |
| Querer es poder. | *Wanting (something) is being able (to do it).* | Sujeto de la oración **(Querer)** y predicado nominal **(poder)** |
| Le gusta correr. | *He likes to run.* | Sujeto de la oración. (español) |
| | *He likes running.* | Complemento del verbo principal (inglés) |
| Dejó de llorar. | *He stopped crying.* | Después de una preposición en español |

En español existe una clase de verbos que requieren una preposición al usarse con otro verbo. El segundo verbo, a su vez, tiene que ser infinitivo. Este concepto se presenta con más detalle en el Capítulo 6.

El gerundio en español equivale al inglés *-ing* y termina en **-ando** o **-iendo** (a veces **-yendo),** como en los siguientes ejemplos:

*Estamos trabajando mucho.*

*Se enfermó, porque siempre anda comiendo lo que no debe.*

*No lo molestes. Está escribiendo su informe.*

A pesar de que el gerundio existe en español, su uso es mucho más limitado que en inglés. El usarlo en los ejemplos siguientes constituiría un error:

**Fumando no se permite.*

**Escribiendo bien es un arte.*

**Queriendo es pudiendo.*

**Le gusta corriendo.*

**Dejó de llorando.*

## Ejercicios

1. En las lecturas de este capítulo, busque tres ejemplos del infinitivo para cada una de las funciones presentadas. Copie cada oración o frase en que se encuentran y después tradúzcala al inglés, para determinar si en inglés se usaría el infinitivo o la forma *-ing*.
2. En las mismas lecturas, identifique otros usos del infinitivo que no correspondan a las funciones presentadas anteriormente. ¿Podría explicar su uso? ¿Es igual que en inglés?

La sección de **Evaluación** para este capítulo aparece en la página xxxv.

IBM
ONE WILSHIR

# Capítulo 5
# La sociedad actual

## Objetivos

En este capítulo, usted:

### Contenido

- Identificará y explicará el concepto de "sociedad", dando ejemplos de las lecturas.
- Identificará por lo menos tres características positivas de la sociedad actual y explicará las razones de su existencia.
- Identificará por lo menos tres problemas de la sociedad actual y explicará las razones de su existencia.
- Propondrá soluciones para eliminar o mejorar los problemas identificados.

### Cultura

- Comparará elementos que conoce acerca de la sociedad hispana con elementos similares de la anglosajona.
- Comparará los valores que se manifiestan entre hispanos de distintas regiones.
- Discutirá algún elemento cultural que surge por diferencias de edad (padres vs. hijos, por ejemplo) y por clases socioeconómicas.
- Examinará y comparará la cultura de dos clases sociales, por ejemplo, la clase media y la de un grupo marginado.

### Lenguaje

- Continuará con el estudio de la acentuación: palabras que terminan en consonante excepto **n** o **s**; el acento diacrítico.
- Estudiará casos especiales con respecto al género del sustantivo.
- Obtendrá información formal sobre la formación y uso de los tiempos pasados.

## Funciones lingüísticas del capítulo

- Identificar algunos de los problemas actuales con que se enfrenta la sociedad.
- Analizar y comparar el comportamiento y los valores de varios grupos sociales.
- Proponer soluciones para los problemas sociales presentados en este capítulo.

# Para empezar

El video *Pueblos indígenas* presenta contrastes entre la sociedad moderna y varias comunidades precolombinas.

¿Qué es la sociedad? Hay quienes piensan que el término se refiere sólo a la gente rica que se la pasa en el club campestre, en fiestas y en viajes. Otros opinan que el término significa un grupo de personas que se reúne con un fin específico, por ejemplo, La Sociedad Cinematográfica de Nueva York. En parte tienen razón, porque hoy en día sólo hay que ver el periódico para ponerse al corriente de los últimos acontecimientos de la clase alta en la sección titulada "la sociedad", o para ver dónde y cuándo tendrá lugar la siguiente reunión de alguna sociedad. Sin embargo, el término representa algo mucho más amplio. El diccionario español *El pequeño Larousse ilustrado* define "sociedad" como "Estado de los hombres o de los animales que viven sometidos a leyes comunes; cuerpo social".

La sociedad consiste en un calidoscopio de elementos, de gentes, grupos étnicos, religiones, idiomas, creencias y valores. Aún a pesar de la enorme diversidad de los hispanos en los Estados Unidos, somos una sociedad que, por difícil que parezca a veces, tenemos más semejanzas que diferencias. En este capítulo vamos a ver distintos aspectos de la sociedad hispana en la actualidad, algunos buenos de los que todos podemos enorgullecernos, y otros que representan elementos negativos o penosos de la realidad en que vivimos.

Posibilidades: la ropa, el aspecto físico, la sonrisa, la manera de hablar y el modo de caminar. Opinión de los estudiantes

**Las primeras impresiones.** ¿Cómo se evalúa a una persona en nuestra sociedad? Cuando Ud. conoce a una persona por primera vez, ¿en qué se fija? ¿Cómo determina si quiere conocer a esa persona mejor? En grupos de cuatro estudiantes, enumeren cinco factores que se utilizan en nuestra sociedad para evaluar a una persona a primera vista. Comparen sus resultados con los del resto de la clase. ¿Qué piensan de estos factores? ¿Es justo el evaluar a una persona a base de la primera impresión que cause? ¿Por qué? ¿Qué nos indica esto de la sociedad en que vivimos?

**Los valores.** Cada sociedad impone ciertos valores. ¿Cuáles son algunos de los valores de la sociedad en que Ud. vive? En grupos de cuatro estudiantes, hagan una lista de algunos de los valores principales que siguen Uds. como miembros de la sociedad. Enumeren cinco valores y determinen cómo se manifiestan en la cultura hispana y en la anglosajona. Además, comenten si creen que la manifestación en la cultura hispana está cambiando y por qué. Comparen sus respuestas con las del resto de la clase. Usen el formato que se presenta a continuación.

| Valor | Cultura hispana | Cultura anglosajona | Cambios en la cultura hispana | Razones |
|---|---|---|---|---|
| Respeto a los mayores | Se cuida a los ancianos en casa | Viven solos o en asilos | Se mandan a asilos de ancianos | Todos los parientes trabajan y no hay nadie que los cuide en casa |
| | | | | |

# Estrategias de lectura

## La discriminación entre hechos y opiniones

Por lo general, en la lectura se exponen hechos basados en la realidad, así como opiniones que indican lo que piensa el autor acerca del tema. Los hechos se pueden comprobar si se obtiene información adicional, pero las opiniones expresan una forma de pensar y, como tales, no se pueden comprobar. Por ejemplo, las páginas editoriales de los periódicos y revistas exponen las opiniones del editor o del público, pero los artículos de noticias del día se basan en hechos verídicos. Es importante desarrollar la habilidad de separar los hechos de las opiniones para poder entender plenamente el contenido de una lectura.

## Actividades

1. Haga una lectura rápida de los primeros dos o tres párrafos de los artículos "Las últimas noticias de Jorge Ramos y María Elena Salinas" y "La felicidad existe". Decida, basándose en esta lectura, si la información que se presenta consiste en hechos u opiniones. ¿Hay ciertas palabras que le ayudaron a hacer la distinción? ¿Cuáles son?
2. Después de haber leído todos los artículos, haga una lista para cada uno de tres o más oraciones que representen hechos y otras tres que representen opiniones. Diga qué palabras le ayudaron a decidir.

# 1 Las últimas noticias de Jorge Ramos y María Elena Salinas

## Prelectura

La clase debe comentar todo lo relacionado con el término "noticias", mientras que Ud. escribe en el pizarrón, en forma de racimo, las ideas expuestas.

El sector de la telecomunicación en EE.UU. demuestra patentemente la enorme población latina que reside aquí. Las difusoras de radio y televisión ocupan un lugar importantísimo a nivel local y nacional, lo cual contribuye a la unión cultural y lingüística que existe entre los diversos grupos latinos de este país con el resto del mundo de habla española. La telecomunicación nos permite gozar de telenovelas, deportes, variedades y de las últimas noticias locales, nacionales e internacionales. En el mundo de la telecomunicación en español ha surgido un elenco de personalidades cuyas caras y voces entran en nuestro hogar y demuestran la importancia, cada día mayor, del latino en EE.UU.

## *Las últimas noticias de Jorge Ramos y María Elena Salinas*

Era una fiesta. Las imágenes llegaron por satélite: más de ciento cincuenta puertorriqueños estaban bailando con veinticinco puertorriqueñas. Cantaban canciones de Luis Aguilé. Celebraban el Año Nuevo bebiendo solamente agua y Pepsi-Cola. No se les veía el miedo. Hombres y mujeres tenían las ametralladoras colgando de sus hombros. Las imágenes eran noticia. Esos puertorriqueños que bailaban eran soldados de la Unidad 276 del ejército norteamericano que estaban en alerta permanente durante la Guerra del Golfo Pérsico.

Las imágenes las tomó el camarógrafo y productor de la cadena Univisión, Gilberto Hume. En esa guerra, la que ha movilizado más hombres, técnica y terror en los últimos 40 años, los periodistas de la televisión en español de EE.UU. estaban, hombro con hombro, hombre a hombre, con las grandes cadenas de televisión del mundo. Más de 260 soldados mexicanos, puertorriqueños, colombianos y de otros países latinoamericanos pudieron enviar a través de la televisión saludos a sus familiares desde donde se encontraban destacados.

De esta forma, los hispanos de EE.UU. y los latinoamericanos que ven el noticiero vía satélite entendieron que en esa guerra había mucha sangre hispana en peligro. Que en las trincheras, en los tanques y bombarderos se estaba hablando español, y bastante.

Cuando la productora Marilyn Strauss y el presentador Jorge Ramos iban a viajar al Golfo, recibieron una llamada de los reporteros Ricardo Brown y Guillermo Descalzi, quienes ya llevaban varias semanas en las tensas arenas sauditas, solicitando uniformes de soldados americanos para burlar los controles de seguridad y entrar en Kuwait, todavía en poder de las tropas de Hussein. Marilyn fue al centro de Miami a una tienda que vende prendas militares usadas y compró varios uniformes, los mismos con que dos días después Guillermo Descalzi y su camarógrafo, disfrazados, burlaban a los retenes americanos y sauditas para entrar a Kuwait y poder mostrar a los hispanos lo que ahí estaba pasando.

Univisión entró a Kuwait al mismo tiempo que CBS; todavía se veían las nubes de polvo que levantaban las tropas iraquíes en su estampida. Esa misma noche, Jorge Ramos y María Elena Salinas hablaban en vivo vía satélite. Él en Kuwait y ella en Miami, donde todo el equipo del noticiero trabajó turnos extras para ofrecer sin interrupción la Guerra del Golfo, una guerra cuyo cubrimiento informativo costó sólo $600.000, una ganga comparado con los $55 millones que gastaron algunas cadenas norteamericanas.

Dada esta desproporción de recursos económicos, ¿cómo compite un noticiero en español con los grandes noticieros nacionales en inglés? El Vicepresidente y Director de Noticias de la Cadena Univisión, Guillermo Martínez, utiliza una estrategia especial para lograrlo. "Nuestra calidad de producción es similar a la de los americanos. Pero el orden y las noticias son muy diferentes. Ellos son más primera página. Nosotros somos un periódico completo. La noticia local que para ellos es importante no tiene que serlo para nosotros. Nos preocupa más la inmigración, educación, religión y pobreza en Estados Unidos, es decir, lo que afecta directamente a los hispanos".

Martínez explica que, para su organización, la noticia de México, Puerto Rico o Colombia es como si fuera local, porque le interesa a su audiencia. Por ejemplo, en la reunión de los presidentes de América Latina en Guadalajara, Univisión, después de la prensa mexicana, era la organización noticiosa que tenía más enviados especiales.

Ninguna de las cadenas americanas estaba en Guadalajara; les preocupaba más la reunión de los "7 grandes" en Londres. "Guadalajara no les interesaba para nada", observa Martínez, "pero nosotros también estábamos en Londres". Y así, cada día, más y más personas que hablan español prefieren las noticias que presentan María Elena Salinas y Jorge Ramos en lugar de las que ofrecen figuras de la talla de Dan Rather, Peter Jennings o Tom Brokaw, los presentadores de los grandes noticieros nacionales en inglés.

Los hispanos que ven a María Elena Salinas y Jorge Ramos todos los días a las 6:30 y a las 11 de la noche apenas saben de sus vidas. En sus casas, sentados en la silla que pocas veces ellos utilizan, la del entrevistado, son diferentes.

Aunque le han dicho que no contara esto porque no iba bien con su imagen, María Elena Salinas no quiere cambiar la historia de su vida. Editarla. Descafeinarla. "Cuando tenía 14 años, en Los Ángeles, comencé a trabajar en un taller de modistas con mi madre. Yo cortaba con una tijera los hilitos que le sobraban a la ropa", María Elena hace una tijera con sus dedos largos y expresivos.

"A los 15 trabajé en un restaurante. A los 17 trabajé en el cine, vendía palomitas de maíz y después me ascendieron y fui taquillera. Y estaba feliz con ese ascenso. Ayudaba en mi casa y ahorré para comprarle el carro a mi hermana. Y después trabajé en una distribuidora de películas mexicanas y cuando tenía 21 años trabajé en el negocio de la moda, tomaba órdenes, despachaba pedidos, servía hasta de modelo para probar los trajes. De pronto me metí en el negocio de una academia de belleza donde enseñábamos a las muchachas la superación personal, la forma de expresarse, de arreglarse, de caminar, de maquillarse y peinarse."

Entonces se casó. Él era locutor de radio y ella terminó trabajando como locutora en Los Ángeles. María Elena leía noticias y ponía música. "Descubrí que el periodismo me emocionaba, que me gustaba comunicarme con la gente. Y decidí ser periodista. Ser realmente una buena periodista".

Hoy María Elena Salinas es fácilmente la periodista hispana más conocida en EE.UU. El éxito le ha dado algunas recompensas. Vive en una casa de paredes muy altas en el barrio Coconut Grove de Miami. En el garaje hay un Mercedes blanco último modelo.

Pero vive sola, absolutamente sola. Está divorciada hace 10 años, los mismos que lleva casada con la televisión. Cuando llega a su casa la recibe Pepe, un perrito escandaloso. "Bueno, se llama José Luis, pero yo le digo Pepe".

La primera oportunidad en televisión fue en el programa *Los Ángeles Ahora* del canal 34. Simultáneamente estudió periodismo en curso de extensión en la Universidad U.C.L.A. y así aprendió toda esa teoría que ya había descubierto antes en la práctica.

Tenía que probarse, y salió a la calle a hacer reportajes. Lo aprendió, y rápido. La nombraron presentadora del noticiero de la noche y trabajaba al lado del periodista y presentador Jessi Losada.

En enero del 87, cuando entró Guillermo Martínez como director del noticiero, lo primero que hizo, en contra de todas las críticas, fue poner juntos, y en el mismo escritorio, a María Elena Salinas y Jorge Ramos para que presentaran el noticiero desde Los Ángeles. Pronto descubrieron que la química de la pareja realmente funcionaba.

Quienes conocen a "La Salinas" (como la llaman sus amigos) siempre coinciden en un adjetivo para describirla: profesional. Ese profesionalismo le da un manejo especial de la noticia. La gente le cree. Ella habla a los ojos del televidente. Lo seduce y lo convence mientras juega con un lapicero entre sus dedos, que siempre tienen los mismos ocho anillos de oro blanco, uno de ellos con piedra ónix, en el mismo dedo de la sortija de diamantes. "El de brillantes es del matrimonio, y el negro, el del divorcio", especifica de pronto mientras suelta una carcajada.

Viéndola a primera vista uno cree que está frente a una mujer completamente feliz y realizada. Bonita, con dinero, profesional y famosa. Pero le falta lo más importante. Cambiaría casi todo por... Quiere un hijo.

Pocos, muy pocos hispanos en EE.UU. no reconocen el rostro y la voz de Jorge Ramos. Entre ellos, Jorge Ramos. En televisión él ve a una persona distinta que en su espejo. Más canas a pesar de sus 33 años y un rostro severo. Y cuando se oye, le parece oír la voz de su hermano Alejandro, no la suya.

Jorge Ramos odia la corbata. No tiene contestador automático, ni un televisor en la alcoba. Le apenan los autógrafos y que lo señalen en la calle. Jorge Ramos no maneja un Mercedes Benz, ni un Porsche o un BMW; desde hace cinco años maneja el mismo Volkswagen. No tiene nada del equipo básico de los famosos. Es fácil encontrárselo solo en un cine. Siente la silla de maquillaje como un potro de tortura. Las maquilladoras le llaman "don poquito" porque él sólo dice "poquito, poquito" mientras le untan los menjunjes[1].

Cuando está en el sitio de los hechos se siente mejor que bajo las luces del estudio de televisión. Más que un presentador de noticias, él es un reportero.

Jorge escribe casi todo lo que lee en el noticiero y lo hace con una casi maniática búsqueda de la sencillez del lenguaje, pescando la palabra más precisa y fácil para hilvanar las frases. "Me imagino que le estoy contando por primera vez a alguien algo que ha sucedido", dice Ramos.

Como las noticias nunca avisan, él siempre lleva el pasaporte consigo. Pero en general sus días tienen algo de rutina. Los vecinos del elegante sector del Coral Gables ya se acostumbraron a verlo trotar todas las mañanas. Desde que era un muchacho y vivía en México anda metido en el deporte. Estuvo en la selección mexicana de atletismo y participaba en carreras de velocidad en 400 metros y salto de altura. Una lesión en la espalda le obligó a dejar el atletismo y ahora sólo juega fútbol y trata de calmar una incontrolable fiebre por el tenis.

Jorge comenzó a trabajar como periodista en Televisa en México. Una vez le censuraron un trabajo de carácter social y renunció. Decidió viajar a Los Ángeles en busca del sueño americano. Llegó a esa ciudad con una maleta, el dinero de sus ahorros y la venta de su carro y la misma guitarra que lleva a todas partes. Estudió en U.C.L.A. hasta que entró a trabajar en el canal 34 de Los Ángeles. Estuvo en el programa *Mundo Latino de Miami,* después regresó a Los Ángeles y ahora está por tercera vez en Miami.

En las pasadas vacaciones se reunió con sus amigos más antiguos, con los que soñaba del futuro. Todos habían escrito hace 10 años lo que creían que iban a ser en sus vidas, guardaron esas premoniciones en sobres cerrados y esa noche entre dos vinos las abrieron. Jorge Ramos no se acordaba bien de lo que había escrito: "Hay hombres que luchan un día y logran cambios; hay hombres que luchan años y son muy valiosos; pero hay hombres que luchan una vida y son indispensables. Espero poder ser de los últimos". Sus millones de admiradores seguro que piensan que no estaba equivocado en absoluto. ■

1. cosméticos

1. Participaron México, Puerto Rico, Colombia y otros países hispanos. Se transmitieron escenas de los latinos. / 2. Disfrazados con uniformes militares, él y su camarógrafo entraron en Kuwait y mostraron los acontencimientos. / 3. Las cadenas norteamericanas "son más primera página"; Univisión enfoca lo hispano. / 4. Trabajó en un taller de modistas, en un restaurante y en un cine, en una distribuidora de películas y de locutora. Opinión del estudiante. / 5. Trabajó de periodista. Estudió en U.C.L.A. Estuvo en un programa de televisión en Miami y viajó entre Miami y Los Ángeles. / 6. Tienen que estar al día sobre los acontecimientos mundiales. Son famosos, gozan de respeto y ganan mucho dinero. / 7. Opinión de los estudiantes. / 8. Ella parece satisfecha materialmente, pero dice que quiere un hijo. / 9. María Elena tiene casa y carro lujosos, y viste bien. Jorge Ramos lleva una vida personal más sencilla, sin carro lujoso; va al cine. / En el artículo se describe mejor la personalidad de María Elena. Las demás respuestas van a variar.

## Después de leer

1. Al principio del artículo se habla un poco de la participación de los hispanos en la Guerra del Golfo Pérsico. Describa brevemente esta participación.
2. Describa el plan de Guillermo Descalzi para entrar en Kuwait.
3. De los cubrimientos informativos realizados en español y en inglés: ¿Cuál costó más? ¿Cómo explica la disparidad el Vicepresidente de Univisión, Guillermo Martínez?
4. ¿Cuáles son los antecedentes de María Elena? Es decir, cuente un poco de su vida. ¿Cree Ud. que sus experiencias la prepararon para ejercer su carrera? ¿Cómo?
5. ¿Cómo se preparó Jorge Ramos para su carrera?
6. ¿Cuáles son algunas de las exigencias, responsabilidades, beneficios y recompensas de la carrera de María Elena Salinas y Jorge Ramos? [E]
7. ¿Piensa Ud. que el tipo de carrera que tienen ambos periodistas es incompatible con el matrimonio? ¿Por qué?
8. ¿Piensa que María Elena está satisfecha con su vida? ¿Por qué? Mencione lo que se dice en el artículo.
9. Describa la personalidad de María Elena Salinas y la de Jorge Ramos. ¿Cuál de los dos personajes se describe mejor en el artículo? Dé dos o tres rasgos de cada uno. ¿Por qué piensa que se hicieron las descripciones de esta manera?

## Para escribir y comentar

1. En su diario, escriba cuál piensa Ud. que es el papel o la importancia de la televisión en su vida cotidiana. Incluya, por ejemplo, el número promedio de horas por semana que se pasa viendo la televisión y el tipo de programación que prefiere.
2. Escoja un programa específico de televisión o de radio y presente a la clase un resumen de lo acontecido o lo reportado en el mismo.
3. La televisión constituye un elemento fundamental de la sociedad hoy en día. Piense en qué forma cambiaría nuestra vida sin la televisión. Para que le sea más fácil, hable con alguien de cierta edad que le pueda contar lo que hacía para entretenerse e informarse antes de que existiera la televisión. También puede indagar cómo se enteraban de las últimas noticias nacionales e internacionales y cuánto tiempo tardaban las noticias en llegarle a uno. Comparta lo que encuentre con el resto de la clase.

4. Durante una semana observe los noticieros nacionales en español y en inglés y compárelos, indicando:
   - El tipo de noticias que se presentan en cada uno
   - El tiempo que se le dedica a cada noticia
   - El tiempo dedicado al programa entero
   - Semejanzas y diferencias en la manera en que se expresan los locutores
   - Sexo de los locutores y las modas preferidas

   Formen Ud. y algunos de sus compañeros un panel en el que expongan y comenten lo que observaron.
5. Si es posible, entreviste a un locutor local para averiguar cómo comenzó su carrera y cuál fue su motivación principal; cuáles son las ventajas y desventajas de su profesión; y qué consejos le daría a alguien que quiera entrar en la profesión. Escriba un corto reportaje sobre lo que aprendió.
6. Escriba un corto reportaje sobre algún acontecimiento reciente a nivel local, estatal o nacional, en el que indica la información típica de un corresponsal: ¿Qué? ¿Quién? ¿Dónde? ¿Por qué? ¿Cómo? ¿Cuándo? Léalo a la clase y obtenga las reacciones de sus compañeros.
7. En grupos de cuatro, hablen acerca de las cualidades que deben tener los locutores. Enumeren una cualidad para cada categoría del esquema que sigue. Comparen sus resultados con los de los demás grupos. A continuación, se presentan algunos ejemplos.

| **Preparación formal** | **Experiencias personales** | **Experiencias profesionales** | **Personalidad** | **Habilidad comunicativa y expresiva** |
|---|---|---|---|---|
| • educación universitaria con especialización en periodismo | • haber viajado mucho | • haber trabajado en una estación de televisión | • amable, buena gente | • que se exprese bien en forma oral y escrita |

# 2 Creer en utopías: La felicidad existe

## Prelectura

Los términos **psíquicas, psicológicas** y todas las palabras relacionadas, también se pueden escribir sin la letra **p**.

¿En qué consiste la felicidad? ¿Es usted feliz? En este artículo vamos a ver lo que afirma un siquiatra al respecto, a base de extensos estudios y análisis que ha realizado y que comparte con el lector. Parece ser que hoy en día las exigencias y presiones de la vida moderna nos agobian y nos trastornan a tal punto que la depresión es una aflicción muy común. ¿A qué se debe este mal que tanto nos aflige a todos? ¿Cómo podemos combatirlo? Hay quienes señalan bases psíquicas y también biológicas para la felicidad y para la condición contraria: la depresión. También hay quienes piensan que al alcanzar ciertas metas en la vida, serán totalmente felices, y se dan cuenta que al lograrlas, se sienten vacíos y desgraciados. La infelicidad no afecta sólo a los pobres, ya que es precisamente en el sector que dispone de medios donde vemos la desdicha a niveles alarmantes.

## *Creer en utopías: La felicidad existe*

"Utopía es el vestido que se pone la esperanza para salir a enfrentar cada día", dijo Joan Manuel Serrat e interpretó y sobrecogió a quienes lo escuchaban, porque es probable que hace unas dos o tres décadas, los días y la vida se vivían y no se enfrentaban. Hoy sacamos fuerzas de quién sabe dónde, para llegar a la noche con el sentimiento de misión cumplida y dormir con la esperanza de que la mañana siguiente sea más leve, cosa que raramente ocurre.

Haber perdido las utopías, no saber dónde posar la esperanza, hace que los mortales vivamos harto mal. Nos pasamos de tristeza en tristeza y de placer en placer, lejos del equilibrio que significa la felicidad y cerca, peligrosamente cerca, de ese estado sombrío que se llama depresión. Nos llega en algunos casos con el estrés, cansancio máximo que la vida contemporánea hace que nos afecte donde más se note: en la vida pública, en lo profesional, en lo que nos exigimos porque creemos que nos da estatus y felicidad. Nos ponemos metas inalcanzables, compramos más de lo que podemos pagar, los niños no cumplen nuestras expectativas en el colegio y hay que seguir para adelante; ser más, ganar más, no darse nunca por vencido. Y no puede descansar la persona, porque ahí, a su lado, está la competencia con cara sonriente, para ocupar su lugar.

"Si pensamos en el mecanismo del estrés", dice el doctor Mario Seguel, Director del Departamento de Siquiatría de la Universidad Católica, "la vida contemporánea está sujeta a mayor cantidad de sobrecarga y exigencias. Lo que se ha facilitado, desde algunos puntos de vista, como puede ser el lavado de ropa, que antes agobiaba, ahora se ha sobrecargado de otras exigencias."

Cuenta un "exitoso" abogado, que ya no puede más. Le va estupendo en su profesión, tiene responsabilidades en la Corte, es profesor universitario, gana dinero como para tener una hermosa casa con piscina y tres automóviles. Uno para él, otro para su mujer, otro para los adolescentes. Tiene, económicamente, su vida asegurada y verdaderamente se olvidó de lo que era disfrutar.

**Búsqueda errónea**

Sus manos tiemblan, fuma demasiado y bebe regularmente todas las noches.

"Al principio, cuando nos casamos, decidimos que como estábamos jóvenes, había que construirse un futuro. Muy rápidamente dimos la citroneta[1] (que estaba llena de recuerdos de sus amores y correrías) en parte de pago para un Fiat; era más auto. Con lo poco ahorrado, pusimos en pie la casa. Durante mucho tiempo, el auto estuvo varios fines de semana sin uso: no había plata para la bencina[2]. La casa, la gozábamos. Hicimos un jardín, la adornamos, pero cuando eso se acabó, no sabíamos qué hacer. Jugar bridge está bien, pero no para todos los fines de semana, ir al cine era un gasto que lo hacíamos después de pensarlo dos veces. Empezaron a nacer los niños (tiene cuatro) y todo pasó a castaño oscuro. Las enfermedades, la ropa, el jardín y luego el colegio. En cada etapa, aspirando a que la próxima fuera descansada. Pero no fue así y llegamos al colmo de no poder salir los domingos de la casa: sale la empleada y pueden entrar a robar. No le diré las veces que nos han robado la radio desde dentro del garage de la casa, claro, como ven tres autos... Ahora, ya no sé qué esperar. Estaba lleno de mis ilusiones para mis hijos; ellos, ya grandes, no han cumplido ni una de ellas. Y

1. carro francés

2. gasolina

para eso me sacrifiqué tanto. Me aburro con mi mujer, me complico si tengo amante y estoy tan, tan cansado que los domingos prefiero dormir."

Él, buscando la felicidad, está a punto de la depresión o de otras enfermedades parientes cercanas: estrés, alcoholismo, neurosis, obsesiones.

La depresión, dice el siquiatra Seguel, es la alteración del ánimo en términos profundos de estructura interna. Es un estado de aplanamiento, es la incapacidad de sentir. Hay depresiones con tristeza y otras en las que no se siente absolutamente nada.

Seguel fue recientemente a un Congreso de Siquiatría en EE.UU., donde se vieron nuevos enfoques para estas enfermedades y sus causas; pero sí hay algo claro desde hace algunos años: existen medicamentos, sin consecuencias secundarias demasiado desagradables, que sacan al paciente rápido del estado cercano a querer morir.

## La cara opuesta

A la depresión, que es un estado de quiebre tan profundo que compromete lo orgánico y lo emocional, se le opone la felicidad, que es un estado armónico. En España, el catedrático José M. Delgado, director del Centro de Estudios Neurobiológicos y jefe de investigación de LBE Pharma de Madrid, publicó hace poco tiempo un libro que acumula ediciones: *La felicidad, dónde se siente y cómo se alcanza. Cómo cultivar y aumentar la felicidad personal.* Lejos de ser un *best seller* fácil de digerir y con recetario difícil de realizar, estudia científicamente lo que es ese sentimiento, y ayuda a poner al alcance de la voluntad lo que hoy parece una utopía: ser feliz.

La búsqueda de la felicidad, que tantas veces nos lleva a la angustia y la depresión, tiene una de las prioridades más elevadas en nuestras actividades y pensamientos, aunque la vida moderna que nos lleva al culto de la violencia y al sufrimiento, es posible que engendre seres humanos más orientados hacia la desgracia que hacia la felicidad. "¿Será posible modificar el sentido trágico de la vida actual?", se pregunta.

Mario Seguel hace resaltar algo que, enfocado desde la felicidad, trae esperanzas para la educación.

"No sabemos por qué, pero experiencias a edad temprana pueden señalar un camino de mayor vulnerabilidad. Hay emociones que, aún dentro del útero, marcan como una huella digital el cerebro del feto."

Y relata las recientes experiencias con ratones. A los recién nacidos se los trata de manera diferente. A unos se los echa al agua fría y a otros no. Luego que tienen más edad, los que no fueron sometidos a este tratamiento, no les gusta el agua, pero no tiene mayor efecto en ellos, sin embargo los que repiten las experiencias, se desquician. Esto, unido a las experiencias con monos que apartan de la madre y dejan sin relaciones de ternura, más los experimentos realizados en relación al feto, hace que se pueda asegurar que los niños, antes de nacer, perciben ruidos agradables o desagradables, son vulnerables a las emociones de sus padres y pueden ser educados, para una programación positiva.

Además de las primeras experiencias, dice Seguel, el tipo de personalidad, las cosas que van ocurriendo a lo largo de la vida, probablemente lo genético, van marcando una vulnerabilidad hacía lo depresivo o las otras enfermedades que están en el área: anorexia, alcoholismo, obsesiones, neurosis, trastornos de pánico.

"Hay muchas personas que opinan que la vida moderna hace que seamos más depresivos."

"Obviamente, por el modo en que ahora se hace el diagnóstico, dice el siquiatra, es más objetivo y claro que lo que se hacía antes. Hace unos 30 ó 40 años, estas enfermedades estaban relacionadas con lo sicótico. Se hablaba de sicosis maníaco depresiva para lo que ahora se llama trastorno bipolar, que es una forma de depresión y esto no sólo implica cambio de nombres, ya que tenían que ser muy graves para ser diagnosticadas como tal. Hoy por hoy, se ha visto que hay formas relativamente benignas y más frecuentes. En la medida que la medicina progresa se ha podido demostrar que una serie de enfermedades cardiovasculares o digestivas que nunca se lograban confirmar correspondían a una depresión. Ha cambiado la rigurosidad del diagnóstico y también la medicina alcanza a un mayor número de personas. No sabemos si ha aumentado la cantidad de depresivos; lo que sí podemos demostrar es que aumentan los suicidios."

**Urgente, felicidad**

"¿Cómo aprender a ser más felices?", se pregunta José M. Delgado y agrega: "afortunadamente existen conocimientos neurofisiológicos y psicológicos que permiten el estudio experimental de los mecanismos cerebrales relacionados con las funciones mentales, incluyendo el placer y la felicidad."

"La felicidad puede considerarse como un estado mental que proporciona sensaciones placenteras y que modula de manera agradable y positiva la recepción e interpretación de los impulsos recibidos del medio ambiente, del almacenaje de la memoria, o de los propios receptores corporales."

Suena a bastante científico o difícil, pero es esperanzador que la ciencia se preocupe de ella, para ayudar a tenerla, así como ya ayudan a eliminar la depresión.

Delgado busca lo que es felicidad para distintos científicos y pensadores. Para conseguirla, se establece que es importante "la relación continuada con personas que sean importantes en la vida individual, lo que en parte aumenta la propia responsabilidad; también la posesión de tiempo para dedicarlo a la familia, a los amigos o a lo que uno quiera, evitando la esclavitud de que otras actividades ordenen nuestro propio tiempo; hay que procurar realizar tareas complicadas ya que del mismo modo que el ejercicio desarrolla los músculos, las actividades difíciles fortalecen el espíritu; no hay que temer a los sentimientos y a las emociones. No hay que huir del dolor cuando éste sea necesario para vivir y sentir. No hay que rechazar el amor, aunque a veces nos haga sufrir; la obra personal debe procurar dejar un impacto en otras personas y en la sociedad, para gozar así la sensación de ser útiles a la comunidad; hay que interesarse por lo que ocurre en el mundo, lo bueno y lo malo, y tratar de vivir en armonía con la realidad. Hay que soportar tragedias y adversidades sin caer en la depresión ni la incomprensión; no hay que aceptar la destrucción psicológica del fracaso, sino luchar para vencerlo y superarlo; el egocentrismo, el egoísmo, es uno de los mayores obstáculos de la felicidad. La felicidad es inseparable de la libertad e incluso de la ociosidad. Encerrarse dentro de uno mismo, creyendo que así se tiene más satisfacciones y placeres es erróneo y antibiológico. Para que el cerebro funcione normalmente se requiere un continuo aporte sensorial exterior.

### Alerta y esperanza

Encerrarse en uno mismo. Sucede en la depresión. Sensación de que la vida no tiene sentido. Nada interesa; nada nos alimenta, se siente profundo dolor, ganas de morir o no se siente nada. Puede suceder cualquier tremendo acontecimiento y nada. Es como no estar, sabiendo dolorosamente que sí se está.

**—¿Cuándo hay que ponerse alerta ante la depresión, doctor Seguel?**

—Hay un patrón de conducta que tiene que ver con el de la gente que se deprime con mayor frecuencia: una persona muy responsable, muy estricta, muy rígida consigo misma, con alto nivel de aspiraciones, por lo tanto expuesta a insatisfacciones. No se da tiempo para actividades de goce o de carácter recreativo, de alguna manera genera pobres equilibrios entre el disfrutar y lo que implica el esfuerzo. Se somete a extensos períodos de trabajo, horarios muy largos, sin posibilidades de descanso, deteriora por eso su relación familiar e interpersonal.

"Hay que consultar cuando ha habido un cambio importante en la calidad de vida, cuando hay dificultad para iniciar el día o la actividad."

A esa descripción que él tan bien conoce por su trabajo profesional, se une la esperanza de Leo Buscaglia, educador. "Es necesario querer muchas cosas apasionadamente, los genios que se concentran en un solo tema suelen ser desgraciados. Hay que gozar de la vida con todas sus múltiples facetas: amar a los niños y a la familia, a los árboles, a las montañas, a las ciencias y a las artes, a los inviernos y a los veranos. Incluso en situaciones desesperadas pueden encontrarse sabiduría y consuelo. Felicidad es sentir la propia identidad, sabiendo que no es perfecta, pero que está en proceso de creación y de crecimiento. Ser el centro de aventuras y posibilidades, sin temor a lo que suceda, resolviendo con decisión los problemas."

"La felicidad no es el resultado directo de fuerzas externas. El dinero y el medio ambiente pueden ser elementos favorables, pero la felicidad, como la desesperación, constituyen una parte intrínseca del propio ser y del propio sentimiento. La felicidad no se puede almacenar en un banco esperando que produzca intereses. La felicidad, como la tristeza, es cuestión de interpretación y de voluntad personal, y por lo tanto cabe la posibilidad de aceptarla, rechazarla y modificarla."

Claudia, de clarividentes 23 años, dice que empezó a encontrar la felicidad cuando fue capaz de alejar las exigencias que familia y sociedad hacen sobre ella, cuando entendió a fondo que no estamos en la tierra para sufrir, sino para gozar, por mucho que nos enseñen lo contrario y que no importa cuántos años se vivan, si todos son felices. Lo demás, casi no vale la pena.

Mario Seguel combate la depresión y ayuda a encontrar la felicidad. Delgado desafía a colocar en la educación componentes físicos, psicológicos, orgánicos de la felicidad, ya que ésta no puede ser aprendida. ■

1. La depresión y el estrés. / 2. Se compra más de lo que se puede pagar; se trata de ganar más y tener más siempre. / 3. Padece de estrés: fuma mucho, bebe mucho; es materialista; ha perdido las ilusiones. / 4. La felicidad. / 5. Marcan el cerebro e influyen en la habilidad de experimentar o no la felicidad. La personalidad marca una vulnerabilidad hacia lo depresivo u otras enfermedades. / 6. Lo que anteriormente se relacionaba con lo sicótico se relaciona ahora con la depresión. Algunas enfermedades físicas corresponden a la depresión. / 7. Es un estado mental placentero que modula agradablemente la recepción e interpretación de impulsos. Teóricamente, se puede lograr la felicidad. / 8. Relacionándose con personas importantes en su vida; dedicándole tiempo a la familia y a los amigos; realizando tareas complicadas; no temer a los sentimientos y a las emociones ni huir del dolor, etc. / 9. Es muy responsable, muy estricta, muy rígida, con altas aspiraciones. No goza ni disfruta. / 10. Las respuestas van a variar.

## Después de leer

1. Según el artículo, ¿cuáles son algunas de las manifestaciones de las exigencias de la vida contemporánea en el ser humano? [E]
2. ¿Qué papel desempeña el materialismo en relación a muchos de los problemas psicológicos de los que comúnmente padecemos?
3. ¿Cuáles son algunas manifestaciones de la cultura contemporánea que se observan en lo que relata el "exitoso" abogado?
4. ¿Cuál es la utopía que busca el catedrático José M. Delgado?
5. ¿Cuál es el papel de las primeras experiencias del ser humano en lo que se refiere a los sentimientos de la felicidad o desdicha? Y la personalidad, ¿qué relación tiene con estos sentimientos? [E]
6. ¿Cómo ha cambiado el diagnóstico de algunas enfermedades mentales en las últimas cuatro décadas?
7. ¿Cómo se define la felicidad desde una perspectiva neurofisiológica y psicológica? Usando esta definición, ¿teóricamente se puede lograr la felicidad?
8. ¿Cómo se puede lograr la felicidad desde una perspectiva no científica? [E]
9. ¿Cuál es el perfil de la persona propensa a la depresión?
10. Leo Buscaglia añade sus propios consejos para alcanzar la felicidad. ¿Cree que tiene razón?

## Para escribir y comentar

1. Describa en su diario la época de su vida en la que Ud. piensa que ha sido más feliz; indique las circunstancias que contribuyeron a esta felicidad.
2. ¿En qué consiste la felicidad? Obviamente la respuesta a esta pregunta varía según la persona que la conteste. Hágale esta pregunta a diez personas conocidas o desconocidas, en español o en inglés. Comparta sus resultados en español con el resto de la clase, para ver las semejanzas y diferencias entre las encuestas.

3. Se dice que la depresión puede ocasionar otras enfermedades. Comente al respecto, indicando si está de acuerdo o no y por qué opina de esa manera.
4. Lo opuesto a la depresión es la felicidad y algunos opinan que este sentimiento constituye una utopía, o sea, algo inalcanzable. ¿Está de acuerdo con esa opinión? Explique su respuesta.
5. Estudie los anuncios que aparecen en las revistas o en la televisión. ¿Prometen o implican la felicidad los artículos o servicios que se anuncian? Comente al respecto.
6. Escriba un ensayo en el que expone: a) Su propia definición de la felicidad; b) el proceso para lograrla; c) la factibilidad de lograrla. [E]
7. En esta actividad, va a concretar el concepto de la felicidad al analizar a un individuo que conozca:

   a) Identifique, sin divulgar su identidad, a un individuo que Ud. conozca y a quien considere feliz. b) Haga una lista de las razones por las cuales piensa que es feliz. c) Muéstrele su lista y obtenga su reacción a cada razón que dio. d) Pídale que agregue razones adicionales. e) Comparta los resultados con el resto de la clase. f) Sintetice los elementos que tienen en común todas las listas. g) Usando los resultados, escriba una "receta" de la felicidad.
8. Es obvio que vivimos en una sociedad materialista y que el consumidor es rey. ¿Está Ud. conforme con esta situación en lo que se refiere a la felicidad? Si pudiera, ¿la cambiaría? ¿De qué manera? Al dar su respuesta, tome en cuenta las consecuencias sociales. Piénselo bien y comparta su punto de vista con un compañero de clase. [E]
9. El Dr. Delgado señala que uno no puede aprender a ser feliz. ¿Qué piensa Ud. al respecto?

# 3 SIDA y el desamparo y En memoria

## Prelectura

La crisis ocasionada por el Síndrome de Inmunodeficiencia Adquirida (SIDA o *AIDS,* en inglés) ha alcanzado proporciones epidémicas con repercusiones mundiales. No hay país que no haya sido afectado en mayor o menor grado por el SIDA. EE.UU. figura entre los anteriores, ya que el número de casos declarados ha llegado a niveles alarmantes. La epidemia nos afecta a todos, personal, económica, política y socialmente. Aunque usted personalmente no conozca a nadie que padezca de la enfermedad, vemos diariamente en la prensa o en la televisión la noticia de algún personaje de fama nacional o internacional que acaba de morir víctima del SIDA. A nivel estatal o local, la enfermedad nos afecta a todos económicamente, ya que tarde o temprano muchas de las víctimas sin seguro médico acuden a las clínicas y hospitales públicos financiados por las contribuciones que todos pagamos. A continuación se presentan dos lecturas sobre el SIDA, una desde una perspectiva humanitaria y socioeconómica, inspirada por el problema de los desamparados con SIDA; la otra, escrita por la esposa de un hombre fallecido a causa del SIDA.

# *SIDA y el desamparo*

## Introducción

Actualmente la ciudad de Nueva York enfrenta una crisis de vivienda que amenaza, a muchos niveles, la seguridad y el bienestar de la clase pobre trabajadora y, en particular, a poblaciones con necesidades especiales, tales como las madres solteras, las personas con enfermedades mentales, aquéllas con impedimentos físicos y, por último, pero no por eso menos importantes, las personas que padecen de SIDA.

La política de esta ciudad y sus patrones en el desarrollo de la vivienda continúan creando unas condiciones sociales y económicas obscenas.

Al concentrar sus recursos en el desarrollo de espacio comercial y viviendas de ingreso medio y alto, esta ciudad está ignorando las necesidades más básicas de la mayoría de sus ciudadanos. La gentrificación[1], la eliminación de trabajos en el sector de la manufactura, la eliminación de programas para la construcción de nuevas viviendas y las rentas excesivas son factores que han agudizado la crisis de la vivienda y que han aumentado el número de personas desamparadas.

A pesar de la crisis en la que están sumidos los pobres, los políticos, el sector privado y nuestro alcalde no demuestran el interés, y mucho menos el compromiso necesario para solucionar esta crisis, y los indicios de que esto constituya una prioridad en la agenda de nuestro alcalde no son prometedores. A continuación analizamos el impacto de esta crisis en las personas desamparadas con SIDA.

1. (neologismo) restauración de la vecindad

### Magnitud de la crisis

La infección del virus de inmunodeficiencia humana, o VIH, el agente que causa el Síndrome de Inmunodeficiencia Adquirida, conocido como SIDA en español, y otras enfermedades relacionadas al VIH, se está convirtiendo rápidamente en la causa principal del desamparo en la ciudad de Nueva York. La discriminación contra las personas que se perciben como VIH seropositivas[2] resulta a menudo en la pérdida de empleo, en el agotamiento de recursos y en la pérdida de la vivienda.

Una vez que han perdido sus hogares, las personas con SIDA u otra enfermedad relacionada al VIH, raramente tienen los recursos para conseguir otra vivienda en un mercado que está brutalmente saturado.

Mientras no existan cifras precisas, las organizaciones públicas y privadas han estimado que entre el 10 y el 30% de las aproximadas 30.000 a 90.000 personas sin hogar en la ciudad de Nueva York son VIH seropositivas. Debido a que los desamparados han sido históricamente propensos a ser mal contados —particularmente las personas que viven en las calles y los subterráneos, las familias que viven hacinadas con familiares y la gente joven que vive en hogares residenciales— se puede predecir que 90.000 es la cantidad más exacta. La falta de exactitud en la información sobre el SIDA y la falta de acceso a medios de prevención efectivos contra la infección del VIH asegura que la tasa de infección entre los desamparados continuará incrementándose en el futuro cercano.

Por lo menos 10.000 personas han sido declaradas como enfermas de SIDA o de alguna enfermedad relacionada al VIH, según el Centro para el Control de las Enfermedades. La falta de refugios adecuados y la falta de acceso a una buena nutrición y a un cuidado de salud primario, precipitan inevitablemente la supresión del sistema inmunológico y resultan en infecciones oportunistas a un ritmo mucho más rápido entre los desamparados que entre las personas que pueden cuidarse apropiadamente.

Una mayoría abrumadora de los desamparados con SIDA o alguna enfermedad relacionada al VIH en la ciudad de Nueva York son afroamericanos o latinos. Muchos son drogadictos y un alto número son jóvenes “desechados” que participan en actos sexuales para sobrevivir; el resto son mujeres, muchas de ellas con sus hijos, que a menudo no aparecen en las estadísticas. La categorización de estas personas por sus respectivos grupos de riesgo es fácil, pero hacer esto oculta la realidad de quiénes son.

2. individuos infectados con el virus

Muchos drogadictos con enfermedades relacionadas al VIH son militares veteranos, cuyas heridas sicológicas nunca fueron sanadas. Para algunos, la adicción a las drogas precedió la pérdida del hogar. Otros comenzaron a usar drogas para medicarse contra el dolor mientras vivían en las calles. Cada historia es diferente, al menos hasta que ellos empiecen a hablar sobre su lucha contra el SIDA. Entonces la letanía —falta de asesoramiento, de vivienda, de servicios sociales, de cuidado de salud, de algún hogar a donde ir en busca de ayuda— es deprimentemente familiar.

Muchos desamparados con alguna enfermedad relacionada al VIH son incapaces de conseguir tratamiento médico de emergencia para condiciones tales como pulmonía, hepatitis, herpes, tuberculosis, úlceras bucales, meningitis, erupciones en la piel, infecciones bacteriales recurrentes, así como fiebre crónica, diarrea y pérdida de peso. Los desamparados con enfermedades relacionadas al VIH que no reciben tratamiento, languidecen frecuentemente en las camas de los hospitales, simplemente porque no tienen otro lugar a dónde ir. Otros son "echados" de los hospitales hacia la calle o refugios donde la gente se congrega en grandes números, donde es común la transmisión de enfermedades infecciosas como la tuberculosis, y donde la violencia es común, especialmente contra las personas que se perciben como VIH seropositivas. El temor a este tipo de violencia ha obligado a miles de desamparados con enfermedades relacionadas al VIH a irse de los refugios a las calles, a los túneles de los *subways* y a edificios abandonados. Otros, particularmente mujeres con hijos, o personas que viven en apartamentos con otros miembros de la familia, a menudo ocultan su enfermedad para evitar ser echados a la calle, o para no tener que entregar sus hijos a las agencias del Estado.

Además de la falta de vivienda segura o permanente, los desamparados que sufren del VIH, raramente pueden conseguir beneficios médicos y servicios sociales a los cuales tienen derecho. Debido a que les falta estabilidad y a que a menudo están enfermos, estas personas con frecuencia no pueden llegar a tiempo a las citas, y se les hace difícil lidiar de manera efectiva con una burocracia inflexible. De esta forma, a menudo son excluidos de los servicios y beneficios de los que dependen, y deben utilizar para su cuidado médico los programas de emergencia pública ya sobrecargados, haciendo imposible el seguir un programa de tratamiento.

### Poca acción ante la crisis

Ya que se desconoce una cura para el SIDA y tratamientos efectivos, los desamparados son, por consiguiente, privados de los pocos medios posibles de prolongarles la vida médicamente. Obviamente, la ciudad no tiene todos los recursos necesarios para satisfacer las necesidades de esta creciente población. Sin embargo, esta situación no puede esperar la lenta intervención de los gobiernos municipales y estatales. Ambas ramas del gobierno deben aceptar su responsabilidad primaria, la cual es facilitar vivienda adecuada y una red de servicios efectivos.

Lo único que nuestra administración ha hecho es implantar un plan para "almacenar" a las personas sin hogar con enfermedades relacionadas al VIH o con SIDA en los refugios existentes, pese a los reclamos de que la propuesta todavía "está bajo consideración". De acuerdo con un memorando de la Administración de Recursos Humanos (HRA) del 27 de marzo, ahora es política oficial de la ciudad, "efectivo inmediatamente", que los desamparados con enfermedades relacionadas al VIH sean colocados en los refugios existentes en la ciudad.

La "vivienda" de la ciudad consiste en un catre colocado a tres pies de otro y un armario de metal. Los inodoros y regaderas comunes son compartidos por 40 personas o más. Las enfermedades infecciosas, incluyendo la tuberculosis y la infección entérica, existen en números exorbitantes en los albergues. Tales condiciones, en la opinión de médicos expertos, hacen que los refugios municipales sean "antihigiénicos e inhumanos" para las personas con VIH que son inmunodeficientes y vulnerables a la discriminación y a la violencia. Un peligro inminente es que bajo estas condiciones las personas con VIH o SIDA sufrirán enfermedades innecesarias y muerte prematura.

Como el mismo alcalde ha dicho repetidas veces, los refugios no son ni el lugar ni el ambiente apropiado para las personas con VIH. Las creencias del propio alcalde son sostenidas por oficiales electos de la ciudad y por activistas que le piden que abandone el plan de albergue y comience a responder apropiadamente a las necesidades de los desamparados que sufren VIH. No tomar decisiones por temor a las implicaciones económicas es imperdonable e injusto. Anteponer las necesidades de las personas con SIDA que están desamparadas a las consideraciones políticas es una cuestión moral. Por lo tanto, la política de la presente administración ante ese problema se tiene que someter a juicio y crítica. ■

*En memoria*

**ED COLLADO**
**11/06/56 – 03/22/89**

Mi esposo, Ed, falleció el 22 de marzo en el Hospital Beth Abraham y yo quisiera contarles sobre la clase de persona que él era.

Si tú lo conociste, lo más probable es que tienes recuerdos gratos y especiales de él; pero si no lo conociste, te perdiste el haber compartido con un hombre excepcional. Él tenía una sonrisa que nunca olvidaré. Caluroso y amistoso, él tenía un modo de reírse y un sentido del humor que contagiaba a toda la gente que se encontraba alrededor de él, atributos que ni la enfermedad pudo destruir.

Él tenía un talento o una falta, que se le olvidaban las palabras de casi todas las canciones que cantaba; casi siempre terminaba tarareando las canciones con ti dee, ti dee. En APEX, donde trabajaba como Asistente del Contralor, todos sus compañeros de trabajo lo apreciaban.

Era un hombre inteligente y ambicioso, nunca corto de palabras; era muy capaz y dispuesto a perseguir y alcanzar las metas que se proponía y también a defender sus principios. Casi siempre se dice que nadie conoce mejor a un hombre que su esposa. A pesar de que esto es verdad, yo, sin embargo, no conocía cuán profundo era su valor y su durabilidad de carácter, especialmente durante el tiempo que estaba muriendo. No hubo un día en el cual me sentí más orgullosa que durante sus últimos días. Éste, irónicamente, fue un período durante el cual nuestro amor se hizo más fuerte.

Él raramente se quejaba de su enfermedad y a pesar de que se había debilitado bastante, nunca paró de compartir con otros o de ofrecer su apoyo. Él continuó cantando y tarareando sus canciones hasta en los pasillos del hospital. Por lo menos, él tuvo la oportunidad de aprovechar los últimos días de su vida compartiendo y despidiéndose de las personas que más quería y apreciaba: sus padres, sus amistades, su médico y yo.

Me siento muy orgullosa por la forma en que Ed "peleó" por su vida. Él no escatimó en esfuerzos por experimentar con toda clase de terapias y hasta llegó a enviar cartas a sus representantes electos. Ed compartió toda clase de información que tenía a su alcance, acerca del SIDA, con todas esas personas que tenían el interés y estaban en una posición de hacer algo al respecto. Ed perdió su vida a una edad muy temprana, era tan joven, pero por lo menos nunca perdió su dignidad ni comprometió sus principios.

Mi esposo murió en control total de sus propios respiros y murió como me dijo que iba a morir, en mis brazos. Así que tuve el dolor y a la vez, la dicha, de ver el dolor desaparecer de su rostro y ser reemplazado con una calma y tranquilidad que suavizó las pocas líneas que tenía en su joven cara. Esta suavidad en su rostro me convenció de que, en efecto, nuestra alma continúa después de la muerte y de que él salió de su cuerpo para entrar a otra vida, a otro nivel.

Cuando tuve la oportunidad de haber conversado con algunos de sus amigos y compañeros durante su velorio encontré una característica común que todos señalaron que él tenía, su sonrisa. Así que, en realidad, no encuentro ni creo que exista una manera mejor de recordar a alguien cuando muere que con la imagen de una sonrisa. Por siempre mantendré y llevaré conmigo su sonrisa. Él tenía SIDA, pero nunca fue víctima. El SIDA nunca pudo destruir la esencia de su personalidad. En resumidas cuentas, ¡él ganó! ■

## Después de leer

### "SIDA y el desamparo"

1. La política de la ciudad y sus patrones en el desarrollo de viviendas. / 2. Ocurre en la pérdida de empleo y vivienda, y en el agotamiento de recursos. / 3. Muchos viven en la calle, en subterráneos, con familiares o en Hogares Residenciales. Implica un problema social de proporciones alarmantes. / 4. A la mala nutrición y a la falta de cuidados que precipitan la supresión del sistema inmunológico. / 5. Falta de consejería, vivienda, servicios sociales y cuidado de salud. /

1. ¿Qué o quiénes son los culpables, según el autor, de la crisis de vivienda para los que padecen del SIDA?
2. El VIH (virus de inmunodeficiencia humana, o *HIV* en inglés) es el virus que causa el SIDA. Según el artículo, existe un alto nivel de discriminación contra las personas que se perciben como VIH seropositivas. ¿Cómo ocurre esta discriminación?
3. La gama de personas desamparadas y VIH seropositivas en Nueva York se calcula entre 30.000 y 90.000. ¿Por qué no se puede precisar el número con más exactitud y qué implica socialmente esta imposibilidad?
4. Según el autor, ¿a qué se debe el hecho de que la tasa de infección es más alta entre los desamparados que entre la gente que dispone de medios? [E]
5. Parece existir cierta relación entre la declaración del SIDA en la víctima y el desenlace de una serie de problemas sociales. ¿Cuáles son algunos de estos problemas?

6. Se refugian en la calle, en los túneles de los subways o en edificios abandonados. / 7. La burocracia es inflexible. / 8. Por las condiciones inhumanas de las "viviendas". / 9. Piensa que es cuestión de moralidad.

6. A muchas de las víctimas las echan de los hospitales y no tienen a dónde ir. ¿Qué les sucede? [E]
7. ¿Por qué piensa el autor que la burocracia contribuye a los problemas de los desamparados? ¿Está Ud. de acuerdo?
8. Según el autor, a los desamparados con VIH los "almacenan" en refugios "inhumanos". ¿Por qué los llama de esta manera? [E]
9. ¿Qué opina el autor de las necesidades de los desamparados con SIDA ante la política de la ciudad?

**"En memoria"**

Las respuestas van a variar.

Describa los sentimientos y el tono de lo que expresa la Sra. Collado por su esposo. ¿Por qué opina Ud. que escribió esto?

## Para escribir y comentar

1. En su diario, exponga Ud. algunos de sus sentimientos con relación a la epidemia del SIDA y lo que propondría Ud. hacer para empezar a resolver el problema.
2. Describa el tono de la primera lectura, "SIDA y el desamparo". ¿Qué intenta comunicar?
3. ¿Qué sabe Ud. del SIDA? ¿De los desamparados? Busque en el periódico, o en algunas revistas, artículos, reseñas o anuncios que traten estos temas. ¿Cuál es el tono de estos artículos? Comente con el resto de la clase lo que encontró.
4. El hablar de este tema le es muy difícil a mucha gente. Para comenzar, determinen entre todos en la clase cuál es la actitud u opinión individual de cada estudiante.
5. El artículo sobre los desamparados se publicó en 1990. Haga un corto estudio actualizando la información y las estadísticas que se exponen aquí, buscando los datos en la biblioteca o llamando a la línea telefónica de ayuda e información acerca del SIDA: 1-800-828-3280. Presente esta información oralmente o por escrito a la clase.
6. Se indica que la gran mayoría de desamparados con enfermedades relacionadas al VIH en Nueva York son latinos o afroamericanos. Otros son usuarios de drogas, jóvenes "desechados" o mujeres solteras con familia. Comente sobre cada uno de estos grupos en cuanto a las razones de su aflicción. [E]

7. Forme un panel con otros compañeros con el propósito de debatir el asunto de los desamparados con VIH o con SIDA. Un equipo estará a favor de aumentar el presupuesto público para subvenir los refugios de dichos desamparados y el otro estará en contra. Para evitar los argumentos emocionales, es preciso que los miembros del panel investiguen el asunto y que obtengan los datos necesarios para apoyar su punto de vista.
8. Si existe en su ciudad una agencia que proporciona información sobre VIH o SIDA, preferiblemente en español, comuníquese con los encargados para averiguar lo siguiente:
   - Definición de VIH y SIDA, y la diferencia entre los dos términos
   - Información sobre los tratamientos recomendados
   - Estadísticas de personas infectadas con VIH o con SIDA
   - Esfuerzos de parte del municipio o del estado para ayudar a estas personas
   - Esfuerzos para informar al público sobre la epidemia y para contrarrestar su difusión

   Escriba un ensayo sobre la información recopilada, dando su propia perspectiva u opinión.
9. Haga una de las siguientes actividades y presente los resultados a la clase en forma oral o escrita:

   a) Comuníquese con la misma agencia que proporciona información sobre el SIDA y VIH para indagar la posibilidad de entrevistar a uno o más de sus clientes o, de lo contrario, entreviste a uno de los funcionarios para averiguar lo siguiente:
      - Problemas principales de una persona infectada
      - Sus percepciones sobre la actitud del pueblo en general acerca de su aflicción
      - Los efectos de la enfermedad en la rutina diaria de la persona infectada

   b) Haga una encuesta en forma de análisis de información obtenida de periódicos, revistas y televisión para averiguar la actitud del público en general sobre el SIDA, sus causas y consecuencias.

# Estrategias de escritura

## La corrección y modificación del ensayo: La versión final

Durante las etapas de la pre-escritura, el borrador y la revisión, el enfoque principal ha sido el contenido y la presentación de ideas concisas. Una vez hechos los cambios necesarios en el contenido, nos concentramos en la ortografía, la puntuación y otros elementos de la forma de la escritura. Usted puede usar la lista siguiente al hacer las correcciones:

1. Repase la ortografía de las palabras, especialmente de las que tenga dudas.
2. Repase el uso de las letras mayúsculas.
3. Lea el ensayo y considere la puntuación.
4. Repase las oraciones y considere la gramática y el uso de las palabras.
5. Repase el ensayo y decida si ha dividido los párrafos de manera apropiada.

Después de considerar todos estos aspectos de la escritura, usted puede escribir la versión final. Al escribir, haga los cambios necesarios y siga las instrucciones que le haya dado el profesor. Recuerde que la presentación de la versión final es importante. Un ensayo que esté escrito cuidadosamente deja una impresión positiva en el lector.

El profesor puede dar instrucciones específicas para la escritura de la versión final.
El proceso de la escritura que se describe en los Capítulos 1 al 5 se puede hacer en conjunto, o capítulo por capítulo, como se presenta en el libro. Además, se pueden utilizar los temas de los capítulos previos y siguientes para llevar a cabo el proceso completo.

## Actividades

1. Escoja uno de los artículos de este capítulo y vuelva a leerlo cuidadosamente.
   a. Escriba una lista de temas que se relacionen a este artículo.
   b. Escoja el tema que le interese más y limítelo.
   c. Escriba una lista detallada o haga un mapa semántico para decidir si sabe lo suficiente sobre el tema o si definitivamente le interesa el tema.
   d. Después de haber escogido el tema, formule un bosquejo para organizar sus ideas. Si no está conforme con el resultado, vuelva al primer paso y empiece el proceso de nuevo.
   e. Escriba el borrador.
   f. Haga la revisión del ensayo.
   g. Haga los cambios necesarios y escriba la versión final.
2. En vez de escoger su propio tema, usted puede escoger una de las actividades en este capítulo que requiera la escritura y así desarrollar un ensayo. Debe seguir los pasos del proceso que ya ha aprendido.

# Lenguaje

## La acentuación

### Palabras que terminan en consonante, excepto *n* o *s*

En el Capítulo 4, vimos la **Regla N° 1** que rige las palabras que terminan en vocal, **n** o **s**. Ahora vamos a ver la regla que rige las palabras que terminan en cualquier consonante, menos **n** o **s:**

Recuerde que el **acento tónico** es el **énfasis** o **fuerza** que se le da a la palabra al pronunciarla; **no** se escribe.

**Regla N° 2:** Las palabras que terminan en consonante, menos **n** o **s** normalmente llevan el acento tónico en la última sílaba.

Recuerde que todos los infinitivos llevan el acento tónico en la última sílaba y que la gran mayoría no lleva acento ortográfico. Cuando estudiemos la separación de los diptongos, estudiaremos esto en detalle.

Las siguientes palabras de las lecturas de este capítulo están de acuerdo con esta regla. Para comprobarlo, pronuncie cada palabra, divídala en sílabas y subraye la sílaba tónica. (Recuerde que tendrá más éxito si las pronuncia en voz alta, exagerando la pronunciación.)

| | | | | |
|---|---|---|---|---|
| sociedad<br>so / cie / dad | valor<br>va / lor | feliz<br>fe / liz | ciudad<br>ciu / dad | clasificar<br>cla / si / fi / car |
| actual<br>ac / tual | presentador<br>pre / sen / ta / dor | oportunidad<br>o / por / tu / ni / dad | a pesar<br>a pe / sar | Federal<br>Fe / de / ral |
| diversidad<br>di / ver / si / dad | español<br>es / pa / ñol | sabor<br>sa / bor | sector<br>sec / tor | protestar<br>pro / tes / tar |

Puede usar las palabras que se presentan a continuación u otras que terminen en consonante, menos **n** o **s** sin acento ortográfico:
sa / la / rial
cris / ta / li / zar
pla / cer
se / guir
fe / li / ci / dad
en / fer / me / dad
des / can / sar
ro / bar
Ma / drid
prio / ri / dad
re / cep / tor
bru / tal
co / mer / cial
ha / blar
re / gre / sar

Tal como se mencionó con respecto a la **Regla N° 1**, es importante notar que no todas las palabras que terminan en consonante, menos **n** o **s,** llevan el acento tónico en la última sílaba; solamente las palabras que están de acuerdo con la regla.

## Ejercicios

1. Busque en las lecturas de este capítulo veinte palabras que terminen en consonante, menos **n** o **s**, que no tengan acento ortográfico, tales como las que se presentaron anteriormente. Cópielas en una hoja de papel, divídalas en sílabas y subraye la sílaba tónica en cada una. En clase, cada estudiante recitará en voz alta por lo menos cinco palabras y el resto de la clase las repetirá.
2. El profesor presentará en forma de dictado una lista de palabras y su tarea será dividirlas en sílabas y subrayar la sílaba tónica.

## El acento diacrítico

En el Capítulo 4 vimos que las palabras interrogativas y exclamativas siempre se escriben con acento ortográfico y que éstas sencillamente se aprenden de memoria. Existe otra clase de palabras que requieren acento ortográfico o diacrítico que también se tienen que aprender de memoria. Se trata de pares de palabras que se pronuncian igual. Para diferenciarlas, una de las palabras en cada par se escribe siempre con acento ortográfico. Son las siguientes:

Este uso de **mas** es un tanto literario y normalmente no se usa en la conversación.

| Sin acento diacrítico | Con acento diacrítico |
|---|---|
| **de** (preposición)<br>*¿Viste el carro de Marisol?* | **dé** (forma imperativa del verbo **dar**)<br>*No le dé Ud. nada de comer al enfermo.* |
| **el** (artículo)<br>*Le di el cheque a Manuel.* | **él** (pronombre personal)<br>*Se lo di a él.* |
| **mas** (conjunción que significa **pero**)<br>*Lo buscaron, mas nunca lo encontraron.* | **más** (adverbio de cantidad)<br>*La pulsera de Raquel es más bonita que la mía.* |
| **mi** (adjetivo reflexivo)<br>*Mi perro se llama Emperador.* | **mí** (pronombre personal)<br>*Ese dinero es para mí.* |
| **se** (pronombre personal)<br>*El vecino se fue al trabajo a la madrugada.* | **sé** (forma del verbo **saber**)<br>*Yo no sé por qué estoy tan cansada.*<br>**sé** (forma imperativa del verbo **ser**)<br>*Pepito, sé obediente o te castigo.* |
| **si** (conjunción)<br>*Si obtienes una buena educación, tendrás mejores oportunidades en la vida.* | **sí** (adverbio afirmativo)<br>*Sí, señora, Ud. tiene toda la razón.*<br>**sí** (adverbio de intensificación)<br>*Yo sí quiero ir al cine contigo.*<br>**sí** (pronombre personal)<br>*Lo van a descubrir por sí mismos.* |
| **solo** (adjetivo, "sin compañía")<br>*La ingrata me dejó solo.* | **sólo** (adverbio "solamente")<br>*Juan sólo quiere trabajar; no quiere divertirse.* |
| **te** (pronombre personal)<br>*Elena, ayer te vimos en la Librería Villanueva.* | **té** (sustantivo, "bebida")<br>*Nos tomamos una taza de té caliente.* |
| **tu** (adjetivo posesivo)<br>*No me gusta tu tono de voz, Pedro.* | **tú** (pronombre personal)<br>*Tú y Cecilia son mis primos preferidos.* |

## Ejercicios

1. Examine cada ejemplo presentado anteriormente y elabore una regla que explique el uso de cada uno.
2. Repase las lecturas de este capítulo para ver cuántas de estas palabras encuentra. Copie las oraciones en que se encuentran y subraye las palabras en cuestión. ¿Qué uso tienen en la oración?
3. Analice lecturas de otras fuentes, por ejemplo revistas o periódicos, y busque estas palabras. ¿Cómo se usan? ¿Se han escrito correctamente? Si les falta el acento diacrítico, ¿cuál es la razón? ¿Tiene aún sentido la oración?

## El género de los sustantivos: casos especiales

Como vimos en el Capítulo 3, el género es la clase, masculina o femenina, a la que pertenecen los sustantivos en español. El sustantivo tiene un género gramatical intrínseco que determina el género de sus modificadores. En muchos casos, sin embargo, se puede determinar el género por el artículo, la terminación del sustantivo, o por la forma de los adjetivos que lo modifican. Por ejemplo, en la lectura vimos la frase "la vida contemporánea", la cual nos sirve de buen ejemplo:

| | |
|---|---|
| **la**: | género femenino |
| **vida**: | termina en **a** y por consiguiente existe la probabilidad de que sea un sustantivo femenino |
| **contemporánea**: | igualmente termina en **a** y tenemos más información que nos apoya en la probabilidad de que la palabra que describe, **vida,** sea femenina |

Al unir toda la información que tenemos sobre la frase "la vida contemporánea" vemos claramente que la palabra **vida,** en efecto, pertenece al género femenino. Examinemos ahora la frase "el colegio". Aunque no tiene adjetivo, el hecho de que se usa el artículo masculino **el** y de que la palabra **colegio** termina en **o**, indica que **colegio** pertenece al género masculino.

En la mayoría de los casos, si Ud. tiene alguna incertidumbre en cuanto al género de un sustantivo, debe ver el artículo y los adjetivos que lo acompañan y podrá determinar el género. Por ejemplo: *la mano izquierda, el sofá rojo, el especialista colombiano, la modelo francesa.*

Sin embargo, existe una clase de sustantivos, de origen griego, que terminan en **-a** y que son masculinos. Algunos de los comunes son los siguientes y se tienen que aprender de memoria:

| el clima | el drama | el poema | el programa |
|---|---|---|---|
| el crucigrama | el idioma | el poeta | el sistema |
| el diploma | el panorama | el problema | el tema |

También es necesario indicar otra categoría de sustantivos que, a pesar de ser femeninos, usan el artículo masculino en su forma singular para evitar la cacofonía causada por la proximidad de las dos **a.** Éstos son sustantivos que empiezan con **a-** o **ha–** y que llevan el acento tónico u ortográfico en la primera sílaba. Note la diferencia entre los ejemplos de la columna 1 y 2:

| **1** | | **2** | |
|---|---|---|---|
| el / un } águila blanca | las / unas } águilas blancas | la / una } antena alta | las / unas } antenas altas |
| el / un } agua fría | las / unas } aguas frías | la / una } aldea pequeña | las / unas } aldeas pequeñas |
| el / un } hacha filosa | las / unas } hachas filosas | la / una } armonía bella | las / unas } armonías bellas |

## Ejercicios

1. En las selecciones de este capítulo, identifique por lo menos diez sustantivos (acompañados de un artículo definido o indefinido) y descríbalos según esta guía:

| **Palabra** | **Descripción: artículo definido o indefinido; terminación del sustantivo** | **Género del sustantivo** |
|---|---|---|
| la ventana | • artículo definido femenino<br>• terminación del sustantivo: -a | femenino |
| el día | • artículo definido masculino<br>• terminación del sustantivo: -a | masculino |
| el problema | • artículo definido masculino<br>• terminación del sustantivo: -a | masculino |
| una mano | • artículo indefinido femenino<br>• terminación del sustantivo: -o | femenino |
| el agua | • artículo definido masculino<br>• terminación del sustantivo: -a | femenino |
| etc. | | |

2. El sustantivo español tiene género gramatical, ya sea femenino o masculino, mientras que el sustantivo inglés no tiene género. / 3. En la mayoría de los casos ayudan a determinar el género del sustantivo. / 4. Concuerdan en género y número (singular o plural) con los sustantivos que modifican. / 5. Éstas variarán de acuerdo a lo que se encontró.

2. ¿Cómo difieren el español y el inglés en cuestión de género?
3. ¿Qué papel desempeñan los artículos **(el, la, un, una,** etc.) en la identificación del género del sustantivo?
4. ¿Qué forma toman los adjetivos que modifican los sustantivos?
5. En sus propias palabras y con la ayuda del profesor, si es necesario, elabore reglas que rijan lo que encontró.

## El tiempo pasado

Ud. recordará que en el Capítulo 2 se habló del modo indicativo y de los varios tiempos verbales que lo integran. Vamos a ver un poco más sobre el uso del verbo en español. Gran parte del artículo "Las últimas noticias de Jorge Ramos y María Elena Salinas" está escrito en el tiempo pasado, es decir, se habla de lo que ya ocurrió. Por ejemplo, María Elena dice, "A los 15 **trabajé** en un restaurante. A los 17 **trabajé** en el cine, **vendía** palomitas de maíz y después me **ascendieron** y **fui** taquillera". Lo que cuenta ella ya sucedió. En español existen dos tiempos pasados y los vemos en lo que nos dice María Elena. Vamos a ver lo que ya sabe Ud. de estos tiempos verbales. Lea las siguientes oraciones y explique la diferencia del significado entre las de la primera y la segunda columna:

| **Primer ejemplo** | | **Segundo ejemplo** |
|---|---|---|
| Trabajaba en el cine. | ➔ | Trabajé en el cine. |
| Salía a la calle a hacer reportajes. | ➔ | Salió a la calle a hacer reportajes. |
| Cuando tenía 14 años... | ➔ | ...comencé a trabajar en un taller. |
| Entraba a trabajar muy temprano. | ➔ | Entró a trabajar muy temprano. |

Como seguramente se habrá dado cuenta, las oraciones de la primera columna difieren un poco en su significado y lo que implican de las de la segunda columna. Por ejemplo, **entraba** implica que esta acción se hacía muchas veces en el pasado, que ocurría a menudo, o que ocurrió a lo largo de un período determinado. **Entró** implica que la persona hizo esta acción una sola vez y que ya no la hace. ¿Cómo expresaría Ud. estas ideas en inglés?

Vamos a examinar la forma y el uso del verbo a base de lo que ya sabe del español. El verbo, en español, consiste en varias partes. Examine cada uno de los verbos y diga qué parte del verbo le da la siguiente información:

- La raíz o lo que significa el verbo; por ejemplo, la parte de **salió** que indica que la acción o el significado es lo opuesto de **entró.**
- La parte del verbo que indica **cuándo** sucedió (el tiempo).
- La parte del verbo que dice **quién** lo hizo (la persona).

Veamos la forma **comenzábamos:**

**comenz–** = empezar (la raíz)

**–ába** = indica que la acción sucedía a lo largo de un período en el pasado (el tiempo)

**–mos** = indica que **nosotros** hicimos algo (la persona)

De igual forma **comenzó** se puede analizar:

**comenz–** = empezar (la raíz)

**-ó** = él o ella hizo algo en el pasado (el tiempo y la persona)

Desde el punto de vista informativo, a la forma verbal que expresa la acción terminada en el pasado, algo que ya sucedió, la llamamos **el tiempo pretérito.** A la formal verbal que usamos para indicar lo que sucedía o para describir algo en el pasado le llamamos **el tiempo imperfecto.**

## Ejercicios

1. a. En los artículos de este capítulo, busque diez oraciones que contengan ejemplos de cada uno de estos dos tiempos pasados. Haga dos listas separadas.

   b. Analice cada uno de los verbos que identificó, indicando la siguiente información: la raíz, el tiempo y la persona.

   c. Usando los ejemplos que encontró, cambie cada verbo al tiempo pasado **opuesto.** Si la oración contiene el verbo en el **tiempo imperfecto,** cámbielo al **tiempo pretérito** y viceversa, para ver si todavía tiene sentido.

   d. Para cada uno de los verbos que identificó, cambie la persona a todas las restantes [Las personas del verbo son: **yo, tú, él [ella, usted], nosotros, vosotros, ellos (ellas, ustedes)].** Así que si el verbo aparece originalmente en la forma que corresponde a **ella,** por ejemplo, Ud. debe cambiar el verbo a **yo, tú, nosotros** y **ellos.**

   e. Explique la diferencia en el sentido de cada oración al cambiar el tiempo verbal.

**Vosotros** se utiliza en España como plural de **tú** (tratamiento informal). En Latinoamerica, se utiliza **ustedes** como plural de **tú, vos** y **usted.**

2. El siguiente trozo viene del artículo "Hoteles para mascotas que disfrutan la buena vida viajando". Algunos lo encontrarán divertido, ya que refleja la importancia que están cobrando los animales en nuestra vida diaria. Su tarea es la siguiente:

   a. Lea el trozo.

   b. Haga de cuenta que Ud. es un periodista del año 2050 y está hablando sobre algunas costumbres del pasado. Escríbalo de nuevo cambiándolo al tiempo pasado, es decir, usando los dos tiempos verbales del pasado: el imperfecto y el pretérito. A medida que lo vaya escribiendo en el pasado, se dará cuenta de que en algunos casos queda mejor el imperfecto y en otros el pretérito.

   c. Escoja diez de los verbos que cambió y explique por qué se decidió por ese tiempo verbal.

## Hoteles para mascotas que disfrutan la buena vida viajando

era / merecía

En Estados Unidos y en Europa, el auge de las hospederías para animales **es** tremendo. Allá la mascota **merece** un trato igual o mejor que un ser humano.

era
gozaban
podía
cortaban
proporcionaba / atendía / estaban / sacaba / cocinaba

En aquellos países la tecnología también **es** disfrutada por los animalitos. En los cuartos de hotel, las mascotas **gozan** de privacidad, de alfombras, los juguetes preferidos y hasta de televisor, en donde Firulais **puede** ver sus caricaturas favoritas, una telenovela o su programa predilecto. Además, se les **cortan** las uñas, se les **proporciona** un refrescante baño, se les **atiende** si **están** enfermos, se les **saca** a caminar por el bosque o la ciudad, y se les **cocina** su platillo preferido, acompañado de una bebida.

era / había
podían

Claro que el costo de este servicio **es** enorme, pero **hay** quienes **pueden** darse el lujo y consentir a sus pulgositos.

era
contaba
refería / estaba

Acá en Juárez y El Paso **es** un poco diferente, simplemente no se **cuenta** con tanto adelanto en cuanto a cuidados para mascotas se **refiere,** pero la situación **está** cambiando para beneficio de los afortunados animales.

eran / contaba

Para el médico veterinario Héctor Ramírez Neve, los animales **son** su primordial preocupación. Por esto **cuenta** con dos clínicas para las mascotas juarenses y paseñas.

era
contábamos
teníamos

"El servicio de farmacia **es** insuperable", agregó Ramírez. "**Contamos** con lo mejor, y en cuanto a servicio de la clínica

había evolucionado / era

realizaba

agregó / exageraban
cabía

había cambiado
procuraba
proporcionaban
llevaban / estaban / atendían / llevaban / necesitaban / reparaban

**tenemos** laboratorio, rayos x, cuartos de cirujía, anestesia inhalada —la mejor para el animal— etc. Realmente la medicina veterinaria **ha evolucionado** muchísimo, y eso **es** bueno para todos".

Mientras **realiza** un recorrido por la clínica, visitando a las mascotas que se encontraban en esos momentos, Ramírez **agrega** que "aunque aún las personas no **exageran** en el cuidado de sus mascotas, **cabe** mencionar que antes la gente tenía una mascota, regularmente un perro, para que le cuidara la casa y le daba de comer las sobras del día. Pero todo eso **ha cambiado.** La gente **procura** darles la mejor alimentación sugerida por el veterinario, les **proporcionan** vacunas, desparasitación, baños, los **llevan** a la peluquería, si **están** enfermos los **atienden** y los **llevan** con el médico, y no se diga si **necesitan** cirujía, no **reparan** en hacérselas. Anteriormente si el animal estaba enfermo, simplemente se le sacrificaba".

La sección de **Evaluación** para este capítulo aparece en la página xxxvi.

# Capítulo 6
# La educación

## Objetivos

En este capítulo, usted:

### Contenido

- Describirá las experiencias escolares de un personaje y las experiencias suyas.
- Comparará las experiencias escolares de un personaje con las suyas.
- Identificará algunas diferencias entre el sistema educativo tradicional y uno más moderno.
- Reconocerá la importancia de tomar en cuenta las características individuales de los alumnos en el desarrollo de un sistema educativo.

### Cultura

- Comentará sobre el papel del maestro en la cultura hispana.
- Identificará algunas diferencias entre el sistema educativo de los EE.UU. y el sistema latinoamericano / español.
- Comentará sobre el papel de la educación dentro de la cultura hispana.

### Lenguaje

- Determinará las palabras que requieren acento ortográfico según su terminación.
- Reconocerá ciertos verbos comunes que requieren una preposición al usarse con el infinitivo.
- Obtendrá información del concepto de la variación lingüística.
- Aprenderá algunas características del lenguaje formal e informal.

## Funciones lingüísticas del capítulo

- Describir sus experiencias escolares.
- Expresar sus pensamientos sobre el sistema educativo.
- Distinguir entre el español formal y el informal.

# Para empezar

Con el paso del tiempo y los cambios que han surgido en la sociedad, es importante, hoy más que nunca, que la educación en los Estados Unidos se tome en serio. En años pasados se pensaba que la educación era la obligación del maestro, y los padres de familia normalmente se desentendían del proceso. Ahora está cambiando, poco a poco, la situación en las escuelas. Se están haciendo cambios para motivar a los alumnos y para involucrar a los padres en la enseñanza. Estos cambios son imprescindibles para que el alumno aproveche plenamente su educación. Se espera que pueda adquirir las habilidades y los conocimientos necesarios para que llegue a tener éxito en la vida. Hay que reconocer que la educación es una base esencial que forma parte del desarrollo de cada individuo. Además, hoy en día es una parte íntegra del futuro, ya que así como pasan los años, se espera que el individuo esté más preparado para sobrellevar los obstáculos que se encuentran durante el transcurso de la vida.

## ¿Qué es la educación para Ud.?

mente, en grupos o con toda la clase.

Si está en esta clase, es probable que haya terminado por lo menos doce años de estudios. Es decir, Ud. ya tiene ciertas ideas sobre la educación. Haga un esquema o bosquejo de sus conocimientos en cuanto a la educación. Este esquema le ayudará a indicar el vocabulario conocido y el desconocido, que tendrá que investigar.

Ejemplo:

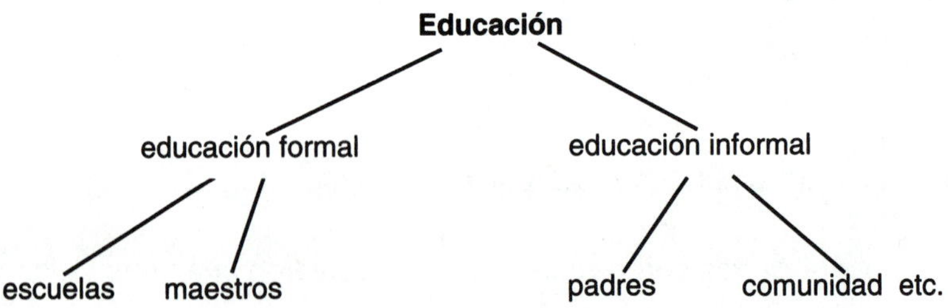


**Para siempre.** Hay un dicho en español que dice, "La educación es la única cosa que nadie te podrá quitar". ¿Qué piensa Ud. que significa este dicho? ¿Está de acuerdo con esta filosofía? ¿Por qué? Comente su opinión con el resto de la clase.

# Estrategias de lectura

## Los cognados y la formación de la palabra

Los cognados son palabras que tienen el mismo origen y esencialmente la misma forma y significado en inglés y español. El conocer estas palabras facilita la comprensión de la lectura.

A menudo, también, la forma de una palabra le da al lector información que le puede ayudar en la comprensión del texto. Por consiguiente, el analizar las palabras de acuerdo a su formación es una estrategia indispensable. Es obvio que la terminación **-ción** funciona igual que *-tion* en inglés (**educación** / *education;* **situación** / *situation).* Es útil, además, saber que las palabras con esta terminación son sustantivos femeninos. Otra terminación que es fácil de reconocer es **-mente** ya que corresponde al *-ly* del inglés (**probablemente** / *probably;* **suficientemente** / *sufficiently).* Estas palabras que terminan en **-mente** son adverbios. Si usted sabe esta información, podrá leer y comprender mejor.

## Actividades

1. Lea el artículo "La educación formal" rápidamente. Haga una lista de los cognados y otras palabras semejantes al inglés que usted reconozca. ¿Le facilitó la comprensión el saber estas palabras?
2. Haga lo mismo que hizo en la actividad N° 1 con el artículo "Laboratorio de genios". Ahora observe las palabras parecidas y fíjese en la terminación de cada una para decidir si hay algún patrón o generalización que se puede hacer basándose en la terminación.

# 1 El primer día de escuela y Ya no quería ir a la escuela

## Prelectura

"El primer día de escuela" y "Ya no quería ir a la escuela" son dos capítulos del libro *Hay plesha lichans tu di flac,* de Saúl Sánchez, un autor méxicoamericano de Texas. El libro fue escrito en español y después traducido al inglés por el autor. El diálogo y el estilo narrativo que aparecen en la obra de Saúl Sánchez reflejan el lenguaje de muchos chicanos o méxicoamericanos, quienes se expresan a menudo usando una combinación de español y de inglés.

¿Se acuerda cómo fue su primer día de escuela? ¿Qué recuerda de ese día? Tal vez fue una experiencia placentera que siempre recuerda con alegría. En cambio, para algunas personas los eventos de ese día pueden evocar sentimientos negativos, recuerdos que aún causan tristeza y confusión. En la primera lectura se presenta el primer día de clase de un niño en una nueva escuela, y sus sentimientos al respecto.

En "Ya no quería ir a la escuela" vemos la reacción de un niño, quien, después de haber asistido a la escuela por un tiempo, comienza a considerar no ir más. ¿Qué lo hace tomar esta decisión? Asistir a la escuela debería ser una experiencia positiva, pero para muchos puede ser un evento traumático. ¿Cuáles son algunos problemas típicos de los años escolares que pueden causar ansiedad en un niño? ¿Qué puede influir en una persona a tal grado que no quiera asistir a la escuela? Consideremos lo que le pasó al niño en la segunda lectura.

## El primer día de escuela

Al principio lo que había sentido era miedo porque como era la primerita vez que iba a la escuela no estaba seguro qué esperar. Pero cuando vio que andaban muchos muchachitos como él jugando allí en el playground se le fue quitando el miedo y le comenzó a entrar el gusto. Por donde quiera que miraba se veían chamaquitos[1] correteando en todas direcciones y nomás[2] se oía el griterío y las risas y los alaridos donde se andaban resbalando y columpeando y persiguiendo unos a los otros. Pero cuando más gustoso se sintió fue cuando vio allá en una de las esquinas del playground un cuadro de pelota con un backstop de alambre y bastantes chamaquitos pa' hacer hasta dos teams. Creía que iba a poder comenzar a jugar pelota luego luego[3] porque en su barrio todo el tiempo era uno de los primeros que escogían los otros chamaquitos cuando hacían un team.

—¡Pichéale[4] bien, Queso!

—¿Pos qué más quieres, bato[5]? Te la estoy tirando al mero[6] base.

—La estás tirando muy bajito. La quiero así mira, aquí así.

—Ahí te va... ves, ¿qué más quieres? Ésa fue strike.

—¡Fue bola!

1. niños
2. nada más
3. inmediatamente
4. anglicismo de *to pitch a ball* / 5. término chicano para "muchacho" u "hombre" / 6. precisamente, justamente

—Ándale Kique, pégale. Yo también quiero pegar antes que suene la campana.

—Ése no pega.

—Ahí te va. Te voy a volar por arriba, cabrón[7]. Vas a verlo.

—¡AAAh! ¡Bad wort[8]! ¡Bad wort! ¡Dijo un bad wort!

—No pega.

—¡Tírala a primera, Fito! ¡Tírala a primera!

—¡OUT!

—¡Qué out ni qué nada! ¡Fue safe!

—¡Out! ¡Fue out!

—¿Tú qué sabes, Pepina? ¡Fue safe!

—Así sí ganan, rajones[9].

—Los rajones son ustedes...

De repente sonó la campana y todos arrancaron corriendo; se acabó el juego de pelota y a él ni le habían hecho caso. Entonces, como no sabía a dónde debía de ir, se arrancó corriendo él también pa donde iban los que habían estado jugando pelota en el cuadro. Vio que se estaban poniendo en línea enfrente de uno de los cuartitos blancos que se parecían a las casitas que la compañía de tomate le ponía a la gente cuando iban a la pisca[10] de tomate en Wisconson, nomás que éste era más grande. Las dos puertas del cuartito estaban abiertas y en el escalón de mero arriba estaba parada una vieja americana que tenía el pelo amarillusco. Se habían apaciguado todos así

7. gran insulto que significa "rufián" / 8. *word*

9. término indecoroso que significa "cobarde"

10. cosecha

que pudo oírla decir algo que no entendió. Entonces todos los que estaban en la línea donde él se había parado se voltearon hacia un lado y se fijó que tenían una mano en el pecho. Comenzaron a decir algo todos juntos mientras miraban una bandera que estaba colgando de un tubo y él hizo lo mismo.

Hay plesha lishans tu di flac, off di june aires taste off America; en tu di reepablic for huish eet estans, guan nayshan, andar got, wits liverty en yastes for oll.

No entendió lo que habían dicho pero pensó que era porque adrede[11] estaban hablando inglés porque allí estaba la americana. Cuando comenzaron a meterse pa adentro sintió otra vez que tenía miedo. La maestra no le había caído bien desde que la vio porque se miraba[12] como que era muy mala.

Adentro del cuarto casi ninguno de los chamaquitos ni chamaquitas se había sentado. Andaban casi todos fuera de sus asientos brinqueteando pa arriba y pa abajo y estaban hable y hable[13] unos con otros, riéndose y nomás haciendo ruido adrede aunque estaba hablando la maestra y había comenzado a escribir algo en el pizarrón. Yo creo que porque no se apaciguaban dio como dos o tres patadas en el piso y comenzó a gritar. Levantó una varita del escritorio como las que compraba él en el banco de madera pa hacer flechas y la comenzó a menear en el aire y seguía hablando recio[14] como que estaba bien enojada con alguien. Con la varita les comenzó a apuntar a unos de los chamaquitos y les decía algo y luego apuntaba a una mesita con sillas que estaba a un lado del cuarto. Cuando le apuntó a él con la varita le comenzó a palpitar más recio el corazón y ni entendió lo que había dicho pero como quiera[15] fue y se sentó con los demás en la mesita. Sobre la mesita había unos libritos de pasta colorada con un güerquito[16] gringo de pantalones cortos azules y una americanita de vestido blanco y zapatos negros de charol.

Ni sintió cuando la maestra se arrimó a donde estaban ellos sentados. Era la primera vez que la miraba tan cerquita y notó que usaba medias y tenía los chamorros[17] bien gordotes y los zapatos parecía que se le iban a reventar. Dijo algo y con la varita le apuntó a una de las chamaquitas en la página donde tenía que leer.

—Look, Jane. Look, look.

See Spot. See Spot go.

—Go on to next page.

11. intencionalmente

12. tenía el aspecto

13. hablando mucho

14. fuerte

15. de cualquier manera, sin embargo / 16. término peyorativo para "muchacho"

17. pantorrillas

—Come, Dick. Come, come.
Come, Spot. Come, come.
Come play, Dick.
Come play, Spot.
Come, come.
—Okay. Olivia, your turn.
—Look, Jane. Look, look.
See Spot. See Spot go.
—Go on to next page.
—Come, Dick. Come, come.
Come, Spot. Come, come.
Come play, Dick.
Come play, Spot.
Come, come.
—Elias, you're next.
Look, Jane. Look, look.
See Spot. See Spot go.
—Go on to next page.
—Come, Dick. Come, come.
Come, Spot. Come, come.
Come play, Spot.
Come, come.

Se oía como que todos estaban diciendo lo mismo, pero él no entendía. La verdad era que a él ni se le había ocurrido que le iban a pedir que leyera porque como era su primer día creía que la maestra lo iba a parar en frente del cuarto y decir su nombre pa que supieran quién era y pa que los demás chamaquitos se hicieran amiguitos de él como hacían las maestras allá en el norte con sus hermanitas que iban a la escuela. Pero no, no fue así. Después de que habían leído los demás chamaquitos, la maestra le picó a él en el libro con su varita. Entonces se dio cuenta que la maestra le estaba diciendo que leyera a él también. No sabía qué hacer pero lo que pasó le hizo odiar a la vieja americana y se le grabó en la mente para siempre. Le agarró la mano y se la tendió con la palma pa abajo y le dio tres verejonazos[18] bien dados en los huesitos. Había tenido ganas de llorar pero se había aguantado por no avergonzarse. Pero esta vez no se pudo aguantar y reventó en un llanto mudo como cuando le pegaba su papá con la faja[19] y le decía que si lloraba le pegaba más.

18. golpes

19. el cinturón

No leyó pero tampoco se fue pa la casa a mediodía como había pensado porque uno de los otros chamaquitos que tampoco habían dejado jugar pelota lo invitó a ir a comer con él a la cafetería de la escuela. Pitó el pito del tanque del agua anunciando las doce y luego al ratito sonó la campana y todos salieron del cuarto corriendo. Él se fue detrás del muchachito que le había dicho que fuera a comer con él. Se llamaba Amado. Se puso en línea con Amado abajito de los escalones del vagón de tren que servía de cafetería. Del vagón salía un olorcito a comida recién servida. Subieron los escalones y a la entrada de la cafetería estaba una señora americana sentada detrás de una mesita donde estaba un rollo de tíquetes como los que les daban en el cine mejicano los domingos que iban a las vistas[20]. Los que iban pasando por enfrente de donde estaba ella sentada le iban poniendo una peseta en la mesita y ella la echaba en una cajita de puros y luego le daba una mitad del tíquete. Él no traía dinero ni sabía que les iban a estar cobrando porque como era la cafetería de la escuela. Y pos ahora no sabía qué hacer, así que agachó la cabeza y se fue bajando por los escalones aunque tenía muchas ganas de comer allí porque decían que servían comida americana y el olorcito que venía de allí de adentro estaba bien padre[21]. Ya cuando iba poco retiradito del vagón volteó para atrás a ver si lo estaban viendo pero ya se habían metido todos. Como no había más qué hacer se metió las manos a la bolsa y se fue andando pa la casa. ■

20. el cine

21. expresión coloquial que significa "muy agradable"

# *Ya no quería ir a la escuela*

Ya no quería ir a la escuela porque Robe y los que se juntaban con él se lo querían pescar pa reatárselo[1]. De primero, cuando supo que le traían ganas, lo que hizo fue que comenzó a correr la venada[2] en las tardes después de mediodía. En vez de llegar a la escuela cuando venía pa atrás[3] después de la hora de comida mejor se quedaba escondido entre el zacatal[4] aquél que crecía detrás del machine shop donde hacían chutes[5] pa cortarles los cuernos a las vacas. Allí se tiraba boca arriba toda la tarde o nomás se sentaba en la tierra a esperar que sonara la campana de las tres y media. Nomás la oía sonar y se arrancaba derechito pa la casa y así ni pa cuando se lo alcanzaran Robe y los otros que andaban con él. Pero lo que pasó fue que apenas había corrido la venada unas cuantas veces cuando alguien fue y les chismoleó[6] todo a su papá y a su mamá. Lo que le dijeron ellos fue que si les volvía a decir alguien que él se andaba escondiendo pa no ir a la escuela que le iban a hablar al empleado[7] pa que lo fuera a sacar de donde estaba y llevarlo a la escuela, y que después de que llegara a la casa le iban a dar una tunda[8] pero buena y pos él ya sabía que con ellos no se jugaba.

Pero todavía así a él se le había puesto que ya nomás no iba a ir a la escuela. Así como lo andaban correteando Robe y los otros que se juntaban con él, y luego que no tenían ni quién le ayudara pa nada, le andaban haciendo la vida pero bien pesada. A veces le daban ganas de decirle a alguien lo que estaba pasando y por qué él ya no quería ir a la escuela pero no, ni modo de decirle a la maestra. Y a su papá no le podía decir nada porque sabía bien lo que le iba a decir: que si no era hombre o qué, que les entrara[9]. Y no era que no les quisiera entrar; no, no era eso. Si ya una vez, cuando andaban en el recess y que alguien lo había empujado por detrás pa donde estaba Robe, la maestra los había llevado a los tres —a él, a Robe, y al que lo había empujado— con el principal y él, el Mr. Ray, les había dicho que si se querían poner los guantes. Ni Robe ni el otro quisieron; ni siquiera decían nada, nomás se quedaron allí parados con la cabeza agachada y él sí, él dijo que sí se los ponía. Sabía que habiendo una persona grande allí tenían que pelear limpio.

Yo creo que también por eso le agarraron coraje[10].

Lo curioso era que le habían empezado a agarrar coraje por algo que él ni tenía la culpa. Lo que pasaba era que cuando estaban adentro de la clase la maestra les hacía preguntas y él casi siempre sabía

1. golpear
2. faltar a la escuela sin permiso / 3. esta partícula (para atrás) demuestra influencias sintácticas del inglés en el español; viene de *back,* por ejemplo: *to come back, to call back, to give back.* Este uso es muy común en el suroeste de los EE.UU. / 4. abundancia de zacate, pasto, hierba silvestre / 5. anglicismo que viene de *cattle chutes* / 6. contó chismes
7. policía escolar *(truant officer)* / 8. paliza
9. que les pegara
10. rabia

la answer. Pero cuando le preguntaba a Robe o a uno de los que se juntaban con él, nomás agachaban la cabeza y se quedaban viendo pa abajo como que no entendían. Pero no, era que se estaban haciendo tontitos porque no sabían la answer y pos la maestra se comenzaba a impacientar y yo creo que hasta le entraba coraje nomás que no les decía nada porque ya estaban bien grandes. Entonces lo que hacía él era que levantaba la mano para contestar, y así fue como comenzaron a echarle miraditas por un lado y le enseñaban el puño cuando él levantaba la mano pa decir la answer a una pregunta que les habían hecho. Allí fue cuando le comenzaron a agarrar coraje y a decirles a los demás que a él se lo iban a reatar. Pero pos, ¿qué culpa tenía él que fueran tan brutos? Las answers estaban bien fácil. Y no era que él contestaba nomás por quedar bien, porque quería aventarse[11]. No, si hasta se esperaba un ratito antes de levantar la mano pa contestar cuando les tocaba a Robe o a otro de ellos decir la answer.

11. sobresalir

Y por eso no quería ir ya a la escuela. Se le habían quitado las ganas de todo, hasta de jugar a las canicas y al trompo después de la escuela. Y como a nadie le podía decir por qué se sentía así, y al mismo tiempo sabía que no le hace[12] qué dijera o a quién le dijera como quiera[13] iba a tener que seguir yendo a la escuela, lo que decidió fue buscar una manera de hacer creer a su papá y a su mamá que había peligro de que le pasara algo en el camino a la escuela. Fue cuando se le alcanzó aquella idea.

12. no importa / 13. de cualquier manera

—¡Mira nomás cómo viene este güerco! ¿Pos qué te pasó que vienes así? ¿Dónde andabas? Mira nomás.

—Pos me... me... me quiso robar un viejoooaaaa...

—¿Que qué?

—¿Y por qué traes amarradas las manos?

—Me llevó pa'l monte y me amarróoooo...

—Ya ya. Deja de chillar. A ver, ven acá. Dime, ¿dónde diablos te metiste que vienes en esas trazas[14]? ¿Qué andabas haciendo?

14. malas condiciones

—Pos yo iba pa la escuela cuando me salió un viejo y me siguió. Me pescó y me llevó pa'l monte y dijo que me iba a matarrrrr... luego... luego me amarró las manos y me empezó a revolcar.

—No te digo. Si nunca falta. Y yo que te hacía en la escuela... a ver, haz pa acá[15].

15. ven para acá

—¿No será bueno avisarle al empleado? Siquiera que vaya a ver qué pasó. Con estas cosas nunca sabe uno.

Entre su mamá y la señora de la casa de en seguida[16] le desataron las manos. Se metió pa adentro de la casa y fue y se sentó en la cama de sus papás que estaba pegada a la ventana que daba al solar. De allí se miraba todo bien pa afuera y quería saber qué iba a pasar.

Y sí, pa en la tarde que vino su apá[17] del trabajo ya estaba el carro del chota[18] parqueado allí afuera. Le había llamado la señora de la casa en seguida y le había explicado todo por teléfono así que pa cuando vino ya sabía lo que había pasado. Lo que hizo el empleado fue que le preguntó a él que dónde era el lugar a donde lo había llevado el hombre que se lo había querido robar y él los llevó a él, al chota, y a su papá. Comenzaron a buscar huellas de llanta de carro en la tierra porque él les había dicho que el viejo robachicos traía un carrito Chive[19] '36 azul, pero no hallaron nada. Hasta entonces yo creo que más o menos le habían creído pero cuando dijo que el robachicos andaba en un carrito Chive '36 azul, su papá luego luego le preguntó que cómo sabía que era Chive '36, y él le dijo que porque era igualito al carrito aquél en el que se habían ido pa el norte el año pasado.

De todas maneras, como no hallaron ninguna clase de huellas en todo el lugar, nomás las de sus tenis, el chota los llevó a él y a su papá pa atrás pa la casa y cuando llegaron ya andaba gente allí afuera en el solar. Su papá no quiso hablar con nadie, nomás se pasó derecho y fue y se metió pa adentro de la casa con él. Él iba ya lagrimeando porque esperaba una fajiza[20] pero buena pero no, su papá yo creo se fijó que los güercos y las güercas que andaban allí afuera cuando pasaron ellos se habían comenzado a reír y yo creo que por eso no le pegó. Nomás le dijo que se quedara allí adentro y que ya no se saliera.

La verdad era que a él no se lo había querido robar nadie. Él lo había inventado todo pa ver si de esa manera ya no lo mandaban más a la escuela. Lo que hizo fue que ese día, cuando iba pa atrás pa la escuela después de mediodía, se fue andando más despacito que sus hermanas pa quedarse atrás y cuando ya iban llegando en vez de seguir derecho volteó en dirección del centro. Se fue caminando como que llevaba prisa hasta que llegó a la orilla del pueblo. De allí ya comenzaba a haber montecito así que nomás tanteó que no lo estaba viendo nadie y se arrancó corriendo agazapado pa entre el monte hasta que halló una nopalera[21] que atajaba[22] la vista. Allí se quedó sentado un rato pensando a ver cómo lo iba a hacer. Ya se le había

16. al lado
17. apócope de "papá"
18. policía
19. Chevy (Chevrolet)
20. paliza con una faja o cinto
21. grupo de cactus /
22. impedía

metido a la cabeza que necesitaba convencer a sus papás del peligro que había en ir y venir a pie a la escuela todos los días pa que de esa manera ya no lo fueran a mandar más. Y pa poder convencerlos tenía que pasarle a él algo pero malo, por eso decidió decir que se lo había querido robar un viejo robachicos. Nomás que ahora que estaba sentado solo allí en el monte no quería pensar mucho en eso porque allí sí parecía que todo era de deveras[23]. Lo que hizo fue que comenzó a buscar un alambre pa amarrarse las manos y como no pudo amarrárselas por detrás se las amarró por delante... "Pero hora si llego a la casa con las manos amarradas por delante me van a preguntar que por qué no me desaté yo solo. Y luego, ¿a lo mejor no me creen que me quiso robar un robachicos? No, pero voy a llegar llore y llore[24] bien entierrado como que alguien me revolcó. Sí me creen. Y como quiera, nomás con que le retuerza a las manos y queda bien apretado el alambre. No, sí me creen."

De repente, como si hubiera oído a alguien gritar su nombre, se levantó de donde había estado sentado en la tierra y se arrancó corriendo. Pasó primero la sastrería americana y luego el cine bolillo[25] donde venía los sábados en la tarde a ver episodios de Commander Cody; luego pasó por enfrente de la tienda de comida de Rodríguez y por la barbería de los mejicanos. De allí echó travesía pa su casa y cuando llegó estaba su mamá allí afuera platicando con la señora que vivía en la casa de en seguida.

La mera verdad de nada le había servido todo lo que había hecho pa ver si sus papás ya no lo mandaban más a la escuela. Pero lo curioso fue que como quiera ya después de que pasó eso las cosas solas comenzaron a cambiar. El día siguiente que fue a la escuela la maestra les dijo a él y a otro muchacho que estaba en la misma clase que como ellos hablaban y leían bien el inglés y contestaban todas las preguntas que les hacía que los iba a poner un grado más alto. Los iba a pasar de third grade a fourth grade. Lo único fue que como quiera no cambiaron de cuarto porque tercero y cuarto año estaban en el mismo lugar; era el mismo cuartito y a los dos grupos los enseñaba la misma maestra al mismo tiempo nomás que unos se sentaban en una mitad del cuarto y los otros en la otra. Luego, pa cuando menos se dio cuenta, ya Robe casi ni iba a la escuela. Fallaba casi todos los días y en las tardes nunca iba. Después se oyó decir que unos güercos más grandes que él que iban en otro cuarto se lo querían pescar pa reatárselo. ■

23. de verdad; real

24. llorando amargamente (fuertemente)

25. término peyorativo para "anglosajón"

1. Sintió miedo, no entendía nada. / 2. Era una vieja de pelo amarillusco. /3.(Dick y Jane eran personajes típicos de los libros de lectura básicos en las escuelas primarias de los Estados Unidos por varias décadas.) Un güerquito gringo de pantalones cortos azules y una americanita de vestido blanco y zapatos negros de charol. No se podía identificar con ellos por que no se parecían a él en nada. / 4. La maestra le agarró la mano y le dio tres verejonazos en los huesitos. / 5. Uno de los niños lo invitó a que comiera con él en la cafetería, pero el no tenía dinero para comer. / 6. No resultó como esperaba. La maestra no le presentó al resto de la clase. No pudo jugar con los otros niños. No entendió nada. No sabía qué hacer. No tenía dinero para comer.

1. Porque Robe y los que se juntaban con él querían golpearlo. / 2. Entre el zacatal detrás del machine shop; esperaba hasta que sonora la campana de las tres y media. / 3.Le iban a decir al empleado que lo llevara a la escuela. Porque le iban a dar una tunda. / 4. Porque él sabía las respuestas a las preguntas que les hacía la maestra en la clase. / 5. Les dijo a sus padres que un hombre se lo había querido robar. / 6. Porque hablaba y leía bien el inglés y contestaba todas las preguntas que la maestra le hacía. / 7. Dejó de ir a la escuela porque unos muchachos más grandes que él querían golpearlo.

## Después de leer

### "El primer día de escuela"

1. ¿Cómo se sintió el niño el primer día de escuela? ¿Entendió el niño lo que decía la maestra? ¿Por qué?
2. ¿Cómo se describe a la maestra?[E]
3. ¿Cómo eran los personajes del libro de lectura? ¿Se podía identificar el niño con los personajes Dick y Jane? ¿Por qué?[E]
4. ¿Qué pasó cuando la maestra le pidió al niño que leyera?
5. ¿Qué le pasó al niño al mediodía?
6. ¿Resultó el día como esperaba el niño? Compare lo que esperaba con lo que ocurrió. [E]

### "Ya no quería ir a la escuela"

1. ¿Por qué no quería ir el niño a la escuela?
2. ¿Dónde se quedaba escondido después de la comida? ¿Qué hacía allí?
3. ¿Qué le iban a hacer los padres por no asistir a la escuela? ¿Por qué no le podía decir al papá la razón por la cual no quería ir a la escuela?
4. ¿Por qué le comenzaban a tener coraje los demás niños?
5. ¿Qué hizo el niño para ver si ya no lo mandaban a la escuela?
6. ¿Por qué decidió la maestra que lo iba a pasar al cuarto grado?
7. ¿Qué le pasó a Robe?

## Para escribir y comentar

1. ¿Ud. ya hablaba inglés cuando empezó la escuela en EE.UU.? ¿Se sentía diferente a los otros niños por ser hispano? En su diario, escriba sus recuerdos de los primeros días en la escuela.
2. Escoja un grupo de estudiantes para presentar un minidrama del primer día de escuela de este personaje o el primer día de escuela de Ud. [E]
3. Describa sus propias experiencias escolares. ¿Fueron experiencias positivas o negativas? ¿Por qué? ¿Tuvo alguna experiencia que sobresale en su memoria? Relate una experiencia positiva y una negativa.
4. Entreviste a una persona mayor que Ud. Pregúntele de sus experiencias escolares. ¿Fueron experiencias positivas o negativas? ¿Por qué?
5. ¿Hablaba Ud. español en la escuela? En los años 50 y 60 sólo se permitía el inglés en las escuelas públicas en EE.UU. Es decir, no se permitía que los

alumnos hablaran otro idioma en la escuela. Haga una investigación acerca de esa práctica. Puede entrevistar a alguien que haya asistido a la escuela durante esa época o buscar artículos periodísticos sobre ese tema. En su ensayo incluya los sentimientos, emociones y experiencias de la persona entrevistada. Escriba un resumen de la información que haya adquirido.

6. Lea la siguiente lista de factores que favorecen la deserción escolar. ¿Hay otros factores que pueden influir en la decisión de abandonar la escuela? ¿Qué se puede hacer para prevenir la deserción escolar? ¿Qué pueden hacer los maestros, padres y compañeros? ¿Cuándo, o a qué edad, se debe hacer esto? En grupos de tres o cuatro estudiantes, discutan la lista de factores y hagan una lista de otros factores posibles. Propongan también posibles soluciones al problema de la deserción escolar. Después de su discusión en grupos pequeños, comenten sus pensamientos con el resto de la clase.

## Cuando se da la deserción

Existe una serie de factores que favorecen la deserción escolar. Según María Elena Riddle, quien trabaja en programas como Búsqueda de Talentos y Hacia Arriba, en la National Hispanic University, estos factores son:

- Repetir un curso una o varias veces en los primeros grados y ser por tanto mayores que los alumnos más destacados.
- Problemas con la enseñanza académica y un retraso de dos o más niveles con respecto a los estudiantes de su misma edad.
- Verse obligados a trabajar durante la semana 20 horas o más.
- Poca conexión con la escuela: estudiantes que no han desarrollado relaciones con los profesores ni con los tutores, que no practican deportes escolares ni son miembros de clubes, ni participan en actividades de voluntarios.
- Los que creen que "a nadie le importa" si se gradúan, estudian o no.
- Los que sienten que sus padres no se interesan por lo que pasa en su escuela.

7. ¿Conoce a alguien que haya dejado la escuela? Entreviste a esa persona y pregúntele por qué dejó la escuela y cuáles son sus pensamientos acerca de su decisión ahora. Haga un resumen de la entrevista y compártalo con el resto de la clase.
8. Escriba una carta a su primo(a) que ha decidido abandonar la escuela. Trate de convencerlo(la) de que el abandonar la escuela sería un grave error. [E]
9. ¿Es necesaria la educación formal? ¿Por qué? En grupos de tres o cuatro estudiantes, hagan una lista de cinco razones por las cuales la educación es necesaria y otra lista de cinco razones por las cuales no es necesaria. ¿Fue difícil desarrollar las listas? ¿Por qué? Discutan las listas con el resto de la clase.

10. En grupos de tres o cuatro estudiantes, escriban y presenten un anuncio comercial acerca de la importancia de la educación. [E]
11. En muchos países latinoamericanos se celebra el día del maestro. La carta que sigue apareció en una revista guatemalteca. Lea esta carta al maestro y comente sobre el tipo de estudiante que podría haberla escrito, y el tipo de maestro a quien se dirige la carta. Describa a cada uno. ¿Se alaba al maestro de la misma manera en EE.UU.? ¿Por qué? Comente sobre el uso de **tú** con el maestro.

## Carta al maestro

Desde el fondo de mi corazón, desde los lugares en donde te veo pasar día tras día, con tu material didáctico en la espalda y tus esperanzas al final del camino, desde aquí en donde compartes conmigo la vida, te saludo maestro.

Tú que conoces mi realidad, tú que compartes mi cruz de pueblo pobre; que caminas grandes distancias para ir a hallarme en los barrios marginales, las aldeas lejanas, hasta los páramos en donde vivo. Sabes de las inclemencias del tiempo: el frío, el calor, la lluvia, los malos caminos y los lugares escarpados que recorres hasta donde está la escuela, ese pequeño santuario donde amoldas mi personalidad y mi mente.

Lo sé, maestro, que debes pasar por muchos sacrificios para cumplir tu misión. Y por ser misionero que me trae la sabiduría y la verdad; por ser labrador incansable de inteligencias, que trabaja con ahínco entre los hombres; por ser luz que ilumina las conciencias... por eso y por mucho más, yo te admiro, maestro. Tu trabajo es tarea ardua de sembrar cada día en un terreno intangible. Quizá ya no cosecharás los frutos de la semilla, pero te garantizo que tus palabras y tu ejemplo echarán raíces profundas que harán crecer y dar frutos de paz, libertad y progreso que deseas para mí.

Yo, pueblo abandonado que camina entre la oscuridad del analfabetismo, sin acceso a los conocimientos para el progreso, hago de ti, el líder, el modelo, el prototipo, el apóstol y el guía que ilumina mi camino.

Aunque sé bien que en momentos de soledad y de angustia, al ver que las cosas no cambian ni mejoran, te asaltan la duda, la apatía, el desánimo y la indiferencia... ¡Cuidado! No caigas en la tentación de abandonar la lucha; mira que delante de ti, va el **maestro de maestros** que te dice: "Id y Enseñad". Tu trabajo es noble, es grande; nada ni nadie debe detenerte. El campo y las ciudades están llenos de seres extraviados que necesitan urgentemente de la luz que llevas.

No importa que algunos no valoren tu trabajo. Tú y yo sabemos muy bien por qué los gobiernos te tienen marginado. Para ti no hay salario acorde a tu dignidad; para ti no hay condecoraciones, ni viajes, ni presupuesto para festejos... No importa, maestro, a ellos no les interesa que hagas un buen trabajo, porque el modelo de educación que han planificado para mí, es ese de tendencia colonialista, producto de la clase dominante hacia este pueblo dominado, para mantenerse ellos en el lugar privilegiado.

Porque, maestro, es más fácil explotar a un pueblo ignorante que a uno conocedor de sus derechos. Pero tú sigues siendo la esperanza en quien confío. Si no eres tú, ¿quién podrá guiarme hacia esa meta que queda al final del camino? Ahora en tu día, quiero decirte que estoy contigo. Que te levantaré un monumento tan grande en mi corazón y que escribiré tu nombre en mi historia para que mis descendientes te honren por siempre. Mientras tanto, celebremos tu día a mi estilo: sentémonos junto a la hoguera aquí en mi ranchito, en donde siempre habrá un lugar para ti. Bebamos un pocillo de café caliente porque no nos alcanza para el champagne. Hagamos de esto un banquete: aquí hay pepián[1], hay tamal de fiesta, tenemos tortillas calientes con chile... Te voy a lanzar al aire un cohete de vara que haga retumbar mis montes y mis barrancos. Vamos a bailar al son de mi marimba que canta alegre mi identificación cultural.

Hoy es fiesta, ¡Salud, Maestro!

1. guiso compuesto de carnero, pavo, o gallina, con tocino gordo y almendra molida

12. Escriba una carta a uno de los maestros que le haya impresionado en sus años escolares. Puede haber sido una impresión positiva o negativa.

# 2 Laboratorios de genios

## Prelectura

En algunos países que encabezan el desarrollo científico se preocupan por la preparación de los jóvenes superdotados. Se buscan, se seleccionan y se preparan en escuelas que toman en cuenta la inteligencia y la creatividad de cada individuo. Cada alumno se enfrenta con desafíos, novedades e incógnitas y se le enseña a pensar para que su mente florezca. Se piensa que un genio es como una flor; si lo encierran y no piensa, se marchita y muere. Estas ideas se presentan en el siguiente artículo, "Laboratorios de genios". ¿Qué piensa Ud. de los "superdotados"? ¿Deben ser alumnos favorecidos?

# *Laboratorios de genios*

**Los países que encabezan el desarrollo científico se preocupan por formar nuevos talentos jóvenes. Los buscan, los seleccionan y los preparan en escuelas especiales. Les enseñan a aprender, con creatividad y sin dogmas.**

Este artículo fue escrito cuando aún existía la Unión Soviética.

En otras épocas fue el oro. También el hierro, el petróleo y el trigo. Pero hoy, el mayor tesoro, el más preciado en las sociedades desarrolladas, es la materia gris. La capacidad de pensar creativamente, de abrir caminos y descubrir atajos, de inventar nuevos mundos, es altamente valorada en los países que están a la vanguardia del crecimiento científico y técnico. Los Estados Unidos, la U.R.S.S., el Japón, Israel, China, Francia, Alemania o Gran Bretaña convierten hoy en tarea prioritaria la detección de talentos y posibles "genios", para formarlos desde chicos en la vía de la creatividad. En todos esos países existen campañas para la búsqueda de jóvenes "superdotados" a fin de reclutarlos para una formación muy especial. Aunque los métodos pedagógicos no son los mismos, existe una consigna común: se buscan jóvenes para enseñarles a aprender.

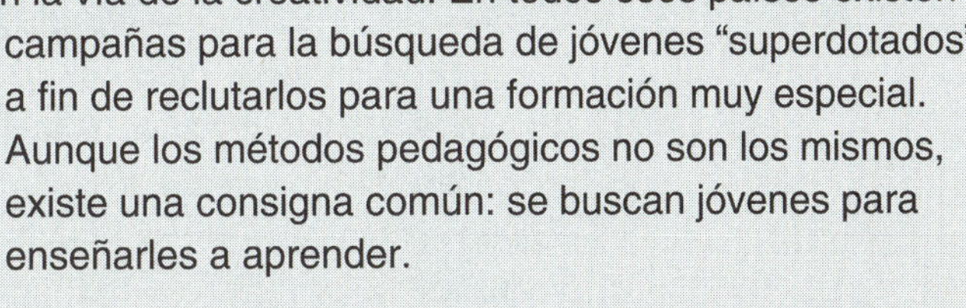

## Talento para sobrevivir

En Israel se considera que preparar "genios" es una cuestión de supervivencia nacional. Y a ello se dedica la escuela Ofek (horizonte, en hebreo), un instituto de Jerusalén que recibe a un grupo de adolescentes un solo día por semana, mientras el resto del tiempo van a un colegio común. Pero ese día es muy especial: cada chico elige un tema para desarrollar y lo hace de manera superintensiva aunque una de las preocupaciones principales de los profesores es mantener una constante inquietud acerca de otras cuestiones. Y si advierten que el chico evita algún tema, lo incitan a estudiarlo contra su propio gusto, como una manera práctica de afrontar cuestiones temidas. Cada alumno se enfrenta en todo momento con desafíos, novedades e incógnitas. Porque en la escuela Ofek lo principal no es atiborrar a los estudiantes con conocimientos sino enseñarles a pensar con método y sin tabúes. "Aquí no hay cuadernos ni tampoco vanas competencias entre los estudiantes. Lo que importa —dice Leo Sokolovsky, uno de los profesores—, no es ser mejor que los otros sino desarrollar lo mejor de cada uno. Lo único que verificamos es el progreso de cada estudiante respecto del semestre anterior". Y una de las mejores muestras de los resultados obtenidos es que, dos por tres, los alumnos ponen en aprietos a sus maestros mientras les explican el teorema de Peano, la lingüística generativa o la teoría de la relatividad general de Einstein. Pero los profesores están felices, porque saben que esos chicos que podrían quedar perdidos en la medianía de la escuela común tienen aquí la posibilidad de encontrar su propio camino.

**El método socrático**

En la década de 1960 Estados Unidos se vio obligado a cambiar sus planes educativos para enfrentar el desafío que le proponía la Unión Soviética con sus Sputniks. Y desde hace algunos años, al énfasis puesto en la educación general se le agregó la búsqueda de chicos con condiciones especiales para prepararlos con vistas a la creación en las fronteras de la ciencia y la tecnología. La escuela Dalton de Nueva York es un lugar clave para ese objetivo. Allí, el método socrático funciona en plenitud. Al igual que en Ofek, nadie quiere llenar las cabezas con datos y más datos sino todo lo contrario: lo único valioso es hacer que las mentes florezcan. En una atmósfera nada formal, los chicos son llevados paso a paso hacia el tratamiento científico de los interrogantes del universo. Sin embargo, los maestros de la escuela Dalton son conscientes de que la formación científica no puede obviar el arte y el conocimiento de las humanidades. Los chicos hacen teatro, aprenden música y dibujan. "Trabajamos con grupos muy reducidos —dice el director de la escuela—, de manera que la relación con el profesor es muy estrecha y ambos mantienen un diálogo permanente. Tendemos a descubrir desde muy temprano cuál es la orientación vocacional del chico y entonces apuntamos con fuerza en esa dirección, pero sin descuidar su formación global. Sin embargo, tenemos una regla de oro: el enciclopedismo es enemigo de la creatividad".

**Estudiantes en Siberia**

En la U.R.S.S. y en Francia, la preocupación por desarrollar nuevos talentos forma parte de tradiciones escolares muy sólidas, donde la exigencia sobre los estudiantes de la escuela común es muy rigurosa. En las escuelas soviéticas y francesas actuales, la educación es tan diversa como intensiva.

La U.R.S.S. manda sus futuros genios a Siberia. Allí en Novossibirsk, la Ciudad de la Ciencia, los 300 chicos más talentosos seleccionados en el inmenso territorio soviético a través de las Olimpíadas del Saber, son formados en una escuela especial. Durante varios años se volcarán sobre ellos los conocimientos de los mejores profesores de ciencia y materias humanísticas, dispuestos a que los chicos saquen el máximo provecho de laboratorios magníficamente equipados, talleres de computación de primer nivel y toda clase de facilidades para cada disciplina. Sus maestros se vanaglorian de contar entre los alumnos a Sasha Petrov, de 13 años, campeón juvenil de ajedrez de la U.R.S.S.; a Serguei Shkut, extraordinario matemático de 9 años y escritor de ciencia ficción en los ratos libres; y a Katia Metechetina, pianista célebre de sólo 12 años.

En Francia existen dos escuelas, los institutos Beaulieu y Jóvenes Vocaciones. El primero tiene un régimen regular para niños entre los 8 y los 14 años, donde se los forma con extremo cuidado en ciencias, filosofía y artes. En cambio, el segundo se parece más a las escuelas de su tipo en Israel y Nueva York, ya que los alumnos "superdotados" concurren una o dos veces por semana para dedicarse de lleno a las materias de su preferencia pero, también, a las artesanías y el arte.

La escuela francesa ofrece a los chicos una formación muy sólida. En ese marco, los jóvenes candidatos a las escuelas especiales deben ser verdaderos "superdotados" que superan rápidamente el alto nivel general. Ambos institutos prestan una especial atención a los aspectos afectivos de sus alumnos, pues "es bien conocido —dice Geneviève Prat, directora del instituto Beaulieu— que la mayoría de esos chicos suelen sentirse aislados de sus pares, ya sea por extremada apetencia lógica y razonadora, como por rasgos que muchas veces rondan con la más insoportable pedantería. Creo que muchos de estos chicos se refugian en el intelecto para eludir miedos muy profundos, que otros adolescentes canalizan a través del juego. Uno de los objetivos de mi escuela es ayudar a los niños superdotados a que sufran menos. Con eso me conformo".

**Por el bien de la patria**

En China, ser un genio por el bien de la patria es un objetivo inculcado desde pequeños a los niños que estudian en la Escuela Número 8 de Pekín. Estos escolares privilegiados reciben constantemente premios, medallas y menciones honoríficas, a lo largo de una carrera que, se espera, culminará en multitud de premios Nóbel de ojos rasgados. Uno de los alumnos declara, orgulloso: "Amo a mi escuela, a mis maestros y a mis compañeros y quiero llegar a ser Ministro de Defensa para servir a mi país". Mientras en otros países se presta relativa atención a los tests que marcan el coeficiente intelectual, en China los niños que van a ingresar a la Escuela Número 8 deben superar, obligatoriamente, los 145 puntos de la escala de Binet. Pero, además, deben cumplir requisitos muy rígidos de "salud moral y política".

El atraso científico y tecnológico de China es un constante acicate[1] para acercarse a Occidente en las disciplinas de punta[2]. Al igual que en la U.R.S.S., en todo el país se organizan anualmente competencias sobre distintos aspectos del conocimiento. Los ganadores son sometidos a procesos de selección y finalmente se los convoca para ingresar en escuelas especiales, como la Número 8. En un país donde la enseñanza es tradicional y repetitiva, estos laboratorios para fabricar "genios" son notablemente distintos. Pese a las restricciones para un pensamiento verdaderamente libre —como el que se encuentra en sus iguales de Estados Unidos, la U.R.S.S., Francia o Israel—, en las escuelas para "superdotados" de China se tolera cierto margen de independencia e individualismo. De lo contrario, la tarea sería totalmente imposible pues un genio es como una flor: si lo encierran, se marchita y muere.

1. estímulo
2. sobresalientes

### Todo tiene medida, incluso la inteligencia

Marilyn vos Savant es poseedora de una medida asombrosa, 228, que la hizo ingresar al Libro Guiness de los récords. Pero ese número no se refiere al diámetro de sus caderas sino al coeficiente intelectual más alto que se haya medido hasta ahora. Esta clase de medición de la inteligencia, creada por el psicólogo experimental Alfred Binet al empezar el siglo, es un tema de permanente discusión para psicólogos y educadores, que disponen de una gran cantidad de pruebas —denominadas habitualmente con el término inglés *tests*— que intentan evaluar la inteligencia normal y, también, aquéllas que escapan a la medida. En general, se trata de series de preguntas y respuestas o resolución de problemas de acuerdo con ciertas normas arbitrariamente establecidas. Los tests de coeficiente intelectual (CI, también conocidos por sus siglas en inglés: *IQ)* son muy utilizados para predecir el rendimiento de los niños en la escuela, pero cada vez menos para establecer categorías como "superdotado" o "infradotado". Actualmente, en Estados Unidos se diseñan nuevas pruebas que incorporan las capacidades emocional, práctica y experimental, por ejemplo. Una de las principales críticas que se les hace actualmente a los tests clásicos de CI es que están básicamente referidos a la formación cultural del sujeto observado, factor que impide establecer comparaciones válidas. Otros críticos son más tajantes: para Stephen Jay Gould, profesor de biología en Harvard, "las mediciones de la inteligencia que tratan de precisarla con una cifra, como el CI, son sólo una versión siglo XX de la craneometría del siglo XIX". ■

## Después de leer

1. ¿Qué países están a la vanguardia del crecimiento científico? ¿Qué se valora en esos países? [E]
2. ¿Qué es Ofek?
3. ¿Por qué se vio obligado Estados Unidos a cambiar sus planes educativos? [E]
4. ¿Cómo se puede describir la escuela Dalton?
5. Según el artículo, en la escuela Dalton tienen "una regla de oro: el enciclopedismo es enemigo de la creatividad". ¿Qué cree que significa esta frase?
6. ¿Adónde mandaban a los genios de la antigua U.R.S.S.? ¿Qué hacían allí?
7. ¿Qué tipo de escuelas existen en Francia?
8. ¿Cuál es una diferencia de las escuelas para "superdotados" de China? ¿Qué se les inculca a los niños que estudian en la Escuela Número 8 de Pekín?
9. En el artículo, se compara a un genio con una flor. ¿Está de acuerdo con esa comparación? ¿A qué tipo de muerte se refiere la comparación? [E]

1. EE.UU., la antigua U.R.S.S., Japón, Israel, China, Francia, Alemania y Gran Bretaña. Se valora la capacidad de pensar creativamente, de abrir caminos y descubrir atajos, de inventar nuevos mundos, etc. / 2. Una escuela en Israel que se dedica a la preparación de "genios". / 3. Tuvo que enfrentar el desafío que le proponía la Unión Soviética con sus Sputniks. / 4. Se preparan a los estudiantes para la creación en las fronteras de la ciencia y la tecnología. / 5. Las respuestas pueden variar. / 6. A Siberia. Allí asistían a una escuela especial con los mejores profesores de ciencia y materias humanísticas. / 7. Tienen el Instituto Beaulieu que tiene un régimen regular que se concentra en ciencias, filosofía y artes. También tienen el Instituto Jóvenes Vocaciones en el cual los alumnos "superdotados" se pueden dedicar a las materias de su preferencia, a las artesanías y al arte. / 8. Los estudiantes deben cumplir requisitos muy rígidos de "salud moral y política". Se les inculca que deben ser genios por el bien de la patria. / 9. Las respuestas pueden variar.

## Para escribir y comentar

1. En este artículo se habla de varias escuelas para estudiantes superdotados. ¿Piensa Ud. que estas escuelas son mejores para este tipo de estudiantes que una regular? Comente en su diario al respecto.
2. Según el artículo, en la escuela Ofek "no hay cuadernos ni tampoco vanas competencias entre los estudiantes. Lo que importa no es ser mejor que los otros, sino desarrollar lo mejor de cada uno. Lo único que verificamos es el progreso de cada estudiante respecto del semestre anterior". ¿Cómo difiere esta escuela de las escuelas tradicionales? En grupos de tres o cuatro estudiantes, describan una escuela típica de EE.UU. Hagan una lista de características de estas escuelas. [E]

Estas preguntas se pueden utilizar para comentar en clase o como tema para un ensayo.

3. ¿Por qué se considera "la materia gris" el mayor tesoro en las sociedades desarrolladas? ¿Está de acuerdo con este punto de vista? ¿Cree que esto es verdad en los EE.UU.? ¿Por qué? ¿Cree que los superdotados deben ser una prioridad en el sistema educativo? ¿Por qué?
4. Según el artículo, la mayoría de los chicos superdotados suelen sentirse aislados de sus pares. ¿Qué piensa acerca de la vida de esos chicos? ¿Llevan una vida "normal"? ¿Por qué? Describa la vida de un chico superdotado según lo que ha leído.
5. ¿Hay distintas formas de inteligencia que tal vez no se reconocen en la escuela tradicional? Comente al respecto.
6. ¿Cuáles son algunas de las características de una persona superdotada? ¿Existen características universales que se aplican a cualquier persona superdotada de cualquier cultura? Según algunas investigaciones en el campo de la educación, cada cultura valora diferentes dotes. ¿Qué se valora en la cultura hispana? ¿Tener un buen sentido del humor? ¿Ser buen atleta? ¿Ser inteligente? Hágales estas preguntas a dos personas hispanas y comparta sus respuestas con el resto de la clase.
7. Piense en una persona que Ud. crea que es superdotada. ¿Es superdotada en todos los aspectos de su vida? ¿En qué aspectos de su vida la considera superdotada? Escriba un ensayo en el cual describe a esa persona y explica por qué cree que es superdotada.

# 3 La educación formal

## Prelectura

Hoy en día, la educación tiene un papel importante en el desarrollo de un individuo. Es esencial para poder competir en el mundo laboral, político y social; sin embargo, muchos estudiantes en este país están saliendo de la escuela sin haber adquirido los conocimientos y destrezas necesarias.

Debemos preguntarnos entonces, ¿estamos haciendo lo suficiente para preparar a los futuros ciudadanos del país? ¿Les damos a los alumnos suficientes oportunidades para que aprendan a ser creativos e independientes? ¿Les enseñamos a pensar de una manera crítica e innovadora? Piense en su educación y en las actividades que hacía en la escuela. ¿Se le daban oportunidades de usar su imaginación y de pensar por sí mismo? Después de discutir estas ideas con sus compañeros, lea el ensayo, "La educación formal", que trata de la educación en el Ecuador, y compare las ideas que se presentan con lo que ustedes han discutido.

## *La educación formal*

La educación que se imparte en las aulas sirve a nuestros jóvenes para un mejor desempeño en sus vidas cotidianas porque les permite comprender y entender el sistema socio-económico-político-cultural en el que actúan.

Este beneficio de la educación formal se puede comprobar cuando los individuos desarrollan varios mecanismos que facilitan el ordenamiento de sus vivencias, demandan mayor cantidad de información, manejan mejores estrategias para resolver los problemas de la vida diaria, etc.

Cuando los aspectos antes mencionados confluyen, los individuos superan los niveles de ingenuidad, los déficits de conocimientos y las apariencias de los fenómenos hasta llegar a descubrir el porqué de los hechos que suceden en la naturaleza y la sociedad. Pero, desgraciadamente, esa confluencia se logra en pocos estudiantes debido a la naturaleza de nuestro sistema de educación formal que ha sido calificado una y otra vez como "bancario[1]".

Dicho sistema educativo está diseñado de tal manera que alimenta el individualismo, la competencia personal y el egoísmo. Obliga a los jóvenes a repetir no solamente los contenidos de las materias, sino también los criterios personales del profesor. Reproduce y fortalece los valores autoritarios de la sociedad, porque el profesor siempre tiene la

1. sistema tradicional en el que se "deposita" información

razón. Obstaculiza el desarrollo de las capacidades críticas y autocríticas entre los estudiantes, a cambio de interiorizar los hábitos memorísticos, etc.

Por esto, es aquí donde más claramente se devela uno de los principales papeles que cumple la educación formal, que consiste en reproducir normas, valores, costumbres y conocimientos de una sociedad en un momento determinado. Entonces se explica, pero nunca se puede justificar, por qué en las escuelas y colegios se moldean mentalidades conformistas, dóciles y repetitivas, antes que mentalidades creativas, críticas e innovadoras.

A esta situación se suma el hecho de que la mayoría de los jóvenes se olvidan de los conocimientos, más bien dicho de "la información embutida a la fuerza", cuando ha pasado poco tiempo. O, lo que es más grave aún, no les son útiles cuando se integran a un empleo que requiere de algún grado de calificación.

Pero, además, cuando lo encuentran, necesitan autocapacitarse, buscan varios libros: los leen pero no los entienden. Entonces descubren, en la mayoría de casos, que ni siquiera les han enseñado a comprender y asimilar la información escrita.

Otro aspecto que debe mencionarse, se refiere al papel que desempeña la educación en la creación de nuevas formas de estratificación y movilidad social. Éstas refuerzan, por un lado, los criterios de "llegar a ser alguien en la vida", si es que se es profesional universitario (doctor, ingeniero, arquitecto, licenciado...). En este contexto es preferible no "quedarse como" artesano, agricultor, trabajador de oficio, conserje, taxista, etc. Por otro lado, generan muchas frustraciones entre los jóvenes que constatan que a un mayor nivel de instrucción no corresponden necesariamente mayores posibilidades de empleo, sino de "palanqueo[2]". Porque se privilegia a la educación privada, no a la pública, y a la que se imparte en la capital, no a la de provincias.

2. palanca: apoyo, influencia

Entonces, los establecimientos de educación formal son espacios de permanente coacción a la juventud, a la que se mira con desconfianza. Esto a su vez provoca un sentimiento de miedo al profesor, bajos niveles de rendimiento. De ahí que los jóvenes busquen otros espacios para solucionar sus expectativas, sus problemas y sus inquietudes.

Frente a todo este panorama, en el Centro Andino de la Juventud (CAJ) proponemos cambiar las estructuras educativas con el propósito de brindar mayores espacios de autorrealización a los jóvenes. Se debe diseñar un programa de capacitación y actualización permanente para los profesores, se debe instruir para desterrar el maltrato a los estudiantes y desarrollar cursos que se orienten a estrechar las relaciones entre padres, profesores y estudiantes.

Coincidimos con los planteamientos hechos por Monseñor Alberto Luna Tobar, obispo de Cuenca[3], en el sentido de que no debe encauzarse la educación de la juventud por los márgenes del irrespeto, la duda permanente, el odio y el desconocimiento de lo que sucede en su comunidad. Eso no hace sino mal formar a los individuos, que se alejan paulatinamente de la comunidad y, por tanto, se deshumanizan, se vuelven irrespetuosos de los demás y, en consecuencia, se enfrentan a amplios riesgos de fracaso.

3. ciudad en Ecuador

Es necesario diseñar un sistema de educación formal guiado por principios indubitables de libertad, de respeto y de acercamiento a la comunidad, ya que no es posible permitir que sigan surgiendo personas de gelatina, que se acomodan a cualquier molde de plástico, e irrespetuosas de la cultura de los demás.

Finalmente, no quisiéramos ver otro *graffiti* que rece —como aquel de las paredes del colegio Benalcázar—: "si la estupidez es una virtud, ustedes son virtuosos". ■

1. Sirve para un mejor desempeño en las vidas de los jóvenes porque les permite comprender el sistema socio -económico-político-cultural en el que actúan. / 2. Les ayuda a comprender el sistema socio-económico-político-cultural, facilita el ordenamiento de sus vivencias, demandan mayor cantidad de información, manejan estrategias para resolver los problemas diarios y llegan a descubrir el porqué de los hechos que suceden en la naturaleza y la sociedad. / 3. Los maestros "depositan" información en los estudiantes. / 4. Alimenta el individualimso, la competencia personal y el egoismo. Fortalece los valores autoritarios de la sociedad. Obstaculiza el desarrollo de las capacidades críticas y autocríticas entre los estudiantes. Se moldean mentalidades conformistas y repetivivas, antes que mentalidades creativas, e innovadoras. / 5. Se refuerza el criterio de "llegar a ser alguien en la vida" si se es profesional universitario. Es preferible no "quedarse como" artesano, trabajador de oficio, conserje, taxista, etc. / 6. Le puede ayudar a alguien a conseguir un empleo sólo porque conoce gente y no por tener aptitudes . / 7. Propone cambiar las estructuras educativas para brindar mayores espacios de autorrealización a los jóvenes, desterrar el maltrato a los estudiantes y desarrollar las relaciones entre padres, profesores y estudiantes. 8. Son personas que se acomodan a cualquier molde de plástico. El resto de las respuestas van a variar. 9. Las respuestas pueden variar.

## Después de leer

1. ¿Cuál es la función de la educación? ¿Para qué les sirve a los jóvenes? [E]
2. ¿Cuáles son cinco de los beneficios de la educación formal? [E]
3. ¿Qué significa el término "bancario" cuando se utiliza para describir el sistema de educación? Describa ese tipo de sistema. [E]
4. Según el artículo, ¿cuáles son los problemas que existen en el sistema de educación de Ecuador?
5. ¿Qué papel desempeña la educación en la creación de nuevas formas de estratificación y movilidad social?
6. ¿Cómo puede afectar "el palanqueo" al tratar de conseguir un empleo? [E]
7. ¿Qué propone hacer el Centro Andino de la Juventud (CAJ) para cambiar las estructuras educativas? [E]
8. El autor usa la frase "personas de gelatina" en su ensayo. ¿A qué se refiere? ¿Cree Ud. que surgen "personas de gelatina" del sistema educativo en EE.UU.? ¿Por qué?
9. ¿Qué significa el *graffiti* de las paredes del Colegio Benalcázar? ¿A quiénes cree que se refiere? ¿Por qué?

## Para escribir y comentar

1. La juventud a menudo critica el valor de la educación formal protestando que mucho de lo que se enseña no es práctico y que es, a fin de cuentas, una pérdida del tiempo. Escoja dos de sus materias actuales que son obligatorias, una que Ud. piense que es sumamente útil y la otra que Ud. opine no le servirá de nada. En su diario, dé las razones por las que piensa de esa manera e indique por qué cree que se ha incluido la clase que "no sirve" en el plan de estudios para su carrera.
2. ¿Cree Ud. que los problemas a los cuales se refiere el autor del ensayo también existen en el sistema educativo estadounidense? Es decir, ¿es nuestro sistema de educación un sistema bancario? ¿Se moldean mentalidades conformistas, dóciles y repetitivas? Comente al respecto. [E]
3. En grupos de tres o cuatro estudiantes, describan cinco problemas y cinco aspectos positivos del sistema educativo. Comparen sus resultados con los del resto de la clase.

4. Escriba una carta a algún oficial a nivel local, estatal o nacional, en la cual Ud. propone algunas soluciones a los problemas del sistema educativo en EE.UU. [E]
5. ¿Qué significa en español **"ser bien educado"**? ¿Como se compara con el significado de la palabra *educated* en inglés? Comenten al respecto en grupos y después comparen lo que comentaron con el resto de la clase. [E]
6. ¿Han cambiado las escuelas / el sistema educativo / los métodos de enseñanza desde que Ud. asistía a la escuela primaria? Entreviste a un estudiante de pedagogía o de magisterio acerca de algunos de los cambios. Comparta lo que aprendió de la entrevista con el resto de la clase.

# Estrategias de escritura

## La descripción

Al escribir un ensayo descriptivo, el escritor debe pintar un cuadro de una persona, un objeto o una escena usando detalles sensoriales. Así como el pintor usa distintos colores para pintar, el escritor usa palabras para crear un cuadro vívido que recree para el lector las escenas, sonidos, olores y sabores que contribuyen a la impresión completa de lo descrito.

El escritor de una descripción debe guiar al lector. Para lograr esto, los detalles deben seguir un determinado orden espacial. Se puede describir una escena de arriba hacia abajo, de un lado a otro, de adentro hacia afuera, o de lo más lejano a lo más cercano (o lo inverso). El escritor también puede dar los detalles según el orden en que los observa. El orden que se escoja depende de lo que se vaya a describir y de la impresión que se le quiera dar al lector. Si se describe, por ejemplo, un salón de clase, tal vez sea más apropiado usar el orden espacial. Pero si uno observa una pintura, podrían descubrirse los detalles en el orden en que se observan. Lo importante es que el escritor deje en el lector una impresión vívida de lo que describe.

## Actividades

1. Antes de escribir, practique la descripción oralmente con esta actividad. Todos los alumnos deben participar para que así comparen el vocabulario, las ideas y la manera en que cada uno describe.
   a. Describa brevemente a una maestra que usted recuerde.

b. Describa algún salón de clase que recuerde o el salón de clase en que se encuentra en este momento.

c. Describa a su mejor amigo cuando usted estaba en primaria o secundaria

2. Escoja una de las fotos que aparecen en este capítulo y descríbala en un párrafo.
3. Escoja una de las actividades del capítulo que requieran la descripción. Desarrolle un ensayo descriptivo siguiendo los pasos que se han sugerido en los primeros capítulos, desde la limitación del tema hasta la versión final.
4. Escriba un ensayo descriptivo sobre la persona que más ha influido en su educación. Incluya las características físicas y la personalidad de esta persona. Organice su información en un bosquejo antes de escribir, y siga todos los pasos que ha aprendido en los capítulos anteriores.

# Lenguaje

## La acentuación

### Palabras que no están de acuerdo con la Regla N° 1 o N° 2

Usted probablemente recuerda las primeras dos reglas de acentuación que se estudiaron anteriormente:

Recuerde que el acento **tónico** es el **énfasis** o la fuerza que se le da a la palabra al pronunciarla. **No** se escribe.

**Regla N° 1:** Las palabras que terminan en vocal, **n** o **s,** normalmente tienen el acento tónico en la penúltima sílaba.

**Regla N° 2:** Las palabras que terminan en consonante, menos **n** o **s,** normalmente tienen el acento tónico en la última sílaba.

Todas las palabras que se estudiaron y que se rigen por estas dos reglas no requieren acento ortográfico. Las palabras que **no** están de acuerdo con la **Regla N° 1** o **N° 2,** requieren acento ortográfico en la vocal de la sílaba tónica. Si hay dos vocales en la misma sílaba, el acento ortográfico va en la vocal fuerte. (Las vocales fuertes son **a, e, o;** las débiles son **i, u.** La combinación de una vocal fuerte con una débil o la combinación de dos vocales débiles localizadas en una sola sílaba constituye un diptongo. Se hablará más sobre el diptongo en el Capítulo 7.)

Las palabras deben dividirse de la siguiente manera y todas requieren acento ortográfico.
Regla N° 1:
sá / ba / do;
a tra / vés;
si / tua / ción;
ló / gi / co;
a / ca / dé / mi / co;
re / pú / bli / ca;
re / la / ción;
jar / dín;
po / lí / ti / ca;
mú / si / ca;
in / glés;
no / ción;
pe / da / gó / gi / co;
men / ción;
Regla N° 2
di / fí / cil;
ár / bol;
fá / cil;
dó / lar;
Héc / tor;
Gon / zá / lez;
már / mol;
tú / nel;
lá / piz;
cár / cel;
már / tir;
Mén / dez;
al / mí / bar;
ca / ní / bal;
etc.

Regla N° 1 Todas las palabras terminan en vocal, **n** o **s** y el acento tónico debe estar en la penúltima sílaba. No es así; por lo tanto, requieren acento ortográfico. Regla N° 2 Todas las palabras terminan en consonante menos **n** o **s,** y el acento tónico debe estar en la última sílaba. No es así; por lo tanto requieren acento ortográfico.

El profesor pronunciará cada una de las siguientes palabras, porque tal vez haya algunas desconocidas y Ud. no sepa dónde llevan el acento tónico. Pronúncielas, divídalas en sílabas y subraye la sílaba tónica. (Recuerde que tendrá más éxito si las pronuncia en voz alta, exagerando la pronunciación.) Aplique la **Regla N° 1** o **N° 2,** según el caso y escriba el acento ortográfico en la letra apropiada.

| **Palabras que no están de acuerdo con la** | | | |
|---|---|---|---|
| **Regla N° 1** | | **Regla N° 2** | |
| sabado | jardin | dificil | tunel |
| a traves | politica | arbol | lapiz |
| situacion | musica | facil | carcel |
| logico | ingles | dolar | martir |
| academico | nocion | Hector | Mendez |
| republica | pedagogico | Gonzalez | almibar |
| relacion | mencion | marmol | canibal |
| | | | |

## Ejercicios

1. Explique la razón por la cual las palabras anteriores necesitan acento ortográfico.
2. En las lecturas de este capítulo o de los anteriores, identifique diez palabras que se rijan por la **Regla N° 1** o **N° 2** y diez que no estén de acuerdo con estas reglas.
3. El profesor presentará en forma de dictado una lista de palabras; su tarea será dividirlas en sílabas, subrayar la sílaba tónica y escribir el acento ortográfico si lo necesita.

## Verbos que requieren preposición al usarse con un infinitivo

En español hay un grupo de verbos que requieren la preposición **a, de** o **en** al usarse con el infinitivo. En las lecturas de este capítulo, Ud. encontrará algunos de estos verbos y otros que no exigen ninguna clase de preposición. Aunque estos verbos se pueden aprender de memoria, probablemente la mejor manera de aprender a manejarlos es con el uso y la práctica, ya sea mediante la lectura, el habla o la escritura. En la escritura, hay que tener cuidado con los verbos que requieren el uso de la preposición **a** al usarse con infinitivos que empiezan con **a-** o **ha-,** porque al asimilarse estos sonidos unos con los otros y, al no pronunciarse, podemos tener la tendencia a no escribir la preposición. Por ejemplo, note las siguientes oraciones:

**Correcto**

Pepe le ayud**a a ha**cer su trabajo.
El hombre se puso **a a**legar con el vecino.

Note que al usar un verbo de alta frecuencia como **ayudar** en una de sus formas que no terminan en **a,** probablemente Ud. no omitiría esta preposición:

El simbolo * indica un error gramatical.

| **Correcto** | **Incorrecto** |
|---|---|
| Pepe le ayudó a terminar su trabajo. | *Pepe le ayudó terminar su trabajo. |
| El hombre se puso a cantar. | *El hombre se puso cantar. |

A continuación se presentan tres categorías de verbos que se usan con una preposición.

Algunos verbos que se usan con la preposición **a**:

| | | |
|---|---|---|
| acercarse a | comenzar a | invitar a |
| acostumbrarse a | decidirse a | llegar a |
| aprender a | dedicarse a | ponerse a |
| atreverse a | echarse a | subir a |
| ayudar a | enseñar a | volver a |

(Note que los verbos de movimiento usan la preposición **a** cuando les sigue el infinitivo, por ejemplo: *Vinimos a felicitarlos.*)

Algunos verbos que se usan con la preposición **de**:

| | |
|---|---|
| acabar de | dejar de |
| acordarse de | lamentarse de |
| alegrarse de | olvidarse de |
| cansarse de | terminar de |
| darse cuenta de | tratar de |

Algunos verbos que se usan con la preposición **en**:

| | |
|---|---|
| consentir en | fijarse en |
| consistir en | insistir en |
| convenir en | pensar en |
| empeñarse en | quedar en |
| entretenerse en | tardar en |
| equivocarse en | vacilar en |

## Ejercicios

1. Repase las lecturas de este capítulo y busque diez verbos que se usan con preposición. Copie las oraciones. Lea cada oración en voz alta omitiendo la preposición. ¿Cómo suena cada una?
2. ¿Opina Ud. que existe una explicación lógica para el uso de estas preposiciones? Comente al respecto.

## La diversidad lingüística

En los artículos "El primer día de escuela" y "Ya no quería ir a la escuela" vimos ejemplos del lenguaje de algunos niños méxicoamericanos. A pesar de que hablamos español, tal vez no pudimos entender todas las expresiones que usaron. ¿Por qué? Ningún idioma es totalmente uniforme de un sector social a otro, de una región a otra o de una generación a otra. Nada más hay que observar cómo hablan ustedes en comparación a sus padres o familiares mayores, ya sea en español o inglés. Hay diferencias de vocabulario y terminología a tal punto que la generación mayor se queja de que a la juventud no se le entiende porque están degenerando y destruyendo el idioma por completo. ¿Está Ud. de acuerdo? ¿Cuáles son algunos ejemplos de jerga *(slang)* en inglés que Ud. usa? ¿Y en español? ¿Lo entienden sus padres cuando habla así? En esta sección, vamos a estudiar y a observar un poco un fenómeno lingüístico que nos afecta a todos: la diversidad en el lenguaje.

## Ejercicios

Puede exigir más variantes si gusta.

1. La siguiente actividad le ayudará a ver un aspecto de la diversidad lingüística en español:

a. Haga una lista de palabras o términos para cada una de las categorías presentadas a continuación (frutas y verduras, animales, etc.). Puede empezar la tarea con los nombres populares ("así lo digo yo") o con lo que se encuentra en el diccionario.

b. Comparta su lista con dos personas de distintas regiones o países de habla española para hacer una comparación de la terminología.

c. Pregunte a sus dos informantes qué términos creen que son los más conocidos o los más "correctos" y por qué piensan de esa manera.

| Categorías | Variantes, grupo 1: Nombres o términos según el diccionario | Variantes, grupo 2: Así lo digo yo | Variantes, grupo 3: Así lo dicen en _______ | Variantes, grupo 4: Así lo dicen en _______ |
|---|---|---|---|---|
| frutas y verduras | 1.<br>2.<br>3.<br>4.<br>5.<br>etc. | | | |
| animales | 1.<br>2.<br>3.<br>4.<br>5.<br>etc. | | | |
| prendas de vestir | 1.<br>2.<br>3.<br>4.<br>5.<br>etc. | | | |
| artículos del hogar | 1.<br>2.<br>3.<br>4.<br>5.<br>etc. | | | |
| expresiones comunes | 1.<br>2.<br>3.<br>4.<br>5.<br>etc. | | | |

2. Después de hacer su estudio, compare los resultados con los de otros compañeros de clase. Discutan lo siguiente:

a. ¿Cuáles son las razones de esta diversidad lingüística?

b. ¿Cuáles son las formas "correctas"? ¿Por qué?

c. ¿Debemos todos hablar igual? ¿Por qué? ¿Cuál es la razón por la que no lo hacemos?

d. ¿Piensan que la manera de expresarse la juventud, en inglés y español, es "correcta" o "incorrecta"? ¿Por qué?

e. ¿Existe el inglés oral "correcto"? ¿El español oral "correcto"? ¿Dónde y cuándo se usa? ¿Quién lo usa?

f. ¿Piensan que hay lugar para la jerga en nuestra sociedad? ¿En inglés? ¿En español?

## Lenguaje formal vs. lenguaje informal

En español, como en cualquier otro idioma, una persona se puede comunicar utilizando diferentes estilos o niveles de lenguaje, ya sea formal o informal. Hay varios factores que influyen en el tipo de lenguaje que se usa en una situación determinada, por ejemplo, la educación, la edad y el nivel socioeconómico del individuo, la localidad o el ámbito, el tema, la persona a quien se le dirige la palabra, etc. Es importante aclarar que no se trata de lo "correcto" o lo "incorrecto"; todos modificamos la manera en que hablamos en un momento determinado de acuerdo con ciertas circunstancias sociales y psicológicas. La diversidad lingüística es un fenómeno natural y el idioma varía o cambia de acuerdo a ciertos elementos importantes que incluyen: la procedencia, el nivel socioeconómico y educacional tanto del hablante como del oyente, el tema y el ámbito donde se está hablando.

Ahora vamos a ver otra dimensión o perspectiva que se sobrepone con los tres elementos mencionados: el lenguaje formal e informal.

Primordialmente, en lo que se refiere al nivel de formalidad, se tiene que tomar en cuenta el medio comunicativo, ya sea oral o escrito.

Examine el esquema que sigue:

| Tipo | Comunicación oral | Comunicación escrita |
|---|---|---|
| Comunicación entre amistades o familiares | conversación | carta familiar o informal |
| Comunicación con el jefe / un cliente | explicación de algún asunto | carta comercial o formal |
| Ensayo / Discurso | presentación oral en clase | informe o trabajo |

Una carta o una conversación entre amistades es distinta a una comunicación con el jefe. La primera es informal, mientras que la segunda tiene ciertos elementos de lo formal. Exactamente, ¿qué significa "formal" o "informal"? El lenguaje formal e informal abarca la pronunciación (u ortografía en lo escrito), el vocabulario y la sintaxis. Hay ciertas palabras y expresiones, así como ciertos temas, que evitamos en situaciones formales, tal vez porque resultan inapropiados, ofensivos o aun groseros. En otras circunstancias, sin embargo, serían perfectamente aceptables y apropiados. El lenguaje formal puede incluir un vocabulario preciso y exacto, con la terminología necesaria para un campo determinado, como por ejemplo, la pedagogía, la administración de empresas, la diplomacia, la medicina, el derecho, la ingeniería o el periodismo. Aparte de que cada uno de estos campos cuenta con su propia jerga (terminología especializada), los ámbitos en que se usa tienden a ser formales, es decir, dentro del sector público en vez del privado.

En las lecturas que se incluyen en la primera parte de este capítulo, los personajes se expresan utilizando un lenguaje informal. Este tipo de lenguaje se puede describir usando las siguientes características:

- palabras en inglés incorporadas al español (cambio de código lingüístico / *code switching*) Por ejemplo: *team, backstop, playground.*
- palabras apocopadas. Por ejemplo: *pa', 'apá, 'tá.*
- expresiones coloquiales. Por ejemplo: *Se arrancaba derechito pa' la casa.*
- anglicismos. Por ejemplo: *chutes, tíquete.*

En las otras lecturas, se nota la diferencia en el lenguaje porque ya no se trata de personajes que viven en sitios rurales, sino de ensayos o exposiciones a otro nivel. Note la siguiente terminología:

- *las autoridades magisteriales*
- *la población estudiantil*
- *...pueda generar hipótesis, inferir conclusiones, sintetizar el conocimiento y desarrollar el razonamiento lógico y matemático y que de esta manera su capacidad cognoscitiva gane en profundidad y amplitud.*

Este tipo de lenguaje es apropiado sólo en ciertos ámbitos formales y usarlo en circunstancias informales resultaría absurdo y ridículo.

Otro aspecto del lenguaje formal en español se relaciona con la manera en que le dirigimos la palabra a otra persona, lo que se llama en la gramática la segunda persona. En inglés, sólo existe la forma *you.* En español, existen **usted, ustedes, tú, vos** y **vosotros,** cada uno de los cuales tiene sus correspondientes formas verbales, pronominales, posesivas y complementarias.

Las reglas sociales que rigen el nivel de formalidad varían de sitio en sitio. Por el momento basta con decir que en términos generales la forma **usted** se usa entre recién conocidos y en situaciones en que se trata de mostrarle respeto a otra persona. Hay ciertas regiones del mundo hispano en que la gente se trata de **usted** por mucho más tiempo que en otras. Inclusive, en algunas familias, los hijos usan **usted** con los padres. En otras familias, en cambio, algunos miembros se tutean, es decir, se tratan de **tú** y otros no. Existen algunas comunidades en que el **usted** ha desaparecido por completo y todo el mundo se tutea. En muchos casos, cuando el español se limita al ámbito del hogar, los niños sólo aprenden las formas del **tú.**

¿Por qué es importante manejar el uso o registro formal? En español el poder dirigirle la palabra a otra persona, sobre todo a un desconocido, un superior o un mayor usando el debido nivel de formalidad pone a las dos personas en un plano social equilibrado. El usar **tú** indebidamente no constituye un error gramatical, sino social. En inglés, esto sería parecido a dirigirse al ministro o al sacerdote simplemente de *John* en lugar de *Reverend Smith, Father Smith* o aun *Father John*, o de dirigirle la palabra a la profesora usando *Martha,* en vez de *Professor* o *Dr. Matthews.* El infringir estas reglas sociales puede ocasionar problemas o malentendidos. Note que en este libro, los autores se dirigen al estudiante usando **usted,** porque no los conocen y porque se trata de una situación formal.

Como situación general, se presenta el siguiente esquema que explica un poco el uso de estas formas:

Se presenta esta información para darle a conocer al estudiante algunas de las construcciones gramaticales y léxicas con que se manifiesta el nivel de formalidad en español, ya que es posible que el estudiante que sólo haya usado el español en la intimidad de la familia, no haya desarrollado pleno uso y conocimiento del registro formal.

| Forma singular | Forma plural | Uso | Regiones / Ámbitos |
|---|---|---|---|
| usted (Ud.) | ustedes (Uds.) | formal | La gran mayoría del mundo de habla española |
| tú | ustedes | informal | La mayor parte del Nuevo Mundo |
| tú | vosotros | informal | Casi toda España |
| | | formal | Ceremonias formales, iglesia |
| vos | ustedes | informal | Ciertas regiones de Centroamérica, Argentina, Uruguay, Paraguay, Bolivia |

Es sumamente importante saber que el nivel de formalidad incluye mucho más que el simple uso de las formas anteriores. Como se mencionó anteriormente, cada una tiene sus propias formas verbales, y en vista de que en español el uso del sujeto pronominal (**yo, tú, él, usted,** etc.) en muchos casos es opcional, el verbo, el adjetivo posesivo o el complemento indirecto señala también la formalidad o informalidad. El siguiente esquema presenta algunos de los usos mencionados y se incluye solamente como información general.

| Ejemplo | Opcional | Nivel | Forma |
|---|---|---|---|
| ¿A qué hora **come?** | (Ud.) | formal | verbo |
| ¿A qué hora **comes?** | (tú) | informal | verbo |
| ¿A qué hora **comés?** | (vos) | informal | verbo |
| ¿A qué hora **coméis?** | (vosotros) | informal | verbo |
| **Le** traigo una sorpresa. | (a Ud.) | formal | Complemento indirecto |
| **Te** traigo una sorpresa. | (a ti, a vos) | informal | Complemento indirecto |
| **Os** traigo una sorpresa. | (a vosotros) | informal | Complemento indirecto |
| **Su** traje está listo. | ------ | formal | Adjetivo posesivo |
| **Tu** traje está listo. | ------ | informal | Adjetivo posesivo |
| **Vuestros** trajes están listos. | ------ | informal | Adjetivo posesivo |
| ¿Es **suyo** este coche? | ------ | formal | Pronombre posesivo |
| ¿Es **tuyo** este coche? | ------ | informal | Pronombre posesivo |
| ¿Es **vuestro** este coche? | ------ | informal | Pronombre posesivo |

## Ejercicios

1. Repase las primeras dos lecturas e identifique otros cinco ejemplos del lenguaje informal.
2. Lea las otras lecturas del capítulo e identifique cinco ejemplos de lo que Ud. considera lenguaje formal.
3. Haga una lista de palabras informales que Ud. usa, que ha oído o que ha visto en otras lecturas. Clasifíquelas de acuerdo al siguiente esquema:

| Palabras apocopadas | Expresiones coloquiales | Anglicismos | Regionalismos | Ud. / tú |
|---|---|---|---|---|
| | | | | |

4. Uno de los propósitos de este libro es exponer al estudiante a un lenguaje más formal del que tal vez esté acostumbrado a usar. En grupos de tres o cuatro, comenten los ámbitos donde este tipo de español sería apropiado y dónde no. Indiquen las razones o las consecuencias de usar un lenguaje formal en una ocasión informal y viceversa.
5. En grupos de tres o cuatro estudiantes, presenten una escena en la que usan el español informal con sus amigos o familiares. Luego presenten otra escena en la que estén conversando con un superior, un desconocido o alguien mayor. Después, con el resto de la clase, identifiquen y comenten los cambios lingüísticos que surgieron.
6. Comparen el lenguaje de las primeras dos lecturas con el de "La educación formal". ¿Qué diferencias nota en el vocabulario? ¿Y en la extensión de las oraciones?

La sección de **Evaluación** para este capítulo aparece en la página xxxvii.

# Capítulo 7
# Planificación del futuro

## Objetivos

En este capítulo, usted:

### Contenido

- Se dará cuenta de cómo las decisiones que se toman en el presente afectan el futuro de una persona.
- Identificará diferentes maneras de prepararse para el futuro.
- Comentará sobre la importancia de la educación en la preparación de una persona.

### Cultura

- Comentará sobre las semejanzas y las diferencias entre la cultura hispana y otras culturas en cuanto a la planificación del futuro.
- Comentará sobre las oportunidades que existen para el individuo hispano en cuanto a su futuro empleo.

### Lenguaje

- Podrá reconocer los diptongos y los hiatos.
- Podrá identificar y usar los adjetivos y los pronombres demostrativos.
- Reconocerá y podrá usar varias construcciones gramaticales para expresar el tiempo futuro.
- Indicará las diferencias estilísticas que connotan estas distintas contrucciones gramaticales.
- Podrá formar y usar el tiempo futuro de los verbos regulares e irregulares.

## Funciones lingüísticas del capítulo

- Pronosticar el porvenir del hispano en los Estados Unidos, basándose en la información del capítulo.

## Para empezar

Nuestro futuro es un enigma; es lo inesperado y lo desconocido. Pero a pesar de esto, forma parte de la vida diaria. Tomamos decisiones, nos comportamos y planificamos a base de lo que pensamos que será nuestro futuro. ¿Podemos de alguna manera controlar lo que vendrá? ¿Ha pensado que lo que usted hace hoy influirá en el mañana? ¿Está preparado para enfrentar lo que le espera en años venideros? En el mundo que nos rodea, ¿qué tenemos que hacer para sobreponernos y sobrellevar los obstáculos y triunfar?

A pesar de las incógnitas, una cosa sí parece clara: para estar preparados para el futuro, tendremos que educarnos lo suficiente como para poder competir con nuestros contemporáneos.

Nos urge reconocer que el éxito en cualquier etapa de la vida depende no sólo de una buena organización y de una buena educación, sino también de nuestras esperanzas. Si nos fijamos ciertas metas, estamos dispuestos a trabajar y abordamos cada tarea con una idea clara de nuestras prioridades, podremos lograr gran éxito en todo lo que emprendamos.

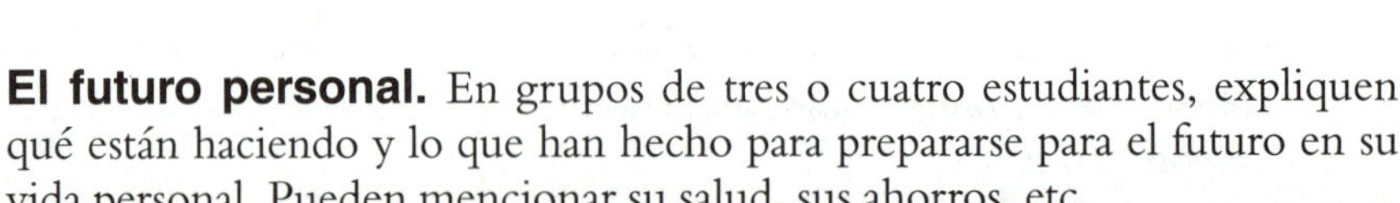

**El futuro personal.** En grupos de tres o cuatro estudiantes, expliquen qué están haciendo y lo que han hecho para prepararse para el futuro en su vida personal. Pueden mencionar su salud, sus ahorros, etc.

**¿Cómo se prepara para su carrera?** Describa la preparación necesaria para su propia carrera. Compare su preparación con la de los otros estudiantes. Puede mencionar su educación formal, los exámenes que tenga que presentar, etc.

# Estrategias de lectura

## La relación de las ideas de la lectura con las experiencias personales

Al leer un artículo, un poema u otra obra literaria, es más fácil comprender el contenido si podemos relacionarlo con nuestras experiencias personales. Como lectores, incorporamos nuestros conocimientos a la lectura. Y éstos son la base de la comprensión de la misma.

A medida que lea este capítulo, vaya comparando lo que les sucede a los personajes o aplicando las ideas de los artículos a su propia vida. Considere las semejanzas o diferencias entre cada situación de la lectura y la suya. Aunque las situaciones no sean idénticas, seguramente podrá encontrar puntos que coincidan. Por ejemplo, es probable que usted haya sentido cierta inseguridad al iniciar alguna situación nueva o desconocida. Entonces, al leer el cuento "El llegar a nacer" se puede imaginar la inseguridad que siente el bebé. Mientras más pueda relacionar sus experiencias a las de los personajes de la lectura mejor podrá comprenderla.

# 1 El llegar a nacer

## Prelectura

Antes de leer el siguiente cuento, se les puede hacer a los estudiantes preguntas como las siguientes: ¿Se ha sentido inseguro al empezar algo nuevo en su vida? Por ejemplo: cuando asistió a la universidad por primera vez, la primera vez que viajó solo, etc. Otra opción sería pedirles a los estudiantes que compartan con sus compañeros algún momento en que se sintieron inseguros de sí mismos al iniciar alguna aventura nueva.

La inseguridad del futuro puede producir miedo. Si nos pasáramos pensando en lo que va a suceder el día de mañana, probablemente viviríamos con temor y no haríamos nada. Sin embargo, los días van y vienen, hacemos nuestros planes y esperamos que nuestros deseos se cumplan. Por naturaleza nos aventuramos por ese camino inseguro que siempre nos trae sorpresas, a veces malas, pero a menudo buenas. En este cuento escrito por Ramiro R. Rea, vemos la inseguridad de un bebé que pronto iniciará una aventura. ¿Cuál es esa aventura?

# *El llegar a nacer*

Desde la tétrica cumbre de una montaña, un anciano ermitaño con un niño en los hombros se divisa. Ambos pasmados están, absortos sobre la contemplación de la hermética barranca, tan honda y obscura que parece anunciar un misterio profundo. Se rompe el plácido silencio con las inquietantes preguntas del infante.

—¿Cómo ha de ser por allá?

—No sé, pero dicen que es una experiencia totalmente distinta. Al principio sentirás el frío y la inseguridad, pero con el tiempo te acostumbrarás y ya cuando casi te has acostumbrado a tal existencia, estarás de regreso por aquí.

—¿Por qué tengo que ir? Yo no quiero ir, tengo miedo.

—Porque a todos nos toca, además lo manda el Señor.

—Sí, pero, ¿por qué yo? ¿Que no puedo quedarme aquí? Tengo miedo, además se ve muy obscura y fría la barranca.

—Yo sé, pero no temas, sólo será un momento de obscuridad y después volverás a ver la luz, no tan clara como aquí, porque aquél es un mundo entre tinieblas.

—Sí, pero, ¿por qué yo? Tengo miedo. ¿Te veré allí?

—Sí, quizás algún día nos encontraremos por allá.

—¿Estás seguro? No quiero irme sin ti. ¿Cómo sabes, viejo? ¿Cómo sabes que algún día irás?

—Porque ya lo siento. Cada día estoy más joven y siento que voy hacia la infancia. Así que algún día tendré que bajar la barranca. Pero bueno, ya es hora, hasta luego, amiguito mío.

—No quiero ir, tengo miedo, tengo frío. ¡Espera! tengo mucho miedo... Ah, ah, ah, ah... ahá, ahá, ahá, ahá... La montaña tiembla al oír el grito angustioso y desaforado que flota en el abismo y que al llegar al fondo de la barranca se convierte en el llanto anunciante de un recién nacido, que llora de miedo y a la vez de alegría de ver la luz del día. ■

Las respuestas pueden variar. / 1. En el mundo espiritual. / 2. Porque tiene miedo. / 3. A la vida, al mundo. / 4. A los que han vivido, a la vida. / 5. "Al principio sentirás el frío y la inseguridad, pero con el tiempo te acostumbrarás y ya cuando casi te hayas acostumbrado a tal existencia, estarás de regreso aquí". / 6. Porque tiene miedo y la barranca se ve muy fría y obscura. / 7. Las respuestas pueden variar / 8. La barrera que tenemos que pasar para nacer; el comienzo de una vida nueva.

## Después de leer

1. ¿Dónde cree usted que están el anciano ermitaño y el niño? [E]
2. ¿Por qué le hace tantas preguntas el niño al anciano?
3. ¿A qué se refiere el niño cuando pregunta "cómo ha de ser por allá"?
4. Cuando el anciano contesta "dicen que es una experiencia totalmente distinta", ¿a quién y a qué se refiere?
5. ¿Cómo describe la experiencia el anciano?
6. ¿Por qué no quiere ir el niño? [E]
7. ¿Piensa usted que el anciano y el niño volverán a verse algún día? ¿Por qué?
8. ¿Qué simboliza la barranca? [E]

## Para escribir y comentar

1. En su diario escriba su opinión sobre el "El llegar a nacer". Si no supiera el título, ¿podría Ud. haber descifrado el simbolismo del cuento? Comente al respecto en su diario.
2. ¿Qué le pasará al recién nacido? Escriba su propia versión de la continuación del cuento "El llegar a nacer". [E]
3. ¿Qué pasaría si en lugar de hacernos más viejos nos hiciéramos más jóvenes? ¿En qué sentido sería diferente la vida? Escriba un cuento en el cual el protagonista se va haciendo más joven. [E]

Se puede utilizar esta pregunta como tema para un debate o una composición.

Esta actividad se puede utilizar para practicar el uso del futuro.

4. Algunas personas creen que se puede predecir el futuro. ¿Le gustaría a Ud. saber lo que le espera? ¿Por qué? ¿Piensa que podría vivir tranquilo sabiendo con anticipación lo que le va a pasar? [E]
5. ¿Ha hecho usted planes para el futuro? ¿Cuáles son? Escriba un ensayo explicando sus planes. ¿Dónde estará en unos 10, 20 ó 30 años? [E]

# 2 En paz

## Prelectura

¿Qué nos traerá el futuro? Aunque no hay forma de saber la respuesta a esta pregunta, quizás sea posible tener un indicio de lo que nos espera. ¿Cómo? Pues lo que hacemos diariamente es el cimiento de nuestro futuro. Muchas veces, cuando somos jóvenes, no pensamos en los años venideros. No pensamos que algún día estaremos revisando nuestra vida, lo que hicimos y lo que nos hubiera gustado hacer. Al hacer planes para el futuro, ¿ha pensado cómo se sentirá en los años venideros? ¿Estará satisfecho con su vida? En el poema "En paz" de Amado Nervo, el poeta presenta una perspectiva de la vida. Veamos si nuestro punto de vista concuerda con el de Nervo. ¿Cómo podemos cambiar nuestro futuro? ¿O es que no se puede cambiar?

## *En paz*

Artifex vitae, artifex sui.[1]

1. creador de vida, creador de su propia vida

Muy cerca de mi ocaso, yo te bendigo, Vida,
porque nunca me diste ni esperanza fallida
ni trabajo injusto, ni pena inmerecida;

porque veo al final de mi rudo camino
que yo fui el arquitecto de mi propio destino;
que si extraje las mieles o la hiel de las cosas,
fue porque en ellas puse hiel o mieles sabrosas;
cuando planté rosales coseché siempre rosas.

...Cierto, a mis lozanías va a seguir el invierno:
¡mas tú no me dijiste que mayo fuese eterno!

Hallé sin duda largas las noches de mis penas;
mas no me prometiste tú sólo noches buenas;
y en cambio tuve algunas santamente serenas.

Amé, fui amado; el sol acarició mi faz.
¡Vida, nada me debes! ¡Vida, estamos en paz!

**20 de marzo de 1915** **Amado Nervo**

Las respuestas pueden variar. 1. Es el fin. / 2. Porque lo que ha hecho ha tenido un efecto en su destino. / 3. La miel se refiere a lo dulce, o bueno de la vida; la hiel es lo amargo o malo. / 4. Cuando hizo algo positivo, esto lo afectó de una manera positiva. / 5. El invierno representa la vejez; el mes de mayo es la juventud. / 6. Se refiere a los momentos de la vida. / 7. Que el poeta está satisfecho con su vida.

## Después de leer

1. ¿Qué es el ocaso de la vida? [E]
2. ¿Por qué dice el poeta que él fue el arquitecto de su propio destino? [E]
3. ¿Qué representan las mieles y la hiel a las cuales se refiere el poeta?
4. Explique a lo que se refiere el poeta cuando dice "cuando planté rosales coseché siempre rosas". [E]
5. ¿Qué es "el invierno" de la vida? ¿Qué representa el mes de mayo en este poema?
6. Cuando se mencionan las noches, ¿a qué se refiere el poeta?
7. ¿Qué significa el último verso del poema, cuando el poeta se dirige a la vida? [E]

## Para escribir y comentar

1. En su diario, escriba su opinión sobre la actitud del poeta en cuanto a lo que le ha brindado la vida. ¿Comparte Ud. la opinión del poeta con respecto a su propia vida?
2. Entreviste a una persona mayor acerca de la planificación del futuro. ¿Qué planes hizo esa persona cuando era joven? ¿Se realizaron sus planes? ¿Está satisfecha con su vida hasta este punto? ¿Por qué? Escriba un resumen de la entrevista para presentar en clase.
3. Entreviste a cinco niños. ¿Tienen planes para el futuro? ¿Qué piensan hacer? ¿Piensa usted que sus planes se podrán realizar? ¿Qué tienen en común los planes de los niños? ¿En qué difieren? ¿Son distintos los planes de los niños de los planes de las niñas? Escriba un resumen para presentar en clase.
4. Cuando era niño(a) ¿qué planes tenía Ud. para el futuro? ¿Han cambiado desde entonces? ¿Quién o qué influyó en ellos? Conversen sobre este tema en grupos de tres o cuatro. [E]
5. ¿Hace Ud. planes para el futuro? En caso afirmativo, ¿con cuánto tiempo de anticipación los hace? ¿Consulta con alguien antes de planear algo (por ejemplo, con sus padres, su familia, sus amigos, etc.)? ¿Por qué? ¿Funciona Ud. a veces en forma espontánea?
6. ¿Ha tomado alguna decisión que ahora lamenta? ¿Ha tomado alguna decisión que lamentó inicialmente y que ahora siente que fue positiva? Si pudiera regresar a algún punto decisivo en su vida y cambiar algo de ella, ¿lo haría? ¿Por qué? [E]

Puede preguntarles a los estudiantes si han visto alguna película donde el / la protagonista regresa a algún punto decisivo en su vida. ¿Qué aprendió ese personaje de su experiencia?

# 3 Las mejores profesiones del futuro

## Prelectura

El video *Profesiones y oficios* muestra algunos oficios y profesiones especiales que desempeñan hombres y mujeres en el mundo hispanohablante.

En la planificación del futuro, debemos incluir nuestros planes para el trabajo. ¿Qué deseamos hacer cuando terminemos nuestra carrera universitaria? ¿Qué trabajo deseamos hacer, quizás, por el resto de nuestra vida? Mientras asistimos a la universidad, adquirimos no sólo destrezas que necesitamos para sobrevivir en la sociedad sino también información para ayudarnos a decidir cuál será nuestra futura profesión. A medida que nos preparamos, consideramos diferentes alternativas y vemos las carreras que nos atraen y en las que podemos tener éxito. Como vivimos en un mundo en constante evolución, es necesario mantenernos al tanto acerca de cuáles se consideran que son las mejores profesiones para el futuro. Al leer el siguiente artículo, piense en las profesiones que se mencionan y evalúe la importancia de éstas en el futuro.

## *Las mejores profesiones del futuro*

**En un mundo tan cambiante y en constante evolución, las personas deben saber qué trabajos serán menos proclives a los despidos masivos en un futuro cercano. Algunas de esas profesiones son carreras no tradicionales... pero, para "sobrevivir" hay que especializarse. ¡No hay otro camino!**

Si le preguntamos a un joven qué proyectos tiene en mente para una vez finalizados sus estudios universitarios, probablemente contestará: "¡Un buen trabajo y ganar mucho dinero!" Hasta hace poco, cualquier universitario con un diploma hallaba una buena posición en el mercado laboral. Pero, ahora es diferente: ¡hay decenas de profesionales para un mismo puesto! Y a medida que la población siga aumentando, el problema será mayor. Entonces, ¿cuál es la solución? Estudiar, si se es joven, o especializarse, si ya se es universitario, en "carreras con futuro", es decir, aquéllas donde los empleos nunca faltarán... o donde habrá menos posibilidades de despidos masivos. Tomando como ejemplo a los Estados Unidos (líder en innovaciones laborales), entrevistas con docenas de consejeros vocacionales permiten establecer varias carreras no tradicionales con "futuro"... carreras que tarde o temprano deberán expandirse por todo el mundo, aunque con distintas escalas de salarios (dependiendo del país).

### Auxiliar de vuelo

Es una de esas carreras. A pesar de que las líneas aéreas insisten en que sus balances están en rojo, hay una creciente demanda de azafatas. La mayor corriente de turismo ha obligado a agregar más aviones y más personal a las flotas. Desde 1989, el número de auxiliares contratados (ya sea mujeres como hombres) en las 60 aerolíneas estadounidenses subió de 86.176 a 101.258, y se presume que aumentará un 60% en los próximos 10 años. Por lo general, se les exige diploma de educación secundaria, y entre 4 y 6 semanas de entrenamiento. El sueldo inicial oscila entre los 11.000 y 15.800 dólares. Quienes llevan volando más de 14 años, ganan 43.000 (todos los salarios mencionados en este artículo son para Estados Unidos; ganancias por año de trabajo).

**Higienista dental**

Los progresos en odontología cosmética (el 75% de los estadounidenses tiene algún tipo de dolencia dental) ha creado una necesidad tanto de especialistas como de dentistas generales. El salario, para empezar: entre 31.000 y 36.000 dólares. Para obtener la licencia, un higienista necesita aprobar un curso de 2 años.

**Técnico veterinario**

En la próxima década la demanda de veterinarios subirá un 38%, dados el incremento de la población animal y la tendencia de sus propietarios a vacunarlos. En estos días los dueños de animales acuden a una clínica veterinaria 2 veces más que hace 10 años. En búsqueda de personal idóneo, las empresas farmacéuticas ofrecen un sueldo inicial de 27.000 dólares.

**Pasteleros**

Su demanda es cada día más evidente en panaderías, hoteles y restaurantes. El salario inicial varía entre 16.000 y 20.000 dólares. Con un certificado de entrenamiento en mano, el recién contratado puede escalar rápidamente. Técnicos que egresan tras un programa de 4 meses del Instituto Americano de Pastelería, en Nueva York, reciben salarios de entre 25.000 y 30.000 dólares.

**Técnico en computación**

Una de las carreras de rápido ascenso. El número de empleos para un técnico capaz de instalar, mantener y reparar computadoras crecerá más del 50% durante los próximos 12 años. Los fabricantes los necesitan. A pesar de la proliferación de cursos de capacitación en institutos privados, las grandes empresas prefieren formar a su propio personal. Sueldo inicial: 22.000 dólares.

**Ejecutivos globales**

La unificación de Europa, el Tratado de Libre Comercio de América del Norte y una economía en constante crecimiento han creado un clima de negocios internacionales que constituyen la tendencia clave dentro del mercado de empleo de profesionales. Las grandes compañías multinacionales están en la búsqueda de individuos potenciales que abran las puertas de un gran mercado para una compañía de refrescos, computadoras, telecomunicaciones, etc. El salario: ¡de 100.000 a 800.000 dólares! Los candidatos son profesionales que puedan desempeñarse en ambientes con culturas distintas, y que posean amplios conocimientos en negocios internacionales y con el dominio de más de 2 idiomas, ya sean español, alemán, francés o japonés, y obviamente inglés.

Según los especialistas en asesoría laboral, las compañías buscan cada vez más:

- **Expertos con doctorados,** con experiencia, que sepan de los últimos avances en computadoras.
- **Ingenieros ambientalistas,** dadas las nuevas y estrictas leyes en torno a la defensa del medio ambiente.
- **Gerentes de transportación y tráfico** con conocimientos de leyes extranjeras, de aduana de otros países, que conozcan el transporte rápido y seguro de mercancía.
- **Gerentes de ventas y mercadeo.** Ya no se contrata a cualquier vendedor, sino a profesionales con entrenamiento avanzado. "Los profesionales del año 2000 tendrán que concentrarse en calidad, innovación, computadoras, negocios internacionales y aprender 2 ó 3 idiomas para nunca estancarse y... ¡no perder el empleo!", comenta un asesor laboral.

Las 15 carreras de más brillante futuro son: contadores, especialistas en bancos y finanzas, técnicos en computadoras, expertos en marketing, profesores de idiomas, ingenieros en computadoras, ingenieros en medio ambiente, técnicos de laboratorios médicos, abogados en medio ambiente, médicos, expertos en relaciones públicas, vendedores profesionales, químicos, agentes de viajes y oficiales de prisión... porque, desafortunadamente, también habrá más delincuentes y más cárceles para alojarlos. ■

## Después de leer

Las respuestas pueden variar. / 1. Estudiar o especializarnos en "carreras con futuro" (aquéllas donde los empleos nunca faltarán) /. 2. Se entrevistaron a varios consejeros vocacionales en los Estados Unidos. / 4. Las computadoras se están usando cada vez más. / 5. Por las nuevas y estrictas leyes en torno a la defensa del medio ambiente. / 6. Necesitan conocer leyes extranjeras, leyes de aduana de otros países, conocer el transporte rápido y seguro de mercancía. / 7. Tendrán que concentrarse en calidad, innovación, computadoras, negocios internacionales y saber 2 ó 3 idiomas. / 8. Contadores, especialistas en bancos y finanzas, técnicos en computadoras, expertos en *marketing,* profesores de idiomas, ingenieros en computadoras, ingenieros en medio ambiente, técnicos de laboratorios médicos, abogados en medio ambiente, médicos, expertos en relaciones públicas, vendedores profesionales, químicos, agentes de viajes y oficiales de prisión. Opinión del estudiante.

1. Según el artículo, ¿qué debemos hacer para asegurarnos una buena posición en el mercado laboral del futuro? [E]
2. En el artículo, ¿cómo se determinó cuáles serán las carreras con "futuro"? [E]
3. Llene el siguiente esquema según la información que se provee en el artículo.

| Carrera | Salario inicial | Requisitos | Razón del aumento |
|---|---|---|---|
| auxiliar de vuelo | US$ 11.000 a US$ 15.800 | diploma de educación secundaria; entre 4 y 6 semanas de entrenamiento | mayor corriente de turismo |
| higienista dental | US$ 31.000 a US$ 36.000 | aprobar un curso de 2 años | progresos en odontología cosmética |
| técnico veterinario | US$ 27.000 | (no se mencionan los requisitos para técnico veterinario.) | incremento de la población animal y más gente interesada en vacunarlos |
| pastelero | US$ 16.000 a US$ 20.000 | certificado de entrenamiento | demanda en panaderías, hoteles y restaurantes |
| técnico en computación | US$ 22.000 | cursos de capacitación | los fabricantes los necesitan |
| ejecutivo global | US$ 100.000 a US$ 800.000 | profesionales que puedan desempeñarse en ambientes con culturas distintas y que posean amplios conocimientos en negocios internacionales y dominen más de 2 idiomas | unificación de Europa, el Tratado de Libre Comercio de América del Norte y una economía en constante crecimiento |

4. ¿Por qué cree Ud. que se buscan expertos con doctorados y experiencia, que sepan de los últimos avances en computadoras? [E]
5. ¿Por qué se necesitan ingenieros ambientalistas? [E]
6. ¿Cuáles son algunos de los requisitos para los gerentes de transportación y tráfico? [E]
7. ¿Cuáles serán algunos de los requisitos para los profesionales del siglo XXI? [E]
8. ¿Cuáles son cinco de las carreras con más brillante futuro que se mencionan en el artículo? ¿Por qué cree Ud. que se escogieron esas carreras? [E]

## Para escribir y comentar

1. En el artículo "Las mejores profesiones del futuro" se mencionan varias carreras que cobrarán mayor importancia en el futuro. En su diario, identifique el trabajo o la profesión que probablemente ejercerá Ud. al terminar sus estudios universitarios; dé las razones por las cuales ha escogido esta carrera.

Estas preguntas se pueden utilizar como tema para discusión o escritura.

2. ¿Cree Ud. que los asesores laborales tienen razón en cuanto a las quince profesiones de más brillante futuro? ¿Por qué? ¿Hay otras profesiones que se podrían mencionar? ¿Cuáles son?
3. La carrera que Ud. ha escogido, ¿es una de las que se mencionan en el artículo? Si no lo es, ¿cree Ud. que debería estar en la lista? ¿Por qué?

Siguiendo el esquema que se presentó anteriormente, cada estudiante debe proveer la información apropiada para la carrera que ha escogido.

4. Vuelva al esquema del punto N°3 de la sección **Después de leer.** Añada la información apropiada para la carrera que Ud. ha escogido. Compare su carrera futura con las de los otros estudiantes.
5. Haga una encuesta a cinco estudiantes de su universidad. ¿Cuáles piensan ellos que serán las mejores profesiones del futuro? ¿Por qué escogieron esas profesiones? Compare sus resultados con el resto de la clase.
6. Entreviste a alguna persona que ya esté trabajando en la carrera que Ud. ha escogido y pregúntele cuáles fueron los requisitos cuando se preparó. ¿Cuáles serán los requisitos para este tipo de profesión en el futuro? Escriba un resumen de su entrevista.
7. Utilice las recomendaciones que se dan a continuación, o las que encuentre en otras fuentes, que sean apropiadas para el empleo que Ud. vaya a buscar. Prepare un *curriculum vitae* como si fuera a buscar empleo en un país de habla hispana.

    Cuando esté preparando un *curriculum vitae,* hay un SÍ y un NO que siempre debe tomar en cuenta para que su solicitud de empleo no vaya a parar al cesto de los papeles.

SÍ: Redáctelo en un lenguaje muy directo. Escríbalo en la computadora o a máquina. Presente la información en bloques coherentes: datos personales, formación, especialización, idiomas y experiencia. Sólo una o dos páginas. La ortografía y la sintaxis deben ser impecables. Es importante resaltar las responsabilidades y los logros alcanzados en posiciones anteriores.

NO: Evite los datos innecesarios (colegio de primaria, número de divorcios...) y también la exageración y la humildad excesivas. Cuide las erratas y no use abreviaturas.

Al final de cada presentación el resto de la clase puede decidir a quién se le debe dar el trabajo y por qué.

8. En grupos de cuatro personas presenten una escena en la cual una persona entrevista a tres candidatos para el mismo trabajo. Utilicen la información que se ha presentado en el artículo y lo que ustedes saben sobre los requisitos para las carreras del futuro. [E]

# 4 El futuro es nuestro... si queremos y El valioso aporte de los latinos

## Prelectura

¿Nos proporcionará el siglo XXI las recompensas que deseamos? ¿Tendremos la educación necesaria para que el futuro sea verdaderamente nuestro? Según las indicaciones, durante las próximas décadas la población hispana aumentará en mayor proporción que la de los demás grupos étnicos de los Estados Unidos. Por esa razón, es necesario que los jóvenes hispanos se preparen para poder conseguir los empleos que habrá en los años venideros. ¿Cuáles piensa Ud. que son algunos requisitos para aquéllos que deseen formar parte de esa fuerza laboral del futuro no tan lejano? Después de conversar sobre este tema con sus compañeros, lea el siguiente artículo. ¿Concuerdan sus ideas con las del autor?

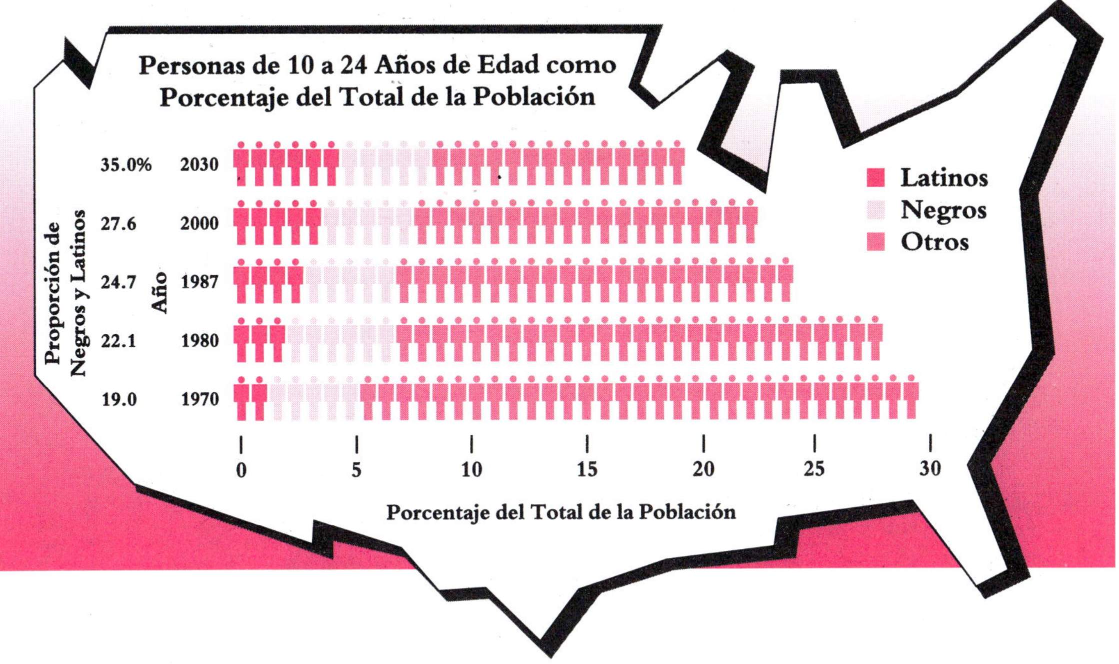


## *El futuro es nuestro... si queremos*

A medida que se acerca el fin de siglo, los empresarios y economistas americanos se plantean una cuestión cada vez más preocupante: ¿estará la fuerza laboral del futuro preparada para desempeñar las funciones que exige una economía creciente y compleja?

Para los hispanos de Estados Unidos esta pregunta es crítica. "Según proyecciones nacionales, el 27% del crecimiento de la fuerza de trabajo entre 1988 y el año 2000 se deberá a los hispanos", asegura un estudio preparado por la Corporación Rand.

La razón de esto es sencilla: mientras que los blancos de origen europeo que forman el núcleo tradicional de la sociedad americana se reproducen cada vez menos, los hispanos y otras minorías siguen creciendo a un ritmo cinco veces mayor que el resto de la población. Esto se debe tanto a la tendencia de las familias latinas de tener más hijos como a la creciente inmigración.

Todo ello hace suponer que los hispanos serán los primeros candidatos a ocupar estos nuevos puestos de trabajo que se originen hasta el siglo XXI. Pero para esto tendrán que adaptarse a los cambios profundos que están ocurriendo en la sociedad americana. Quienes se adapten ocuparán mejores trabajos, con todas las ventajas que ello implica; los que no, permanecerán como una subclase de trabajadores manuales, mal pagados y sumidos en una situación típica de pobreza con las circunstancias negativas que ello supone.

Gran parte de esta adaptación se refiere al campo educacional, porque por lo menos un 40% de los nuevos trabajos creados serán en ocupaciones profesionales, técnicas y de manejo; y otra tercera parte serán trabajos de servicio calificado. Por el contrario, los operadores y jornaleros manuales ocuparán menos del 2% de los nuevos puestos laborales. De estas cifras se deduce, como especifica el estudio denominado "Opportunity 2000", publicado por el Departamento de Trabajo, que "la mayoría de los nuevos trabajos requerirá como mínimo de educación postsecundaria. En el año 2000 el mercado de trabajo demandará un 71% más de abogados que en 1984; los trabajos en ciencias naturales, de computadoras o los referidos a las ciencias matemáticas crecerán un 68%; los trabajos de diagnósticos de salud y tratamiento subirán un 53%; los técnicos dispondrán de un 40% más de trabajos, y habrá otro 40% más de puestos referidos al campo de las ciencias sociales".

Ante estas perspectivas, la situación de los hispanos es bastante preocupante. A la edad de 17 años, uno de cada seis latinos está atrasado por lo menos dos años en la escuela. Muchos de ellos terminan en escuelas vocacionales donde aprenden trabajos manuales. Por lo menos cuatro de cada diez alumnos se retiran de la escuela sin terminar y la mitad de éstos ni siquiera llega a la secundaria. De aquéllos que permanecen en la escuela a los 17 años, la mitad saben tantas matemáticas, ciencias y lectura como un estudiante blanco de origen europeo de 13 años. Y de los que se gradúan de secundaria sólo el 7% logra terminar cuatro años de universidad frente al 21% que se da entre los estudiantes blancos.

Por si esto fuera poco, sólo uno de cada 10 jóvenes hispanos sabe calcular la propina a dejar en un restaurante, o es capaz de sintetizar el argumento principal de un artículo periodístico.

Esta notable diferencia educacional se debe, en parte, a circunstancias habituales como la falta de recursos o las dificultades con el idioma; pero además, estudios realizados demuestran que se lleva a cabo una discriminación institucional por parte del sistema educativo hacia los estudiantes minoritarios, como los hispanos. El estudio de la

Corporación Rand demuestra que las oportunidades para aprender ciencias y matemáticas son desiguales dependiendo de la raza y clase social del alumno.

"En lugar de redoblar los esfuerzos para enseñar matemáticas y ciencias a niños pobres hispanos y negros —el grupo más necesitado— el sistema educativo americano los maltrata de dos maneras: son relegados a clases de baja habilidad en ciencias y matemáticas; y, en segundo lugar, acuden a escuelas donde la calidad de enseñanza, programas de estudio y equipos son muy deficientes", afirma el reporte.

Los expertos aseguran que el problema es la falta de inversión en capital humano. Las personas menos favorecidas económicamente casi siempre carecen de los conocimientos necesarios para aspirar a puestos más importantes; y, por otro lado, al permanecer aislados física y socialmente, tampoco pueden aprovechar las oportunidades que se les presentan. David Kearns, presidente de Xerox, afirma: "Se nos está acabando la gente calificada. Si las tendencias demográficas y económicas continúan, los negocios americanos tendrán que emplear al año millones de trabajadores que no saben leer, escribir o contar".

Frente a la estrategia del gobierno, la cual trataba mediante una ley de imponer a los empleadores un límite de trabajadores minoritarios que podían contratar, muchas compañías intentan reclutar trabajadores usando métodos que van más allá de lo establecido. Así, ofrecen a los trabajadores conocimientos básicos como el inglés, lectura y matemáticas, entrenamiento especializado, patrocinio de programas, profesores y equipo para las escuelas.

Además, el gobierno está también abordando este tema desde la vertiente de la entrega de visas. Hasta ahora, la razón principal para otorgar visas había sido la reunificación familiar de ciudadanos y residentes. Sin embargo, por primera vez se han tenido en cuenta criterios económicos en las nuevas visas otorgadas, las cuales han aumentado de 540.000 a 700.000.

De estas visas aprobadas, 40.000 corresponderán a trabajadores prioritarios, es decir, personas que se destaquen en el campo de las artes, ciencias, educación, negocios o deporte; otras 40.000 serán para profesionales con grados avanzados; 40.000 más se reservarán para trabajadores capacitados en profesiones donde hay escasez de personal, como enfermería o fisioterapia; otras 10.000 son para inmigrantes especiales, como los religiosos; y, finalmente, 10.000 más se reservan para millonarios dispuestos a invertir por lo menos US$ 1 millón y que originen 10 o más puestos de trabajo, o que quieran invertir como mínimo US$ 500.000 en áreas designadas a la economía.

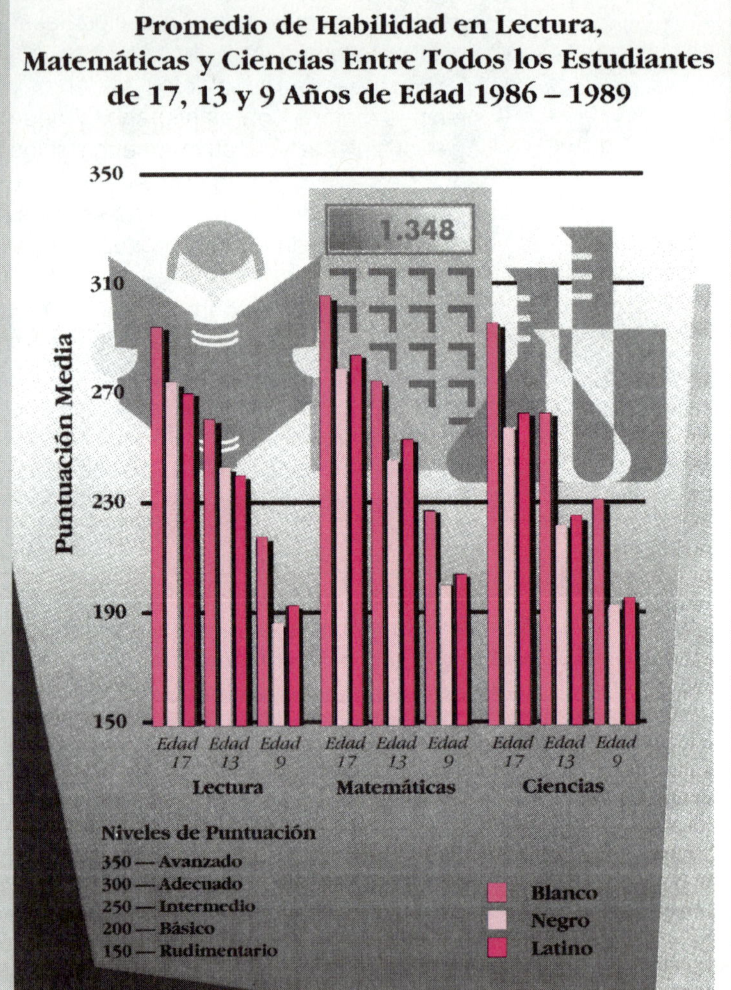


A pesar de estas cifras, las visas para inmigrantes calificados ocuparán solamente entre el 3% y el 5% de los empleos. Del resto de los nuevos trabajos que se creen hasta el siglo XXI, uno de cada tres deberá ser para un miembro de una minoría. Casi un trabajo de cada cuatro podrá ser ocupado por un hispano. No obstante, la nueva ley de inmigración aprobada por el Congreso hace que Estados Unidos sea más competitivo en el mercado internacional de capital humano —como afirma George J. Borjas, profesor de economía de la Universidad de California, en un artículo publicado en el *Wall Street Journal*— ya que con ella se pretende atraer inmigrantes altamente calificados. "Mientras que antes sólo unos cuantos técnicos y administradores cruzaban las fronteras internacionales para buscar trabajos en el exterior, ahora ejércitos completos de obreros viajan desde Turquía a trabajar en fábricas alemanas; o acuden desde Corea a construir plantas petroquímicas en Arabia Saudita; o de México a servir en restaurantes norteamericanos", afirma el estudio "Workforce 2000" publicado en 1987 por el Hudson Institute.

Por eso, para que los hispanos puedan real y efectivamente ocupar y desempeñar los nuevos puestos de trabajos originados por su propio crecimiento demográfico, es necesario un urgente replanteamiento del sistema educativo que permita calificar a la población hispana para estos nuevos puestos laborales.

De no ser así, los expertos están de acuerdo en que, a menos que se produzcan cambios dramáticos en los próximos años, las minorías, y con ellas los millones de nuevos inmigrantes que están llegando constantemente al país, serán dejados atrás por los cambios que se avecinan en el futuro respecto a la economía que tiende a ser cada vez más sofisticada. Al mismo tiempo, quedarán también marginados de la sociedad.

"Si las políticas y patrones de empleo del presente continúan, es posible que la oportunidad de los noventa se pierda y que para el año 2000 los problemas de desempleo en las minorías, el crimen y la dependencia sean peores de lo que son en la actualidad. Si no se dan ajustes sustanciales, la población negra y los hispanos tendrán en el año 2000 una fracción de los empleos más pequeña de la que tienen hoy, mientras que la proporción de quienes están buscando nuevos trabajos crecerá", se asegura en el estudio "Workforce 2000" del Hudson Institute.

"Ahora es el momento de renovar el énfasis en educación, entrenamiento y asistencia de empleo a las minorías. Estas inversiones serán necesarias, no sólo para asegurar que las empresas tengan una fuerza de trabajo calificada en los años posteriores al 2000, sino para garantizar finalmente la igualdad de oportunidades que ha sido la gran promesa incumplida en Estados Unidos". ■

## Después de leer

1. El 27%. Esto se debe a que la población hispana sigue creciendo a un ritmo acelerado por razones de inmigración y de reproducción. /

1. Según los estudios, ¿qué porcentaje del crecimiento de la fuerza laboral entre 1988 y el año 2000 aportarán los hispanos? ¿A qué se debe esto?
2. ¿Qué tipos de trabajos serán creados?

3. ¿Cuál es el mínimo nivel de educación que se requerirá para la mayoría de los nuevos trabajos? [E]
4. ¿Cuáles son algunos de los problemas que contribuyen a la deficiencia en la educación de los hispanos? [E]
5. En el artículo se menciona "la falta de inversión en capital humano". ¿A qué se refiere? [E]
6. ¿Qué es lo que se necesita para que los hispanos puedan ocupar y desempeñar los nuevos puestos de trabajos originados por su propio crecimiento demográfico? [E]

2. Un 40% serán ocupaciones profesionales, técnicas y de manejo; una tercera parte de los trabajos serán de servicio calificado, y sólo el 2% serán trabajos manuales. / 3. Postsecundaria. / 4. La falta de recursos, las dificultades con el idioma y la discriminación institucional hacia los estudiantes minoritarios. / 5. Las personas menos favorecidas económicamente casi siempre carecen de los conocimientos para aspirar a puestos más importantes y si permanecen aislados física y socialmente, no pueden aprovechar las oportunidades. / 6. Se necesita un replanteamiento del sistema educativo que permita calificar a los hispanos para los nuevos puestos laborales.

## *El valioso aporte de los latinos*

**Actualmente hay 22 millones de latinos en Estados Unidos. En el año 2000 seremos entre 32 y 35 millones. Para muchos latinos, el rápido crecimiento representa una fuente de orgullo. Vemos arraigarse en suelo norteamericano el idioma y las culturas de América Latina. Redes de televisión, radio, periódicos y revistas proclaman cada día esta presencia creciente. Cada vez se oye más hablar el español en sus diversos acentos: mexicano, caribeño, sudamericano y hasta el "pocho"[1].**

**Pero, esta misma presencia representa para otras personas una amenaza a la "vía americana de vida", la famosa "American way of life". ¿Será verdad que el latino es una amenaza? ¿Qué papel jugará la población latina en el futuro?**

### MITO DE AMENAZA

Hay varios grupos que no están conformes con la presencia del inmigrante latino. Tienen una imagen que les da miedo. Según ellos, el latino es una fuente inagotable de problemas sociales: desempleo, desintegración familiar, pandillerismo, drogadicción, más subsidio del gobierno y el uso desmesurado de servicios de salud. Para estos grupos, más latinos significan más problemas. Su respuesta es intentar limitar la entrada de latinos al país, o limitar la participación de los que ya están aquí.

El mito del latino como amenaza es muy fuerte y muchos lo creen verídico. Sin embargo, la realidad no cuadra bien con este mito.

Cuando en la universidad realizamos investigaciones sobre el comportamiento del latino en la sociedad y en la economía de Estados Unidos, nos dimos cuenta de que los latinos aportan mucho a la nación. Veamos algunos ejemplos tomados en el estado de California.

1. en México, término peyorativo para el méxicoamericano o el español que se habla en ese grupo

## FUERTE ÉTICA DE TRABAJO

En el país se quejan con frecuencia de la pérdida de la ética de trabajo, dando como resultado una fuerza laboral menos competitiva que las de, por ejemplo, Japón o Alemania. El hecho es que los latinos son mucho más activos en la fuerza laboral que cualquier otro grupo anglosajón, negro o asiático. Los datos disponibles muestran que de 1940 a 1990, el latino ha tenido la tasa de participación más alta en la fuerza laboral. Además, los latinos han sido quienes durante 50 años han trabajado en mayor grado en el sector privado, y menos en los trabajos del gobierno.

Al latino le agrada trabajar, y trabaja con gusto. Con el crecimiento de la población latina se va a fortalecer la ética del trabajo en el país.

## FUERTES FAMILIAS

Lejos del estereotipo de familias desintegradas, la familia latina en California es fuerte y estable. Los latinos forman familias de parejas con hijos en una tasa dos veces mayor que el anglosajón, y en una tasa superior a cualquier otro grupo. En nuestras investigaciones hemos podido comprobar que la familia como institución social es de gran importancia para el latino. Dada la desesperación causada por la desaparición de la familia en los Estados Unidos, la familia latina representa un fortalecimiento de la institución de la familia en la sociedad norteamericana.

## VIDAS SALUDABLES

Otra vez, a pesar del estereotipo, el latino presenta un perfil de salud sorprendentemente positivo. Sobre todo en California la mujer latina sabe llevar una vida muy sana y saludable: toma menos, fuma menos y usa drogas en menor grado que cualquier otro grupo. Aunque no gozan de acceso a servicios de salud, las latinas tienen los mejores resultados en los nacimientos de sus hijos: menos recién nacidos latinos sufren de bajo peso; y las tasas de mortalidad neonatal, postneonatal e infantil son casi la mitad de las tasas anglosajonas, y casi un tercio de las tasas negras.

## FUERTES CREENCIAS

El latino se preocupa mucho por la vida moral y espiritual de sus hijos. Es importante que sus hijos sepan llevar una vida sana, respetuosa, honrada y trabajadora. Es posible que el fervor religioso se deba al deseo de ver a sus hijos superarse. Además, el latino siente un gran patriotismo hacia Estados Unidos. En una gran desproporción, considerables latinos han ganado la Medalla de Honor del Congreso.

## LATINOS: LA FUERZA LABORAL DEL FUTURO

La baja fertilidad de la generación que nació entre 1945 y 1960 hará que ésta envejezca con pocos hijos y nietos para cuidarlos en su vejez. A partir del año 2000 los anglosajones se van a retirar de la fuerza laboral. Si todo el mundo se comportara como esta población, no habría nuevos entrantes a la fuerza de trabajo.

Pero, gracias a la juventud de los latinos y sus deseos de formar familias y tener hijos, habrá nuevas personas ingresando en la fuerza laboral, y serán latinos. En estados como California y Texas los latinos compondrán la mitad de la fuerza laboral dentro de poco. En otros como New York, Illinois y Florida, los latinos serán el componente más grande, aunque no sean la mayoría absoluta. En diez años, la economía de los Estados Unidos va a depender cada vez más de la productividad del latino.

## EL APORTE LATINO

La población latina tiene mucho que ofrecer a Estados Unidos. No sería exagerado decir que gracias a la inmigración y al crecimiento de la población latina, Estados Unidos va a gozar de familias más fuertes, una fuerza laboral más dedicada al trabajo, un perfil de salud más positivo, y un resurgimiento de patriotismo y dedicación a la religión.

Estas cualidades tan positivas están enfatizadas en quienes retienen más el idioma español y en quienes se identifican más como latinos (mexicano, cubano, puertorriqueño, etc.). Hay algo en las culturas latinoamericanas que vale la pena conservar. Hasta cierto punto, la americanización de un latino debilita estas cualidades tan deseadas. Por suerte, casi la totalidad de padres latinos quieren que sus hijos conserven el idioma, la cultura y las costumbres latinas.

El más valioso aporte que los latinos podemos hacer a Estados Unidos es el simple hecho de ser nosotros mismos, con nuestro idioma, cultura, familia y creencias. Los latinos no somos una amenaza para nadie, sino que representamos la mejor, y tal vez la única, esperanza de que la economía de Estados Unidos recupere su competitividad en el mercado mundial. El futuro es nuestro. ■

## Después de leer

1. Entre 32 y 35 millones. / 2. Representa una fuente de orgullo, porque ven arraigarse en EE.UU. las culturas de América Latina. / 3. Una amenaza a la "vía americana de vida". / 4. Adoptan una fuerte ética de trabajo, familias fuertes, vidas saludables, fuertes creencias, la fuerza laboral del futuro, un resurgimiento de patriotismo y dedicación a la religión. / 5. Al latino le agrada trabajar y tiene una fuerte ética del trabajo. / 6. La familia es de gran importancia para el latino. / 7. Sí; la mujer latina, en general toma menos, fuma menos y usa drogas en menor grado que cualquier otro grupo. Además tienen los mejores resultados en los nacimientos de sus hijos. / 8. El patriotismo; llevar una vida sana, respetuosa, honrada y trabajadora; la familia unida; y la religión / 9. Porque con el aumento de la población latina, éstos van a formar una gran parte de la fuerza laboral del país. / 10. El simple hecho de ser nosotros mismos, con nuestro idioma, cultura, familia y creencias.

1. ¿Cuál será la población de latinos en Estados Unidos en el año 2000?
2. ¿Qué representa el crecimiento de la población latina para este grupo? ¿Por qué?
3. ¿Qué representa la presencia latina para algunas otras personas?
4. ¿Cuáles son algunos ejemplos de lo que aportan los latinos a los Estados Unidos?
5. Según el artículo, ¿cuál es la actitud del latino hacia el trabajo?
6. Según el artículo, ¿cuál es la actitud del latino hacia la familia?
7. ¿Lleva una vida sana y saludable la mujer latina? ¿En qué sentido?
8. ¿Cuáles son algunos de los valores de los latinos?
9. Explique por qué dice el autor del artículo que "en diez años la economía de los Estados Unidos va a depender cada vez más de la productividad del latino".
10. Según el artículo, ¿cuál es el aporte más valioso que los latinos pueden hacer a Estados Unidos?

## Para escribir y comentar

1. El artículo "El futuro es nuestro..." hace énfasis en la importancia de la educación para la comunidad hispana. En su diario, escriba su opinión al respecto y dé algunas recomendaciones para mejorar la vida del hispano en los Estados Unidos. Indique algunas posibles consecuencias de no seguir estas recomendaciones.
2. ¿Se debe preparar uno para el futuro o debe sólo esperar a ver lo que le va a suceder? ¿Por qué?
3. ¿Qué se puede hacer para mejorar el sistema educativo y preparar a todos los jóvenes para el futuro? Pregúnteles a 10 personas lo que piensan que se puede hacer para mejorar el sistema educativo norteamericano. Compare sus resultados con los del resto de la clase.
4. Imagine que tiene un(a) primo(a) de 12 años que lo(a) admira mucho a Ud. ¿Qué consejos le puede dar acerca de la planificación del futuro? Escríbaselos en una carta. [E]
5. ¿Piensa usted que después de terminar sus estudios tendrá la preparación necesaria para enfrentar el futuro? ¿Por qué? ¿Cree que las generaciones anteriores estaban preparadas para el futuro que enfrentaron?

Esta actividad se puede hacer en grupos, en forma de debate o como tema para una composición.

6. Hay quienes piensan que una persona no puede tener éxito sin una buena educación. ¿Está usted de acuerdo con esa idea? ¿Por qué? ¿Conoce a alguna persona que haya tenido éxito sin educación formal?
7. ¿Cuál piensa Ud. que será el futuro de los hispanos en los Estados Unidos? Escriba un ensayo sobre este tema.

# Estrategias de escritura

## La narración

Como se ha visto en los capítulos anteriores, lo que escribimos puede tener diferentes propósitos; uno de ellos puede ser el de narrar. La narración se usa en cartas, noticieros, historias, biografías, anécdotas, cuentos y novelas, para relatar una serie de sucesos, ficticios o verídicos. En este tipo de escritura se puede contar un acontecimiento que le sucedió a quien lo escribe o a otra persona. Esto determina el punto de vista: primera o tercera persona. Un narrador en primera persona es uno de los personajes que cuenta lo que sucede. En tercera persona, el narrador observa y cuenta lo que les pasa a los demás.

Al escribir una narración, así como cualquier otro tipo de ensayo, es importante escoger los detalles que contribuyan al desarrollo de la acción. Recuerde que no es posible incluirlo todo. Hay que escoger aquellos detalles que sean esenciales para la narración y presentarlos en un orden lógico. Por lo general, se sigue un orden cronológico, aunque algunas veces el narrador decide que dentro de la secuencia retrocederá en la acción e incluye un *flashback*. Esto le permite recordar o evocar eventos del pasado que pueden influir en las acciones del presente.

## Actividades

1. Busque un artículo de un periódico que le interese, en español si es posible. Después de leerlo prepare un resumen para la clase y discuta el tipo de información que contiene.

2. Escriba un artículo para un periódico. Puede escribir para cualquier sección, ya sea la social, la de noticias o la de deportes. En esta narración, debe incluir información que conteste las preguntas **quién, qué, cuándo, dónde** y **cómo.** Invente el nombre del periódico, la fecha, la ciudad y el encabezamiento.

3. Uno de los tipos de narración es la biografía o la autobiografía. Escriba usted una biografía o autobiografía e incluya los eventos más sobresalientes de la vida de la persona elegida.

4. Ya que ha visto la narración en diferentes tipos de escritura, escriba un ensayo narrativo que se relacione con algún aspecto de este capítulo, siguiendo lo que ha aprendido en los capítulos anteriores.

    a. Escoja un tema general relacionado con la planificación del futuro
    b. Limite el tema
    c. Seleccione los detalles
    d. Escriba un bosquejo para organizar los detalles
    e. Escriba el borrador
    f. Revise y haga los cambios necesarios
    g. Escriba la versión final

# Lenguaje

## La acentuación

### El diptongo

Como se explicó en el Capítulo 2, un diptongo es la combinación de dos vocales débiles o cerradas **(i,u),** o de una vocal débil con una fuerte o abierta **(a,e,o).** Usted recordará también que las dos vocales del diptongo siempre se encuentran dentro de la misma sílaba, o sea que no se separan.

Al escribir una palabra con diptongo, lo primero que hay que hacer es aplicar la **Regla N°1** o **N°2**, según la terminación de la palabra. Si la palabra está de acuerdo con una de estas reglas no requiere acento ortográfico. Vea los siguientes ejemplos en los que se ha subrayado la sílaba tónica.

| Ejemplo | Regla | Ejemplo | Regla |
|---|---|---|---|
| rui-do | 1 | cam-biar | 2 |
| viu-da | 1 | la-bial | 2 |
| pei-ne | 1 | an-ti-güe-dad | 2 |
| oi-gan | 1 | tra-di-cio-nal | 2 |
| len-guas | 1 | cual-quier | 2 |
| dic-cio-na-rio | 1 | mai-zal | 2 |

Si la palabra contiene diptongo y no está de acuerdo con la **Regla N°1** o **N°2** lleva acento ortográfico en la vocal fuerte de la sílaba tónica. En los siguientes ejemplos se ha subrayado la sílaba tónica.

| Ejemplo | Razón | Ejemplo | Razón |
|---|---|---|---|
| si-tua-ción | No está de acuerdo con la regla N°1 | pe-rió-di-co | No está de acuerdo con la regla N°1 |
| a-diós | No está de acuerdo con la regla N°1 | mur-cié-la-go | No está de acuerdo con la regla N°1 |
| vein-tiún | No está de acuerdo con la regla N°1 | cam-bió | No está de acuerdo con la regla N°1 |
| die-ci-séis | No está de acuerdo con la regla N°1 | Suá-rez | No está de acuerdo con la regla N°2 |

## Ejercicios

1. En las lecturas de este capítulo o de los anteriores, identifique diez palabras que contengan diptongo y que no tengan acento ortográfico.

2. En las lecturas de este capítulo o de los anteriores, identifique diez palabras que contengan diptongo y que sí tengan acento ortográfico.

### El hiato

Cuando dos vocales fuertes **(a,e,o)** se encuentran contiguas en una palabra, estas vocales nunca pueden estar dentro de la misma sílaba. Se dice que estas palabras contienen **hiato,** y siempre se separan las dos vocales fuertes. Vea las siguientes palabras que contienen hiato (se ha subrayado la sílaba tónica):

*le-er* *mu-se-o* *re-al* *a-ho-ra* *al-mo-ha-da* *ma-es-tra*

Al escribir una palabra con hiato, hay que aplicar la **Regla N°1** o **N°2** según la terminación de la palabra. Note que los ejemplos anteriores no llevan acento ortográfico, porque todas las palabras están de acuerdo con su respectiva regla. En cambio, los siguientes ejemplos no están de acuerdo con la **Regla N°1** o **N°2** y por lo tanto requieren el acento ortográfico:

*pre-ám-bu-lo* *le-ón* *sub-te-rrá-ne-a* *Me-di-te-rrá-ne-o* *Lé-a-se-lo*

## Ejercicios

1. En las lecturas de este capítulo o de los anteriores, identifique cinco palabras que contengan hiato y que no tengan acento ortográfico.
2. Identifique cinco palabras que contengan hiato y que sí tengan acento ortográfico.

### Pronombres demostrativos

Los demostrativos se dividen en dos clases: adjetivos y pronombres. Su función es la de marcar la distancia de algún objeto en relación a una de las tres personas gramaticales, las cuales son:

| Persona | Singular | Plural |
|---|---|---|
| 1ª | yo | nosotros |
| 2ª | tú, vos, usted | ustedes, vosotros |
| 3ª | él, ella | ellos, ellas |

Los demostrativos marcan tres grados de distancia: aquí, ahí, allá. Considere los siguientes ejemplos:

*No me gusta este carro.* (Está cerca de mí.)

*Prefiero ese carro.* (Está un poco retirado de mí.)

*Pero, realmente me gustaría comprar aquel carro.* (Está aún más retirado.)

A continuación se presentan oraciones con los adjetivos demostrativos:

| | | |
|---|---|---|
| ¿De quién es este lápiz? | ¿De quién es ese lápiz? | ¿De quién es aquel lápiz? |
| Escogí esta flor. | Escogí esa flor. | Escogí aquella flor. |
| Hazme el favor de recoger estos papeles. | Hazme el favor de recoger esos papeles. | Hazme el favor de recoger aquellos papeles. |
| ¿Para qué son estas cosas? | ¿Para qué son esas cosas? | ¿Para qué son aquellas cosas? |

Las palabras subrayadas son adjetivos demostrativos porque cada uno modifica a un sustantivo.

Se puede eliminar, sin embargo, cada sustantivo, dejando sólo la palabra demostrativa. En este caso, el adjetivo demostrativo + sustantivo se reemplazan por un pronombre demostrativo, el cual se escribe con acento en la sílaba tónica. Estas palabras no se rigen por la **Regla N°1** o **N°2;** es cuestión de aprenderlas de memoria. Usando los ejemplos anteriores, en cada caso se ha sustituido el adjetivo demostrativo + sustantivo por un pronombre demostrativo.

| | | |
|---|---|---|
| ¿De quién es éste? | ¿De quién es ése? | ¿De quién es aquél? |
| Escogí ésta. | Escogí ésa. | Escogí aquélla. |
| Hazme el favor de recoger éstos. | Hazme el favor de recoger ésos. | Hazme el favor de recoger aquéllos. |
| ¿Para qué son éstas? | ¿Para qué son ésas? | ¿Para qué son aquéllas? |

Como puede ver en estos ejemplos, si la persona a quien se le dirige la palabra no sabe qué representan **éste, ésos, aquéllas,** etc., puede haber confusión. Por lo tanto, es sumamente importante entender claramente el antecedente, o sea, la cosa a la que se refiere el pronombre demostrativo. Por ejemplo:

*Aquí está mi informe. Y ése, ¿de quién es?* (El pronombre demostrativo, **ése,** obviamente se refiere a otro informe que veo.)

Hay que señalar que existen tres pronombres demostrativos neutros, es decir, que no pertenencen ni al género masculino ni al femenino, como los anteriores:

**esto eso aquello**

Estos pronombres demostrativos nunca se escriben con acento porque no reemplazan a un adjetivo demostrativo + sustantivo.

Se pueden usar los pronombres demostrativos neutros en el sentido de "esta cosa", por ejemplo:

*¿Qué es esto? Esto es un imán.*

También se utilizan para referirse a alguna acción o situación que ya se ha mencionado, por ejemplo:

*El niño se lució con la tía ayer, y yo no soporto eso.*

## Ejercicios

1. En las lecturas de este capítulo o de los anteriores, identifique cinco oraciones que contengan un adjetivo demostrativo. Explique cómo sabe que son adjetivos.
2. Busque ahora cinco oraciones que contengan un pronombre demostrativo. Explique cómo sabe que son pronombres.
3. Ahora busque cinco oraciones que contengan uno de los pronombres demostrativos neutros. ¿Cómo sabe que son neutros?

## El tiempo futuro

Para expresar una acción o un acontecimiento que aún no ha sucedido, es decir, para situarlo en el porvenir, podemos usar varias construcciones gramaticales. La más obvia es el **tiempo futuro,** que figura prominentemente en varias de las lecturas de este capítulo:

> *...los técnicos* ***dispondrán*** *de un 40% más de trabajos, y* ***habrá*** *otro 40% más de puestos referidos al campo de las ciencias sociales.*
>
> *Estas inversiones* ***serán*** *necesarias...*

El tiempo futuro, con la construcción que se describe seguidamente, se usa mayormente en la escritura, ya que tiene una connotación un poco formal como para usarlo en el habla cotidiana. El tiempo futuro se forma utilizando el **infinitivo** y la **terminación** apropiada. Las terminaciones siempre son las mismas para todos los verbos:

| | |
|---|---|
| (yo) | **hablar + é** |
| (tú) | **hablar + ás** |
| (él / ella / usted) | **hablar + á** |
| (nosotros) | **hablar + emos** |
| (ellos / ellas / ustedes) | **hablar + án** |

Existen algunos verbos irregulares que forman el futuro usando una raíz irregular (no es exactamente el infinitivo), pero aun en estos casos las terminaciones son iguales a las de los verbos regulares. Por ejemplo: *venir*

| | |
|---|---|
| (yo) | **vendr + é** |
| (tú) | **vendr + ás** |
| (él / ella / usted) | **vendr + á** |
| (nosotros) | **vendr + emos** |
| (ellos / ellas / ustedes) | **vendr + án** |

Los verbos irregulares más comunes son:

| Verbo | Raíz | Verbo | Raíz |
|---|---|---|---|
| caber | cabr- | hacer | har- |
| haber | habr- | decir | dir- |
| saber | sabr- | tener | tendr- |
| querer | querr- | venir | vendr- |
| salir | saldr- | | |

Para formar el tiempo futuro también se puede usar la construcción perifrástica: ir a + infinitivo. Ésta es la construcción que se usa frecuentemente en la conversación diaria.

> *...Cierto, a mis lozanías **va a seguir** el invierno.*
>
> *En diez años, la economía de los Estados Unidos **va a depender** cada vez más de la productividad del latino.*

También en una conversación es muy común proyectar la acción en el futuro sencillamente con el verbo en el tiempo **presente:**

> *Mañana **vamos** al cine con Marta y Alberto.*
>
> ***¿Empiezo** a leer?*

Además de estos usos comunes, el tiempo futuro también se usa metafóricamente para denotar incertidumbre, probabilidad, conjetura o aun sorpresa:

> *¿Se **sacará** Roberto la lotería?*
>
> *¿Viste el carro que acaba de pasar? Los dueños **serán** millonarios.*
>
> ***¿Llegará** a tiempo el vuelo de Verónica?*
>
> ***¿Será** posible que no hayas estudiado?*

## Ejercicios

Algunas posibilidades son: tiene connotaciones de un intercambio más íntimo, familiar e informal; es lo que se usaría en una conversación diaria.

1. Repase el cuento "El llegar a nacer" e identifique los verbos que están escritos en el tiempo futuro. Oralmente, lea cada oración que contenga el tiempo futuro y cámbielo a la construcción perifrástica. Dé su opinión sobre la connotación del cambio. Por ejemplo:

   *Al principio **sentirás** el frío y la inseguridad...*
   *Al principio **vas a sentir** el frío...*

2. Vuelva a los artículos de este capítulo e identifique quince verbos escritos en el tiempo futuro. Use el siguiente esquema para clasificarlos de acuerdo a su regularidad o irregularidad y escriba el infinitivo de cada uno:

| Futuro | Infinitivo | Regular | Irregular |
|---|---|---|---|
| serán | ser | X | |
| tendrán | tener | | X |

Algunas de las posibilidades son: tiene un tono informal, hasta cierto punto da la impresión de ser un exposición oral en vez de escrita.

Varias de las preguntas y actividades que aparecen después de las lecturas se pueden utilizar para practicar y/o evaluar el uso del futuro.

3. Realice la misma actividad del Ejercicio 1 con un párrafo del artículo "El futuro es nuestro", cambiando los verbos en el tiempo futuro a la construcción perifrástica. ¿Cómo cambia el tono del artículo?
4. Escriba un ensayo de dos páginas describiendo su vida en algún período del futuro (en 20, 30 ó 40 años) indicando dónde estará, qué estará haciendo, cómo será el país y el mundo en general, etc.

La sección de **Evaluación** para este capítulo aparece en la pág. xxxviii.

# Capítulo 8
# El folklore

## Objetivos

En este capítulo, usted:

### Contenido

- Explorará algunos ejemplos del folklore latino en lo que se refiere a creencias populares.
- Comentará y discutirá la importancia del folklore dentro de la cultura.
- Aprenderá las semejanzas y diferencias entre manifestaciones folklóricas de distintas regiones del mundo hispano.
- Explorará y analizará las razones básicas de la existencia del folklore como fenómeno universal.
- Discutirá las diferencias y semejanzas entre la realidad y la fantasía.

### Cultura

- Aprenderá el papel singular que desempeña el folklore en el pueblo latino.
- Identificará semejanzas y diferencias culturales entre varios pueblos latinos.
- Explorará sentimientos del pueblo acerca de algunos elementos folklóricos.
- Aprenderá acerca de algunos valores, conocimientos, experiencias y creencias importantes que se expresan mediante el folklore.

### Lenguaje

- Aprenderá a separar el diptongo con el acento ortográfico.
- Investigará el origen, el uso y la importancia de los prefijos y sufijos.
- Aprenderá la importancia de los modismos.

## Funciones lingüísticas del capítulo

- Comparar elementos culturales y lingüísticos del español y del inglés.
- Inquirir sobre hechos y creencias.
- Aceptar y rechazar hechos y creencias.

# Para empezar

Todo pueblo tiene su tradición folklórica, inclusive uno tan joven como el de Estados Unidos, que apenas cuenta con poco más de doscientos años de existencia como nación. Habrá pocos niños o niñas que alguna vez no hayan oído mencionar al imaginario Paul Bunyan o las aventuras de Billy the Kid. El oeste y el sudoeste fueron los sitios explorados y colonizados por los españoles con anterioridad a la llegada de los colonos ingleses a Nueva Inglaterra. El encuentro, y a veces el choque, de estas dos distintas culturas europeas con la indígena que existía previamente dio luz a dos sendas folklóricas, una en español y la otra en inglés, con leyendas, mitos, cuentos y canciones que son, tal vez, las sendas más fecundas de Estados Unidos.

No es de extrañar, pues, que una civilización tan antigua como la española, y por extensión la latinoamericana y la latina de Estados Unidos, cuente con un folklore tan rico y variado. Así como en Estados Unidos ocurrió el choque de distintas culturas, Latinoamérica presenció el encuentro de los europeos e indígenas, y en muchos sitios también el elemento africano contribuyó no sólo física, espiritual y artísticamente al pueblo latino, sino que también cambió para siempre muchas de sus tradiciones, leyendas, música y costumbres, en fin, su folklore.

También las artesanías tradicionales se pueden considerar parte del foklore de una cultura. En el video *Detalles y colores,* la expresión artística hispana se pone de manifiesto en una multitud de artesanías tradicionales.

¿Pero qué es el folklore? Básicamente es la ciencia o sabiduría del pueblo, lo cual incluye el conjunto de tradiciones, costumbres, creencias, cuentos, poemas, arte, dichos, música, leyendas, bailes y mitos. Tradicionalmente, el folklore no tiene una base académica como la literatura o las bellas artes. Se estudia fenomenológicamente a nivel universitario, pero su verdadera existencia no depende de trabajos académicos, sino que nace y surge del pueblo mismo y se imparte de padre a hijo, de generación en generación, totalmente independizado del estudio o análisis formal.

Veamos, pues, algunos ejemplos del folklore latino.

**¿Qué es el folklore para Ud.?** Elabore una definición del folklore. Explique su importancia para el pueblo y cómo se decide si algo pertence al folklore. Comparta su definición con el resto de la clase.

**¿Cuáles son algunas de sus propias tradiciones?** Discuta con sus compañeros algunas de las creencias, tradiciones, leyendas, etc., que conozcan y que formen parte de su propia cultura. Categorícelas informalmente por país o región y por elemento folklórico (mito, leyenda, remedio, tradición, etc.)

# Estrategias de lectura

## El uso de prefijos, sufijos y contexto para deducir el significado de una palabra

El tema de sufijos y prefijos se elabora en la sección **Lenguaje** de este capítulo.

Para facilitar la comprensión de una lectura, hay varias técnicas que le pueden ayudar. Entre éstas uno puede considerar el análisis léxico que puede ser útil para deducir el significado de palabras desconocidas. El comprender o el reconocer el uso de prefijos y sufijos es una herramienta que le ayudará en la lectura.

En español, como en otros idiomas, hay palabras que se han formado agregando algunas partículas al principio o al final de la raíz o palabra principal. La raíz es la parte principal de la palabra, de la cual derivan otras palabras. A esta raíz se le pueden agregar prefijos o sufijos. Un prefijo consiste en una o más sílabas que se anteponen a la palabra para modificar su sentido. Por ejemplo:

| | | |
|---|---|---|
| inter–: | *internacional* | *interacción* |
| multi–: | *multicolor* | *multiforme* |
| tri–: | *tricolor* | *triangular* |

El sufijo va al final de la palabra. A veces, los sufijos cambian la función de la palabra en la oración. Por ejemplo:

| | | | | |
|---|---|---|---|---|
| *comprender* | (verbo): –ivo | ➔ | *comprensivo* | (adjetivo) |
| *sencillo* | (adj.): –ez | ➔ | *sencillez* | (sustantivo) |
| *común* | (adj.): –ismo | ➔ | *comunismo* | (sustantivo) |

Si Ud. conoce algunos prefijos o sufijos, así como la raíz de algunas palabras, podrá aumentar su vocabulario. Esto, por supuesto, le ayudará en la comprensión de una lectura. Aunque estas partes de las palabras no nos dan la definición exacta, nos dan claves que nos ayudan a determinar la definición.

El contexto, en muchos casos, también es clave para deducir el significado de una palabra. Las palabras que rodean a la palabra desconocida o la manera en que ésta se usa en la oración nos da información que nos ayuda a determinar lo que significa. A veces un autor usa una palabra desconocida y luego la explica al reiterar con palabras distintas la misma idea. Otras veces, se usan ejemplos que nos ayudan a comprender ciertas palabras. También se puede usar la comparación o el contraste para explicar lo desconocido por medio de lo conocido.

## Actividades

1. En la lectura "¿Existe el mal de ojo?" se encuentran muchas palabras que tienen un sufijo o un prefijo. Haga una lista de diez palabras que, según su criterio, tengan un sufijo o un prefijo. Después, con el diccionario, verifique su lista y apunte otros ejemplos con esos mismos sufijos o prefijos.
2. Repase la lectura "Una visita de ultratumba" ligeramente. Haga una lista de diez palabras desconocidas que contengan sufijo o prefijo. Después, vuelva a leer el cuento detenidamente y decida si es posible deducir el significado por el contexto. Explique cada palabra según el significado que Ud. piensa que tiene.
3. Al repasar las otras lecturas del capítulo, haga una lista de diez o más palabras desconocidas que contengan sufijo o prefijo y clasifíquelas usando el siguiente esquema. Decida qué le ayudó más para determinar el significado.

| Palabra | Prefijo | Sufijo | Contexto |
|---|---|---|---|
| | | | |
| | | | |

# 1 Diversiones con el idioma

## Prelectura

Las diversiones tradicionales en lo que se refiere al idioma y a la cultura latina tienen una larga tradición que se manifiesta en los chistes, las adivinanzas, cuentos, coplas y juegos de palabras, entre otros géneros.

El sentido de humor del latino comparte mucho con el de otros pueblos, y los temas de los chistes tienen mucho en común: figuras famosas (sobre todo funcionarios públicos), familiares, la sexualidad, etc. El latino, a menudo se ríe de cosas o temas que el anglosajón toma por sagrado, por ejemplo la religión. Los chistes, sin embargo, constituyen sólo una rama del humorismo —van y vienen con el transcurso del tiempo y la elevación, caída o desaparición de los objetos de la burla.

Dentro del cuadro humorístico, nuestra cultura tiene una larga tradición que se ve a través de las diversas comunidades que integran el mundo hispano. En esta sección presentamos varios tipos de diversiones tradicionales que parten o dependen de la lengua misma para su comprensión y aprecio.

## *No es lo mismo*

"No es lo mismo" goza de mucha popularidad en el pueblo hispanohablante. Contiene juegos de palabras y requiere una comprensión bastante elevada del español, lo cual implica cierto nivel intelectual y lingüístico. Además, a veces este tipo de chiste alude a ciertos conocimientos tal vez culturales, históricos o aún literarios, que se supone que el oyente tiene a su disposición.

No es lo mismo "Alto, ¿quién vive?" que quién vive en los altos.

No es lo mismo una vieja de la calle Habana que una calle de la Habana Vieja.

No es lo mismo pasta de dientes que dientes de pasta.

No es lo mismo Consulado de China que con su china al lado.

No es lo mismo Catalina de Médicis que qué me dices Catalina.

No es lo mismo una vieja cafetera que una cafetera vieja.

No es lo mismo un gato montés que te montes en un gato.

No es lo mismo un viejo muy mono que un mono muy viejo.

No es lo mismo San Francisco de Asís que no seas así, Francisco.

No es lo mismo paulatinamente que la mente de Paula metida en una tina. ■

## Adivinanzas

Las adivinanzas, supuestamente, lo hacen a uno pensar y analizar, ya que presentan toda la información y las pistas necesarias para sacar la respuesta. Las palabras con doble sentido figuran a menudo en este tipo de juego lingüístico.

1. Blanca como la leche, prieta como el café, habla y no tiene boca, camina y no tiene pies.
2. Tiene cabeza y no tiene boca; tiene dientes y no come.
3. ¿Qué es lo primero que hace uno al levantarse?
4. ¿Qué es lo que se pone en la mesa, se corta, se reparte y no se come?
5. ¿Cuál es la letra más bailadora del alfabeto?
6. ¿Cuál es el pueblo de Cuba que siempre está ardiendo?
7. ¿Cuál es el colmo de un barbero?
8. ¿Cuál es el santo más pequeño?

9 ¿En qué se parece un gato a un cura?

10. Tiene patas y no camina; tiene ojos y no ve.
11. ¿Qué es lo que más huele en una botica?
12. ¿Dónde se pone el policía para tocar el pito?
13. ¿Cuál es el animal que es animal dos veces?
14. ¿Cuál es el colmo de un electricista?
15. ¿Cuál es el colmo de un oculista?
16. ¿En qué se parece un chino a un tomate?
17. ¿Lleno de qué pesa menos un saco? ■

1. La carta. / 2. El ajo. / 3. Abrir los ojos. / 4. La baraja. / 5. La jota. / 6. Cienfuegos. / 7. Pelar a un calvo. / 8. San Tito. / 9. En que el gato caza y el cura casa. / 10. Los espejuelos o lentes. / 11. La nariz del boticario. / 12. Detrás del pito. / 13. El gato, porque es gato y araña. / 14. Cortarle la corriente a un río. / 15. Operar las Cataratas del Niágara. / 16. En que toma-té. / 17. De agujeros.

## *Obras de teatro*

Al igual que las adivinanzas y los chistes del tipo "no es lo mismo", las "obras de teatro" encierran toda la información necesaria para que el oyente adivine el nombre de la pieza, dividida normalmente en tres actos. Este tipo de chiste también requiere un elevado conocimiento de muchos elementos, ya sean lingüísticos, culturales o literarios.

• • •

*Primer acto*
Se sube el telón.
Se ve a la familia Díaz en el aeropuerto.
Se baja el telón.

*Segundo acto*
Se sube el telón.
Se ve a la familia Díaz montando en un avión.
Se baja el telón.

*Tercer acto*
Se sube el telón.
Se ve el avión despegando.
Se baja el telón.

¿Cómo se llama la obra?

(Los Díaz se van volando)

• • •

*Primer acto*
Se sube el telón.
Se ve a un marinero comprando un bar.
Se baja el telón.

*Segundo acto*
Se sube el telón.
Se ve al marinero despachando en su bar.
Se baja el telón.

*Tercer acto*
Se sube el telón.
El marinero pierde el bar.
Se baja el telón.

¿Cómo se llama la obra?

(Sin bar el marinero)

• • •

*Primer acto*
Se sube el telón.
Aparece un hombre en el escenario con un perro. El perro lo muerde.
Se baja el telón.

*Segundo acto*
Se sube el telón.
Sale de nuevo el mismo señor con el perro. El perro lo muerde otra vez.
Se baja el telón.

*Tercer acto*
Se sube el telón.
Vuelve a salir el señor con el perro y éste lo muerde de nuevo.
Se baja el telón.

¿Cómo se llama la obra?

(Remordimiento)

• • •

*Primer acto*
Se sube el telón.
Se ve la ancha mar en todo su esplendor.
Se baja el telón.

*Segundo acto*
Se sube el telón.
Un señor lleva a cuestas un costal de yeso.
Se baja el telón.

*Tercer acto*
Se sube el telón.
El individuo vacía en la mar el contenido del costal.
Se baja el telón.

¿Cómo se llama la obra? ■

(La mar se yesa
*Marsellesa* es el hi
nacional francés.])

## Trabalenguas

Los trabalenguas son divertidos porque requieren una aguda habilidad en la pronunciación, ya que se trata de enredar o trabar la lengua. A continuación se presentan algunos de los más conocidos:

Perejil, comí
perejil, cené,
y de tanto comer perejil
me emperejilé
Y ahora, ¿cómo me desemperejilaré?

Pablito clavó un clavito.
Un clavito clavó Pablito.

**R** con **R,** cigarrro,
**R** con **R,** barril,
Rápido corren los carros
por el ferrocarril.

A mí me han dicho
que a ti te han dicho
un dicho que he dicho yo.
El dicho yo no lo he dicho;
pero si lo hubiera dicho,
el dicho estaba bien dicho
por haberlo dicho yo.

—Compadre, cómprame un coco.
—Compadre, no compro coco porque como poco coco como, poco coco compro.

María Chucena techaba su choza.
Pasó un techador y le dijo:
—María Chucena, ¿por qué techas tu choza?
—No techo mi choza, ni techo la ajena; techo la choza de María Chucena.

Paco Peco, chico rico
insultaba como un loco
a su tío Federico,
y éste dijo: —Poco a poco,
Paco Peco, poco pico.

El arzobispo de Constantinopla quiere
desarzobispo-desconstantinopolizarse,
y el que lo desarzobispo-desconstantinopolice
un buen desarzobispo-desconstantinopolizador será. ■

## Después de leer

### No es lo mismo

1.Consiste en juegos de palabras. / 2. Sería muy difícil, porque implica un amplio conocimiento de la manera en que se estructura el español, el orden de las palabras y de la cultura

1. Vuelva a leer esta sección y explique en qué consiste el humor de este tipo de chiste. [E]
2. ¿Cómo explicaría este género a un anglohablante? [E]

### Adivinanzas

1.Imaginación, conocimiento lingüístico. / 2.Depende del tipo. / 3.Sí, pero casi siempre se presentan en forma de pregunta, por ejemplo: "What's black and white and read all over?" (A newspaper)

1. ¿Qué piensa que se requiere para resolver o adivinar la respuesta de este tipo de diversión? [E]
2. ¿Cree que las adivinanzas son apropiadas para todas las edades?
3. ¿Existe este tipo de diversión en inglés? [E]

### Obras de teatro

1.No. / 2.De tener imaginación y las pistas que se presentan. / 3.Tal vez, buena imaginación y buen manejo de la lengua.

1. ¿Existe este tipo de chiste en inglés?
2. En su opinión, ¿de qué depende el poder adivinar el nombre de la obra? [E]
3. En su opinión, ¿qué se requiere para crear este tipo de chiste o adivinanza?

### Trabalenguas

1.Repetición de ciertos sonidos o sílabas. / 2.Que cada estudiante decida por sí mismo

1. Examine de nuevo los trabalenguas presentados. ¿Qué contribuye a que sean difíciles de pronunciar? [E]
2. ¿Cree que los trabalenguas son un buen ejercicio de pronunciación para los que están aprendiendo el español como idioma extranjero?
3. ¿Puede dar ejemplos de trabalenguas en inglés?

## Para escribir y comentar

1. En su diario, exprese su opinión sobre las clases de diversiones presentadas en este capítulo y diga por qué forman una parte indispensable del folklore hispano.
2. Examine de nuevo la lectura "No es lo mismo" y explique algunas características de la lengua española que contribuyen a la posibilidad de este tipo de chiste. Trate de crear algo parecido en inglés. ¿Cuáles son algunos de los problemas con que se enfrenta?
3. Con algunos compañeros, escriba algunas oraciones del tipo "No es lo mismo".
4. Las adivinanzas les gustan mucho a los niños porque son en realidad rompecabezas lingüísticos. Trate de encontrar ejemplos de adivinanzas infantiles para compartir con la clase. Algunas fuentes pueden ser: amigos o miembros de su familia, librerías y bibliotecas.
5. Traduzca de un idioma al otro (español-inglés; inglés-español) algunas adivinanzas y recítelas a personas monolingües de cada idioma. Obtenga su reacción sobre el contenido y la manera en que Ud. las expresó o tradujo. Comparta lo que aprendió con el resto de la clase.
6. ¿Qué características o exigencias de parte del oyente comparten las "Obras de teatro" y las adivinanzas? ¿Por qué no es posible traducir al inglés este tipo de chiste? Con algunos compañeros, traten de crear por lo menos dos "Obras de teatro". Presenten sus "obras" a toda la clase.
7. Haga una comparación entre algunos trabalenguas en español e inglés. ¿Cuáles piensa que son más difíciles? ¿Ingeniosos? ¿Por qué?
8. Se mencionó que en español hay ciertos tipos de chistes, p.ej., "Obras de teatro", que no existen en inglés. ¿Existen en inglés tipos o géneros de chistes o diversiones lingüísticas que no tienen equivalente en español? Con algunos de los compañeros de clase, traten de identificar algunos. ¿Por qué no existen en español? ¿Cuáles exigen un amplio conocimiento cultural? ¿Cuáles requieren un amplio conocimiento lingüístico?

# 2 ¿Existe el mal de ojo?

## Prelectura

La creencia en el mal de ojo parece existir universalmente. En Estados Unidos se habla del *evil eye,* o sea, el darle una persona a otra una mala mirada... ¿tal vez con intenciones de que algo malo le ocurra? Parece ser que esta creencia es tan antigua como la humanidad misma y cada pueblo asevera tanto su existencia como los remedios o protección contra una gran variedad de aflicciones atribuidas al mal de ojo. ¿Hay una base científica para el mal de ojo, por ejemplo, la autosugestión, o es puramente superstición del pueblo inculto y de escasa enseñanza escolar? ¿Superstición o realidad? Leamos el siguiente artículo para averiguar un poco sobre este tema intrigante.

## ¿Existe el mal de ojo?

**Una de las pocas creencias comunes a cualquier cultura es el mal de ojo, ante cuya sola mención todos nos ponemos en guardia. En la Edad Media —y todavía hoy— cualquier enfermedad infantil o desgracia familiar solía atribuirse al maléfico influjo brujeril. ¿Puede una simple "superstición" generalizarse de tal modo? ¿Tiene el aojamiento alguna base científica o es tan sólo el fruto retorcido de nuestra imaginación?**

Durante una corta estancia en Galicia tuve la oportunidad de conocer un curioso caso de aojamiento[1] que me hizo meditar sobre la actualidad de esa superstición. Una mujer gallega había acudido al "sabio" de la aldea para que la ayudara a quitar un mal de ojo que un paseante malintencionado, que ella conocía bien, por supuesto, había lanzado sobre una de sus vacas. Aojada o no, la res iba perdiendo energía y carnes cada día que pasaba, pero la mujer nunca pensó en acudir al veterinario, convencida como estaba de la existencia de un encantamiento. La vaca murió al poco tiempo, a pesar de los buenos oficios del curandero, pero no sabría decir si se trataba de un caso de sugestión o de una enfermedad bovina.

1. acto de hacerle ojo o embrujar a alguien

La creencia en el mal de ojo o "fascinación" —ese supuesto influjo maléfico que una persona puede transmitir a otra por medio del fluido misterioso que se emite por los ojos, el aliento o el simple contacto— es probablemente la más vieja y extendida de las supersticiones. Se cree que el mal de ojo es hereditario y que puede hacerse de forma intencionada, inspirada por la malicia, o actuar de forma involuntaria. En este último caso el infortunado poseedor es un transmisor inconsciente que obra contra su voluntad y hasta puede llegar a perjudicarse a sí mismo si contempla su imagen en un espejo o en una corriente de agua. En la *Encyclopaedia of Superstitions,* Christina Hole menciona el caso de un habitante de York cuyos ojos poseían tal potencia que tenía necesidad de dirigir "la primera mirada de la mañana" (generalmente la más letal) sobre un peral que se fue marchitando gradualmente hasta secarse del todo.

En muchas culturas se hacía portadores del mal de ojo a jorobados, bizcos, tuertos, enanos o personas de suma fealdad. Algunos estados fisiológicos en las mujeres, como el embarazo, la menopausia o la menstruación también se reputaban como igualmente peligrosos y dañinos.

La creencia en el mal de ojo aparece atestiguada en la Biblia y en los escritos griegos y romanos de la antigüedad. Ni la ciencia ni la religión han sido capaces de erradicarla y se sigue creyendo que puede afectar a la paz familiar, a la salud, a la pérdida de los bienes materiales y, sobre todo, a los niños en los primeros meses o en los tres o cuatro primeros años de vida.

**Método usado popularmente para comprobar si existe mal de ojo**

Se colocan tres gotas de aceite en el dedo meñique de la mano derecha y se dejan caer en una taza o vasija con agua. Hay que comprobar si flotan, caen al fondo o cambian de color. Si las gotas se hunden o se fraccionan, hay mal de ojo; si flotan o permanecen íntegras, no lo hay.

### Magnetismo animal y sugestión

En la mirada se condensan la constitución del individuo y sus estados fisiológicos y pasionales; tal vez por eso los antiguos creían firmemente que alguna influencia maligna salía de las personas envidiosas o airadas infectando el aire hasta penetrar y corromper los cuerpos de los seres vivos. Así lo creía Plutarco: "Los ojos lanzan 'dardos de fuego' que golpean a todo aquello que miran". Hay que tener en cuenta, no obstante, que su creencia de que los ojos emiten rayos se basaba en la idea de que el movimiento de éstos se encuentra bajo el control consciente de la voluntad del individuo. La mirada por sí sola no bastaría para influir de una manera dañina; detrás del ojo se encuentra la malicia, la envidia, que constituye el elemento activo.

El deseo de ejercer nuestra voluntad más allá de las propias limitaciones es algo que parece inherente al ser humano. Mientras se verifica el acto de la voluntad, los ojos son los focos magnéticos de donde irradia y se esparce el fluido nervioso. ¿No se tratará de un fenómeno de puro magnetismo animal? ¿Un influjo sugestivo que confirma que algunas personas poseen una extraordinaria influencia sobre otras? La sugestión ejercida con la vista es sobradamente conocida en la hipnosis, que se emplea por ser la forma más sencilla de inducir al trance hipnótico: la víctima es hipnotizada por el poder de la mirada fija y su mente subconsciente queda abierta a las sugestiones telepáticas mentales.

En aquellos casos en los que la víctima es consciente de la aojadura, es necesario admitir que el miedo supersticioso puede afectarla irremisiblemente. Es un hecho que toda idea aceptada por el cerebro acaba por convertirse en un acto. En África, por ejemplo, el brujo que hace mal de ojo se asegura de que la víctima se entere: ése es el secreto de su éxito. Cuando la víctima sabe que ha sido aojada, la combinación de la fe en la fatalidad y la autosugestión inciden en que la maldición se haga realidad y favorecen que el "aojado" se abandone física y espiritualmente. En muchos casos, la aceptación de la magia del brujo es tal que ni siquiera se intenta combatirla. Pero, ¿no existen fórmulas para repeler o prevenir este tipo de encantamientos?

## Algunos casos famosos

La célebre Lais puso a prueba muchas veces el poder magnético de sus ojos sobre el enjambre de amantes que traía a Corinto la fama de su beldad, bastándole una simple ojeada para hacer que cayeran a sus plantas los más recalcitrantes; un filósofo que se había creído hasta entonces invulnerable se confesó vencido por el rayo abrasador de su mirada. Friné, no menos célebre que aquélla, acusada de impiedad por el infame Hierofante, a quien se había atrevido a resistir, fue conducida ante el Areópago y condenada a muerte, pero debió su salvación a las

**Remedio para contrarrestar los efectos del mal de ojo**

Draja Mickaharic aconseja el baño de cerveza como el remedio efectivo más simple para contrarrestar los efectos del mal de ojo:

1. Incorpore un litro de cerveza a media bañera de agua templada. Añada una cucharita de sal y revuélvalo en la dirección de las mani-llas del reloj hasta que se mezclen bien.
2. Métase en la bañera y sumérjase por completo varias veces. Seguidamente siéntese en la bañera y viértase el agua por encima con la ayuda de un cazo. Sumérjase de nuevo y aclárese con el agua varias veces más hasta que haya permanecido en el agua unos seis o siete minutos.
3. Salga de la bañera y séquese bien el pelo con una toalla seca. Póngase un traje de baño y deje que el agua se seque sobre su cuerpo. Retírese a un cuarto tranquilo y rece sinceramente pidiendo ayuda. Las oraciones más indicadas para cristianos creyentes son el salmo 23 o la oración del Señor (Mateo 6:9–13).

admirables perfecciones de su cuerpo y al dulce magnetismo de su mirada, pues los ancianos y graves aereopagitas no pudieron resistir a tan mágica influencia.

El siguiente hecho es todavía más notable. Irene, joven griega de una belleza arrebatadora, había seducido el corazón de Mohamet-Bojuk, y este feroz guerrero, completamente dominado por su ardiente amor, llegó a olvidar sus glorias y su imperio. Sus soldados murmuraban; amotinado el populacho, pidiendo la cabeza de la joven que había afeminado el valor del conquistador, iba a estallar la tormenta cuando el sultán convocó al pueblo en el hipódromo, prometiéndole hacer justicia a su petición: una muchedumbre inmensa se reunió en el lugar de la cita, y a poco rato se presentó el sultán en una espléndida carroza acompañado de Irene, que llevaba cubierta la cabeza con un velo.

—Pueblo y soldados —exclamó Boruk—, he aquí la víctima que pedís, vais a quedar satisfechos.

Enseguida arrancó el velo que cubría la cara de Irene y mandó al verdugo que le cortara la cabeza..., pero ¡qué fisonomía tan simpática! La aurora no es tan fresca como sus mejillas, el lucero matinal no es tan brillante como sus ojos; ningún musulmán había visto jamás nada tan hermoso. Magnetizado repentinamente con esta encantadora visión, el populacho, que poco antes pedía sangre, lanzó un grito unánime pidiendo gracia; pero ya era tarde; el sacrificio estaba consumado...

Un periódico científico se ocupaba hace pocos años de un profesor de colegio cuya mirada era tan terrible, que ninguno de sus numerosos discípulos había podido contemplarla cara a cara. Un alumno de filosofía, de dieciocho años de edad, que había apostado con algunos de sus condiscípulos a que sostendría tan terrible mirada, aprovechó la oportunidad que se le presentó para ganar la apuesta un día en que le reprendía el profesor, pero apenas sus ojos se encontraron con los de éste, se vio obligado a bajarlos. No obstante, el alumno dirigió de nuevo la vista al profesor, firmemente decidido a no bajarla, y entonces tuvo lugar una especie de choque entre ambas miradas, penetrando de tal manera la proyección ocular del maestro en las órbitas del escolar, que sintió éste un vivo dolor, y cayó al suelo sin sentido.

### En la antigüedad

La Edad Media, en cuya época todo eran milagros y brujerías, ofrece muchos ejemplos de individuos cuya potencia ocular les hizo ser tenidos por hechiceros. Citaremos, entre otros, al desgraciado que fue quemado en Nápoles en 1660 por haber causado la muerte a dos jóvenes sobre quienes fijó su homicida mirada; y al viejo pastor de la Bresse, que convicto de haber envenenado con sus miradas los rebaños de su antiguo amo, fue enrodado en expiación de este imaginario crimen.

### Amuletos contra el mal de ojo

Son múltiples los sistemas que se han utilizado desde antiguo y aún se utilizan para precaverse del hechizo y contrarrestar el influjo supuestamente malévolo que algunos seres humanos emiten. Todos se inspiran en la misma idea: desviar su efecto negativo oponiéndole un objeto luminoso, obsceno o capaz de frenar su avance.

El más numeroso de todos los amuletos protectores es una mano en diversas posiciones o gestos. Entre los pueblos mediterráneos los más populares son el de la **higa,** una mano con el dedo pulgar insertado entre los otros dedos doblados y el de la **mano cornuda** con los dos dedos centrales doblados y el pulgar y el meñique extendidos imitando la cabeza de un animal con cuernos. Estos gestos o mudras se basan esencialmente en la creencia de que los órganos sexuales masculinos, fuente de fertilidad, poseen la virtud mágica de repeler ataques malignos.

La protección psíquica también puede obtenerse empleando ciertos colores, palabras o fórmulas escritas. El poder inherente a las palabras sagradas o mágicas, ya sean pronunciadas individualmente o por un mago, suponen un antídoto útil para la mirada maligna, así como las oraciones especiales que se escriben en papel y se llevan colgadas en bolsitas. En los caballos turcos y los camellos árabes se cuelgan saquitos con pasajes inscritos del Corán. En los caballos napolitanos también se cuelga una bolsa de tela con una oración a la Virgen.

Otro antídoto contra el mal de ojo consiste en escupir tres veces en el ojo del "aojador". También se cree que es efectivo hacer la señal de la cruz con la lengua sobre la frente de un niño .

Los amuletos odoríficos se utilizan asimismo para protección psíquica. Son frecuentes la salvia y el romero en España y Portugal, el ajo en Galicia y Grecia y el trébol en Irlanda, además del estiércol de cerdo y el de gallina empleados en muchas localidades.

Las campanitas llevadas por los niños y el ganado, y la sal, símbolo sustentador de vida, en el bolsillo, son amuletos comunes contra el mal de ojo. Pero existen muchos más. Los antiguos griegos llevaban el amuleto de la Medusa, y el caduceo, la vara tradicional del dios Hermes. Los romanos, en cambio, llevaban colgados falos de bronce, oro o plata contra los enemigos de la vida. También se llevaban cuentas con el diseño de un ojo humano. La flor de lis, otro símbolo barrera contra el mal de ojo, se convirtió en el emblema de las brujas blancas en algunas zonas de Francia.

¿Poseen algún valor estos amuletos? ¿No nos encontraremos de nuevo ante un fenómeno de sugestión? Su efecto o capacidad para proteger subyace en gran medida en la creencia que en él se ha depositado: son capaces de evocar una profunda respuesta emocional en algunas personas y probablemente sirven de ayuda para intensificar la energía psíquica del portador y protegerle de influencias externas negativas.

### Medicina y psicología frente a superstición

Durante muchos siglos la medicina oficial no tuvo reparos en achacar al mal de ojo muchas de las dolencias que le eran totalmente desconocidas. En el siglo XVI, por ejemplo, el catedrático de medicina de la Universidad de Alcalá de Henares, Antonio de Cartagena, creía que algunas viejas eran capaces de hacer mal de ojo a los niños. Sin duda, el progreso de la medicina y la psiquiatría han inducido a descartar muchas de las creencias absurdas del pasado que una vez se consideraron como signos infalibles del mal de ojo, y en nuestra era científica se tiende a denostar esta creencia como una mera superstición. “Hoy día resulta ridículo atribuir el fenómeno del mal de ojo al diablo o a una persona infortunada; sólo la cultura puede desarraigar la creencia en esta demencial superstición”, sostiene el psicólogo José Luis Jordán Peña.

Sin duda, la ignorancia ha sido y sigue siendo una de las causas de las que arranca el temor al mal de ojo, pero según parece por la evidencia pasada y presente, no se trata sólo de una fobia muy generalizada en sociedades que detentan un nivel bajo de cultura social e intelectual carentes del refinamiento de la metafísica y las sutilezas de la teología, sino que se manifiesta también en todos los estamentos sociales y especialmente entre individuos afligidos de fuertes trastornos emocionales.

Muchas personas que creen haber sido aojadas no sufren en realidad por causa del mal de ojo, sino por su falta de autoestima. Las personas mentalmente desequilibradas, las que ambicionan el poder, piensan que a veces han sido aojadas. ¿No se tratará acaso del encantamiento del autoengaño? ¿No habrán creado ellas mismas las bases para ser atacadas por esas energías?

Algunos psicólogos lo han interpretado como representativo de “los impulsos agresivos dirigidos internamente, debido a una necesidad culpable de autocastigo que nace de los instintos sexuales prohibidos”. E. S. Gilford señala que el mal de ojo es el resultado de sentimientos neuróticos de culpa porque los individuos prósperos tienden a proyectar sus expectativas de fracaso en los ojos de aquellos a quienes consideran más dados a la envidia. Pero todo esto no impedirá que miles de personas de todo el mundo sigan creyéndose “aojadas” y buscando quién les libere de ese mal. Como tampoco que ciertos especialistas vean en algunos de estos casos un fenómeno paranormal insuficientemente estudiado. Pero eso es otra larga historia... ■

## Después de leer

1. Es el influjo maléfico transmitido por medio del fluido misterioso que se emite por los ojos, el aliento o el simple contacto. / 2. No. Se cree que es hereditario. El poseedor del poder puede perjudicarse hasta a sí mismo al contemplarse en el espejo. Un individuo de York dirigía la primera mirada de la mañana sobre un peral, que se fue marchitando y se secó. / 3. Estaba convencida de que un malintencionado le había hecho el mal de ojo a su vaca. / 4. Se puede mencionar que nunca consultó al veterinario. / 5. Las respuestas van a variar. / 6. Pensaba que los ojos lanzaban "dardos de fuego" y que el movimiento de los ojos lo controla concientemente el individuo. / 7. Las respuestas van a variar. / 8. La víctima tiene que enterarse de que ha sido aojada. / 9. La higa; la mano cornuda; ciertos colores, palabras o fórmulas escritas; palabras sagradas; amuletos odoríficos; campanitas. / 10. Porque no se conocía la verdadera causa de algunas enfermedades. / 11. Ocurre en todos los niveles sociales, culturales e intelectuales. En muchos casos falta de autoestima, desequilibrio mental o ambición.

1. Según el artículo, ¿qué es exactamente el mal de ojo y cómo se transmite? [E]
2. La persona que posee el poder del mal de ojo, ¿puede controlarlo? Describa algunos ejemplos del artículo.
3. ¿Por qué pensaba la mujer gallega que su vaca sufría de aojamiento, o sea, de mal de ojo?
4. En su opinión, ¿obró bien la mujer? ¿Por qué piensa así?
5. Se menciona un método para comprobar la existencia del mal de ojo. ¿Sabe Ud. de otros? Descríbalos.
6. ¿Por qué pensaba el historiador griego, Plutarco, que el mal de ojo en efecto lo controlaba el poseedor?
7. El artículo menciona una posible relación entre el mal de ojo y la hipnosis. ¿Qué piensa Ud. al respecto?
8. Según el artículo, ¿cuál es el ingrediente indispensable para que surta efecto el aojamiento?
9. Describa algunos de los amuletos que se usan contra el mal de ojo. ¿Sabe de otros? [E]
10. El artículo menciona que en siglos pasados la medicina atribuyó al mal de ojo enfermedades desconocidas. ¿Por qué piensa Ud. que sucedía esto? [E]
11. ¿Cuál es la relación entre la creencia en el aojamiento y el nivel cultural e intelectual del individuo? ¿Y entre la creencia y el estado emocional? [E]

## Para escribir y comentar

1. ¿Por qué será que la creencia en el mal de ojo es un fenómeno universal? ¿Ud. cree en él? Escriba en su diario lo que Ud. piensa sobre estas preguntas.
2. ¿Piensa que hay una contradicción entre la creencia en el mal de ojo y la religión? ¿Por qué? [E]
3. Comente sobre la idea y la relación entre la autosugestión y el mal de ojo.
4. Volviendo a la segunda actividad que se hizo en la página 250, ahora profundizaremos un poco este tema precisando la información inicialmente identificada y usando el esquema siguiente. Se recomienda que la actividad se haga en grupo para iniciar discusión y comentarios:

| País o región | |
|---|---|
| **Mal o efecto supersticioso** | **Remedio recomendado** |
| | |
| | |
| | |

Cada grupo presentará oralmente los resultados de la actividad. Después los alumnos emprenderán un análisis para ver las similitudes y diferencias entre los varios grupos representados en la clase.

4. El mal de ojo: ¿realidad o superstición? Escriba un ensayo sobre este tema en el que defienda su punto de vista. [E]
5. Escriba un ensayo de tres párrafos exponiendo sus reacciones a estas creencias y su propia explicación de su existencia. [E]
6. Encuentre una hierbería o botánica en su ciudad y entreviste a los dueños sobre los siguientes temas: el tipo de clientela que tienen (sexo, edad, país, nivel socioeconómico); los tipos de enfermedades o aflicciones más comunes de los clientes; la explicación de los dueños de la existencia de estas creencias; su explicación de su popularidad en ciertos sectores y no en otros. Obtenga amuletos u otros objetos que se usan para protegerse o para hacerle el mal de ojo a otra persona. Escriba un resumen de su entrevista en el que enumere las preguntas o temas y las respuestas que obtuvo. Demuestre y explique los artículos que encontró en su expedición.
7. ¿Conoce a alguien que haya tenido experiencias con el mal de ojo? Entreviste a los que pueda para obtener información sobre lo siguiente: tipo de aojamiento; cómo y por qué ocurrió; y resultados finales. Haga un informe oral en la clase sobre lo que aprendió. Si no conoce a nadie que haya tenido semejantes experiencias, describa un cuento o una película en que haya sucedido algo parecido.
8. Describa por escrito en sus propias palabras uno de los famosos casos de aojamiento que aparecen en el artículo.

# 3 Unos cuentitos populares

## Prelectura

Existen en el folklore hispano muchísimos incidentes inexplicables que comúnmente se atribuyen a lo espiritual o a lo divino. En muchos casos hay una estrecha relación entre las creencias populares y la religión formal o establecida. Hay quienes opinan que ciertas tradiciones del curanderismo son vestigios de las prácticas médicas y religiosas precolombinas que se ocultaron con la llegada de los españoles al Nuevo Mundo. Por otra parte, se sabe a ciencia cierta que mucho del folklore y tradiciones religiosas del Caribe y de otras partes de la América Latina, por ejemplo, la santería, tienen orígenes africanos que se han incorporado a la cultura y religión prevalecientes.

La leyenda desempeña un papel importante en la cultura y literatura latina y goza de una larga tradición. Algunos de sus héroes y personajes realmente existieron y a través de los años o siglos cobraron importancia legendaria, precisamente por sus hazañas verdaderas o imaginarias.

Así pues, las creencias populares de distintos países se manifiestan y perduran a pesar del transcurso del tiempo y de los adelantos científicos y tecnológicos. Leamos los siguientes cuentitos provenientes de Cuba, del sur de Texas y de Puerto Rico, que tratan el tema de la mezcla de la religión y las creencias populares.

## *El santo*

### I

—Te digo que los santos velan por ti. Tú no creerás estas cosas, pero si conseguiste trabajo es por mí. Yo te endulcé el santo con tabaco y miel. Él te abrió el camino.

La música sonaba con su enervante ritmo africano. La mujer tiró un coco en el suelo y se rompió. Después empezó a mirar las diferentes partes.

—¿Qué dicen los caracoles, Palmira?

—Van ustedes dos a tener una gran felicidad. Una gran felicidad. Pero tú tienes que tener fe. Y no ser tan descreído. Hoy lo dijo José.

El hombre miró a su mujer y a la médium con cara de incredulidad.

—José es el mulato que siempre viene cuando Petronila lo llama. Ayer bajó. Y hoy también. ¡Mira para el agua! ¡Mira qué cantidad de fluido!

El hombre se tiró en la cama. La música negra, con el rápido repiquetear de los tambores, se oyó por largo rato. Él cerró la puerta de su habitación que daba a la sala donde se celebraba el rito. Encendió un puro y se puso a leer el periódico.

II

—La situación está muy mala. Hoy miré el informe financiero de la compañía y estoy muy nervioso. Este año hemos vendido un millón de pesos menos que el año pasado. Cualquier día me botan. Hay que empezar a "legislar"[1].

—Tú no tienes problema. Tú eres hijo de Changó[2] y de San Lázaro[3]. No te botarán del trabajo, sino que te darán un ascenso.

Estaba muy nervioso. La cara del jefe era un signo de preocupación. Sabía que los negocios seguían mal y que cualquier día lo llamarían para despedirlo. Él era el último que había entrado en la compañía y por lo tanto el que menos derecho tenía a conservar el puesto.

1. precaver, estar alerta

2. en la religión afrocubana, el dios de los truenos y rayos / 3. en la religión católica, el santo patrón de los leprosos y pobres

III

Aquella tarde estaba libre. Era su día de asueto de la semana. Antes de salir de la oficina pasó por su casillero a ver si algo había pasado. Pero no había allí ningún papel. Ahora, tirado en la cama, repasaba el periódico, pero siempre con el pensamiento ido, con la seguridad de que sus días estaban contados.

Reparó en una fotografía. Unas mujeres estaban junto a varias filas de libros. El pie del grabado hablaba de una venta en una de las iglesias de la ciudad que celebrarían las Hijas de María. Se indicaba que los volúmenes eran viejos, y que algunos eran ediciones rarísimas.

Él se olvidó, de súbito, de su problema y pensó ir inmediatamente a la venta. El coleccionar libros era su obsesión desde niño, una manía compulsiva, como la de un jugador con el tapete verde. Pero al mirar el pie del grabado vio que no abrían la iglesia hasta las cuatro y media de la tarde. Y empezó a dormitar decidido a ir en cuanto se levantara de la siesta.

IV

A las cuatro se disponía a salir, pero empezó a sentir cierta duda. Se lo dijo a la mujer:

—Qué raro. Nunca he titubeado en ir a comprar libros. Y ahora tengo una penita que me detiene. Que no me deja moverme.

—No vayas. Algo te va a pasar en el camino. Tal vez un accidente. Es Changó y San Lázaro protegiéndote.

Él se echó a reír. Habló de las tonterías de la mujer y se tiró en la cama de nuevo. En eso tocaron a la puerta. Era su amigo Miguel acompañado de Diana. La perra corrió por la casa y al reparar que él estaba tirado en la cama se lanzó sobre ella y se recostó a su lado. Miguel y la mujer miraban la escena.

—Qué raro, mujer; es la primera vez que esto me pasa. ¡Cómo me quiere la perra!

—Es San Lázaro protegiéndote.

Él sintió como una fe. El timbre sonó. Era su jefe que lo quería ver temprano a la mañana siguiente; "Sólo tú con tu experiencia me puedes salvar el negocio. La junta directiva te ha hecho administrador del mismo". La perra meneó la cola. "Esa perra —dijo la mujer, mientras lo felicitaba— tiene la viva estampa, ¿no lo ves?, de los perros de San Lázaro..." ■

**José Sánchez-Boudy**

## *Don Pedrito Jaramillo*

Don Pedrito Jaramillo es, sin duda ninguna, el personaje mejor conocido de todo el suroeste de Texas. Uno no puede platicar con los ancianos por más de cinco minutos sin que don Pedrito sea mencionado

Estoy seguro que les gustará leer algo de este hombre que hizo tanto por los pobres y los enfermos que le dieron el título de "El Bienhechor de la Humanidad".

Él empezó humildemente y se quedó humilde toda su vida a pesar de que miles de personas de los Estados Unidos y de México le buscaran.

Nació en un ranchito, cerca de Guadalajara, de padres muy pobres. Nunca alcanzó a ir a la escuela pero aprendió a leer y a escribir por sí solo. Todo lo que sabemos de él hasta la edad de cincuenta años es que era pastor de cabras. Seguro que para entonces él se imaginaba que iba a pasar el resto de su vida cuidando cabras.

Sin embargo, los planes de Dios eran muy diferentes. Un día que don Pedrito iba a caballo dio con la rama de un árbol. Se cayó al suelo y se quedó inconsciente por mucho tiempo. Cuando volvió en sí, sintió un dolor muy fuerte en la cara. Tenía la nariz quebrada y la piel raspada hasta el hueso. Algo más fuerte que él mismo le empujaba hacia el lodo que había al lado de una laguna cercana. Casi a pesar de su misma voluntad, se arrastró hasta el lodo y se dejó caer en él. Sintió alivio lueguito y después de algunas horas pudo regresar al rancho. La cicatriz en la nariz se le quedó siempre, pero el dolor desapareció completamente.

Aquella misma noche, don Pedrito oyó una voz misteriosa que le decía: "De hoy en adelante, curarás EN MI NOMBRE. Recetarás la primera cosa que te vendrá a la mente y siempre tendrás resultado".

Se hubiera podido quedar en Guadalajara pero decidió mejor mudarse después de la muerte de su madre. Llegó a Falfurrias en 1881. Conocía la región porque había venido con amigos contrabandistas que vendían tequila[1] y mezcal[2] por estos rumbos. Se había fijado que en el sur de Texas eran pocos los doctores. Él pensó entonces que este nuevo poder que Dios le había dado sería muy útil en esta región. Consiguió un pedacito de terreno en Los Olmos, a tres millas al norte de Falfurrias. Se construyó un jacal[3] y se declaró curandero.

Llegó a ser famoso en poco tiempo. Miles de personas venían a consultarle en Los Olmos mientras que centenares más le pedían recetas en sus giras por la región. Muchos otros pacientes le pedían alivio por correo.

Don Pedrito no pedía dinero y aceptaba solamente lo que necesitaba para los gastos cotidianos. La mayoría del tiempo, regalaba con una mano lo que acababa de recibir con la otra.

Sus recetas no seguían ninguna lógica. A veces parecían al contrario del sentido común, como para probar la fe del paciente. Se le presentaba uno con la pierna derecha mala, por ejemplo, le mandaba que se bañara la pierna izquierda en agua fría. Las recetas requerían cosas muy sencillas y baratas, como agua, comino, cerveza y aun un whiskey que se vendía a 25 centavos la botella y que se llamaba "Mata-Burro".

Todo esto lo recetaba él en el nombre de Dios. Hay miles de testigos que juran que la receta de don Pedrito y la fe del paciente bastaban para curar cualquier cosa. ■

**Juan Sauvageau**

1. bebida destilada del agave, un tipo de cacto maguey / 2. bebida destilada

3. choza

# La tía Panchita

¿Dónde está el enfermo?

Aquí, tía Panchita; pásele.

Oh, pos si es Rafa... ¿qué te pasa, criatura?

No sabemos; ayer empezó a tartamudear y ahora ahí está tiritando con calentura.

Bueno; corran las cortinas, sálganse todos y cierren la puerta que voy a empezar.

La tía Panchita extrajo un huevo pardo de la bolsa de provisión y lo cruzó por la cara de Rafa Buenrostro. Después hizo otra señal de la cruz cubriendo el cuerpo entero del enfermo y empezó su rezo:

Oración y ensalmo para susto: Criatura de Dios, yo te curo y te ensalmo en el nombre de Dios y el Espíritu Santo. Tres personas distintas y un solo Dios verdadero. San Roque, San Sebastián, once mil vírgenes por tu Glorísima pasión y ascención dígnense a curar a esta afligida criatura de ojo, espanto, calentura o cualquier otra curación no refiriendo a tan linda persona que se refiere a su sacrosanto misterio. Jesús criatura de Dios acuérdate de tu Dios. Cuanto amante está Jesús, cuanto amante está Jesús, así sea. Amén.

Ofrecimiento: Jesús sea tu doctor, María Santísima tu doctora y que esta enfermedad sea aventada por el amor de Dios, por el amor de Dios, amén.

• • •

La tía Panchita repitió la oración, el ensalmo y el ofrecimiento dos veces más y entonces estrelló el huevo en un plato verde que colocó debajo de la cama. Rafa Buenrostro respiró hondamente y empezó un sueño que duraría día y medio.

La tía Panchita se despidió apresuradamente diciendo que volvería el miércoles. Mujer ocupadísima, la tía se dirigía al bautizo del niño de Lino Carrizales. ■

**Rolando Hinojosa**

# Una visita de ultratumba

**(1523)**

**I**

Doña Leonor Ponce de León, la hija más pequeña del Conquistador del Boriquén, se casó con el doctor don Antonio de la Llama Vallejo, sucesor en el gobierno de esta isla, del licenciado don Diego de Caraza; y a la vez juez de residencia.

Vallejo era todo un hombre, buen mozo, altivo, cumplidor de sus deberes y amante cariñoso de doña Leonor, la que correspondía con su entrañable afecto de criolla vehemente a los pulidos extremos de su enamorado galán.

Fue preciso dar tregua a sus coloquios de amantes esposos, porque Vallejo tenía que llevar a la corte, personalmente, el juicio de residencia de Caraza, para resolver ante el Consejo de Indias, algunos puntos obscuros de la gobernación de este prócer y astuto letrado. Por tanto, embarcó Vallejo en la carabela "Santa María de los Remedios", de Juan de Alaminos, y quedó doña Leonor sumida en acerbo llanto en el rincón solitario de su hogar, consolándose únicamente ante el milagroso Cristo de los Ponce, cuando postrada de rodillas en la iglesia de Santo Tomás de Aquino, le pedía al Redentor un feliz viaje para su consorte y un pronto regreso a sus suaves y acariciadores brazos.

**II**

Cada mañana iba la consecuente dama, con el vago ensoñar de su forzada y tediosa soledad, a espiar el horizonte marítimo y vislumbrar tal vez la señal indicadora del retorno de su querido Vallejo. Tiempo perdido. Después de tres meses de angustias e insomnios, vinieron nuevas de España de que la nave de Alaminos había zozobrado frente a las costas de Portugal, ahogándose el gobernador Vallejo y salvándose tan sólo parte de la tripulación.

Fue tan rudo el golpe para la infeliz doña Leonor, que melancólica y febril postróse en cama y negóse a tomar alimento y a recibir visitas. Después de aguda enfermedad quedó la consecuente dama sumida en honda pena y se apoderó de ella una profunda tristeza, por lo que se pasaba todo el día recogida en el lecho, con la cabeza destrenzada, rezando por el eterno descanso de su desgraciado esposo y rogando al Cielo la dispusiera de su vida para ir a unirse con su marido en la eterna mansión de los justos.

Toda la familia se desesperaba del abatido estado de doña Leonor, esperando de un momento a otro un fatal desenlace. Un día, a plena luz, según cuentan viejos pergaminos, entró en la casa un hombre, vestido al estilo de los médicos de la época, con cuello alto y guantes grises, desconocido en la ciudad, y se encaminó rectamente al aposento de doña Leonor, sin anunciarse, ni tomar guía, ni hablar a nadie de la servidumbre, y cerró la puerta tras él.

### III

¿Qué pasó entre el desconocido visitante y la melancólica dama? No lo dicen los antiguos papeles. Pero nadie vio salir del aposento al extraño doctor, que se evaporó como visión fugaz. Y la desconsolada viuda, rehabilitada por aquella célica visita, comenzó a consolarse, se curó de su neuropatía y volvió a hacer vida regular entre sus adeptos y familiares.

### IV

Y termina el cronista Torres Vargas, narrador de este suceso, diciendo "que Dios busca los medios que sabe que más importan para nuestro remedio". A lo que podemos añadir, que este hecho, maravilloso y sobrenatural, se explica hoy aceptando la comunicación de los seres de un mundo invisible con los de la tierra, de lo que dan testimonio probatorio algunos escritores, considerando esas apariciones como manifestaciones reales de la vida psíquica entre unos y otros seres.

Hay autores, más fisiólogos que psicólogos, que consideran estas manifestaciones como una autosugestión mental del propio individuo, negando en absoluto los fenómenos de la vida a distancia, los sueños premonitores y la telepatía.

La ciencia, que ha transformado el mundo, sacará incólume la verdad del seno de todos estos hechos maravillosos. "La Tierra —dice un gran pensador— es un punto sombrío con alrededores ilimitados de bruma y espacio, y todo el infinito se estremece cuando tocamos un átomo". ■

**Cayetano Coll y Toste**

## Después de leer

### "El santo"

1. Describa el rito de la médium, Palmira.
2. ¿Cuál fue su pronóstico?
3. Describa la reacción del esposo.
4. El trabajo del esposo en esos momentos era un tanto precario. ¿Cómo lo tranquiliza la esposa?
5. ¿Qué obsesión tenía el esposo?
6. ¿Qué noticia recibió el esposo en relación a su trabajo?
7. ¿Cómo lo explicó su esposa?
8. Si fuera Ud. el esposo, ¿qué pensaría de esta explicación?

### "Don Pedrito Jaramillo"

1. Describa los antecedentes de Don Pedrito.
2. Describa brevemente el acontecimiento que cambió la vida de Don Pedrito. [E]
3. ¿Cuál era la relación entre la religión de Don Pedrito y lo acontecido?
4. ¿Qué fama llegó a tener Don Pedrito? [E]
5. ¿Qué clase de recetas daba Don Pedrito?
6. ¿Cuál sería el papel del paciente en las curaciones de Don Pedrito?

### "La Tía Panchita"

1. Describa la condición del enfermo. [E]
2. ¿Piensa Ud. que el rito de la Tía Panchita era encantamiento o que se basaba en la religión? ¿Por qué opina así?
3. ¿Cuál fue el resultado del rito?
4. ¿Cómo sabemos que la Tía Panchita era popular y gozaba del respeto del pueblo?

### "Una visita de ultratumba"

1. Haga una lista de las alusiones religiosas de esta leyenda. ¿Cuál es su importancia y las razones por las que se incluyen aquí?
2. ¿Se llevaban bien los esposos, el doctor don Antonio y doña Leonor? ¿Cómo lo sabe?
3. ¿Por qué se ausentó el doctor de Puerto Rico? ¿Le echó de menos doña Leonor? ¿Qué hacía?
4. ¿Qué le sucedió al doctor? ¿Cómo reaccionó doña Leonor?

**El santo**
1. Tiró un coco al suelo y cuando se rompió, miró e interpretó las diferentes partes. / 2. Que la pareja iba a tener una gran felicidad. / 3. Estaba incrédulo. Se acostó, encendió un puro y se puso a leer el periódico. / 4. Le dice que no tiene problemas, porque es hijo de Changó y de San Lázaro. / 5. Coleccionar libros. / 6. La junta directiva lo hizo administrador del negocio, porque él era el único con la experiencia necesaria. / 7. La esposa estaba convencida de que la perra era uno de los perros de San Lázaro protegiendo al esposo. / 8. Las respuestas variarán: a) pura casualidad; b) el rito de Palmira surtió efecto; c) suceden cosas inexplicables.

**Don Pedrito Jaramillo**
1. Nació cerca de Guadalajara, de padres muy pobres; apendió a leer y a escribir por sí mismo; cuidaba cabras. Era amigo de contrabandistas. / 2. Iba a caballo cuando se golpeó; cayó inconsciente. Esa noche oyó una voz que le anunció, "...curarás en mi nombre". Se mudó a Texas, donde se declaró curandero. / 3. Por lo visto era muy fuerte, ya que él era creyente. / 4. Se hizo famoso como curandero y miles de testigos juran que su poder es verdadero. / 5. Recetas que no tenían ninguna lógica, pero todo lo que recetaba lo hacía en el nombre de Dios.

6. Las respuestas van a variar: a) la autosugestión; b) el paciente no tenía nada que ver con el asunto, ya que don Pedrito tenía el poder de curar.

**La tía Panchita**
1. Había empezado a tartamudear y tiritar. / 2. Las respuestas van a variar. / 3. Por lo visto el enfermo se alivió; respiró hondamente y durmió día y medio. / 4. Era muy solicitada; se pedía su ayuda en casos de enfermedad y se la invitaba a otras funciones, como bautizos.

**Una visita de ultratumba**
1. La carabela, "Sta. María de los Remedios"; el milagroso Cristo de los Ponce; la iglesia de Sto. Tomás de Aquino; el Cielo; la eterna mansión de los justos; Dios busca los medios. Opinión de cada estudiante. / 2. Sí. Se dice que él era amante cariñoso y ella correspondía con entrañable afecto. / 3. Tuvo que viajar a España para llevar a la corte un juicio para resolver un caso ante el Consejo de Indias. Ella lo extrañaba mucho y buscaba su barco en el horizonte todas las mañanas. / 4. La nave en que viajaba zozobró cerca de Portugal y el doctor se ahogó. Doña Leonor cayó en una honda pena y pasaba los días en la cama rezando por el eterno descanso de su esposo. / 5. Un hombre desconocido, vestido de médico. / 6. Se supone que era el espíritu del esposo difunto. / 7. Sugiere que es autosugestión.

5. Según lo que cuentan, ¿quién vino a visitarla?
6. Supuestamente, ¿quién era el visitante?
7. ¿Cómo explica el fenómeno el narrador?

## Preguntas generales

1. Identifique por lo menos dos elementos que tienen en común los cuatro cuentos en términos de lo acontecido. [E]
2. En su opinión, con respecto a los cuentos en los que figura algún rito, ¿cuáles son algunas de las condiciones necesarias para el éxito de dicho rito? [E]

## Para escribir y comentar

1. ¿Cuál será el papel de la autosugestión en nuestro estado de salud? ¿Piensa Ud. que esto ayuda a enfermar o a curar a la persona? Comente sobre estas ideas en su diario.
2. En los cuentos que acaba de leer, se mencionan algunas enfermedades o condiciones. Escriba una lista de ellas y consulte a uno de sus compañeros o a algún conocido fuera de clase para averiguar su causa y posibles remedios caseros.
3. Según se explica en el artículo "¿Existe el mal de ojo?", en el África el brujo siempre se asegura de que la víctima se entere del hechizo que le hayan puesto. ¿Es posible el aojamiento, por ejemplo, sin que lo sepa la víctima? Basándose en lo que leyó en este artículo y en los otros cuentos, escriba un ensayo sobre la relación entre la conciencia, la fe y las enfermedades o condiciones que no tienen base científica.
4. Se dice humorísticamente que sólo los latinos pueden padecer de empacho (tipo de indigestión), ya que esta aflicción se desconoce en la comunidad anglosajona. ¿Tiene, entonces, una base verídica esta condición? Explíquele a una persona no latina lo que es el empacho, obtenga su reacción y compártala con la clase oralmente.
5. ¿Hay otras condiciones o aflicciones físicas o psicológicas que afectan o se manifiestan sólo en un grupo cultural determinado y no en otros? Haga una lista de las condiciones que se mencionan en las lecturas de este capítulo y compártalas con algún conocido no latino para obtener su reacción. Haga una lista de enfermedades o aflicciones que afectan a la comunidad anglosajona y que no se conocen entre los latinos (N.B. El estrés ya ha cruzado la frontera cultural latina). Comente y discuta los resultados de su investigación con el resto de la clase.

6. Obtenga la opinión de varios grupos culturales, p.ej., latino, anglosajón o afroamericano con respecto a alguna(s) creencia(s) de otro grupo. Comparta los resultados de su encuesta con la clase y comente sobre lo que encontró.
7. El narrador de "Una visita de ultratumba" explica el fenómeno que ocurrió. Exprese su opinión oralmente.

# Estrategias de escritura

## La comparación y el contraste

Una exposición se puede desarrollar de diferentes maneras, usando diferentes técnicas. Se puede, por ejemplo, comparar dos cosas y explicar las semejanzas que existen entre ellas. Otra alternativa es contrastar, o señalar las diferencias entre las dos cosas que se están considerando. También es posible comparar y contrastar en un mismo ensayo. La manera en que Ud. decida organizar su exposición depende de su propósito, del lector a quien se dirige, y del tema que Ud. haya escogido para desarrollar.

Si Ud. decide comparar y contrastar en el mismo ensayo, tiene dos opciones. Puede presentar las características de una entidad en un párrafo y las de la otra en otro párrafo. La otra opción es presentar una característica de una entidad seguida por el mismo punto de comparación o contraste de la otra entidad.

Al hacer la comparación y/o contraste, es importante recordar que es más útil y más fácil comparar o contrastar las entidades con algo que el lector ya conozca que con alguna cosa o idea desconocida. Así el lector puede asociar lo conocido con lo desconocido para facilitar la comprensión.

## Actividades

1. Escriba tres semejanzas y tres diferencias para cada uno de los pares de temas que siguen. Si necesita obtener ideas, repase las lecturas o busque información en otras fuentes de consulta.
   a. los curanderos y los médicos
   b. los remedios caseros y las medicinas recetadas por el médico
   c. las supersticiones (o creencias) y la información científica
2. Haga una lista de cuatro o cinco temas relacionados al folklore que se pueden usar para escribir una comparación y/o contraste.
3. Escoja uno de los temas de la pregunta N°2. (Limítelo si es necesario.) Haga una lista de semejanzas y diferencias para su tema y organícelas de una manera lógica para el ensayo.

4. Escriba un bosquejo para organizarse aún más y para determinar si la información que ya tiene es suficiente para desarrollar su ensayo.
5. Revise su bosquejo y si ya tiene suficiente información, empiece su borrador.
6. Revise el borrador y haga los cambios necesarios. Escriba la versión final.

# Lenguaje

## La acentuación

### Separación del diptongo

En el Capítulo 7, estudiamos sobre la acentuación de palabras con diptongo. La combinación de una vocal fuerte **(a,e,o)** con una débil **(i,u)** o la combinación de dos vocales débiles en una sola sílaba constituye un **diptongo.** De acuerdo a esta información, las siguientes palabras de las lecturas de este capítulo contienen diptongo:

*vie-jo* *guar-dia* *su-pues-to*

*in-di-vi-duo* *ai-re* *re-me-dio*

*flui-do* *si-tios* *bau-ti-zo*

Ud. recordará, también, que las palabras con diptongo se rigen por la **Regla N°1** o **N°2.** O sea, una vez que se ha determinado que la palabra, en efecto, contiene diptongo, entonces hay que observar la terminación (vocal, **n, s;** consonante, excepto **n, s**). Por ejemplo, note que las siguientes palabras requieren acento ortográfico, porque no están de acuerdo con la **Regla N°1** (se ha subrayado la sílaba tónica):

*des-pués* *re-pi-tió* *si-tua-ción* *tam-bién*

En cambio, los siguientes ejemplos que también contienen diptongo, sí están de acuerdo con la **Regla N°1** y por consiguiente, no requieren acento ortográfico (se ha subrayado la sílaba tónica):

*a-sue-to* *me-dia* *cier-ta*

Note que la combinación de letras que contiene la *u muda* no constituyen diptongo, por ejemplo:

*que* *seguiré* *guitarra*

Ahora, vamos a ver el uso del acento ortográfico para separar dos letras (y dos sonidos) que pudieran constituir un diptongo, si estuvieran localizadas en la misma sílaba. Note los siguientes ejemplos de las lecturas:

Note que **ciudadanía** contiene diptongo (ciu) y una separación (ní-a).

*Ra-úl* *dí-a* *o-í-do* *gus-ta-rí-a* *con-ti-nú-a* *ciu-da-da-ní-a*

Para mantener la pronunciación correcta de la palabra, se usa el acento ortográfico para separar un diptongo, poniendo el acento en lo que normalmente sería la vocal débil **(i, u)**.

## Ejercicios

1. A continuación se presenta una lista de palabras, algunas de las cuales contienen diptongo y otras en las que se separa el diptongo. Pronuncie cada una y en base a esto, indique si hay diptongo o si se separan las vocales. Luego decida si la palabra requiere acento ortográfico y por qué. Se presentan cuatro ejemplos.

| Palabra | Contiene diptongo | Se separa el diptongo | ¿Acento ortográfico? | Razón |
|---|---|---|---|---|
| región | x | | Sí | No está de acuerdo con Regla N°1 |
| familiares | x | | No | Está de acuerdo con Regla N°1 |
| Juárez | x | | Sí | No está de acuerdo con Regla N°2 |
| todavía | | x | Sí | Se separa el diptongo |
| provincia | | | | |
| salio | | | | |
| decidieron | | | | |
| tambien | | | | |
| refugiados | | | | |
| sacrificios | | | | |
| interior | | | | |
| nervioso | | | | |
| reaccion | | | | |
| individual | | | | |

| Palabra | Contiene diptongo | Se separa el diptongo | ¿Acento ortográfico? | Razón |
|---|---|---|---|---|
| racial | | | | |
| estatua | | | | |
| recuerdas | | | | |
| regañadientes | | | | |
| raices | | | | |
| corria | | | | |
| desaparecio | | | | |
| tierra | | | | |
| Lucia | | | | |
| lenguaje | | | | |
| familia | | | | |
| gracias | | | | |
| Garcia | | | | |
| Mario | | | | |
| Maria | | | | |

2. Usando las lecturas de este capítulo o de los anteriores, identifique cinco palabras para cada una de las siguientes categorías y continúe con el ejercicio anterior:

   a. palabras con diptongo, sin acento ortográfico
   b. palabras con diptongo, con acento ortográfico
   c. palabras en que se separa el diptongo

## Prefijos y sufijos

En la sección **Estrategias de lectura** se presentó la información inicial sobre los prefijos y sufijos. Ahora vamos a profundizar un poco más sobre este tema. El afijo es un elemento gramatical del que se valen muchos idiomas, y en español, tanto como en inglés, el afijo consta de prefijos y sufijos. Los prefijos son partículas que se anteponen a la palabra para modificar o cambiar su sentido. Por ejemplo, **anti-** denota oposición **(anticomunista, anticapitalista, antibiótico, anticuerpo)** y a veces delante **(antifaz, anticipar).** El prefijo se puede agregar a innumerables palabras para cambiar o precisar su sentido y por ende derivar nuevas palabras.

El sufijo se añade al final de la palabra y también cambia su sentido. Por ejemplo, **–miento** significa acción o efecto **(nacimiento, sufrimiento, establecimiento).** La creación de nuevas palabras mediante el uso de prefijos y sufijos es uno de los mecanismos más comunes y fecundos de la lengua española. Sin embargo, este proceso, llamado **derivación,** es un tanto irregular en el sentido de que no hay reglas que predigan con gran precisión cuál sufijo puede ir con determinada palabra. Por ejemplo, usando la palabra base **crear,** se pueden derivar las palabras **creación, creativo** y **creatividad,** pero no ***creamiento, *creábil, *creaorio.**

El diccionario *Pequeño Larousse ilustrado* identifica varias clases de prefijos:

**Prefijos de origen griego**

| | | | |
|---|---|---|---|
| **archi-** | (en el grado más alto) | ➔ | archimillonario |
| **di(a)-** | (a través de) | ➔ | diagonal |
| **met(a)-** | (más allá) | ➔ | metafísica |

**Palabras griegas empleadas como prefijos**

| | | | |
|---|---|---|---|
| **anfi-** | (ambos) | ➔ | anfibio |
| **auto-** | (uno mismo) | ➔ | automóvil |
| **feno-** | (aparecer) | ➔ | fenómeno |

**Prefijos de origen latino**

| | | | |
|---|---|---|---|
| **circun-** | (alrededor) | ➔ | circunferencia |
| **extra-** | (extremado) | ➔ | extraterrestre |
| **inter-** | (en medio de) | ➔ | internacional |

Se añaden sufijos para derivar nuevas palabras de las siguientes maneras:

| Función gramatical | | Derivación: sustantivo |
|---|---|---|
| **verbo** | | |
| embrujar | → | un embrujado |
| **sustantivo** | | |
| álamo | → | una alameda |
| **adjetivo** | | |
| enfermo | → | una enfermedad |

| Función gramatical | | Derivación: sustantivo |
|---|---|---|
| **verbo** | | |
| conducir | → | un metal conductor |
| **sustantivo** | | |
| olor | → | un vino oloroso |
| **adjetivo** | | |
| hermoso | → | un cuadro hermosísimo |

Los ejemplos presentados representan una pequeña fracción del gran número de sufijos que se usan en español. Además, existen numerosas palabras griegas y latinas que se han incorporado en el español como sufijos, por ejemplo:

### Palabras griegas

-grama *(letra)* ➔ telegrama, crucigrama
-logo *(el que estudia)* ➔ psicólogo, filólogo
-dromo *(carrera)* ➔ galgódromo, hipódromo
-nauta *(navegante)* ➔ astronauta

### Palabras latinas

-cultura *(arte de cultivar)* ➔ agricultura
-forme *(en forma de)* ➔ uniforme

## Ejercicios

1. Examine de nuevo las lecturas de este capítulo y haga una lista de por lo menos veinte palabras que encuentre y que piense que contienen prefijo, sufijo o ambos. Categorice su lista usando el siguiente formato y cerciórese de sus repuestas consultando un diccionario español como el *Pequeño Larousse ilustrado.*

| Palabra | Afijo (indique prefijo o sufijo) | Significado del afijo |
|---|---|---|
| | | |
| | | |
| | | |

2. Escoja diez prefijos y diez sufijos y úselos en palabras conocidas o desconocidas. Si no conoce algunas palabras, cerciórese de su validez consultando un buen diccionario. Use cada una de las palabras válidas en una oración original que muestre lo que significa.

3. Haga una comparación entre el uso de afijos en inglés y en español. Seleccione cinco ejemplos de cada idioma y use el esquema siguiente:

| Afijo (prefijo o sufijo) | Ejemplo | Significado | Su uso en una oración |
|---|---|---|---|
| anti- | español: | | |
| | inglés: | | |
| -ción | español: | | |
| -tion | inglés: | | |
| | español: | | |
| | inglés: | | |

## Modismos

El *Diccionario gramatical y de dudas del idioma* define los modismos como "modo particular de hablar propio y privativo de una lengua". Los modismos tienen a menudo las siguientes características: a) infringen las leyes de la gramática (p. ej., *La vecina está de mírame y no me toques);* b) son intraducibles a otros idiomas (p. ej., *Paco habla hasta por los codos)*. Es interesante que el mismo diccionario explica la distinción entre **modismo** y **refrán,** diferenciándolos de esta manera: "El refrán contiene, más o menos veladamente, una enseñanza; el modismo no es más que un tropo". A continuación está una lista de algunos modismos comunes:

| Modismo | Significado |
|---|---|
| echar la casa por la ventana | gastar con exceso |
| llover a cántaros | caer un aguacero |
| estirar la pata | morir |
| sin ton ni son | sin sentido |
| estar con alguien | estar de acuerdo con alguien |
| estar por | estar en espera de algo |

| Modismo | Significado |
|---|---|
| a diestra y siniestra | por todas partes |
| a las claras | claramente |
| al ponerse el sol | al bajar el sol |
| a manos llenas | en abundancia |
| a menudo | frecuentemente |
| a sabiendas | completamente informado |
| de mala gana | sin querer |
| dar diente con diente | tiritar |

1. Examine cuidadosamente las lecturas de este capítulo y copie en una hoja las expresiones que Ud. piense que son modismos, dando su significado y explicando por qué piensa que son modismos.

| Modismo | Significado | Explicación |
|---|---|---|
| | | |
| | | |
| | | |
| | | |

2. Ahora repita el ejercicio anterior usando cuentos, revistas o periódicos en español como fuentes de información. Comparta con la clase lo que encontró.

3. Todo idioma tiene sus modismos y el traducirlos literalmente a otro idioma comúnmente resulta cómico o absurdo. En algunos casos el modismo también contiene cognados falsos, lo cual agudiza el problema de traducción, p. ej., **Tocó la casualidad de que los dos estuvimos en San Juan en mayo.** - **It touched the casualty that we were both in San Juan in May.* Lo difícil para el nativo del idioma es identificarlos; en vista de que forman un elemento integral de su habla, normalmente no tiene ninguna noción de los modismos que oye y usa constantemente.

Examine algunos periódicos y revistas en inglés para encontrar lo que Ud. considera modismos. Haga una lista de ellos y tradúzcalos al español de una forma que tenga sentido, es decir, no literalmente. Finalmente, trate de identificar un modismo paralelo o semejante en español. Si gusta, trabaje en equipo con sus compañeros de clase y recurran a conocidos fuera de clase para que les ayuden. Recuerde que deben ser expresiones fijas y codificadas y que expresen de otra manera la misma idea. Por ejemplo, en la oración *He went hog wild and ran up a huge bill*, podríamos decir, *He acted impulsively and spent a lot of money.* A continuación se presenta un esquema que se puede usar para esta actividad.

| Modismo en inglés | Traducción al español | Modismo equivalente en español |
|---|---|---|
| *Rachel was fit to be tied.* | Raquel estaba furiosa. | Raquel estaba que se la llevaba el diablo. |
| | | |
| | | |
| | | |
| | | |
| | | |

La sección de **Evaluación** para este capítulo aparece en la página xxxix.

# Capítulo 9
# La música latina

## Objetivos

En este capítulo, usted:

### Contenido

- Aprenderá algunos antecedentes y las influencias principales de la música latina actual.
- Explorará algunos de los géneros importantes de la música latina.
- Estudiará sobre ciertos intérpretes de importancia de la actualidad y del pasado.
- Identificará los temas sobresalientes de algunos intérpretes populares.

### Cultura

- Comparará las semejanzas y diferencias entre los temas y sentimientos de ciertas canciones latinas y anglosajonas.
- Explorará algunos elementos importantes que han influido y cambiado la música latina.

### Lenguaje

- Practicará el uso del acento ortográfico en todas sus aplicaciones.
- Estudiará el uso del modo subjuntivo con expresiones de deseo y con ciertas conjunciones.
- Estudiará verbos con cambios ortográficos.
- Estudiará algunas de las razones por las que existen los préstamos y alternancia de código entre dos idiomas.

## Funciones lingüísticas del capítulo

- Comparar y contrastar la letra de varias canciones.
- Expresar sentimientos sobre canciones determinadas.
- Explorar diferencias dialectales de canciones de distintos países.

# Para empezar

En el video *Sones y ritmos* se presenta la diversidad de música regional en el mundo hispano.

¿En qué consiste la música latina? ¿Hay un tipo o género de música que sea más "latino" o "típico" que otro? ¿Es muy parecida la música de distintos países o regiones de habla hispana? ¿Cuál se considera la más bella? Los que nos hemos criado en una región determinada sin mucho contacto con otros grupos de habla española tal vez pensamos que existe solamente una clase de música que se puede considerar "latina" y que la música que conocemos y que nos deleita es la más hermosa y apasionante del mundo entero. Por otra parte, los que han tenido la oportunidad de viajar o de ponerse en contacto con distintos grupos latinos ajenos al propio, se habrán dado cuenta de que la música de los pueblos hispanohablantes abarca toda una gama de estilos, de intérpretes, de ritmos y de instrumentos. Es más, la música latina en su multitud de variantes, como nuestro mismo idioma, ha cobrado una vitalidad que la lleva a un plano en el que se rechaza el estancamiento.

Es evidente que la música nativa del Nuevo Mundo se originó antes de la llegada de los españoles y que ésta ha influido significativamente la expresión musical de cada país de la América Latina. Por otra parte, no cabe duda de que la música popular española de la época colonial, que a su vez ya contaba con muchísimas influencias, tales como la celta, visigoda y árabe, también contribuyó a la música autóctona de las distintas regiones del hemisferio occidental. La influencia africana en la música latinoamericana fue también un elemento potente que resultó en un producto cuyos ritmos son evidentes hasta el presente. La música latina sigue su evolución y los ritmos y estilos de géneros modernos como el rock y el jazz han tenido una influencia importante. La música latina o del mundo de habla hispana no consiste en un solo género o en un número reducido de estilos o intérpretes, sino que se trata de un verdadero tapiz de innumerables matices, interpretaciones e influencias tan disparejas, que se puede concluir que su único denominador común es la lengua española.

En este capítulo exploraremos algunos de estos diversos elementos que integran la música latina. Pero es importante que ustedes vayan más allá de lo que incluye este capítulo y que exploren por su propia cuenta la música latina, para que puedan apreciar su belleza y su importancia en el mundo de la música universal.

Se le recomienda al profesor traer (o pedirles a los miembros de la clase) grabaciones de los artistas y tipos de música que figuran en el capítulo para que los estudiantes tengan la oportunidad de escucharlas y comentar sobre ellas.

**Músicos latinos populares.** Haga una encuesta informal en la clase para ver quiénes conocen a intérpretes de la música latina. Pida que hablen un poco sobre ellos, por ejemplo, su nombre, procedencia y el tipo de música que interpretan. Pida también que expresen sus propios gustos y aversiones con respecto a la música. A los compañeros que no sepan mucho sobre la música latina, o a quienes no les guste, dígales que indiquen por qué no les interesa.

**¡A escuchar!** Toquen en clase alguna pieza musical cantada y comenten en términos generales sobre lo que expresa la letra de la canción. Si considera esta canción "típica" de la música latina, explique por qué piensa así.

# Estrategias de lectura

## La idea principal o el sentimiento de la letra de la canción

Cada canción tiene por lo menos una idea o mensaje principal que el compositor trata de comunicar por medio de la letra. Cuando se trata de la música latina, frecuentemente pensamos en lo romántico y, en efecto, muchas de las canciones tienen temas amorosos. Pero hay también muchos otros temas que prevalecen en la música. Algunos de estos son la protesta, la política, el humor, los recuerdos y, a veces, simplemente la poesía.

Al escuchar la música, uno a menudo piensa en todo el proceso que se ha llevado a cabo para llegar a escribir una canción. Si uno se pone a analizar y a escuchar, se dará cuenta de que la letra de muchas canciones se escribe en verso, al igual que un poema. Este estilo pone en relieve la musicalidad del idioma y marca el compás y el ritmo de la música acompañante. Además, el lenguaje de una canción no sigue siempre el orden del lenguaje común. Esta diferencia del orden común contribuye también a la rima y a la musicalidad. Cuando escuche una canción, es importante que considere la música, el ritmo, la letra y el tema. Todo esto nos ayuda a captar el mensaje y el sentimiento de la canción.

## Actividades

1. Aunque usted probablemente prefiere cierto tipo de música, para esta actividad, escuche tres clases distintas de canciones (p. ej., clásica, rock, corridos, boleros, rap, romántica, etc.). Escuche las palabras con cuidado para determinar el mensaje y para captar el sentimiento de la canción. Escriba un párrafo sobre cada canción.
2. Lea un poema y lea las palabras de una canción que se relacionen al mismo tema. Compare las palabras, el mensaje y el sentimiento de la letra de la canción con las del poema. Comente sobre las semejanzas y diferencias.

# 1 La cumbia de la frontera

## Prelectura

¿Le gusta bailar o escuchar música? Tal vez Ud. sea una de esas personas que se encuentran en las discotecas o en los bailes cada fin de semana. Para algunos, el baile y la música son su diversión favorita. Hay mucha diversidad en la música que escuchan los hispanos. Aquí vemos un artículo corto en el cual se explica la influencia de la música colombiana en la música bailable de México y del suroeste de los Estados Unidos.

### *La cumbia de la frontera*

Por alguna carambola cultural, la ranchera mexicana terminó siendo la música del campo colombiano y la cumbia colombiana, la música bailable de México. Después de hacer escala en el Distrito Federal, la cumbia subió hasta el norte de México y pasó al suroeste de los Estados Unidos. En el proceso, y sin cambiar de nombre, a fuerza de ser reinterpretada y regrabada, se convirtió en la cumbia mexicana, que tiene poco que ver con la original. "Todo lo que sea música tropical se llama cumbia", dice Aniceto Molina, ex integrante de Los Corraleros de Majagual y uno de los responsables de la introducción de la cumbia en Estados Unidos. "Y cuando es más rápida se llama charanga", que por supuesto nada tiene que ver con la configuración orquestal afrocubana que lleva ese nombre.

Tanto la cumbia colombiana —que para los mexicanos incluye todos los géneros del norte de Colombia como el porro, el vallenato, la gaita, los paseos, además de la música bailable, conocida popularmente en Colombia como "chucuchucu"— como la música del norte de México, comparten un instrumento de origen europeo: el acordeón.

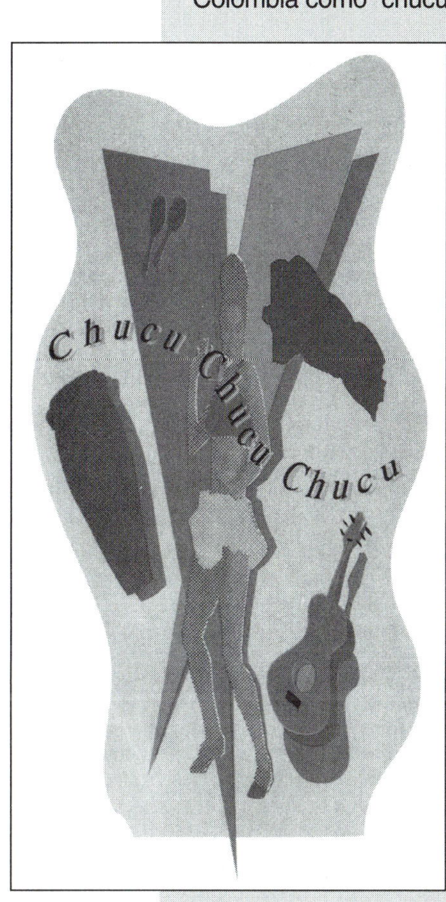


"Que yo recuerde, los primeros en tocar música colombiana fueron artistas como Linda Vera, Carmen Rivero, Mike Laure y la Sonora Santanera", dice Jessie Salcedo, quien actualmente en San Antonio es el director de promoción de Freddie Records. Según Salcedo, la cumbia llegó al norte por el lado de Monterrey, con orquestas como la del gran Beto Villa y de allí se repartió al suroeste del país, llegando posteriormente a Chicago y a California.

Las primeras grabaciones que se escucharon en el suroeste fueron las mismas que conforman la época de oro de la música tropical bailable colombiana: "La Negra Celina", "La Pollera Colorá", "Navidad Negra", "El Pescador", "Cartagenera".

Aniceto Molina, quien vive y toca en San Antonio con su orquesta La Luz Roja de San Marcos, llegó a México en 1973 con Los Corraleros y le gustó tanto que a la siguiente visita se quedó. En 1984 vino a vivir a San Antonio desde donde recorre el sur y suroeste de Estados Unidos con el mismo acordeón que lo hizo legendario en su país de origen. "Yo toco de todo un poquito: paseo, vallenato y sabanero, merengue, fandango, paseíto", dice. "Pero ellos la tocan con su propio estilo, agregándole cositas".

"Ellos" son grupos como Los Reyes Locos, Bronco, Tropical Panamá, Mr. Chivo, Pegaso y Fito Olivares. Y "las cositas" son elementos de la música norteña, con un poquito de corridos aquí y allá; y las polcas que trajeron los inmigrantes europeos a mediados del siglo pasado.

El resultado es la música bailable que alimenta la mayoría de las fiestas, desde el D.F.[1] hasta Chicago. Por costumbre y también por cariño, estos ritmos alegres se seguirán llamando cumbia. ■

1. Distrito Federal: ciudad capital de México

1.Se trasladó al Distrito Federal, subió al norte de México y después pasó al suroeste de EE.UU. / 2. Es una cumbia rápida o una configuración orquestal afrocubana. / 3. El acordeón. / 4. El porro, el vallenato, la gaita, los paseos y la música colombiana bailable conocida como "chucuchucu". / 5.Las respuestas van a variar. / 6. Elementos de la música mexicana norteña, un poco de corridos y de polcas.

## Después de leer

1. ¿Cómo llegó la cumbia colombiana a ser la cumbia mexicana? [E]
2. ¿Qué es una charanga? [E]
3. ¿Qué comparten la cumbia colombiana y la música norteña de México? [E]
4. ¿Cuáles son algunos de los diferentes tipos o géneros de música que se mencionan en el artículo?
5. ¿Ha escuchado Ud. algunas de las canciones que se mencionan en el artículo? Describa el ritmo, el sonido y la letra.
6. ¿Cuáles son algunos de los elementos de la cumbia que se oye en las fiestas desde Ciudad de México hasta Chicago? [E]

## Para escribir y comentar

Si la música que se trae a la clase es bailable, se puede hacer una demostración del baile.

1. ¿Qué tipo de música le gusta escuchar? ¿Qué tipo de música prefiere para bailar? En su diario, conteste estas preguntas e indique algunas de las sensaciones que siente al escuchar su música predilecta.
2. Traiga a la clase alguna grabación de la música que se mencionó en el artículo o de su música preferida. ¿Qué elementos han influido en sus propios gustos musicales?
3. ¿Cómo se desarrollaron los pasos de su baile preferido? ¿Qué determina los pasos? ¿Piensa que tienen algún simbolismo? En grupos, comenten sobre estas preguntas.
4. En el artículo se mencionan varios géneros de música. Haga una investigación sobre uno de esos géneros. Describa el tipo de música, los instrumentos que se utilizan, si es bailable, dónde es popular, etc. Escriba un resumen y compártalo con el resto de la clase. [E]
5. ¿Opina Ud. que se nace con el ritmo y que a los hispanos no es necesario enseñarles a bailar? Escriba un corto ensayo de tres párrafos comentando sobre esta pregunta.

# 2 ¡Y no me gusta mi voz!

## Prelectura

Mercedes Sosa, cantante argentina, es considerada por muchos como la voz del pueblo argentino, e inclusive del pueblo latinoamericano. Originaria de Tucumán, Argentina, ella ha sido por varias décadas una de las más destacadas intérpretes de la música latina, específicamente dentro del género de música de protesta. Vivió en el exilio por muchos años debido a las opiniones que expresaba en su música contra las injusticias de las dictaduras en la Argentina. Su público la aclama mundialmente, no solamente por su voz tan extraordinaria, sino también por su lucha por los derechos humanos. A continuación se presenta una entrevista con Mercedes Sosa que tuvo lugar en la ciudad de Santiago de Chile.

### ¡Y no me gusta mi voz!

Cinco veces se cambió de echarpe[1] la Mercedes Sosa frente a su público que la adora en el Estadio Chile: es que está cambiando un poquito de *look*. No más ponchos altiplánicos[2] ni sonidos secos de bombo. Ahora usa solapas de raso brillante en su traje que es negro hasta el suelo sobre el cual las coquetas pañoletas se ven como un mínimo detalle flu[3]. Detalle inmenso, sin embargo, a la hora de agitarlas como pañuelo mientras canta su también inmenso repertorio folklórico y popular.

Ahí estuvieron, en el Estadio Chile, Chico Buarque de Holanda, Charly García, Fito Páez, Víctor Heredia, León Gieco, Violeta Parra y Víctor Jara, en la voz de esta mujer que es así como terrena, desértica, vertical.

Se ve tierna ella, tucumana, gordita, como una simple señora de clase media intentando hacer uso de las reglas del *show business* moderno. "Hay que ver la forma de no quedarse atrás", explica Fabián, su único hijo y manager, que se preocupa de la imagen de Mercedes: tiene que ser clásica, limpia, super despejada pero casual. "Es cuestión de cómo te planteas frente a la modernidad", agrega Fabián.

1. bufanda, pañoleta / 2. de la altiplanicie de los Andes

3. moderno y fino

Ella añade: "Lo que pasa es que mi rostro es el poncho más importante que tengo. Tengo el rostro de América Latina, el rostro indígena de nuestro continente. Aunque me vistiera de luces sería igual. Cuando me di cuenta de eso decidí no acentuarlo más. No hay necesidad de ello".

Es que las cosas han cambiado, "Cambia, todo cambia", canta ella, pero se escabulle a la hora de las precisiones. No tiene tiempo de darlas, y a veces ni ganas. Dice Fabián: "A mí no se me cayó nada con la caída de los países socialistas. Lo que sí hay son dolores. Me duele el titular de *El Mercurio* de hoy, por ejemplo, donde menciona a Chile y a Rusia adhiriendo al bloqueo a Cuba en las Naciones Unidas. Ella tiene una opinión similar".

Asi, con su cara lavada, su voz de conversación tan inusitadamente corriente como la de una mujer cualquiera que compra el pan en una panadería, parece tan humilde la Mercedes. Como que no entiende a qué viene tanto alboroto.

Costó entrevistarla. Tras 40 años de carrera parece que ya no le interesa mucho la prensa. Media hora antes de su último concierto conversamos unos minutos, demasiado pocos como para esta mujer de 56 años que vive en un departamento de Buenos Aires tras varios años de exilio porque no la dejaban cantar en su país.

**—Me encantaría saber qué sintió usted cuando de joven se dio cuenta de que tenía esa voz tan maravillosa.**

—¿Sabés[4] que no me gusta mi voz? Yo detesto mi voz y trato de cantar mejor porque yo amo las voces de los otros. Yo escucho a Milton (Nascimento), escucho a Caetano (Veloso), escucho a tantos artistas del mundo. Yo no llevo un *cassette* mío jamás.

**—Pero eso es como no quererse a usted misma...**

—¡Y no me gusta mi voz! ¡Le estoy diciendo en serio! ¡No estoy diciendo un verso de esto! Lo que pasa es que yo cuando estoy cantando siento otra cosa. Cuando escucho mi canto después no estoy en ese mismo estado. No me gusta. Me da rabia mi voz realmente. Porque he pasado de un estado de comunicación con la gente a escucharme a mí misma, sola, en un estado totalmente distinto. Yo jamás escucho un disco mío por ejemplo. Ni un disco, nada. Mi trabajo ha sido mucho más duro que el común de la gente que ama escucharse a sí misma. Es decir yo escucho mis discos para corregirme no para solazarme con ellos.

4. **(vos) sabés** es lo mismo que **(tú) sabes** (ver **Lenguaje,** capítulos 5 y 6)

**—¿Y qué voces le gustan, por ejemplo?**

—Me gusta Barbra Streisand. Me encanta Guadalupe Pineda. La voz de Milton, de Caetano. Voces distintas. Yo escucho a todos los artistas del mundo. Por eso es que puedo amar a los otros artistas. ¿No se dio cuenta usted de que yo siempre ando con artistas cantando para todos lados? Es por eso. Cada voz es distinta en los seres humanos. Y a la gente le gusta mi voz, menos mal que le gusta mi voz. De eso vivo, ¿no?

**—En su primera noche de concierto se quebró cantando "Te recuerdo Amanda", de Víctor Jara. ¿Qué sintió en ese momento?**

—Con lo de Víctor Jara no se me quebró la voz solamente. Acá lloré en la tarde muchísimo. Porque este lugar (el Estadio Chile) es histórico y no maravillosamente histórico sino dramáticamente histórico. Además lloré porque solamente la vida vale. La gente cuando está muerta nada puede hacer, ni defenderse ni nada. Entonces ni siquiera sabemos quién es el que apresó a Víctor, quién es el que cortó su vida de ser humano y de artista y cuál es la razón por la cual él fue el elegido y no otro. Entonces hay muchas incógnitas. Para mí haber cantado en este estadio diríamos que tuvo una carga emocional gravísima. Muy grave.

**—¿Por qué no nos habla de sus amores, sus parejas?**

—La última vez que vine a Chile estuve con mi esposo en el 72. Perdí a mi compañero en el 78, año en el cual me tuve que aguantar también toda la inmundicia en mi patria también, todas las persecuciones y las humillaciones más increíbles. Ver pasar a los artistas y ser definida por ellos como una reina pero sin poder cantar yo en mi patria. Hasta que en el 79 me harté y me fui. Tuve una gente a la par mía, que acompañaba mi vuelo muy de vez en cuando, porque yo vivo una vida de cantante viajera. La cosa llegó hasta tal punto que el año pasado pedí a mi hijo quedarme tres meses en Argentina porque nunca he vivido tres meses seguidos en ningún lugar. Es muy difícil hacer una pareja cuando se vive esta vida. He perdido a mi marido.

**—¿Cree que podrá en el futuro encontrar a un hombre a quien pueda amar?**

—Encontré mucha gente a la par mía con mucho amor, mucho cariño pero es muy difícil para una mujer como yo. Ya ahora tengo 56 años, una nieta de 15, un nietito de seis años. Entonces, de encontrar un hombre ya sería el definitivo compañero. Y para eso necesito aquietarme un poco esta vida de cantora errante que tengo.

**—La provincia en Argentina es una cosa muy distinta de la capital. ¿Qué significado tiene para usted Tucumán, el lugar donde nació?**

—Tucumán representa mi infancia, mi juventud. También Mendoza es para mí importante. Esa es la ciudad en la cual yo me formé intelectualmente, con pintores, escultores. Tengo un amor muy grande también por Uruguay. Son los tres lugares más importantes de mi vida. Pero estos dos últimos más porque ahí yo hice amigos, de gente que me ha servido para mi canto. No es la voz nada más. Es la cultura de un ser humano mucho más importante que la voz. Voz bella la tienen muchos artistas en el mundo. Yo he tenido la suerte de estar con una gente que me ha formado realmente.

**—¿Usted emplea el criterio político a la hora de elegir qué temas quiere usted cantarle a la gente?**

—En mí siempre está eso. Yo, cuando leo un libro, cuando leo un diario, soy una persona formada políticamente. Yo soy una mujer de izquierda. Entonces yo no puedo leer un libro ni puedo leer una noticia como una mujer de derecha. Para nada. Yo creo que dentro de la izquierda se necesita gente muy inteligente y se necesita gente de derecha de la misma calidad de inteligencia. Si no, se producen encontronazos muy fuertes, desniveles muy grandes. Mientras la derecha tiene todo el centro de información y de capacitación, la izquierda a veces tiene la inteligencia brillante, enorme, y ahí vienen las desigualdades tan grandes de las cuales yo hablo. La gente debería nacer con igualdad de condiciones. Hay seres humanos más brillantes unos que otros, eso es indudable, pero hay gente que realmente ha nacido en una villa miseria[5] y no tiene ninguna posibilidad de salir de ahí. Y si usted hubiera tenido la desgracia de haber nacido ahí, ni siquiera podría haber estado sentada donde está.

5. pobreza extrema

**—¿Qué piensa usted que va a pasar con el folclore latinoamericano en el futuro cuando la mentalidad en el continente ha cambiado tanto en los últimos diez años?**

—¿Usted cree que ha cambiado tanto? Mire, nos une el cólera, que es el peor de todos los cambios que tenemos. Hemos tenido cambios graves, dictaduras y traspasos suaves a la democracia. Pero este momento es un momento de alerta rojo prácticamente. Y es un momento que veíamos venir nosotros respecto de los problemas de cada pueblo: la miseria, la dejadez, el hacinamiento de la gente que viene del campesinado a las grandes ciudades. Y bueno, esto está pasando en este momento.

**—Me refiero a los cambios ideológicos. Ésta es una época en que han caído muchos ideales ¿A usted, cuánto le ha golpeado todo esto?**

—A mí me ha golpeado que haya muerto tanta gente inútilmente y que haya habido tantos cretinos que hayan dejado llevar a la gente a tantos dolores, a tanta muerte y a tanta desesperación. Han caído los cretinos. Pero todavía faltan caer los que siguen atosigando de hambre al pueblo, los que siguen dejando a la gente en la pobreza más grande y los que siguen ganando con el sudor de la gente. No han cambiado tantas cosas, para nada. Hay demasiados problemas en América Latina, unos cada vez más ricos y otros cada vez más pobres.

Lo que sí considero que se ha terminado, para mí por lo menos —y nunca además las utilicé— fueron las armas. Yo estoy absolutamente en contra de las armas. Creo que la única arma, la más poderosa que tiene el ser humano es la del voto y que tiene que saber votar. Si no vamos a volver a caer a los mismos problemas, van a venir otra vez los militares al poder.

**—Bien honestamente, doña Mercedes, ¿cuán inquietante era para usted encontrarse con un público chileno que la escuchó mucho durante años que fueron muy duros pero que ahora está viviendo tiempos más amables?**

—Es duro porque no me conoce el público chileno. En realidad el público chileno nunca me conoció. Me conoció alguna gente que vino al festival de Violeta Parra que se hizo en homenaje a los Quilapayún hace más de 20 años y nada más. Es todo el conocimiento que tiene el público chileno de mí. Mi encuentro con Chile ha sido en realidad en el exilio, por el apoyo hacia la gente que salió exiliada. Mi dolor ante lo que pasó en Chile durante 1973. Mi alegría además compartida con el pueblo chileno por el triunfo de Salvador Allende[6]. Esa hermandad nuestra que hace que pareciera que el público chileno me conoce pero realmente no me conoce. He hecho un camino muy largo, el camino de mi patria que es tan enormemente grande también. Pero de Chile, nada. ■

6. elegido presidente de Chile en 1970

1. Seguramente lo que quiere decir es que una gran parte de la población latinoamericana tiene sangre indígena. / 2. Les duele que Chile y Rusia se hayan adherido al bloqueo a Cuba. / 3. Dice que cuando escucha su grabación ha pasado de un estado de comunicación con la gente a escucharse a sí misma. Cuando está cantando siente una cosa y cuando escucha su canto no está en el mismo estado. / 4. No sabe por qué fue tomado preso él y no otro; tampoco se sabe quién lo tomó preso y lo mató. / 5. Enviudó en 1978; vive una vida de cantante viajera. / 6. Cuando se entrevistó tenía 56 años; viaja constantemente, y por lo tanto sería difícil tener una pareja cuando se vive así. / 7. Barbra Streisand, Guadalupe Pineda, Milton Nascimento. Las respuestas variarán. / 8. Es de izquierda, lo cual quiere decir que pertenece a la oposición. / 9. Piensa que tanto la derecha como la izquierda necesitan gente de la misma inteligencia, porque de lo contrario se producen ecuentros muy fuertes. / 10. Que haya muerto tanta gente inútilmente y que haya habido tantos "cretinos" que hayan dañado a tanta gente. / 11. Porque el pueblo chileno realmente la ha conocido en el exilio, por el apoyo que ella le dio a la gente que salió exiliada.

## Después de leer

1. Mercedes Sosa afirma que tiene el rostro de América Latina. ¿Indica esta declaración que todos los latinos se parecen o son iguales físicamente? Comente sobre lo que ella dice, indicando si Ud. está de acuerdo. [E]
2. Mercedes y su hijo, Fabián, comparten la opinión sobre la situación de Cuba frente a las Naciones Unidas. ¿Qué es lo que les duele?
3. ¿Por qué dice Mercedes que no le gusta su propia voz? ¿Piensa que está diciendo la verdad?
4. Según Mercedes, ¿por qué sería tomado preso Víctor Jara, compositor de "Te recuerdo Amanda"?
5. En lo personal, ¿cómo se describiría la vida de Mercedes Sosa?
6. Ella dice que le sería difícil encontrar una pareja. ¿Por qué? En su lugar, ¿pensaría Ud. igual?
7. Según lo que dice Mercedes, su voz no es el elemento más importante, sino la cultura de un ser humano. Identifique algunos de los cantantes favoritos de Mercedes y dé su opinión sobre lo que ella dice al respecto.
8. ¿Cuál es la política de Mercedes Sosa? ¿Qué significa esto? [E]
9. Según Mercedes, ¿cómo se equilibran los derechistas e izquierdistas?
10. ¿Qué es lo que realmente lastima a Mercedes? [E]
11. ¿Por qué dice Mercedes que el pueblo chileno realmente no la conoce? [E]

## Para escribir y comentar

1. ¿Le gusta a Ud. la música que tiene un mensaje político? ¿Por qué? En su diario, identifique algunos artistas latinos o norteamericanos cuya obra trata la política y diga lo que le gusta o disgusta de su música.
2. Mercedes Sosa canta muchas canciones con temas políticos, por ejemplo, contra las injusticias que existen en el mundo actual. ¿Conoce otros artistas, ya sea de habla española o inglesa, que comparten este género de canciones? Identifique y describa en forma escrita por lo menos tres de los temas que tratan.
3. Imagínese que es poeta o escritor de canciones de protesta. Haga una lista de cinco temas sobre los cuales escribiría canciones. Escriba un párrafo sobre cada tema.
4. Escoja uno de los temas que identificó y escriba un verso corto como si fuera para una canción.

5. Mercedes asevera que políticamente es una mujer de izquierda. ¿Qué quiere decir esto? ¿Quiénes son algunas figuras políticas izquierdistas? ¿Derechistas? Identifique y describa a algunos artistas, ya sean cantantes o pintores, de izquierda y de derecha. ¿De cuál posición política es partidario Ud.? ¿Por qué?
6. Por lo que acaba de leer sobre Mercedes Sosa, ¿cómo describiría algunos de sus valores? ¿Con cuáles de ellos se identifica Ud. en especial? [E]
7. A continuación se presenta la letra de una canción interpretada por Mercedes Sosa en la que lamenta lo que le ha sucedido al indígena de Sudamérica. Léala y estúdiela. Escriba su reacción a lo que dice y haga una comparación con algún otro grupo oprimido o tiranizado, en cualquier parte del mundo.

**"Taki Ongoy II" de Víctor Heredia**

Caerá en la tierra
una lluvia sin fin
un gran diluvio
que apague el dolor, ¡oh, oh!
de tanta muerte y desolación
y fertilice nuestra rebelión.

Ya nos quitaron
la tierra y el sol
nuestras riquezas y la identidad
sólo les falta prohibirnos llorar
para arrancarnos
hasta el corazón.

Grita conmigo
grita taki ongoy
que nuestra raza
reviva en tu voz.
Grita conmigo
grita taki ongoy
que nuestra América
es india y del sol.

Creo en mis dioses
creo en mis huacas[1]
creo en la vida y en la bondad de Viracocha[2]
creo en el inti Pachacamac[3].

en el idioma quechua: 1. sepulcros y utensilios fúnebres sagrados / 2. dios creador / 3. el sol, dios padre

4. carne seca

5. cerveza de maíz

6. mujer, esposa / 7. poncho / 8. muertos, difuntos

9. platillo hecho de papas disecadas y congeladas / 10. tierra

Como mi charqui[4]
tomo mi chicha[5]
tengo mi coya[6], mi cumbi[7]
lloro mis maikis[8]
hago mi chuño[9]
y en esta pacha[10] quiero vivir.

8. ¿Por qué piensa que se utilizan términos quechuas en la canción? ¿Es parecido esto a lo que se hace en Estados Unidos con alternancia de código *(code-switching)* entre español e inglés? Escriba su reacción y opinión sobre la costumbre de combinar dos idiomas.

# 3 Juan Luis Guerra y la leyenda de su merengue-jazz

## Prelectura

El Caribe ha desempeñado un papel importantísimo en el desarrollo de la música latina y sus exponentes musicales demuestran el choque y la mezcla de dos mundos opuestos que puso en contacto la historia: Europa y África.

Los ritmos, las melodías, la instrumentación e inclusive el idioma mismo demuestran palpablemente las contribuciones y la influencia de los esclavos africanos en la expresión musical del Caribe de habla hispana — Cuba, Puerto Rico y la República Dominicana. La obra musical de esta región geográfica sería difícil de imaginar sin la influencia africana. Así pues, se acoplaron dos tradiciones musicales completamente distintas para dar a luz a una variedad de géneros ahora mundialmente reconocidos: el mambo, el cha-cha-chá, el merengue, la salsa...

Juan Luis Guerra, dominicano, se reconoce hoy en día como uno de los mayores artistas populares de la América Latina, no sólo por sus interpretaciones, sino también por sus composiciones originales. Él se refiere a sí mismo como un "cantautor", ya que desempeña tanto el rol de cantante como el de autor de letras de canciones. En este artículo vemos un poco de la vida de Juan Luis Guerra y del género musical que él mismo originó, el merengue-jazz.

# *Juan Luis Guerra y la leyenda de su merengue-jazz*

Aunque para muchos parezca exagerado decir que un compositor se puede convertir en leyenda con sólo diez años de trabajo, la verdad es que Juan Luis Guerra ha marcado una etapa definitiva en la evolución del merengue dominicano.

Con 32 años de vida, Juan Luis todavía no se explica del todo su extraordinario éxito, que no sólo ha cobijado a países de Centro y Sudamérica sino que ha logrado traspasar los mares hasta el continente europeo.

Hace algunos años, Juan Luis Guerra era un universitario con muchas ganas de hacer música. Por esta razón, salió de su querido Santo Domingo, después de haber estudiado en el Conservatorio Nacional de Música, con beca en mano para estudiar en el Berkelee College of Music en Boston. Allí logró perfeccionar sus innatas aptitudes musicales con ayuda de renombrados guitarristas como Randy Ross y Mick Goodrick.

Regresa a su país, lleno de teorías y con mil ideas rodando en su mente. Se dedica a hacer comerciales de televisión, tratando de ubicarse musicalmente. Lo que más le había gustado era el jazz, entonces decide formar un grupo al estilo de los Manhattan Transfer, una agrupación que había conocido en los Estados Unidos.

Su primer intento musical se llamó "Soplando", pero la verdad, no fue muy bien acogido por el público dominicano, quizás porque pertenecía a un nivel musical muy elevado para el gusto popular. Esta primera experiencia le hace reflexionar, y concluye que lo mejor es irse por lo folklórico. Adopta el merengue y empieza a combinarlo con ritmos como el jazz, el son y algunos afrocaribeños.

Es entonces cuando 4.40[1], en esa época integrado por Meridalia Hernández, Mariela Mercado, Roger Zayas-Bazán y Juan Luis Guerra, empieza a tener aceptación con temas como: "Tú", "Si tú te vas", "Ella dice", "Me enamoro de ella" y "Amigos". Estos merengues de temática netamente romántica y muy cadenciosos se fueron metiendo en el sentir del público dominicano hasta convertirse en los número uno de su país. Posteriormente vienen las giras a países de las Antillas Menores y de salto en salto llegan a Sudamérica. El primer país que les abrió las puertas fue Venezuela. En ese momento el grupo ya contaba con un nombre internacional aceptable, pero la competencia era bastante dura.

Tenían un desenvolvimiento normal como la mayoría de agrupaciones, en sus idas y venidas por diferentes países. Obtienen varios

1. grupo musical de Juan Luis Guerra

premios en su país, y son reconocidos por la crítica de Miami, donde obtienen el Premio Super Q, en el año de 1987.

A los éxitos mencionados anteriormente, siguieron temas como "De tu boca" y "Visa para un sueño" que siguieron confirmando a 4.40 como primero en listas, tanto en su país, como en toda Latinoamérica.

Es aquí donde se producen cambios radicales en la trayectoria del grupo. Sale del grupo la cantante Mariela Mercado y entra a formar parte del elenco la intérprete Adalgisa Pantaleón. Una empresa licorera de Santo Domingo contrata a Juan Luis Guerra para que realice un comercial de televisión. Él se inspira en la miel, en la miel de una colmena y compone unos dos o tres versos y termina diciendo "llega la abeja al panal". Pero también existe otra variación. Hasta este momento, Juan Luis había tomado las raíces autóctonas del merengue pero no había tenido en cuenta un ritmo muy popular como era la bachata.

La bachata es muy conocida en República Dominicana y hasta ese momento era menospreciada por los compositores, pues pertenece a las clases menos favorecidas del país. Aunque su ritmo es muy cadencioso, el mensaje es más bien burdo, extraído del diario acontecer de los dominicanos, con frases crudas, muchas veces convertidas en refranes populares. Fue así como Juan Luis tomó uno de estos adagios: "Las palmas son más altas y los puercos comen de ellas", y junto con "llega la abeja al panal" se inspiró para componer el tema que lo colocaría en la cumbre de la fama. Por supuesto, estamos hablando de "Como abeja al panal".

Después de esto, y hasta el momento, no se ha dejado de hablar un momento de Juan Luis Guerra y su 4.40. De República Dominicana pasaron a Puerto Rico, donde obtuvieron una acogida nunca esperada por ellos. Aquí empezó a hervir la sangre con las melodiosas tonadas del grupo. La fuerza del mensaje, acompañada con esa armoniosa combinación de notas, la guitarra dulce de Juan Luis, la percusión y el compás armónico de sus voces que hacen que todos quieran bailar, hizo posible que, lo que antes era un grupo dominicano más intérprete de merengue, se convirtiera en un verdadero fenómeno musical.

La noticia se fue regando de país en país como su música. No fue fácil que el público se acostumbrara a este cambio de ritmo y temática. Del alboroto merenguero, se pasó a algo más reposado, más romántico, que invitaba no sólo a bailar sino a escuchar. Así como se escuchan los boleros, los tangos y los sones cubanos. De esta forma, se empezó a llamar la atención del público sobre la letra. Una letra que combina lo real con lo imaginario de una forma casi imperceptible. Lo que se llamaría en literatura, realismo mágico.

Después del éxito estruendoso de “Como abeja al panal”, Juan Luis Guerra decidió seguir la misma línea romántica en un ciento por ciento, con el mismo ritmo de bachata (para ese momento la bachata había dejado de ser menospreciada por la crítica, gracias a la hermosa poesía de Juan Luis, para convertirse en el centro de atracción general).

Después de leer un libro del novelista argentino Julio Cortázar, llamado *Rayuela,* en el que el autor juega con lo cotidiano y con la ficción, haciendo que el lector aporte algo de sí mismo para terminar de construir la obra, Juan Luis se sintió motivado por la musa de la inspiración, corrió a su cuarto, tomó su guitarra y fue así como nacieron sus “Burbujas de amor”. Aunque muchos lo han tildado de erótico, de que su contenido tiene un doble sentido, la verdad es que hay que abonarle a este excelente compositor su gracia para escribir. Mezcla de erotismo, romance, en una simbiosis donde convergen animales, plantas, flores, frutos, y al final, siempre está el hombre, o mejor, la mujer. La mujer a quien le canta, lleno de amor, como hacía mucho tiempo nadie lo hacía, desde la época en que la gente se le olvidó leer poesía. Si observamos bien, Juan Luis ha hecho a través de todas y cada una de sus canciones, un homenaje sentido y sincero a la mujer. Sus títulos son bastante elocuentes: “Reina mía”, “Me enamoro de ella”, “Ella dice”, “¡Ay! mujer”, ahí está siempre ella...

Quizás esa utilización de metáforas, en las que une hombre y naturaleza, es la que hace que al escuchar sus canciones, hiciéramos un viaje de lo real a lo imaginario, a ese mundo ideal que todos soñamos, y luego nos volviera a traer llenos de alegría, de optimismo, de ganas de luchar por la vida, alimentados por el néctar del amor. Precisamente en una de sus canciones del próximo eledé[2] titulada “Reforéstame”, el autor permite conjugar el concepto ecológico de la naturaleza, con la necesidad de amor del hombre. Es así como, hasta el momento, su música no tiene rival.

2. LD, disco de larga duración

“Creo que he aportado algo a la música de mi país, convirtiendo el merengue en un ritmo moderno, contemporáneo”, dice Juan Luis Guerra, y agrega “Mi música no es sólo para los pies, también es para la cabeza. Lo que yo he querido es escribir un mensaje para que cada persona lo interprete a su manera. De acuerdo con sus propias experiencias”.

Juan Luis Guerra, un músico de extraordinaria sensibilidad, vive en Santo Domingo, al lado de su esposa, Nora Vega, su pequeño hijo de tres años, sus dos hermanos y sus padres, ambos abogados.

Adalgisa Pantaleón, la voz femenina del grupo, está casada y también tiene niños. “Había entrado a la agrupación por un período corto, de dos o tres meses. Nunca pensé que terminaría quedándome", dice Adalgisa sonriendo. Aunque considera que es duro tener que dejar a los hijos para cumplir con los compromisos profesionales, dice que se encuentra muy contenta de estar en 4.40 y que sus hijos, son los primeros en pedirle que no se retire. Con la sinceridad y la simpatía que la caracterizan, Adalgisa reconoció su profunda admiración por Juan Luis Guerra, a quien conociera en los estudios de grabación. "Juan Luis es un poeta del siglo XX. Él le canta a la mujer en una forma muy bella y creo que cualquiera se sentiría muy orgullosa de que su enamorado le hiciera una canción como las que él compone".

Después de recorrer varios países de Latinoamérica, 4.40 volverá a su país para terminar la grabación de un próximo eledé, el cual tiene dos bachatas: "Bachata rosa" y "Estrellitas y duendes".

Con la misma varita mágica con que Juan Luis colocó a su grupo en el primer lugar de preferencia del público latino, seguirá componiendo esas bellas poesías, llamadas canciones, que desde el más pequeño hasta el más grande, se atreven a corear para olvidar sus penas, para cantarle a su amor, para soñar despiertos... en fin, para pintar la vida un instante de color rosa. ■

1. Estudió en el Conservatorio Nacional de Música de Santo Domingo, y en el Berkelee College of Music en Boston. El jazz también lo influyó mucho. / 2. Su primer intento resultó demasiado elevado para el gusto popular y se decidió por lo folklórico; combinó el merengue con otros ritmos y esto lo hizo muy popular. / 3. Es un género de canción muy cadencioso que sale de las clases pobres; usualmente, el mensaje es burdo. Guerra lo incorporó a su música y se hizo muy popular. / 4. La letra, que combina lo real con lo imaginario. / 5. Las respuestas van a variar. / 6. La mujer. / 7. Combina las imágenes del hombre y la naturaleza, llevándonos de lo real a lo imaginario.

## Después de leer

1. ¿Cuáles fueron algunas de las influencias principales en la formación musical de Juan Luis Guerra? [E]
2. ¿Qué impulsó a Juan Luis a usar el merengue como base de su nueva música y cuál fue el resultado? [E]
3. ¿Qué es la bachata y qué papel desempeña en la evolución musical de Guerra? [E]
4. Según el artículo, no son sólo las armonías lo que hicieron famoso a Guerra, sino otro elemento importante. ¿Cuál es?
5. A base de lo que expone el artículo, ¿piensa que Guerra es un poeta? ¿Un intelectual? ¿Por qué? [E]
6. ¿Cuál parece ser el tema central de mucha de su música? [E]
7. ¿Cómo usa Guerra la metáfora? [E]

## Para escribir y comentar

1. A continuación se presenta la letra de uno de los mayores éxitos de Juan Luis Guerra. Diga en sus propias palabras de qué se trata.

**"Ojalá que llueva café" de Juan Luis Guerra**

Ojalá que llueva café en el campo
que caiga un aguacero de yuca[1] y té
del cielo una jarina[2] de queso blanco
y al sur una montaña de berro[3] y miel
ojalá que llueva café.

Ojalá que llueva café en el campo
sembrar un alto cerro de trigo y mapuey[4]
bajar por la colina de arroz graneado
y continuar el arado con tu querer.

Oh, oh, ojalá el otoño en vez de hoja secas
vista de mi cosecha de vid
sembrar una llanura de batata[5] y fresas
ojalá que llueva café.

Pa' que en el Conuco[6] no se sufra tanto
(ojalá que llueva café en el campo)
pa' que en Villa Vásquez[7] oigan este canto
(ojalá que llueva café en el campo)
ojalá que llueva, ojalá que llueva ¡ay hombre!
(ojalá que llueva café en el campo)
ojalá que llueva café.

Ojalá que llueva café en el campo
sembrar un alto cerro de trigo y mapuey
bajar por la colina de arroz graneado
y continuar el arado con tu querer.

Oh, oh, ojalá el otoño en vez de hoja secas
vista de mi cosecha de vid
sembrar una llanura de batata y fresas
ojalá que llueva café.

Pa' que en el Conuco no se sufra tanto
(ojalá que llueva café en el campo)
pa' que en Villa Vásquez oigan este canto
(ojalá que llueva café en el campo)
ojalá que llueva, ojalá que llueva ¡ay hombre!
(ojalá que llueva café en el campo)
ojalá que llueva café.

1. tubérculo comestible
2. llovizna fina
3. planta comestible que crece en sitios aguanosos
4. tubérculo comestible
5. tubérculo comestible
6. sitio o terreno donde se siembran tubérculos, p.ej., papa, yuca /
7. pueblo donde se cultiva café

Pa' que to' los niños canten en el campo
(ojalá que llueva café en el campo)
pa' que en La Romana[8] oigan este canto
(ojalá que llueva café en el campo)
¡ay! ojalá que llueva, ojalá que llueva ¡ay hombre!
(ojalá que llueva café en el campo)
ojalá que llueva café.

8. sitio elegante de veraneo de la República Dominicana

2. En su diario, escriba una comparación entre los sentimientos y el tema fundamental que expresa Juan Luis Guerra en "Ojalá que llueva café" con "Taki Ongoy II", interpretada por Mercedes Sosa. ¿Cuáles son las semejanzas y las diferencias?
3. Obtenga algunos de los discos de Juan Luis Guerra o de otro artista hispano y haga un análisis de los temas principales que trata. ¿Son mayormente románticos, políticos, nostálgicos, cómicos o trágicos?
4. Haga una investigación sobre varios cantantes de habla española y averigüe un poco sobre las características principales de su obra. Éstas pueden incluir, entre otras: romanticismo, protesta, nostalgia, humor, tragedia. Después, escoja un cantante y escriba un ensayo donde describe lo que Ud. piensa de su obra.

| Artista | Característica(s) principal(es) de su obra |
|---|---|
| | |
| | |
| | |
| | |
| | |
| | |
| | |
| | |

# 4 Mi ritmo

## Prelectura

El tambor que oímos en mucha de la música latina es de origen africano; es difícil concebir lo que sería este género sin este elemento tan importante. La existencia del tambor en la música latina constituye una gran diferencia entre la música del negro norteamericano y la de su contrafigura latinoamericana.

Históricamente, parece ser que a los esclavos africanos que introdujeron en el continente norteamericano los despojaron del tambor, tal vez porque el tambor formaba un medio de comunicación entre los miembros de las varias sociedades africanas. Sin el tambor no podían comunicarse a larga distancia y esto contribuyó al aislamiento de los diversos grupos.

Todo lo contrario sucedió en la América Latina, donde no sólo se les permitió el uso del tambor, sino que por lo visto se les animó a que lo usaran, ya que su uso se convirtió en elemento integral de mucha de la música latina. Leamos el siguiente cuento para ver el sabor especial que siguen impartiendo los sonidos de África en la música latina.

## Mi ritmo

**Prólogo**

*En el principio no fueron más que unos desafinados golpes; un "¡coño, me enterré una astilla!", sin palabras; el raspar de la lija sobre la madera; el volverse de las cabezas para ver de dónde salía el toqueteo de cajón y por último un despreciativo: "¡Bah, negros!"*

—Suave; que quintee suave —le digo que le diga—. Así: suave.

"Pácata, pácata, pa. Pácata, pácata, pa."

Es el único sordomudo que he conocido en mi vida que toca el quinto[1] con tanto coraje.

—Suave —digo.

Poco a poco ha ido logrando en el quinto el ritmo que quiero y que hace rato busco con su ayuda. No, que busco no, porque ya lo tengo

1. tambor que toca más alto (la tumba es el tambor que toca más bajo)

en la cabeza retozando, moviéndose para salir y que cuando no lo tarareo, al menos, me aprieta los oídos, me baila en los pies, me cosquillea en las manos, pero que yo no sé sacar en un quinto.

—Suave. Suave —digo otra vez.

Y él dice, sin sonidos, para que él lo lea en sus labios:

"Suave".

Y él entiende.

"Dos con la derecha: suaves y lentos" dice. "Otros dos con la *izquierda:* rápidos y fuertes" dice. "Repite". Le dice: "Repite con coraje".

El sudor corre de su cabeza a las sienes, llegándose a los labios, después de resbalarle por las mejillas, cayéndole, por fin, en el grueso cuello, mojándole y pegándole sobre la piel, la medalla de Santa Bárbara. Sonríe: abre su bocota que me hace pensar en una cajetilla de cigarros. Llevamos en esto casi media hora. Al principio yo dudaba que lo consiguiera, pero ahora, escuchándola, escuchando como va sacando del quinto siendo sordo y mudo, sólo con las indicaciones que yo le doy al otro, con palabras y que el otro sólo le transmite con señas, la melodía que yo tengo dentro, lo miro sonriendo, para decirle, con un gesto, que va bien y él sonriendo, sigue tocando. Y sonriéndonos los tres, nada más que de dientes afuera, para no perder el ritmo que nos transmitimos, como si fuera electricidad, nos miramos. Lo miro y le doy una palmada en un hombro y le digo al otro: "¡Bien!" Le digo: "Va saliendo bien". Le digo: "Hasta ahora va bien". Y como adivina lo que yo digo al otro para que el otro le diga a él, sonríe, pero ahora con toda la boca; de oreja a oreja, echando el cuerpo hacia atrás, moviendo, agitado, su pecho, prorrumpiendo, por fin, mientras repiquetea, en una larga y gutural carcajada, casi grotesca, pero que nos contagia y nos hace reír, aunque no queramos, a nosotros dos. Después, quedo en silencio ensimismado, porque me parece mentira que sea ese ritmo que escucho el mismo que yo tengo dentro de mí, en mi cabeza y que él va sacando quinteando sobre un cajón.

—Suave, suave —digo—. Suave —digo.

Rechoncha la figura fundida en bronce, pero digna y benévola su cara, la estatua del General Banderas, nos cubre del sol. Hasta ahora, que son casi las doce, le hemos ido bordeando en la base del monumento, mientras el calor subía por nuestras piernas.

—En la acera de enfrente está María Regla —digo—. En la puerta del cine. Como quien no quiere las cosas, está mirando, con disimulo las carteleras, pero nos está mirando. Dile que nos mira —digo—. Dile que lo mira a él.

Pero él no le dice nada para que sus dedos no se entretengan: Sobre el cajón, arqueando la espalda, se retuerce acalambrado, la barba caída sobre el pecho, los ojos entrecerrados, casi vidriosos y uno de los labios mordiendo el otro, sigue suave, lento, tocando. Fuerte, rápido, tocando. Ya, dominando el ritmo. Tocando frenético, poseso. Los transeúntes se detienen a escuchar. "¡Ése es mi hermano!", dice con orgullo un negrito cabezón. Con orgullo justificado, porque ahora la música que sale del cajón, sacada por sus manos, hace bailar, culebrear, balancearse a los que la escuchan.

—Dale —digo—. "Dale duro", dicen desde el grupo.

Olvidando o desconociendo su sordera continuamos alentándole. "Dale".

—Por Columbia[2]. Dile que por Columbia —digo—. Y canta tú. Canta tú cuando entre por Columbia.

2. ritmo afrocubano

Y él canta, cuando el ritmo entra por Columbia y yo escucho, recreándome con mi ritmo. Sacado por mí de mi cabeza, pero que yo no puedo tocar.

*"Oye mi quinto, boncó*[3]*,*
*qué rico suena".*

3. amigo

Después, golpea una palma de la mano con la otra y canto:

*—Alalala, lalá. Alalala, lalá...*
*Alalala, lalá. Alalala, lalá...*

Repite el estribillo y continúo cantando:

*—Dicen que no es vida*
*esto que yo vivo ...*

Él repite el estribillo y yo también. Yo sigo cantando, alargando desmesuradamente los finales, desentonado, pero buscando que se prendan en las copas de las ceibas[4] y flamboyantes[5], las notas de la melodía para que desde allí, sigan libres en busca de la libertad que ha perdido en Cuba el guaguancó[6]. Improvisando sobre una letra conocida con mi tono, el ritmo mío, sacado por mí de mi cabeza.

4. árbol de flores rojas y brillantes / 5. arboles de flores brillantes / 6. ritmo afrocubano

—Oye que esto no se puede soportar...

El negrito sonríe y baila. Sonríe y dice: "¡Ese es mi hermano!". Sonríe y baila y repite: "¡Mi hermano!" Yo, cojo nuevo impulso y canto otra vez.

*—Alalala, lalá. Alalala, lalá...*
*¡Qué buena, qué buena!... Aeee...*
*¡Ave María, morena!...*

La gente que nos rodea presiente algo y se mueve inquieta. Se acercan más a nosotros. Uno del grupo grita:

"Métele duro, mulato".

Otro tartamudea:

"Me, me, mete, métele... duro, muuu... lato".

No sé de donde ha llegado, pero una botella de ron o aguardiente[7], no sé, circula, codiciada, de mano en mano y una mano generosa nos la acerca, ya en su fin, para que tomemos nosotros, mientras dice: "Un palo[8] pa'los músicos", dice. Dicen: "Dale".

Una anciana, con una jaba[9] semi vacía en sus manos, se detiene a escuchar. Su rostro se ilumina. Abre su boca desdentada y después, frenando la sonrisa, queda triste, mirando el cielo. Después, nos mira con malicia y se contonea[10]. Otra, arrastrando las chancletas[11], se aleja escupiendo por un colmillo y desde la esquina nos grita: "¡Gusanos[12]!" Grita desde la esquina: "Negros gusanos! Ya verán". "Dale", gritan. "Vete, sarnosa", le gritan. Le gritan: "¡Sarnosa!"

El sol ya golpea nuestras cabezas, fundiéndonos en el paisaje del parque. El coro, desafinado, pero espontáneo, pide el montuno:

*"Alalala, lalá. Alalala, lalá".*

—Dale —digo.

"Dale" le dicen desde el grupo. "Más nadie que tú. Más nadie que tú. Dale valor. Dale valor. Más nadie que tú. Ahí na'má".

—Ahí na'má[13] —repito.

Pensando que en cualquier momento nuestra alegría moleste a la gente del Comité[14], me levanto del escalón donde me había acomodado, apurando al maravilloso e infatigable sordomudo, para que apriete el ritmo. Comienzo a bailar, rotos ya todos los prejuicios que me quedaban y el miedo perdido por completo. Dispuesto a todo por bailar mi guaguancó. Saco mi pañuelo rojo del bolsillo y me hago con él un lazo en el cuello. Tiro pasillos raros y gorjeo. Estiro las puntas de mi camisa para formar con ellas una imaginaria compañera:

*—Alalala, lalá. Alalala, lalá...*
*Esta es la última rumba*
*que yo canto en Cuba esclava...*
*Esta es la última rumba*
*que yo bailo en Cuba esclava...*

Quinto y coro me acompañan:

*"Ananana, naná. Ananana, naná...*
*Buenas noches, yeyé...*
*Buenas noches, yeyé...*

Quinto y coro me acompañan en este viaje de olvidos a que nos lleva la música. Esta música con la que hemos logrado cambiar por un instante los destinos de nuestro querido barrio de Cayo Hueso... De

7. licor de caña de azúcar

8. un trago de licor

9. bolsa de papel o tela

10. mueve las caderas de lado a lado exageradamente / 11. zapatillas (chinelas sin talón) / 12. cubanos exiliados después de la revolución de 1959

13. nada más

14. grupo de vigilancia de cada cuadra

15. cubanos negros pertenecientes a una sociedad secreta / 16. miembros de una sociedad secreta / 17. todos

este barrio de negros pobres y blancos pobres también... De santeros y católicos; ñáñigos[15] y masones[16]... De este barrio lleno de miserias y aspiraciones y frustraciones.

—Dale —grito—. "Más nadie que tú. Métele con to's[17] los yerros. Métele hoy, hoy, que ya mañana veremos.

"Más nadie que tú", gritan.

"Dale", gritan. "Dale con ganas".

"Libre, negro. Sin miedo, negro".

"Ahí na'má".

—Dale, dale —digo. ■

**Alberto Romero**

## Después de leer

1. El narrador le indica al que toca el tambor, mediante un intermediario, cómo realizar el ritmo que desea. / 2. Es sordomudo y músico, lo cual es admirable. También el hecho de que se comuniquen mediante el tambor, y no el lenguaje, es importante. / 3. El lenguaje descriptivo: suave, lento, fuerte, rápido, frenético, poseso; las imágenes: el ritmo mismo, el movimiento al compás del ritmo, el compartir licor, el movimiento de la gente. / 4. Estos elementos desempeñan un papel de suma importancia. Es una forma de sentirse libres y expresar su individualidad dentro de un sistema totalitario de gobierno.

1. ¿Qué relación existe entre el narrador y el hombre que toca el tambor? [E]
2. En términos del cuento, ¿cuál es la importancia de que el hombre del tambor sea sordomudo? [E]
3. ¿Cuáles son algunos de los elementos de sensualidad que se notan en este cuento? [E]
4. Según lo que vemos en el cuento, ¿qué papel desempeña el ritmo, la música y la canción para este grupo de cubanos?

## Para escribir y comentar

1. Seguramente Ud. ha escuchado la batería (tambores) que forma parte de un grupo musical de jazz, así como los tambores de la música caribeña. ¿Hay semejanzas? ¿Diferencias? En su diario, escriba lo que Ud. piensa sobre este tema.
2. Vuelva a leer "Mi ritmo" buscando palabras que le parezcan raras o exóticas. Haga una lista y búsquelas en el diccionario para determinar su origen. ¿Encontró algunas de origen africano? En su opinión, ¿cuál es el efecto del uso de tales palabras dentro de una narración en español? ¿Constituye este fenómeno una corrupción o empobrecimiento del español? ¿O lo contrario? ¿Por qué piensa así?
3. Escuche algunos discos de música jazz o blues y compare el ritmo con lo que oye en una grabación de salsa. ¿Cuáles son algunos de los sentimientos que tratan de expresar los artistas? ¿Cómo se siente Ud. al

escuchar ejemplos de cada género? Escriba sus impresiones en un breve ensayo de por lo menos dos párrafos, usando un diccionario inglés-español, si es necesario, para encontrar los términos exactos. [E]

4. ¿Se puede imaginar en los Estados Unidos un grupo de músicos tocando espontáneamente en una esquina? ¿Por qué? [E]

# Estrategias de escritura

## La redacción expresiva

En los ensayos que usted ha escrito hasta ahora se ha expresado sobre diferentes temas describiendo, narrando, dando su opinión o dando información. Ahora aprenderá a escribir otro tipo de obra: la redacción expresiva. Este tipo de escritura se hace a menudo en forma de poema o de canción. En el poema o la canción, usted puede expresar sus emociones y sentimientos en una forma distinta, considerando ciertos patrones de ritmo, lenguaje y forma. La forma de un poema (o por extensión de una canción) puede ser estructurada o libre. La forma estructurada sigue ciertos patrones de ritmo y rima, mientras que el verso libre tiene más flexibilidad, puesto que sigue el ritmo natural del idioma hablado, sin reglas determinadas. Usted puede escoger la forma que le parezca más apropiada para el tema de su poema o canción. Lo importante es experimentar para aprender a expresar sus sentimientos en forma poética.

Otro aspecto de la poesía que puede ser muy útil al escribir es el lenguaje figurado. La poesía trata de captar no sólo la atención auditiva del lector, sino también la visual. Esto puede hacerse utilizando el **símil** y la **metáfora,** que son las formas más comunes del lenguaje figurado. Los dos crean impresiones vívidas con el uso de comparaciones. En el símil, se usa la palabra **como** para expresar la comparación entre dos cosas que son esencialmente diferentes (p. ej: *el ruido de la máquina se oyó como un trueno).* La metáfora implica la comparación sin usar la palabra **como** (p. ej: *la juventud es la primavera de la vida).* Otro tipo de lenguaje figurado es la **personificación,** una especie de metáfora en la que se le atribuyen las cualidades humanas a los objetos inanimados (p. ej: *las flores lloran con el rocío).*

Aunque hay otros tipos de lenguaje figurado, éstos son los más fáciles, especialmente si los ha estudiado ya en inglés. Si nunca ha escrito una poesía o canción, probablemente debe comenzar usando el verso libre. Después, con la práctica y un poco más de estudio sobre la poesía, usted podrá escribir versos más estructurados.

## Actividades

1. Piense en algún acontecimiento de su vida que le haya traído felicidad o tristeza. Escriba un poema o una canción para expresar sus sentimientos sobre ese momento.
2. Usted probablemente ha visitado algún lugar que le ha impresionado mucho en alguna forma u otra. Piense en ese lugar y escriba algunas razones por las cuales le ha gustado. Después escriba sus ideas en verso y si es posible utilice el símil, la metáfora o la personificación.
3. Escoja una persona especial de su vida. Esta persona puede ser su madre, padre, un pariente, novio(a), esposo(a), amigo(a) u otra persona que haya influido en su vida. Escriba un poema o una canción para esta persona.

# Lenguaje

## Acentuación

### Recapitulación y repaso

En los capítulos anteriores se ha presentado de una manera sistemática la información necesaria para comprender y aplicar el concepto de la acentuación en español. Como se ha visto, en la mayoría de los casos, es necesario analizar la palabra para determinar cuál es la sílaba tónica y aplicar las reglas de acuerdo a la terminación de la palabra. En otros casos, es simplemente cuestión de aprenderse de memoria las palabras que siempre llevan acento ortográfico. En este capítulo, se encuentran ejercicios que representan todos los casos de la acentuación que aparecen en este libro. Para afianzar sus conocimientos de la acentuación, se recomienda que continúe, a lo largo de sus estudios del español, con este tipo de práctica.

## Ejercicio

Este ejercicio combina todas las disposiciones de la acentuación que se han estudiado. Ud. debe determinar si la palabra requiere acento ortográfico o no, e indicar la regla o la razón de su decisión. Algunas palabras tienen puntos suspensivos, lo cual indica que forman parte de una oración completa; en esos casos, Ud. debe analizar la palabra subrayada en el contexto de la oración.

| Palabra | Regla / Razón |
|---|---|
| 1. sabio | 1. Está de acuerdo con la regla N°1 y no se separa el diptongo. / |
| 2. antigüedades | 2. Está de acuerdo con la regla N°1 y no se separa el diptongo. / |
| 3. capaces | 3. Está de acuerdo con la regla N°1. / |
| 4. creencia | 4. Vocales en hiato. Está de acuerdo con la Regla N°1 y no se separa el diptongo. / |
| 5. a) Fue terrible... b) ...la perdida de vidas. | 5. a) Está de acuerdo con la regla N°1. b) No está de acuerdo con la regla N°1. / |
| 6. salia | 6. Se separa el diptongo. / |
| 7. victima | 7. No está de acuerdo con la regla N°1. |
| 8. a) ¿Existen formulas... b) ...de la felicidad? | 8. a) No está de acuerdo con la regla N°1. b) Está de acuerdo con la regla N°2. / |
| 9. discipulos | 9. No está de acuerdo con la regla N°1. / |
| 10. crimen | 10. Está de acuerdo con la regla N°1. / |
| 11. señal | 11. Está de acuerdo con la regla N°2. / |
| 12. ¡Como nos divertimos! | 12. Palabra exclamativa. / |
| 13. a) Maribel es tan lista... b) ...como Lalo. | 13. a) Está de acuerdo con la regla N°2. b) No es palabra exclamativa. / |
| 14. psicologo | 14. No está de acuerdo con la regla N°1. / |
| 15. a) Ya te dije que... b) ...estudiaras. | 15 a) Complemento indirecto y no necesita acento. b) Está de acuerdo con la regla N°1 y no se separa el diptongo. / |
| 16. a) Yo no se... b) ...deletrear esa palabra. | 16. a) Acento diacrítico. b) Vocales en hiato y está de acuerdo con la regla N°2. / |
| 17. Fernandez | 17. No está de acuerdo con la regla N°2. / |
| 18. periodico | 18. No está de acuerdo con la regla N°1 y no se separa el diptongo. / |
| 19. util | 19. No está de acuerdo con la regla N°2. |
| 20. a) ¡Yo si... b) ...se la respuesta,... c) ...maestra! | 20. a) Acento diacrítico. b) Acento diacrítico. c) Vocales en hiato y está de acuerdo con la Regla N°1. |
| 21. a) Estos portafolios... b) ...son suyos y... c) ...aquellos son... d) ...mios. | 21. a) Está de acuerdo con la regla N°1 y no se separa el diptongo. b) Está de acuerdo con la regla N°1. c) Pronombre demostrativo. d) Se separa el diptongo. / |
| 22. Tendras que ir conmigo. | 22. No está de acuerdo con la regla N°1. / |
| 23. empezo | 23. No está de acuerdo con la regla N°1. / |
| 24. ocupadisima | 24. No está de acuerdo con la regla N°1. / |
| 25. carcel | 25. No está de acuerdo con la regla N°2. / |
| 26. El paquete es para el. | 26. Acento diacrítico. / |
| 27. telepatia | 27. Se separa el diptongo. / |
| 28. individuo | 28. Está de acuerdo con la regla N°1 y no se separa el diptongo. / |
| 29. musica | 29. No está de acuerdo con la regla N°1. / |
| 30. cualquier | 30. Está de acuerdo con la regla N°2 y no se separan los diptongos. / |
| 31. electricista | 31. Está de acuerdo con la regla N°1. / |
| 32. boticario | 32. Está de acuerdo con la regla N°1 y no se separa el diptongo. / |
| 33. telon | 33. No está de acuerdo con la regla N°1. / |
| 34. teatro | 34. Vocales en hiato y está de acuerdo con la Regla N°1. / |
| 35. Diaz | 35. Se separa el diptongo. / |
| 36. Antonio | 36. Está de acuerdo con la regla N°1 y no se separa el diptongo. / |
| 37. se disponia | 37. Se separa el diptongo. / |
| 38. a) San Lazaro... b) ...estaba protegiendote. | 38. a) No está de acuerdo con la regla N°1. b) No está de acuerdo con la regla N°1 y no se separa el diptongo. / |
| 39. a) ¿Cual prefieres,... b) ...esta o... c) ...aquella? | 39. a) Palabra interrogativa. b) Pronombre demostrativo. c) Pronombre demostrativo. / |
| 40. literarios | 40. Está de acuerdo con la regla N°1 y no se separa el diptongo. / |
| 41. frances | 41. No está de acuerdo con la regla N°1. |

## Subjuntivo con expresiones de deseo y con ciertas conjunciones

En su canción, Juan Luis Guerra expresa un deseo cuando canta "Ojalá que **llueva** café". En vista de que es un deseo, no representa lo verdadero, o sea, realmente no está lloviendo café. Note que si se cambia la forma del verbo, la oración ya no tiene sentido: **Ojalá que **llueve** café.* La palabra **ojalá,** que viene del árabe, se usa para expresar un fuerte deseo de que algo suceda. Por ejemplo: *Ojalá me **saque** la lotería* (no me la he sacado todavía, pero tengo enormes deseos de que esto suceda); *Ojalá que no **llueva** mañana, porque se nos echa a perder el día de campo* (no sé si va a llover mañana, pero espero que no). La forma de los verbos en negrita es el presente del subjuntivo, y se usa en lo que se llama la cláusula subordinada, o sea, la cláusula secundaria que empieza con la palabra **que.** Estudie lo siguiente:

| **Cláusula principal:**<br>**Expresión de deseo** | **Cláusula subordinada:**<br>**Presente del subjuntivo** |
|---|---|
| Ojalá | que <u>pueda</u> comprar el último disco de Juan Luis Guerra. |
| Ojalá | que <u>llegues</u> temprano. |
| Queremos | que <u>ahorres</u> más dinero. |
| ¿Quieres | que me <u>vaya</u>? |
| No, prefiero | que te <u>quedes</u> aquí. |

Seguramente Ud. usa éstas y otras formas del subjuntivo sin darse cuenta, ya que forman un componente necesario del habla normal en español.

El subjuntivo también se usa con ciertas conjunciones, p.ej., *Pa' que en el Conuco no se sufra tanto* y *pa' que en Villa Vásquez oigan este canto.* En estos versos el cantante está expresando su deseo pero sin decir **"quiero que** no se sufra tanto" o **"deseo que** oigan este canto".

Las conjunciones que se usan más comúnmente para expresar un deseo tácito son: **para que, de manera que, antes (de) que, a fin de que, a menos que, sin que y con tal (de) que.**

La forma del subjuntivo es fácil para muchos hispanohablantes (en la gran mayoría de los casos, se usa como base la primera persona del singular, tiempo presente del modo indicativo), pero tal vez ayude el esquema que sigue:

| Infinitivo | 1[ra] persona, sing., presente del indicativo | Base del subjuntivo | Vocal opuesta del infinitivo | Presente del subjuntivo |
|---|---|---|---|---|
| **caminar** | (yo) camino | camin- | e | camine, camines, camine, camine-mos, caminen |
| **correr** | (yo) corro | corr- | a | corra, corras, corra, corramos, corran |
| **escribir** | (yo) escribo | escrib- | a | escriba, escribas, escriba, escriba-mos, escriban |
| **venir** | (yo) vengo | veng- | a | venga, vengas, venga, vengamos, vengan |
| **traer** | (yo) traigo | traig- | a | traiga, traigas, traiga, traigamos, traigan |
| **conocer** | (yo) conozco | conozc- | a | conozca, conozcas, conozca, conoz-camos, conozcan |
| **buscar** | (yo) busco | busc- | e | busque[1], busques, busque, busque-mos, busquen |
| **seguir** | (yo) sigo | sig- | a | siga, sigas, siga, sigamos, sigan |

Note los siguientes ejemplos en contexto:

| | | |
|---|---|---|
| **caminar** | se usa la **e** | *Quiero que **camines** más despacio.* |
| **correr** | se usa la **a** | *No queremos que **corras** el peligro de chocar tu carro.* |
| **escribir** | se usa la **a** | *Lee el libro antes de que **escribas** tu informe.* |

Como puede observar, si el infinitivo termina en **a**, las formas del presente del subjuntivo contienen **e**. Si el infinitivo termina en **e** o **i**, las formas del presente del subjuntivo contienen **a.**

Lo importante de esto es el sentido o el matiz que imparte el subjuntivo y el hecho de que el hispanohablante lo utiliza sin darse cuenta.

1. Consultar la próxima sección que trata de los verbos con cambios ortográficos.

## Ejercicios

1. Ya se han identificado tres palabras que expresan deseo: **ojalá, querer** y **preferir.** Usando el texto u otros libros o revistas, identifique y haga una lista de otras expresiones de deseo, voluntad o necesidad.
2. Para ver si estas palabras son, en efecto, verdaderas expresiones de deseo, voluntad o necesidad, póngalas en la cláusula principal de oraciones originales para ver el efecto que tienen en el verbo de la cláusula subordinada. Recuerde que el verbo de la cláusula subordinada debe dar la impresión de que la acción todavía no ha sucedido. Compare lo que encontró y lo que escribió con el resto de la clase.
3. En las lecturas que ya ha leído, identifique cinco oraciones que contengan una de las conjunciones presentadas anteriormente y el modo subjuntivo. Cambie cada verbo después de la conjunción al modo indicativo. ¿Tienen todavía sentido las oraciones?

## Verbos con cambios ortográficos

Se recomienda que repase brevemente la sección sobre la ortografía que se encuentra en el Capítulo 1, especialmente la información sobre las letras **c, s, z, g, j.**

Como ya se ha visto, los verbos en español varían de acuerdo al modo y persona. Pero existen además ciertos verbos que se distinguen por requerir cambios en la escritura, para seguir las reglas de la ortografía española. En este capítulo estudiaremos cuatro categorías de estos verbos.

La razón por la que estos verbos requieren cambios ortográficos es para mantener el sonido representado por la última consonante de la raíz del infinitivo en todas las formas y tiempos del verbo. Vea el siguiente ejemplo con el verbo **dirigir:**

la raíz: *dirig-* la terminación: *-ir*

*Yo le* ***dirijo*** *la palabra al maestro.*
*Tú le* ***diriges*** *la palabra al maestro*
*Él le* ***dirige*** *la palabra al maestro.*
*Nosotros le* ***dirigimos*** *la palabra al maestro.*
*Ellos le* ***dirigen*** *la palabra al maestro.*

Note que en el tiempo presente se cambia la **g** a **j** en la primera persona del singular (yo), porque de lo contrario, si escribiéramos **Yo le dirigo,* cambiaría el sonido consonántico y la palabra resultante ya no tendría sentido. Según la información expuesta en el Capítulo 1, la letra **g** puede representar dos fonemas distintos:

1. [g] gato, mago, gusano
2. [x] gente, gimnasio

Mandatos: **dirija Ud., dirijan Uds.;** presente del subjuntivo: **dirija, dirijas, dirija, dirijamos, dirijan**

Mandatos: **llegue Ud., lleguen Uds.**; pretérito **llegué;** presente del subjuntivo **llegue, llegues, llegue, lleguemos, lleguen.**

Usando la información sobre la ortografía española que se presenta en el Capítulo 1, ¿puede Ud. predecir algunas de las otras formas del verbo **dirigir** en que será necesario cambiar la **g** a **j?** En las formas donde no se cambia la **g** a **j,** ¿por qué piensa Ud. que no es necesario?

Usando este mismo principio de mantener el último sonido del infinitivo. ¿qué cambios ortográficos piensa Ud. que son necesarios para los verbos que terminan en **-gar,** por ejemplo, **llegar** y **pegar?** ¿Por qué son necesarios estos cambios de ortografía?

¿Qué cambios puede Ud. pronosticar para los verbos que terminan en **-zar,** por ejemplo, **comenzar** y **realizar.** Normalmente se trata de evitar las combinaciones ***-ze** y **-zi,** ya sea en los verbos o en cualquier otro tipo de palabra. Por lo tanto, el escribir ***comenzé** constituye un error ortográfico; lo correcto es **comencé.** En estos casos la pronunciación del verbo no cambia, como sucedería en algunas de las otras clases de verbos que ya hemos visto. La gran mayoría de verbos que terminan con los sonidos [sar], se escriben con **-zar.** Existen algunos, sin embargo, que se escriben con **–sar,** por ejemplo, **regresar.** En este último caso, ¿son necesarios los cambios ortográficos que rigen los verbos que terminan en **-zar?** ¿Por qué o por qué no?

Todas las formas de ese tipo de verbo se escriben con **s** y no es necesario cambiar la consonante.

Una vez que Ud. haya dominado este concepto, la información le ayudará con otros verbos similares. Igualmente, le ayudará a determinar el infinitivo del verbo, aunque nunca lo haya visto por escrito. Por ejemplo, si Ud. escribe la oración:

*No creo que el Maestro Longoria dirija la orquesta esta noche.*

Ud. sabrá que al escribir una oración que requiera el infinitivo de este verbo, necesariamente tiene que escribirse con **g:**

*¿Quién va a dirigir la campaña presidencial?*

## Ejercicios

Se notará que a veces ocurren cambios vocálicos de la raíz del verbo, por ejemplo, el verbo **elegir:**

*Eligieron a Enrique presidente de la empresa.*

Por el momento, sin embargo, vamos a concentrarnos solamente en los cambios ortográficos.

1. Basándose en la información expuesta en el Capítulo 1, repase las lecturas del capítulo actual e identifique los verbos cuya raíz termina con la letra **g, c,** o **z.** Use el esquema siguiente:

| Clase | Forma verbal | Infinitivo | Razón del cambio ortográfico |
|---|---|---|---|
| -gir | | | |
| -gar | | | |
| -car | | | |
| -zar | | | |

## Influencias de otros idiomas

Ud. se habrá fijado que en la canción "Taki Ongoy II" se usan palabras indígenas, en este caso del idioma quechua. La mezcla de estas palabras con el español le da a la canción un sabor distinto, que se perdería si fuera únicamente en español. En gran parte, éste es el mismo fenómeno que ocurre cuando alternamos el español y el inglés.

La alternancia de código *(code-switching)* es un fénomeno lingüístico tan antiguo como el ser humano mismo. Al ponerse en contacto dos idiomas, es normal que uno influya al otro. Esta influencia resulta, en muchos casos, en préstamos, o sea la incorporación de palabras de un idioma en otro. En inglés se usan, por ejemplo, préstamos del francés, p. ej., *boutique, protégé, résumé, détente,* etc., o del español, p. ej., *plaza, rodeo, patio, taco,* etc. Las razones por las que se usan los préstamos son varias:

• Precisión: En algunos casos, el préstamo da una idea más exacta de lo que se quiere expresar.

*Lucrecia is a very chic woman.*

*Lucrecia is a very glamorous woman.*

*Lucrecia es una mujer de mucho caché.*

• Prestigio: Se piensa que el uso de ciertos préstamos nos da cierta importancia y sofisticación. Por ejemplo, hay una gran diferencia entre estas oraciones:

*I got this blouse at the new boutique.*

*I got this blouse at the new store..*

*Me compré esta blusa en la nueva boutique.*

• Facilidad: En algunos campos, al hablar de ciertos adelantos tecnológicos, en algunos casos es más fácil y eficiente usar los términos en el idioma de origen que crear nuevos. Por ejemplo, actualmente en español se usa mucha de la terminología en inglés del ramo de la computación: el *software,* el *feedback.*

En realidad, ésta es una de las maneras en que los idiomas se agrandan y enriquecen su caudal léxico.

## Ejercicios

1. En la canción interpretada por Mercedes Sosa, cambie las palabras que Ud. considere que se oirían más normales en inglés. Recuerde que el resultado debe oírse de una manera natural. Lea su versión a algunos de sus compañeros para obtener su reacción.

2. En la canción de Mercedes Sosa, trate de cambiar al español las palabras quechuas. ¿Cree que cambian los sentimientos que trata de expresar Mercedes? ¿Con qué dificultades se enfrentó al tratar de hallar los equivalentes en español?
3. Escoja la letra de una canción en inglés y sustituya algunas de las palabras o frases con los equivalentes en español. ¿Cuál es el resultado, en términos de las emociones, que piensa que imparte la letra en su nueva versión?
4. Seleccione una canción en español y sustituya algunas de las palabras o frases con los equivalentes en inglés. ¿Cómo se oye? ¿Qué emociones piensa que expresa?
5. Escriba por lo menos una estrofa más para la canción interpretada por Mercedes Sosa, alternando entre el inglés y el español, cuando le parezca necesario o por razones estéticas o culturales.
6. Busque alguna canción en la que los artistas usen el inglés y el español. ¿Por qué cree que usan esta técnica? Escriba la letra original de la canción. Usando un diccionario, reponga con el español todas las palabras y expresiones inglesas. ¿Cómo le suena la letra ahora? ¿Pierde algo o mejora la canción? ¿Por qué?

La sección de **Evaluación** para este capítulo aparece en la página xxxix.

Chris Dickerson
MELIA

# Capítulo 10
# La salud y el bienestar

## Objetivos

En este capítulo, usted:

### Contenido

- Identificará elementos importantes que contribuyen a su bienestar físico y mental.
- Describirá el papel del ejercicio en su vida cotidiana.
- Aprenderá los componentes esenciales de una dieta sana.
- Comentará sobre el papel que desempeña el humor y la risa en su bienestar físico y mental.
- Aprenderá distintas formas de vivir de una manera saludable.

### Cultura

- Aprenderá cómo influye la cultura en la noción de lo que se considera la buena salud y la nutrición.

### Lenguaje

- Estudiará más verbos y otras palabras con cambios ortográficos.
- Aprenderá algunos usos de las letras **h, g, j, x,** según la ortografía española.
- Estudiará varios usos del verbo **haber** en dos tiempos compuestos.
- Examinará las diferencias entre **va a haber** y **va a ver;** y entre **va a hacer** y **va a ser.**

## Funciones lingüísticas del capítulo

- Declarar preferencia por determinadas clases de comida.
- Justificar el estado actual de actividad o inactividad personal.

# Para empezar

El video *Remedios tradicionales y modernos* presenta tratamientos naturales y clínicos para distintos problemas de la salud y del espíritu.

Una discusión sobre el tema de la salud puede resultar muy controversial. ¿Por qué? El hecho es que hay un sinfín de temas que en alguna forma u otra se pueden relacionar con la salud, y todos tenemos diferentes opiniones sobre lo que implica vivir de una manera saludable. Así, pues, podemos empezar con la pregunta: ¿qué significa el tener buena salud? Para muchos es sencillamente el estar sano de cuerpo y mente, para otros, el mantener cierto peso y llevar una dieta balanceada; pero, verdaderamente, ¿cómo podemos mantenernos saludables? Si leemos los periódicos y revistas, veremos que hay una infinidad de sugerencias para lograr este fin.

**La persona saludable.** ¿Cómo sabemos si una persona es saludable? ¿Hay algunas características que comparte la gente saludable? En grupos de tres o cuatro, desarrollen una lista de diez características que podría tener una persona saludable. Comparen su lista con las de los otros grupos.

**¿Evadimos la realidad?** Es común oír o ver escritas ideas semejantes a las que se presentan en la siguiente página. ¿Se preocupa Ud. cuando las oye? ¿O hace un esfuerzo por evadir el tema de la salud y todo lo que se relaciona a éste? En grupos de tres o cuatro, conversen sobre cada una de las ideas que figuran en la página siguiente. ¿Es esto cierto? ¿O se trata de creencias o mitos? ¿Están Uds. de acuerdo con estas ideas? ¿Cuáles son algunas otras ideas relacionadas al tema de la salud?

# Estrategias de lectura

## Asociación de las ideas principales con los detalles

Al leer, es importante que usted entienda la idea o las ideas principales que se exponen en la lectura. Por lo general, hay un tema principal que se enfoca en cada lectura. A partir de ese tema, cada párrafo contiene una idea principal y detalles que la apoyan. Cuando usted lea un artículo o un cuento, primero identifique el tema principal. Después, a medida que vaya leyendo, puede identificar la idea principal de cada párrafo y los detalles que apoyan esta idea. Usted puede ver entonces la importancia de que haya una relación entre todas las ideas que se presentan en el artículo.

*NO CORRA…*
*¡CAMINE!*

El mejor ejercicio es la natación.

¡Queme calorías al ver la televisión!

Adelgace 5 kilos en 15 días.

Es más saludable cocinar las verduras en el microondas.

Beba 8 vasos de agua al día.

EL HIERRO ES ESENCIAL.

Piense en un cambio de estilo de vida.

Tome suplementos de calcio.

**BUENA SALUD**

La fibra ayuda a prevenir enfermedades.

*CAMINE TODOS LOS DÍAS.*

En este plan se puede comer de todo.

Para aumentar de peso, póngase a dieta para adelgazar.

¡LA LECHE PREVIENE EL CÁNCER!

Tome vitaminas para mejorar su salud.

## Actividades

1. Después de leer cada artículo del capítulo, decida cuál es el tema principal de cada uno, cuáles son las ideas sobresalientes en cada párrafo y cuáles son los detalles que apoyan estas ideas.
2. Seleccione uno de los artículos y formule un bosquejo con la información que se presenta para determinar cuáles son las ideas principales y los detalles que apoyan estas ideas.

# 1 Salud en bicicleta

## Prelectura

Hoy en día parece ser que nos preocupamos más por nuestra salud. Lo que vemos por televisión y lo que leemos en los periódicos y revistas siempre nos recuerda que debemos cuidar nuestro cuerpo para gozar de buena salud. Se le da mucho énfasis a la dieta y se habla de productos dañinos al cuerpo, pero también vemos que uno de los aspectos importantes para la salud es el ejercicio. Sin embargo, hay tantos tipos diferentes de ejercicios que a veces no sabemos cuáles son los más apropiados para nosotros. Consideremos, pues, las siguientes sugerencias. ¿Cómo podemos mejorar nuestro estado físico? ¿Qué tipo de ejercicio se recomienda? ¿Qué tipo de ejercicio es más beneficioso? ¿Por qué?

### *Salud en bicicleta*

Cuando buscamos el deporte más apropiado para nosotros, nos encontramos ante una variedad tal, que no sabemos cuál escoger. Es importante entonces conocer la actividad más apropiada para nuestro cuerpo dependiendo del estado de salud y grado de condición física en que nos encontremos.

Si bien es cierto que el deporte va a beneficiar nuestra condición física, debes estar consciente de tu estado actual para evitar problemas de salud o sobreentrenamientos.

El hecho de tener fuerza muscular o agilidad no significa buena condición física. Esta última tiene que ver con la función de los demás órganos... la clave de todo es el oxígeno. Cualquier actividad requiere energía, el cuerpo la produce quemando alimentos y el agente comburente es precisamente el oxígeno.

El primer paso para mejorar tu condición física es hacer ejercicio o preocuparte por efectuar el más recomendable; el segundo es elegirlo de manera objetiva, sin dejarte llevar únicamente por el lado estético. Ahora bien, si deseas bajar de peso, debes someterte a un régimen alimenticio y combinarlo con el deporte, pues éste por sí solo, no te servirá para bajar esos kilos de más. Quien afirme lo contrario está en un error.

Varios estudios realizados al respecto concluyeron que uno de los mejores deportes es andar en bicicleta. No importa si eres muy glotón, fumador, nervioso, inconstante o careces de tiempo, tampoco si jamás has hecho ejercicio, el ciclismo brindará beneficios a todos los que decidan practicarlo.

En salud, como ya mencionamos, ayuda a tu cuerpo en general, desde la circulación de la sangre hasta el buen funcionamiento digestivo; la bicicleta moldea tus piernas, marcando los músculos desde el tobillo hasta el muslo; los glúteos se fortalecen luciendo firmes y torneados; evitas o desaparece gradualmente la terrible celulitis, tu espalda toma mayor fuerza para soportar mejor el trabajo pesado y evitar los horribles lumbagos; el abdomen prominente disminuye y los músculos del vientre se endurecen; puedes terminar con la flacidez de los brazos y el cuello se beneficia considerablemente.

Puedes disfrutar del aire libre recorriendo las calles en bicicleta o gozar de la tranquilidad de tu hogar en un aparato fijo, escuchando música o viendo la TV, pero siempre prestando atención a tu cuerpo. Resulta muy atractivo invitar a tu pareja para ejercitarse y al mismo tiempo divertirse paseando juntos. Por si esto fuera poco, montar en bicicleta te da mayor vigor y energía que otros deportes.

Para darte algunos ejemplos de por qué consideramos al ciclismo como tu mejor opción, comencemos por dividir los ejercicios en cuatro categorías básicas que son:

### Ejercicios isométricos

Son aquéllos que tensan los músculos sin producir movimientos, exigiendo poco o nada de oxígeno (caminar en la oficina, levantar una silla, etc.).

**Ejercicios isotónicos**

Son los ejercicios que ponen tensos los músculos y producen movimiento sin demandar mucho oxígeno (calistenia, levantamiento de pesas, arquería, lanzamiento de herraduras, etc.).

**Ejercicios anaeróbicos**

Son los que requieren mucho oxígeno, pero terminan demasiado rápido para producir un efecto definido de entrenamiento (correr una distancia corta, nadar un par de vueltas a la alberca, etc.).

**Ejercicios aeróbicos**

Son los que exigen oxígeno suficiente y duran el tiempo requerido para producir un efecto definido de entrenamiento, provocando cambios maravillosos en el cuerpo (natación, carrera y ¡ciclismo!, entre otros).

Como ves, la práctica del ciclismo se encuentra dentro de los ejercicios aeróbicos; con él tus pulmones empezarán a elaborar más aire con menos palpitaciones, mejorará tu suministro de sangre a los músculos y aumentará el volumen total de tu sangre. Mientras mayor sea tu constancia, más rápidos y fabulosos serán los resultados.

En concreto, estarás mejorando la capacidad de tu cuerpo para introducir oxígeno, y consecuentemente, tu capacidad de resistencia y estética corporal.

En cuanto a la ropa apropiada para este deporte, procura adquirir prendas de licra o algodón ajustables a tu cuerpo para restar resistencia al aire; los zapatos deben ser resistentes, pero sin impedir la ventilación de los pies; utiliza cascos especiales para ciclistas y guantes de piel o licra. Si lo practicas en bicicleta fija, puedes utilizar cualquier ropa deportiva, ya sea holgada o ajustada, pero utilizando telas que permitan la transpiración y ventilación de tu cuerpo.

Ten siempre a la mano una “mamila” (botellas especiales para deportistas) con agua simple o alguna bebida preparada, suficiente para evitar la deshidratación.

Si has elegido el ciclismo como tu deporte, ¡felicidades!, has hecho una buena elección; si aún no lo consideras, no lo pienses más y corre a toda velocidad sobre tu bicicleta. ¿Qué deporte te brinda mayores razones como para no hacer de éste tu ejercicio favorito? ■

## Después de leer

1. Tiene que ver con la capacidad de resistencia para realizar labores prolongadas sin cansancio indebido. Supone la ausencia de cualquier enfermedad y tiene relación con la salud general del cuerpo. / 2. Hacer ejercicios. / 3. Ayuda todo el cuerpo. / 4. La ropa de licra o algodón ajustables, zapatos resistentes, casco para ciclistas y guantes de piel o licra.

1. Según el artículo, ¿qué significa estar en buenas condiciones físicas? [E]
2. ¿Qué se puede hacer para mejorar la condición física?
3. ¿Cuáles son algunos de los beneficios del ciclismo?
4. ¿Qué tipo de ropa y equipo se recomienda para el ciclismo?
5. En el artículo se mencionan cuatro tipos de ejercicios. Llene el esquema siguiente con la información que se provee en el artículo.

| Categoría | Característica | Ejemplos |
|---|---|---|
| isométricos | tensan los músculos sin producir movimientos | caminar en la oficina, levantar una silla |
| isotónicos | ponen tensos los músculos y producen movimiento | calistenia, levantamiento de pesas, arquería |
| anaeróbicos | requieren mucho oxígeno, terminan demasiado rápido | correr o nadar una distancia corta |
| aeróbicos | dura lo requerido para producir un efecto de entrenamiento | natación, carrera, ciclismo |

## Para escribir y comentar

1. En su diario escriba lo que Ud. piensa sobre el hacer ejercicio. ¿Piensa Ud. que es un fenómeno nacional reciente o que tiene una larga historia?

Esta actividad se puede utilizar como tema para discusión o escritura.

2. ¿Hace Ud. algún tipo de ejercicio de los que se mencionan? ¿Cuál? ¿Por qué ha escogido hacerlo? ¿Hace algún otro tipo de ejercicio? ¿Bajo cuál de los cuatro tipos de ejercicios mencionados en el artículo se puede categorizar? ¿Cuáles son los factores que afectan su decisión en cuanto al ejercicio? Si no hace ejercicio, ¿por qué?
3. ¿Es importante hacer ejercicio? ¿Por qué? En general, ¿piensa que le pone suficiente énfasis en la necesidad de hacer ejercicio? Si piensa que no, ¿cree que debe cambiar esto? ¿Cómo se podría cambiar? ¿Qué cambios sugiere? ¿Es necesario cambiar la actitud de la sociedad en cuanto al ejercicio? ¿Por qué? Escriba un ensayo en el cual expresa su opinión en cuanto al ejercicio físico.
4. ¿Se necesita equipo o ropa especial para hacer ejercicio? ¿Qué ejercicios se pueden hacer sin equipo o ropa especial? ¿Cuáles requieren equipo o ropa especial? ¿Qué se necesita? En grupos de tres, hagan una lista de tres ejercicios que requieren equipo o ropa especial y describan lo que se necesita para cada uno. Comparen sus listas con las de los otros grupos.

5. En grupos de tres o cuatro, presenten un anuncio comercial en el cual se explica por qué el ciclismo (o cualquier otro ejercicio) es el mejor tipo de ejercicio. Preséntenlo a la clase. [E]
6. Después de haber leído el artículo sobre la importancia del ejercicio para nuestro cuerpo, ¿piensa usted que debe hacer un esfuerzo por incorporar algún tipo de ejercicio en su rutina diaria? Desarrolle un "contrato" en el cual explica lo que hará para lograr esta meta. El contrato debe ser específico. No escriba sólo "Me ejercitaré cuatro veces esta semana", sino enumere los días que lo hará y el tipo de actividad que realizará. Incluya los premios o recompensas que se dará para motivarse.
7. En grupos de tres o cuatro, preparen una serie de preguntas (cinco o seis) en forma de cuestionario. Cada grupo formulará sus propias preguntas relacionadas al ejercicio, al tipo de ejercicio, cantidad, etc., que una persona hace. Haga la encuesta en su universidad. Anote y analice las respuestas de diez o más alumnos. Discutan los resultados en la clase. ¿Quiénes hacen más ejercicio, las mujeres o los hombres? ¿Qué tipo de persona hace más ejercicio? ¿Qué tipo de ejercicio es el más popular?
8. Convenza a alguien de que el ejercicio es importante y/o que debe cambiar su estilo de vida para ser más saludable. Esto se puede hacer en forma de carta, ensayo, anuncio o minidrama. Pueden usar fotos o dibujos para ilustrar la importancia del ejercicio. [E]

# 2 70 maneras de vivir más saludable

## Prelectura

A pesar de que sabemos que es importante vivir de una manera más sana, muchas veces no tomamos el tiempo para pensar en lo que hacemos. Vivimos de una manera tan acelerada que no tenemos tiempo para cuidarnos apropiadamente. La constante excusa de "no tengo tiempo" nos empuja a comer lo que no debemos, a evitar el ejercicio y a adquirir malos hábitos. Pero no debemos permitir que las excusas nos perjudiquen. A pesar de todas nuestras responsabilidades diarias, debemos hacer todo lo posible por vivir de una manera más saludable. ¿Cuáles son algunos problemas que tenemos a causa de la vida que llevamos? ¿Qué resultados pueden producir estos problemas si no los superamos? ¿Qué podemos hacer para mejorar esta situación? En este artículo se proponen 70 maneras de vivir más saludable. ¿Piensa usted que todas tienen la misma importancia?

# *70 maneras de vivir más saludable*

**CUIDE SU SALUD**

**1 Prevenir es mejor que remediar.** Desafortunadamente, la mayoría de las personas cuidan mejor sus autos que sus cuerpos. A la primera señal de que algo está funcionando mal, lo llevan al mecánico; pero si eso ocurre con sus organismos, no acuden al médico. Para esto hay muchas excusas: no hay dinero, no le dieron importancia. Y muchas personas piensan que todo tipo de prevención en la salud, como chequearse el nivel de colesterol y de azúcar en la sangre, hacerse una mamografía... es una pérdida de tiempo. En la prevención también debe incluir el cuidado de sus dientes. Es conveniente que visite al dentista dos veces al año para que se haga una revisión y una limpieza. Otra forma de prevenir enfermedades es investigando las de su familia. Cuéntele al médico cómo es su "árbol familiar", para que determine sus riesgos y pueda establecer un sistema de vida que ayude a evitarlos.

**LA BUENA NUTRICIÓN EN LA FAMILIA**

**2 Ponga frutas al alcance de todos.** Coloque naranjas peladas, rebanadas de manzana o de plátano (banano, guineo) en el desayuno o ponga jugo de naranja o toronja (pomelo).

**3 Cuando coma pizza, elija la vegetariana.** Una buena elección es la de champiñones (setas, hongos) y pimientos (ajíes) o la de queso solo. Pida que le pongan poca salsa.

**4 Coma meriendas bajas en grasas.** Si a media mañana siente un deseo muy grande por comer algo, satisfágalo con una galletita de soda o de vainilla, o un poco de frutas secas mezcladas con cereal.

**5 Compre cereales que sean altos en fibras.** A todos nos encantan los cereales azucarados, que vienen fortificados con vitaminas. Sin embargo, es mejor que compre los que tienen menos azúcar y más fibras, para un buen funcionamiento de sus intestinos.

**6 Un día en la semana, NO coma carne.** Prepare una cazuela de frijoles. Estos son una buena fuente de proteínas y de fibras.

**7 Coma pavo o pollo, pero sin la piel.** Lo mejor es que la elimine pues la piel tiene mucha grasa.

**8 El queso debe ser lo más bajo en grasa posible.** El requesón y el yogur, en sus versiones bajas en grasa, son una excelente fuente de calcio y cumplen con las necesidades tanto de las mujeres como de los niños.

**CINCO ALIMENTOS QUE COMBATEN EL CÁNCER Y LAS ENFERMEDADES CARDÍACAS**

**9 El yogur.** Bajo en calorías, en grasa y en colesterol, es una buena fuente de proteínas, vitamina B y minerales. Si se comen 240 g (8 onzas) de yogur, tendrá la mitad de la cantidad de calcio que su cuerpo necesita. Como contiene *Lactobacillus bulgaricus,* protege del cáncer del colon y del seno.

**10 El ajo.** Contiene *allicin,* un antibiótico natural contra muchas bacterias, como la salmonela y el estafilococo. También puede proteger contra las enfermedades del corazón, porque disminuye el colesterol "malo" (LDL) y aumenta el bueno (HDL). Es un anticoagulante efectivo, por lo que puede prevenir infartos y embolias. Lo recomendable es comer dos dientes de ajos crudos al día.

**11 El frijol.** Una de las mejores maneras de bajar el colesterol es comiendo alimentos altos en fibra, como el frijol, las lentejas, los garbanzos... Otra ventaja es que si se comen 240 g (8 onzas) de frijoles diariamente, se puede prevenir la enfermedad de Parkinson y la de Alzheimer, pues contienen L-dopa, un aminoácido que se usa para tratar esas enfermedades.

**12 El aceite de oliva.** Las grasas monoinsaturadas, como el aceite de oliva, son las mejores, pues bajan el nivel del colesterol "malo", pero no afectan negativamente el "bueno", como sucede con las poliinsaturadas.

**13 Las frutas y los vegetales.** Comerlos ayuda a reducir el riesgo de desarrollar cáncer del colon, de los senos y de la piel. Coma los vegetales de hojas verdes oscuras y de tonos naranja, ricos en vitaminas A y C, y frutas cítricas. Comer una taza de ciruelas al día, que son altas en boro, puede disminuir la tendencia a desarrollar osteoporosis.

**14 Tome mucha agua.** Lo recomendable son ocho vasos al día, pues favorecen la digestión, dan firmeza a la piel, y mantienen los riñones libres de piedras y el organismo sin toxinas.

**15 Coma como un niño.** Ingerir pequeñas comidas y meriendas frecuentes es mejor que comer grandes cantidades tres veces al día. Recientes estudios muestran que las comidas frecuentes aumentan la velocidad de su metabolismo y ayudan a quemar grasa con más rapidez.

**16 Limite las comidas de preparación rápida.** Las hamburguesas, las papitas fritas... son altas en grasa, calorías y sodio.

**17 Use suplementos de vitaminas.** Pero no como sustitutos para complementar una dieta mal balanceada. Tampoco debe ingerir dosis demasiado elevadas, porque algunas vitaminas pueden causar toxicidad en el organismo.

### NO HAY QUE MIRAR LA PESA

**18 No se pese con frecuencia.** Durante el mes puede tener fluctuaciones menores de peso, ocasionadas por diferentes causas. Mejor es que se observe cómo está su estómago. Si se ve muy abultado por exceso de grasa, puede correr el riesgo de enfermedades cardíacas, hipertensión, diabetes, embolia y cáncer en el seno.

### CUATRO "DIETAS" QUE SÍ FUNCIONAN

**19 Piense por qué tiene sobrepeso.** Muchas personas comen en exceso por diferentes motivos: hambre desmedida, depresión, ansiedad, compulsión... Lo importante es darse cuenta de qué lo impulsa a hacerlo y tomar la decisión de cambiar sus hábitos alimenticios.

**20 Cree estrategias en el período de transición... hasta alcanzar su peso ideal.** Puede empezar cortando las calorías poco a poco, hasta que su cuerpo se acostumbre a una nueva forma de comer.

**21 Ame los ejercicios.** Muchas personas han adelgazado sin hacer dietas estrictas. ¿El secreto? Comer con moderación y hacer muchos ejercicios. Puede caminar a paso rápido o trotar.

**22 Tenga un buen estímulo para comer menos.** Hay quienes pierden peso por salud o por vanidad. Muchos no quieren ni verse en el espejo cuando han engordado. Sin embargo, teniendo un buen estímulo los ayudará a mantenerse firmes para alcanzar la meta propuesta.

**23 Aprenda cuánta grasa debe ingerir.** Los expertos dicen que no más del 30 por ciento de las calorías diarias deben venir de las grasas; esto es, 60 gramos (2 onzas) si usted come 1.800 calorías. Por ejemplo, 10 gramos de grasa están contenidos en 120 gramos (4 onzas) de un *sirloin,* en 1 cucharada de mayonesa y en 12 plátanos (bananos, guineos).

**PLANIFIQUE BIEN LO QUE VA A COMPRAR**

**24 Haga una lista antes de ir al supermercado.** Esto es con el fin de evitar que compre alimentos extras que no necesita y que sí pueden afectar su salud o su peso.

**EVITE EL CIGARRILLO**

**25 Trate de no ser un "fumador" pasivo.** Es decir, de ninguna manera permita que fumen cerca de usted, pues inhalar el humo que otro expele es perjudicial para su salud. Si otros en su casa no quieren dejar de fumar, determine en su casa una "zona libre" donde no puedan hacerlo.

**26 No le haga daño a quien más debe amar: usted mismo.** A veces estamos inconformes con nuestra vida y por eso escogemos alguna clase de comportamiento destructivo. Fumar puede ser una evidencia de falta de amor a sí mismo, pues todos sabemos los daños que causa el tabaco.

**27 No piense sólo en usted.** Preocúpese también por el bienestar de los demás. Si llega a visitarlo una persona que está enferma, no la moleste con el humo del cigarrillo.

## PARA DEJAR EL HÁBITO DE FUMAR

**28 Corte los cigarrillos de forma drástica.** La experiencia de los fumadores que lo han hecho gradualmente no ha sido positiva, pues ellos tenían la tendencia a compensar la disminución de nicotina inhalando profundamente o manteniendo el humo en sus pulmones por más tiempo.

**29 Escoja el día más apropiado para empezar.** Si usted fuma mucho en el trabajo, deje de fumar el sábado por la mañana.

**30 Recurra a ciertos productos para ayudarse.** Los parches o los chicles de nicotina expulsan estas sustancias en dosis bajas y le permiten liberarse de su adicción.

**31 Acuda a terapias de grupo.** Son para personas que fuman varias cajetillas al día, y para quienes han querido dejar el cigarrillo y no han podido ser perseverantes.

**32 Considere otras alternativas.** La hipnosis, la acupuntura, los casetes[1] de relajación... Todos ayudan a romper el hábito de fumar.

**33 Una los métodos.** Los productos a base de nicotina, los sicólogos, la hipnosis y los grupos de terapia, a menudo trabajan mejor cuando se usan en conjunto.

**34 Si fracasa una vez, inténtelo de nuevo.** Mientras más veces usted lo intente, más probabilidades tendrá de dejar de fumar. Las personas aprenden de sus experiencias pasadas.

## NO TOME LICOR EN EXCESO

**35 Si toma licor, hágalo con moderación.** El problema no es el alcohol en sí, sino el acetaldehído, una sustancia tóxica que se produce cuando el cuerpo metaboliza el alcohol. Éste puede provocar deterioro muscular y cerebral, hipertensión, cirrosis en el hígado, pérdida de la memoria a largo plazo, inflamación del esófago, daño en el músculo cardíaco, mala nutrición, osteoporosis e impotencia.

1. En el capítulo sobre la música se usó la palabra *cassette*. Las dos formas son aceptables.

**36 No deje que el licor interrumpa su dieta.** Casi todas las bebidas alcohólicas son tan altas en calorías como una copa de helado. Además, su cuerpo convierte el alcohol en grasa como lo hace con otros alimentos que usted coma.

**37 Conozca sus límites.** ¿Hasta qué punto puede usted tomar con moderación? La respuesta varía según el tipo de persona. Hay quienes la química de su cuerpo las hace mucho más susceptibles a los efectos del alcohol, el cual se metaboliza por una enzima llamada alcohol deshidrogenasa. Según estudios realizados, mientras menos enzima usted tenga, menor será su tolerancia al licor. Las investigaciones indican que las mujeres y los adolescentes tienen menos cantidad de esa enzima. Analice cómo reacciona al alcohol y deténgase al notar sus efectos.

## APRENDA A RECONOCER EL ESTRÉS

**38 No hay que ignorar las señales de alarma.** Usted puede estar en un estado de tensión si le sudan las manos, el pulso se acelera, le duele la cabeza, siente saltos en el estómago, la respiración se agita. Vaya al médico antes de que pueda desencadenarse una enfermedad.

## TÁCTICAS PARA RELAJARSE

**39 Deje de pensar tanto en sí mismo.** Y vaya a lugares que lo hagan disfrutar de la vida.

**40 Póngase ropa cómoda.** Cuando llegue de la oficina, quítese la ropa y póngase shorts o jeans y camiseta. Inconscientemente, esto lo ayudará a olvidarse de todos los problemas del trabajo.

**41 Tómese un tiempo para descansar.** Bastan 15 minutos para hacer ejercicios de respiración, escuchar música, leer un libro, etc.

**42 Camine.** El ejercicio es bueno no sólo para estar en forma, sino también para permitir la expulsión de endorfinas, que son las sustancias en el cerebro que proveen alivio al dolor y la relajación total.

**43 Altere la rutina.** En su trabajo, en vez de quedarse comiendo su almuerzo en su escritorio, salga y haga alguna compra, dé un paseo...

**44 Piense dos veces antes de tomarse otra taza de café o de pedir un cigarrillo.** La cafeína y la nicotina estimulan el estrés.

**45 Ría y los demás le sonreirán.** Si usted goza de buen humor, esto lo ayudará a no ver sólo el lado trágico de cualquier problema.

**46 Identifique su problema.** Encuentre qué le está causando a usted el estrés: presión en el trabajo, problemas familiares, etc. Éste es el primer paso para encontrar la solución.

**47 Visite a los amigos.** Cuando los tiempos son difíciles, ellos pueden darle un apoyo emocional y sugerencias prácticas.

**48 Trate de dormir bien.** Usted se sentirá mejor y encontrará que es más fácil lidiar con los problemas.

**49 Nadar es un excelente ejercicio.** Cuando esté bajo estrés, olvídese de pensar y enfatice la actividad física. Mover los pies y los brazos lo ayudará muchísimo a mantener la calma.

**50 Tenga ambiciones sanas.** Pero aprenda a decirse **no** cuando tratar de alcanzar una meta le causa un estrés excesivo.

**51 Organice las actividades de su casa.** Una buena idea es planificar lo que va a cocinar, por ejemplo. Eso le ahorrará tiempo.

**52 Juegue con sus niños.** Tal vez si se siente tenso, no quiere que sus hijos le hablen ni que lo inviten a jugar. Sin embargo, esto es un error, unos minutos de expansión lo ayudarán a dejar de pensar en lo que tanto le preocupa.

## NUNCA ES DEMASIADO TARDE PARA PONERSE EN FORMA

**53 Si no hizo ejercicios antes...** Tal vez estaba muy ocupado, y sus músculos se fueron deteriorando y sus piernas debilitando. Pero a cualquier edad que empiece puede encontrar una nueva fuente de vigor. Además, al ejercitarse se disminuyen los riesgos de enfermedades cardíacas y de diabetes.

**54 Sea amigo de la bicicleta estacionaria.** Si no desea salir de casa ni exponerse a un accidente, esa máquina es ideal para usted.

**55 Arregle el jardín.** Esto relaja la tensión, pues trabajar fuera de la casa por varias horas le ayuda a disfrutar de los colores y de las texturas de la naturaleza.

**56 Si usted no es un gran atleta...** Camine lo más que pueda. Si tiene una hora para almorzar, puede hacerlo la mitad del tiempo.

**57 Muchas actividades ayudan a mantenerse en forma.** Limpiar la casa, cocinar, bailar... vigorizan sus músculos.

**58 Los ejercicios fuertes no son buenos para la salud.** Según los reportes científicos, los mejores son los moderados. De éstos bastan 20 minutos al día, para mejorar su figura y perder peso.

**59 Hágase un chequeo médico.** Esto es conveniente antes de empezar un programa de ejercicios.

**60 Sea un buen ejemplo para sus niños.** Si ellos lo ven activo y notan la importancia que le da a los ejercicios, lo imitarán y tendrán una vida más saludable.

**61 No crea que los niños necesitan los mismos ejercicios que los adultos.** Andar en bicicleta, trotar, jugar a la pelota... son perfectos para ellos. Y no se olvide de que tomen bastante líquido al hacerlo.

**MANTENERSE EN FORMA TIENE BENEFICIOS ESCONDIDOS**

**62 Le da más confianza en sí mismo.** La persona sabe que tiene una figura más atractiva para los demás y actúa sin complejos.

**63 Aumenta su sexualidad.** Según un estudio llevado a cabo en la Universidad de Ohio, EE.UU., ejercitarse aumenta el deseo sexual.

**64 Incrementa la productividad.** Especialmente en el trabajo o en las actividades domésticas.

## AL EJERCITARSE...

**65 Escriba todos sus logros.** Es decir, los días que hace ejercicios, cuántas veces ha ido a nadar, etc.

**66 Cuidado con la adicción.** Ejercitarse es importante, pero no hay que hacerlo en exceso, pues puede causar daño en los tendones y esto lo obligaría a dejar de hacerlo. Es mejor poco, pero constante.

**67 Cambie los ejercicios.** A veces puede aburrirse de hacer siempre el mismo ejercicio y sentir la tentación de abandonar la actividad física. No lo haga. Es mejor que lo cambie. Esto le dará, además, más beneficios a su cuerpo.

**68 Sea paciente.** Ponerse en forma toma tiempo, sobre todo si usted no ha tenido la costumbre de ejercitarse antes.

## AYUDAR A OTROS BENEFICIA SU SALUD

**69 Servir proporciona un placer saludable.** Cuando usted ayuda a un enfermo, le da consuelo a alguien que está deprimido, aconseja a una persona desorientada... recibe un gran beneficio, porque esto significa una reducción de su estrés.

## CREA EN EL PODER DEL AMOR

**70 Amar la paz, la ilusión y el optimismo.** Cuando es compartido, el hombre y la mujer se ayudan mutuamente a lidiar con el estrés. Olvide los rencores, los resentimientos y aprenda a perdonar las ofensas. ■

1. No hay dinero, es una pérdida de tiempo, no es importante. / 2. Así se evita el comprar alimentos extras que no necesita y que pueden afectar negativamente su salud. / 4. a) Cree estrategias en el período de trancisión hasta alcanzar su peso ideal. b) Ame los ejercicios. c) Tenga un buen estímulo para comer menos. d) Aprenda cuánta grasa debe ingerir. / 5. La salud o la vanidad. / Por hambre desmedida, depresión, ansiedad, compulsión. / 6. a) Corte los cigarrillos de forma drástica. b) Si fuma en el trabajo, deje de fumar por la mañana. c) Recurra a productos que le ayuden a dejar el hábito. d) Acuda a terapias de grupo. e) Considere la hipnosis o la acupuntura. f) Combine varios métodos. / 7. Porque a veces no estamos conformes con nuestra vida y escogemos alguna clase de comportamiento destructivo. / 8. Los ejercicios moderados. / 9. Sudor de las manos, el pulso acelerado, dolor de cabeza, saltos en el estómago, respiración agitada. / 10. Algunas tácticas para relajarse son: a) Deje de pensar en sí mismo. b) Vaya a lugares que lo hagan disfrutar de la vida. c) Póngase ropa cómoda. d) Tome tiempo para descansar. e) Camine. f) Ría, duerma bien, visite a sus amigos.

## Después de leer

1. ¿Cuáles son algunas de las excusas que usa la gente con respecto al cuidado de su salud? [E]
2. Cuando va a comprar comestibles, ¿por qué es aconsejable llevar una lista de lo que necesita?
3. En el artículo se mencionan varios alimentos que pueden tener algún beneficio para el cuerpo. Utilice el siguiente esquema para dar un resumen de esa información.

| Alimentos | Beneficios |
|---|---|
| yogur | fuente de proteínas, vitamina B y minerales |
| ajo | contiene un antibiótico natural; protege contra enfermedades del corazón; disminuye el colesterol |
| frutas y vegetales | reducen el riesgo de desarrollar cáncer de cólon, senos y piel |

4. Según el artículo, ¿cuáles son las cuatro "dietas" que sí funcionan? ¿Por qué piensa que éstas sí funcionan?
5. ¿Cuáles son algunos factores que lo estimulan a uno a comer menos? ¿Cuáles son algunas razones por las que una persona come en exceso? [E]
6. Haga una lista de sugerencias que, según el artículo, pueden ayudar a una persona que quiere dejar el hábito de fumar. [E]
7. En el artículo se menciona que el fumar puede ser una evidencia de falta de amor a sí mismo. ¿Por qué se cree esto?
8. Según el artículo, ¿cuáles son los mejores ejercicios para la salud? [E]
9. ¿Cuáles son algunas de las señales del estrés? [E]
10. En el artículo se señalan varias tácticas para relajarse. ¿Cuáles son? [E]

## Para escribir y comentar

1. ¿Está Ud. a dieta actualmente? Hay quienes piensan que las dietas son una obsesión nacional en los Estados Unidos. Escriba su opinión en su diario.
2. ¿Cuántos de los consejos mencionados en la lectura sigue usted? Con un(a) compañero(a), haga una lista de los diez consejos que ustedes consideran los más importantes para vivir saludablemente. Compartan

sus listas con el resto de la clase y desarrollen una lista que refleje la opinión de toda la clase. Expliquen por qué son éstos los más importantes.

3. En grupos de tres, preparen un anuncio de: a) algún producto que ayude a mejorar la salud; o b) alguna organización que esté relacionada a la salud. (Por ejemplo, vitaminas, comidas saludables, la Asociación para la Prevención del Cáncer, etc.) Preséntenlo a la clase, usando técnicas que convenzan al público de la importancia del producto o de la organización. [E]
4. Entreviste a un miembro de su familia o a una amistad y hágale preguntas acerca de lo que significa el ser saludable y de las ideas tradicionales acerca de la salud, pídale una descripción de una persona saludable, etc. Escriba un ensayo comparando la descripción de lo que el ser saludable significa para esa persona y lo que significa para usted.
5. Escriba una carta a un amigo o a un miembro de su familia explicándole por qué usted cree que él / ella debe hacer un esfuerzo por ser más saludable. Además déle una lista de consejos que pueda seguir. [E]
6. Haga una investigación sobre los mayores problemas de salud que se encuentran entre los hispanos. Escriba un resumen de lo que encuentre y comparta la información con el resto de la clase.
7. Discuta con su familia el árbol de salud familiar, para determinar sus riesgos para ciertas enfermedades. Utilice el esquema que se incluye aquí y haga su propio árbol familiar.

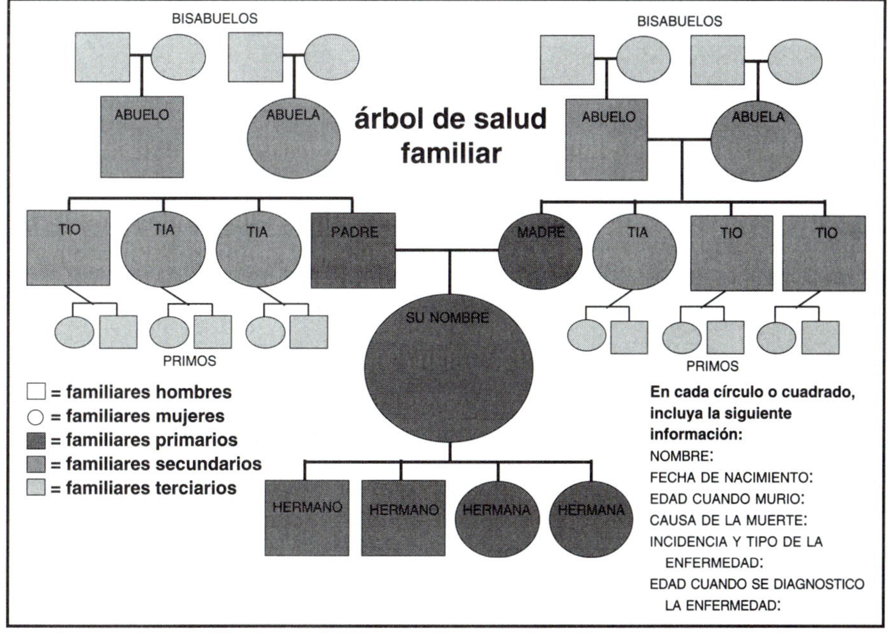

# 3 La importancia de la variedad en la dieta

Antes de leer este artículo, se puede hablar sobre algunas ideas preconcebidas sobre la nutrición. Algunos temas podrían ser los elementos de la buena nutrición, los grupos básicos de la alimentación, las razones por las que existe la desnutrición, las causas de la obesidad y la obsesión por las dietas para adelgazar y la efectividad de las mismas. Estos temas se pueden discutir individualmente o en grupo. Después, lean el artículo para ver cómo se asemejan o difieren las ideas de los estudiantes a las que se exponen en la lectura.

## Prelectura

Desde la niñez recibimos consejos acerca de la nutrición, sobre todo en lo que se refiere a una dieta balanceada que se supone que debe incluir los grupos básicos de alimentos. ¿Recuerda los grupos básicos? ¿Por qué se le pone tanto énfasis a la buena alimentación, particularmente en un país desarrollado como los Estados Unidos? En algunos casos el problema se agudiza en los países en estado de desarrollo y además, hay quienes piensan que la desnutrición está directamente relacionada con la clase social en que se desenvuelve el individuo o con los medios económicos de los que dispone cada persona.

En esta entrevista una nutrióloga mexicana, la Dra. Martha Kaufer Horwitz, nos habla sobre la importancia de la variedad en la dieta y de los elementos de la sana alimentación. Su perspectiva es la de la dieta mexicana; sin embargo, vamos a comentar la relación de sus consejos con otros grupos latinos en los Estados Unidos.

## *La importancia de la variedad en la dieta*

El factor básico para mantenerse sano es la nutrición. El cuerpo humano es una máquina de combustión interna de la cual nada se puede obtener si no se le abastece de combustible que produzca energía. Éste, traducido en alimentos, que el hombre obtiene de la tierra o produce artificialmente, tiene que suministrarse en determinadas cantidades y poseer ciertas cualidades. Pero el problema no es sólo sobrevivir, sino vivir en condiciones satisfactorias de salud. A esto se le suma el problema de la desnutrición. Usted podría argumentar que no hay razones teóricas para que exista la desnutrición, pues sabemos con exactitud cuáles son los requerimientos nutritivos de la especie humana y en qué alimentos se encuentran las sustancias que necesitamos metabolizar. Sin embargo, éste es sólo uno de los muchos elementos que atentan[1] contra la salud y el bienestar del hombre; en este campo, como en muchos de salubridad, hay que luchar contra tres factores negativos muy poderosos: ignorancia de lo que constituye la dieta adecuada; imposibilidad de

1. amenazan

proveerla por problemas económicos; y no disponibilidad de alimentos para la población por falta de producción o mala distribución, aunque este último no es precisamente el caso de México.

Para entender a *groso modo*[2] lo que sucede, la nutrióloga Martha Kaufer Horwitz, premio Nestlé en Nutrición Humana y miembro del comité editorial de la revista *Cuadernos de Nutrición,* habló para *Saludable* sobre los aspectos generales de la dieta y en particular de las contraindicaciones de la misma, además de las causas de obesidad y la crisis económica en el renglón alimentario[3], entre muchos otros factores de interés para usted y su familia.

**—Se habla mucho de una alimentación sana, pero, ¿de qué estamos hablando cuando nos referimos a ésta?**

—Una alimentación sana es aquélla que contiene alimentos de los tres grupos. El principal grupo de la dieta que nos aporta principalmente energía es el de los cereales y tubérculos: maíz, avena, cebada, centeno, papa y camote[4]. El segundo grupo, constituido por leguminosas y alimentos de origen animal, nos proporciona básicamente proteínas; de las primeras tenemos frijol, soya, lentejas, habas y algunas oleaginosas como el cacahuate[5] y la almendra, y entre los segundos todas las carnes, huevo, leche y sus derivados como mantequilla, queso, crema, etc. Finalmente, en el tercero figuran las frutas y las verduras, que nos proporcionan primordialmente vitaminas y minerales.

La energía (erróneamente llamada "calorías") de la dieta debe componerse de aproximadamente entre un 55 y un 60% energía que debe provenir de los hidratos de carbono que nos proporcionan principalmente los cereales, un 15% de proteínas y el resto de grasas. De estas últimas, deben consumirse de preferencia las de origen vegetal, carentes del tan temido colesterol contenido en las grasas de origen animal.

**—Los nutrientes que requiere el cuerpo a diario, ¿los proporciona por igual una alimentación vegetariana que una omnívora? ¿Cuál es la mejor?**

—Ninguna es mejor que otra, todo depende de cómo se planee la dieta. La vegetariana resulta saludable cuando se combinan bien los alimentos a fin de proporcionarle al cuerpo las proteínas necesarias, pues generalmente las de origen animal son proteínas completas, no así las de origen vegetal. Es decir, si combinamos cereales y leguminosas (por ejemplo tortillas y frijoles) en una misma comida, tendremos proteínas de las misma calidad que las de la carne, leche o huevo.

Por otro lado, la dieta omnívora también debe contener variedad de alimentos, pero no abusar de los de origen animal.

2. aproximadamente

3. en lo que se refiere a la alimentación

4. batata

5. maní

De las personas que llevan una dieta vegetariana se dice que pueden tener deficiencia de vitamina B-12 porque ésta sólo se encuentra en fuentes animales. Sin embargo, la flora intestinal produce esta vitamina, aunque no se sabe del todo qué cantidad y si es la suficiente para el cuerpo. No obstante, algunos vegetarianos incluyen leche, pescado, etc., en su dieta; éstos no son vegetarianos estrictos.

**—Actualmente, se vive una desorientación respecto a los alimentos que consumimos; por un lado están aquéllos que nos nutren, como el huevo, pero contiene colesterol y salmonela; verduras y frutas (cisticercos y amibas[6]); por el otro, las fritangas y harinas lejos de nutrir, engordan. ¿Qué sucede?**

—Antes que nada, debemos tener cuidado al evaluar la información de los medios de comunicación, la cual muchas veces resulta alarmista, pues a ciencia cierta todavía no se comprueba que las fresas contengan cisticercos. En este sentido, el secreto está en la higiene de los alimentos: a las verduras y las frutas hay que lavarlas con cepillo y jabón. En cuanto a la salmonela en el huevo, por ejemplo, es muy cierto, ya que ésta es un huésped del aparato digestivo de la gallina, pero no se puede afirmar que todos los huevos contengan esta bacteria. Por otra parte, la salmonela se destruye con la cocción[7], de ahí la importancia de no consumir al huevo crudo. En cuanto al colesterol, la moderación es el secreto; por ejemplo, el huevo lo contiene sólo en la yema y por tanto, lo conveniente es consumirlo sólo dos veces por semana.

Respecto a las fritangas, por la información que importamos de Estados Unidos, se les ha catalogado de "productos chatarra"[8] cuando en realidad los cereales y leguminosas, componentes principales de las gorditas[9], tlacoyos[10], sopes[11], etc., alimento principal de nuestra cultura, nos proporcionan energía, proteínas, vitaminas y calcio. La tortilla (de maíz nixtamalizado[12]) es muy buena fuente de calcio, y el hecho de que esté frita no le resta su valor nutritivo. En general, todo alimento contiene nutrimentos, hasta un pastelillo comercial al que erróneamente algunos denominan chatarra. Yo no recomiendo estos alimentos para el consumo diario ni en todas las comidas; sin embargo de vez en cuando resultan un buen recurso.

**—La crisis económica nos ha obligado a excluir ciertos alimentos de la canasta básica, como el pescado y en ocasiones las frutas. ¿Qué comestibles nos proporcionan los nutrimentos de aquéllos?**

—Esto es verdad, pero también es cierto que nuestro organismo necesita de los nutrimentos que dichos alimentos nos proporcionan.

6. parásitos

7. acción de cocinar

8. alimentos que contienen poco valor nutritivo *(junk food)* / 9. bocadillos mexicanos hechos de masa de maíz, y rellenos de diversas cosas, por ejemplo, carne, frijoles, etc. / 10. bocadillo mexicano hecho de masa de maíz. 11. bocadillo mexicano, fritura de tortilla de maíz, a la cual se le pone picadillo de carne y otros rellenos / 12. de **nixtamal:** maíz con el cual se hacen las tortillas

Por tanto, hay que comprar las frutas de temporada; respecto al pescado, las sardinas enlatadas y el atún resultan muy económicos, como también las vísceras en cuanto a carne se refiere.

El huevo todavía es nuestra fuente de proteínas más barata y puede sustituir, al igual que los frijoles, al pescado; la clara se puede consumir sin medida por no tener colesterol, mientras que la yema sí; la yema tiene vitaminas liposolubles[13], muy importantes para el organismo, por tanto, se puede consumir dos claras por cada yema.

13. que son solubles en las grasas o aceite

Ante la crisis, se ha visto que la gente ingiere mayor cantidad de leguminosas y menos carne sin que esto altere la cantidad de proteínas consumidas. No hay mejor complementación de cereal-leguminosa que una tortilla con frijoles. Sin embargo, quienes por cuestiones económicas han hecho de los cereales y leguminosas su alimentación básica, sienten no tener el mismo prestigio social de quienes consumen carne; no obstante, la dieta de las clases marginadas se acerca más a lo recomendable que la de las clases más pudientes[14] (cuando la primera es suficiente en cantidad).

14. poderosas, con más dinero

Por otra parte, la variedad en los alimentos es muy importante; además a veces se consumen los alimentos correctos pero no en las cantidades suficientes y esto puede representar un problema.

**—Mucha gente piensa que la dieta es aquélla que nos ayuda a reducir peso, sin embargo, ¿no es ésta la que debemos seguir a diario y en forma balanceada?**

—Sí, definitivamente. La palabra **dieta** viene de **día,** entonces una dieta es lo que comemos en un día. En este sentido, existe mucha desinformación porque hay diversos tipos de dietas; de reducción, para aumentar de peso, para enfermos como los diabéticos, etc.

**—¿Qué opinión le merecen las dietas de reducción, como "la de la luna" y "la de los 13 días", entre otras?**

—Estas dietas son una falacia[15] y responden exclusivamente a intereses económicos; no contribuyen a resolver el problema de la obesidad. Aunque sí existen dietas equilibradas, la mayoría de ellas se basan en un principio erróneo; o bien, la información es verídica, pero están fuera de contexto y entonces el régimen resulta equivocado. Por ejemplo, las dietas bajas en hidratos de carbono y altas en lípidos[16] causan problemas renales[17] y cardiovasculares por ser muy altas en colesterol y grasas.

15. engaño

16. grasas

17. de los riñones

Lo aconsejable para las personas que quieren reducir de peso es imponerse una rutina de ejercicio y comer sólo la mitad de los alimentos habituales, sin eliminar tortillas y harinas.

Es muy importante comprender que si nos llevó tiempo subir de peso, también se requerirá un período prolongado para bajar. Los hábitos alimentarios y el ejercicio deben turnarse, con el tiempo, en un estilo de vida para evitar, como sucede con las dietas comerciales, subir nuevamente de peso una vez que se ha concluido.

**—¿Por qué se engorda?**

—Se sube de peso cuando se consume más energía de la que el cuerpo necesita; aquí quiero aclarar que el término correcto es éste y no calorías, pues calorías es como hablar de gramos en vez de peso, entonces hablamos de energía, aunque la medida de ésta son las calorías. Esta energía se acumula en forma de grasa y se aumenta de peso. Otra causa es la ausencia de actividad física, pues la vida moderna nos ha obligado a ser más sedentarios. También se sube de peso por enfermedad, por ejemplo, una persona que tiene edema[18] acumula muchos líquidos y sube de peso, sin que esto signifique que se volvió obesa; o quienes practican el fisicoculturismo aumentan su masa muscular y por lo tanto, de peso, sin que esto sea obesidad. Obesidad es igual al aumento en la reserva de grasa del cuerpo.

18. hinchazón de la piel

**—En México se tiene la creencia de que un gordo está bien alimentado y un delgado es una persona desnutrida, ¿es cierto eso?**

—No, totalmente falso, los obesos son personas enfermas e inclusive puede haber obesos anémicos. Además, la obesidad en sí es un problema de mala alimentación; la mala nutrición se da por exceso o por defecto; inclusive los obesos por lo general no consumen dietas equilibradas, y en este sentido, debemos considerar como enfermos tanto a los desnutridos como a los obesos.

**—¿La manera de preparar los alimentos puede convertirlos en más o menos engordantes? ¿Qué sistema de preparación nos recomienda?**

—No hay alimentos que engorden y que no engorden pues, a final de cuentas, quien sube de peso es la persona en base al total de energía que consume.

Si se desea bajar de peso, es recomendable reducir al máximo el aceite al cocinar los alimentos, pues éste nos proporciona energía concentrada, los hidratos de carbono y las proteínas nos proporcionan menos kilocalorías[19] por gramo; por ejemplo, por cada gramo de azúcar que consumimos vamos a obtener 4 kilocalorías, en tanto que con las grasas, por cada gramo obtenemos 9 kilocalorías.

19. mil calorías

Sin embargo, no es aconsejable para quienes quieren reducir de peso eliminar por completo la grasa en los alimentos, porque ésta es la

20. desanimaría

21. se reflejan, reverberan

22. apoyos

que da sabor a la dieta y el hecho de consumir todo hervido o al vapor desalentaría[20] al más interesado a bajar de peso inmediatamente y tal vez abandonaría la dieta muy pronto.

**—¿Las verduras pierden su valor vitamínico y mineral cuando se hierven?**

—Los minerales no se pierden ante los métodos de preparación de ninguno de los alimentos, no así algunas vitaminas, sobre todo las hidrosolubles como la tiamina y la vitamina C. Por esto, cuando se hierven las verduras, es recomendable ocupar esa agua en la preparación de otros alimentos, de lo contrario estamos tirando una parte de las vitaminas de los alimentos. Otras vitaminas son muy sensibles al calor como la C, contenida en frutas y verduras, que al ser cocidas a altas temperaturas, pierden parte de ésta.

**—¿Las cocinas ricas en especias y condimentos realmente son nutritivas?**

—Mientras un platillo presente variedad en los nutrimentos, cumple con la buena alimentación, sin importar la cantidad de condimentos y especias que lo conformen, esto más bien sería “al gusto del consumidor”.

**—¿Cuál es el nivel promedio de nutrición en la alimentación del mexicano?**

—No me atrevería a dar cifras exactas; sin embargo, en nuestro país estamos viviendo los dos extremos: por un lado están los casos de desnutrición; por el otro, las personas obesas con enfermedades crónicas como la diabetes y problemas cardiovasculares. Es decir, tenemos todo el espectro de lo que sería la nutrición, desde las carencias más graves hasta los excesos más impresionantes.

**—A los malos hábitos alimentarios y a la crisis económica que los estimula, se han sumado los alimentos fáciles de preparar y los bajos en calorías. ¿Cómo repercuten[21] éstos en la nutrición del mexicano?**

—El ritmo de vida actual nos obliga muchas veces a recurrir a este tipo de productos de fácil preparación. Sin embargo, no son precisamente malos, pero sí muy costosos. Lo importante es que no se les consuma en exceso, pues contienen gran cantidad de sal y conservadores; además, pueden repercutir negativamente en la economía familiar, pero no podemos negar que presentan variedad en la dieta. En cuanto a los bajos en energía, son muletillas[22] para las personas que desean bajar de peso; yo ni los consumo ni los recomiendo; es preferible disminuir el azúcar en los alimentos y adecuar el resto de la dieta para que nos proporcione una cantidad de energía menor a la que estamos gastando, para bajar de peso si es el caso o bien para mantenerlo. Además, este tipo de productos puede ser nocivos para la salud.

**—¿Qué consecuencias pueden traer?**

—Aún se desconocen sus secuelas[23], sin embargo en el caso del aspartame[24], se han reportado malestares como dolor de cabeza, jaqueca, migraña, e inclusive cambios en la personalidad. A mi modo de ver, nadie debería consumirlos, especialmente deben evitarlos las mujeres embarazadas y los niños.

**—¿Es recomendable, como es habitual en México, que haya grandes diferencias cualitativas y cuantitativas en las tres comidas principales que hacemos al día?**

—Mientras se mantenga la cantidad de energía total requerida dentro de los límites adecuados, no importa tanto la distribución. Aunque no es recomendable consumir el 80% de los nutrimentos en la comida y el 20% restante repartidos entre el desayuno y cena[25], sino tratar de hacer comidas más proporcionadas; sin embargo, hacerlo de otra manera no va a tener secuelas de obesidad en una persona, siempre y cuando no se rebasen las necesidades de energía.

**—Se habla de la entomofagia (dieta a base de insectos) como el alimento del futuro, combinada con cereales y leguminosas. ¿Podría convertirse en la dieta nutritiva ideal de nuestro pueblo?**

—Los insectos son de origen animal y como tal nos proporcionarían proteínas de un alto valor; no obstante, quizá por presentación y sabor y por la cultura alimentaria, la gente los rechazaría. Es muy aventurado afirmar que los insectos vayan a suplir al ganado en el futuro cercano; se necesitan años de investigación en cuanto a su producción masiva para satisfacer la demanda de la población en general, sin contar el tiempo requerido para introducirlos en los hábitos gastronómicos.

**—¿Qué les recomienda a nuestros lectores para lograr una alimentación sana?**

—Consumir en proporciones equilibradas alimentos de los tres grupos principales, pues el secreto está en la variedad. Por otro lado, recordar que la alimentación no sólo debe satisfacer nuestra necesidad biológica, sino observar otros aspectos como el psicológico y social, pues finalmente somos seres integrados a una comunidad; mientras no se cumplan los tres factores mencionados, el individuo no tendrá una alimentación adecuada. ■

23. consecuencias

24. dulcificante sintético

25. en México, a diferencia de otros países de habla hispana, difieren los nombres de las comidas: **desayuno** (ligero), o **almuerzo** (más fuerte y más tarde); **comida** (lo que llaman **almuerzo** en otros países); **cena** (por la noche).

1. Ignorancia de lo que constituye la dieta adecuada, problemas económicos, no disponibilidad de alimentos para la población por falta de producción o mala distribución. / 2. El grupo principal de la dieta es el de los cereales y tubérculos. El segundo grupo está constituido por leguminosas y alimentos de origen animal. En el tercer grupo figuran las frutas y las verduras. En Estados Unidos los grupos alimenticios se clasifican en grupos y se organizan en base a la importancia en la dieta. Se representan en una pirámide de la siguiente manera: aceites, grasas y azúcar; carnes, pollo, pescado, productos leguminosos, huevos y nueces (productos que proveen proteína); leche, yogur, queso (productos lácteos); legumbres y frutas; panes, cereales, arroz y pasta. / 3. Las "calorías" son las que nos dan la energía. / 4. Ninguna de las dietas es mejor que otra. Todo depende de cómo se planea la dieta. La vegetariana resulta saludable cuando se combinan bien los alimentos a fin de proporcionarle al cuerpo las proteínas necesarias. La dieta omnívora también debe contener variedad de alimentos. / 5. Se debe lavar frutas y verduras con cepillo y jabón y cocer bien la comida para destruir las bacterias y evitar enfermedades. /

## Después de leer

1. ¿Cuáles son tres de los factores que pueden causar o contribuir a la desnutrición? [E]
2. La Dra. Horwitz explica que una alimentación balanceada consiste en tres grupos de alimentos. ¿Cuáles son? ¿Cómo se dividen los grupos de alimentos en los Estados Unidos? [E]
3. La Dra. Horwitz señala que nos equivocamos al referirnos a las "calorías" de la dieta. ¿Por qué piensa así?
4. En los últimos diez años hemos visto un gran interés en la dieta vegetariana en vez de la omnívora. ¿Qué opina la nutrióloga con respecto a estos dos tipos de dieta?
5. ¿Qué papel desempeña la higiene en la preparación de los alimentos?
6. Desde un punto de vista cultural, vemos que hay una diferencia entre lo que se considera "productos chatarra" en los Estados Unidos y en México. ¿Quién tiene la razón? ¿Cuáles son algunos ejemplos de "productos chatarra" mexicanos, centroamericanos y de otros grupos culturales? En efecto, ¿son "chatarra"? Explique su respuesta.
7. En tiempos económicamente difíciles, ¿sufre siempre la alimentación? Explique su respuesta. [E]
8. ¿Qué significa la palabra **dieta?** [E]
9. ¿Por qué se engorda? ¿Qué papel desempeñan las dietas de reducción en este asunto? ¿Qué papel desempeña la manera en que cocinamos y preparamos la comida? [E]
10. ¿Por qué dice la Dra. Horwitz que, en efecto, no hay alimentos que en sí mismos engorden o no engorden? [E]
11. ¿Qué recomienda la Dra. Horwitz para mantener una alimentación sana? ¿Tiene razón? [E]

## Para escribir y comentar

1. En el artículo se habla de una dieta balanceada. Según lo que Ud. recuerda de su niñez y lo que se comía en su casa, ¿se podría considerar balanceada su dieta? Comente sobre esta pregunta en su diario.
2. Haga una investigación y análisis de lo que compra la gente en dos tipos de supermercados: uno que frecuente la clase obrera y otro que frecuente la clase media. Sugerencias para identificar los alimentos: a) comidas preparadas o procesadas, inclusive productos congelados;

6. En general, todo alimento contiene nutrimentos. / 7. No. En tiempos de crisis, la gente ingiere mayor cantidad de leguminosas y menos carne sin que esto altere la cantidad de proteínas consumidas. / 8. La palabra **dieta** viene de **día,** y es lo que comemos en un día. / 9. Se consume más energía que la que el cuerpo necesita, ausencia de actividad física, o enfermedad. Las dietas son una falacia y responden a intereses económicos; no contribuyen a resolver el problema. Es recomendable reducir el aceite al cocinar alimentos. / 10. Quien sube de peso es la persona a base del total de energía que consume. / 11. Consumir en proporciones equilibradas alimentos de los tres grupos principales.

b) refrescos; c) productos lácteos; d) frutas frescas; e) verduras; f) cereales; g) carnes, etc. Categorícelos según los tres grupos básicos. Según su estudio, ¿quién compra alimentos más sanos? ¿Qué clase de productos son los más costosos a fin de cuentas? ¿Quién gasta más dinero?

3. En grupos de tres o cuatro, planeen y escriban un menú saludable para una semana. Deben tomar en cuenta las comidas de los grupos alimenticios básicos. Después pueden discutir los menús que ha propuesto cada grupo y decidir cuál es el mejor y más saludable y por qué. Pueden unir el trabajo de todos los grupos en un folleto y así tendrán una lista de comidas saludables de las que pueden escoger.
4. Entreviste a personas mayores de su familia o a conocidos de su mismo grupo cultural sobre el concepto que tienen de lo que constituye una alimentación sana.
5. Siga su consumo alimenticio por una semana, de acuerdo a los tres grupos básicos. ¿Debe cambiar o modificar su dieta? ¿Cómo?
6. Consiga una receta de un platillo auténtico de su grupo cultural. Haga un análisis de sus ingredientes y de su preparación para determinar si es "saludable" en sí o si se debe combinar con otros platillos para lograr una comida balanceada. [E]
7. Escoja un restaurante de comida rápida (de hamburguesas, pollo, etc.) y escriba un ensayo corto en el que da y apoya su opinión sobre la buena o mala nutrición que se encuentra en lo que se vende ahí.
8. Haga un análisis de los anuncios de comestibles que pasan por la televisión en español durante dos días, comparándolos con los que se presentan en inglés; mantenga una lista del tipo de productos que se anuncian. ¿En qué idioma se anuncia más comida "chatarra" o comida rápida? ¿Por qué? ¿Cree usted que ese tipo de comida está "invadiendo" otros países? ¿Por qué?
9. En los Estados Unidos estamos obsesionados con la esbeltez y cada día aparecen nuevos productos y dietas para bajar de peso. ¿Por qué piensa que nos es tan difícil guardar la línea? ¿Qué recomendaciones le daría al pueblo norteamericano al respecto? Escriba un ensayo en el cual explica su punto de vista con respecto a este tema. [E]
10. Entreviste a un nutriólogo para averiguar la razón por la que existe tanta obesidad en los Estados Unidos. ¿Hay una relación entre la obesidad y el nivel social?
11. Escriba un ensayo indicando el efecto que tendría en nuestra sociedad la repentina desaparición de todo lo relacionado con la "comida rápida", es decir, las comidas procesadas, congeladas, los restaurantes de comida rápida, etc.

12. Escriba una carta a un amigo o pariente en la que trata de convencerlo de que las dietas a largo plazo realmente no dan resultado. [E]
13. Prepare un ensayo que se pudiera publicar en un periódico para distribuir a la comunidad hispana de su ciudad. Explique en el ensayo por qué en tiempos económicos difíciles no tiene que sufrir la alimentación. Incluya en el ensayo una lista de comidas económicas que pueden ser, además, nutritivas. [E]
14. Escojan un restaurante de comida rápida y presenten un anuncio comercial en el cual explican el valor nutritivo de la comida que se sirve ahí. Pueden hacer esta actividad en grupos de dos o tres personas. [E]
15. Algunas revistas y periódicos tienen una sección donde se escriben cartas a médicos u otros expertos en el campo de la salud. Lea la siguiente carta y escriba una pregunta parecida acerca de la salud para que la conteste uno de sus compañeros utilizando la información de las lecturas de este capítulo o su conocimiento previo. Conteste la pregunta de uno de sus compañeros o la del profesor. [E]

Cada alumno puede escribir una pregunta y contestar la pregunta de un compañero o el profesor puede escribir una pregunta para que todos los alumnos la contesten individualmente o en grupos pequeños.

**¿Por qué engordo?**
**"He engordado 14 libras sin comer mucho. En el almuerzo como sólo galletas con un refresco y hago una comida moderada. Trabajo sentada y no tengo tiempo para ejercicios."**

Es un error saltarse una comida y, peor todavía, sustituirla con un refresco y galletas. Los refrescos engordan por el azúcar y el gas carbónico que contienen, y las galletas (no me dice qué cantidad ni clase) en su mayoría tienen grasa, lo mejor para engordar. Puede almorzar dos tostadas[1] de pan moreno[2] con dos rebanadas de pavo o un poco de atún o pollo, lechuga y tomate. Eso la alimenta y no la engorda. Como bebida, lo mejor es el agua o, si se siente débil, medio vaso de jugo o de leche descremada (ambos sin azúcar). Por la noche dice que come moderadamente, pero, ¿qué clase de comida? Recuerde que para no engordar, la dieta debe ser pobre en grasas y rica en vegetales verdes y amarillos; que deben evitarse las carnes rojas; que los carbohidratos (pastas, pan, papas, etc.) se deben dosificar[3] y el azúcar eliminar. Y no deje de hacer ejercicio. Róbele a la televisión o al teléfono 20 minutos diarios. Se alegrará.

1. rebanadas de pan tostado
2. pan de trigo integral
3. consumir moderadamente

# 4 ¿Y usted de qué se ríe?

## Prelectura

Algunas veces consideramos que hay que cambiar nuestra manera de vivir para tener buena salud y bienestar. Para lograr esta meta nos ponemos a hacer ejercicio, cambiamos nuestra dieta y quizás descansamos un poco más. Sin embargo, no pensamos en la posibilidad de que la risa y el humor puedan ser buena terapia para nuestra salud. ¿Por qué será que cuando nos reímos nos sentimos bien, sobre todo cuando nos reímos a carcajadas? ¿Habrá alguna razón fisiológica para que nos sintamos mejor después de reírnos? El humor es una parte integral de toda sociedad humana y por consiguiente tal vez sea un elemento indispensable para nuestro bienestar. En este artículo veremos algunos de los efectos fisiológicos del humor y la risa en el cuerpo.

## *¿Y usted de qué se ríe?*

**La risa es una expresión tan vieja como la humanidad que puede convertirse en una excelente terapia contra el persistente estrés de nuestro mundo civilizado. Reírse, además, tiene efectos fisiológicos: consigue que se ejercite el sistema cardiovascular, es un saludable ejercicio para el sistema respiratorio, descarga la tensión muscular, produce una sensación placentera y, sobre todo, es muy, muy divertido.**

Humor. Risa. Sonrisa. Emociones y expresiones tan viejas como la misma humanidad. "El animal que más hondamente sufre sobre la Tierra inventó la risa", decía Nietzsche. Pero había buenas razones para hacerlo. Las escuelas filosóficas antiguas, como el zen y el sufismo, afirmaron desde muy temprano la importancia del humor. Para ellos no era solamente una forma de pasarlo bien y de aliviar las tensiones, sino una más de las vías para alcanzar el conocimiento, para liberarnos de esos primitivos razonamientos mediante los cuales clasificamos el mundo en pares de opuestos; bueno o malo, blanco o negro.

Pero el humor y la risa no son sólo alternativas filosóficas para combatir las rígidas estrecheces del pensamiento binario. También pueden resultar una excelente terapia contra el persistente estrés que inunda al mundo civilizado. Una verdad que ya figura en los proverbios bíblicos: "Un corazón alegre hace tanto bien como una medicina".

Allen Klein, un californiano que se dedica a recorrer Estados Unidos dando cursos y conferencias sobre la utilización del humor como terapia, explica en su libro *¿Y tú de qué te ríes?* cómo William Fry, psiquiatra de la Universidad de Stanford, ha estudiado profundamente los efectos filiológicos de la risa y sus conclusiones: el diafragma sufre fuertes convulsiones, los pulmones expulsan aire a velocidades próximas a los 100 kilómetros por hora, el ritmo cardíaco aumenta de 70 a 120 pulsaciones por minuto, los músculos abdominales se contraen espasmódicamente, ejerciendo un benéfico masaje sobre todos los órganos internos, especialmente la vesícula. Además, el cerebro comienza a producir betaendorfinas, esos opiáceos internos que no sólo proporcionan euforia y bienestar, sino efectos tranquilizantes y analgésicos. Toda la musculatura se relaja, de modo que las piernas se niegan a sostenernos (¡caerse de risa!). Los esfínteres pueden gastarnos la pesada broma de aflojarse hasta que no podamos retener la orina. Y como las glándulas salivales y lacrimales trabajan a pleno rendimiento, no es extraño que lloremos de risa, e incluso que se nos caiga la baba.

La conclusión última de Fry, según Allen Klein, es que en veinte segundos de carcajadas se realiza la misma cantidad de ejercicio que remando enérgicamente durante tres minutos. El psiquiatra cree que la risa puede mantener el corazón sano ya que el humor actúa como bálsamo contra el miedo.

Éste es el punto clave de la cuestión. Al parecer, la risa surge en los seres humanos como resolución de un conflicto básico: el del enfrentamiento entre dos sentimientos contradictorios. El mecanismo se generaría a través de varias etapas. Durante los tres o cuatro primeros meses de vida, el bebé sonríe mientras duerme porque durante la fase de sueño paradójico su cerebro produce un neuropéptido que produce este efecto de un modo totalmente automático. En sucesivas ocasiones, cada vez que en su rostro aparece una sonrisa, mamá le recompensa con un amplio repertorio de actos cariñosos.

Probablemente, es entonces cuando el niño comienza a asociar los mimos que recibe con la sonrisa que los provoca, así que aprende a sonreírle a su madre y, poco después, a quienes se mueven en su entorno inmediato. Pero, más tarde o más temprano, se presenta la angustia. Mamá desaparece de su vista y el bebé siente miedo. Así que, cuando ella vuelve a aparecer, el alivio a la tensión es tan grande, que puede estallar en carcajadas. Y ésa sería también la explicación de por qué los pequeños ríen a mandíbula batiente cuando el juego se desarrolla con cierta brusquedad. El bebé teme que le hagan daño, pero al ver que todo se queda en un gesto cariñoso, ríe abiertamente... aunque si el juego se desliza más allá de cierto límite, la criatura se echará a llorar con idéntica facilidad.

**Veinte segundos de carcajadas son tan beneficiosos para el organismo como tres minutos de ejercicio intenso en un gimnasio.**

¿No sabíamos ya desde siempre que la risa y las lágrimas siempre se hallan muy próximas, incluso en nuestra vida de adultos? Así que aprenderíamos desde pequeños que la risa cumple tres importantes requisitos: es grata, sirve para reforzar nuestros lazos sociales con quienes nos rodean y, por último, y quizá más importante, nos libera de la angustia.

Es preciso recalcar que, al menos en relación con los bebés, el especialista Boris Cyrulnik va un paso más allá. Él cree que cuando las madres estimulan a sus bebés no sólo provocan su sonrisa, sino que aumentan su producción de la hormona del crecimiento. Ello podría explicar por qué en algunos casos, los niños privados de afecto en su más temprana infancia no solamente ríen poco, sino que a menudo presentan un marcado déficit en su desarrollo físico. Cuando empezaron a sonreír, no tenían a nadie que supiera apreciar sus sonrisas.

Pero, además, la risa se ha convertido hoy en un auténtico negocio, y una buena muestra son los datos de audiencia de televisión: las emisiones cómicas siempre tienen los récords de espectadores (y si no, pensemos en los programas de "Martes y Trece", las películas de Paco Martínez Soria o las comedias de Lina Morgan). Y si el humor vende es porque nos ayuda a sentirnos mejor.

Lo que está claro es que la risa es absolutamente necesaria. Si no pudiéramos liberar las tensiones por esta vía, probablemente la violencia se desataría más a menudo. Al fin y al cabo, la risa y la agresividad tampoco son actitudes tan lejanas. Reírse abiertamente de alguien puede ser un acto agresivo totalmente consciente. Después de todo, como dijera el filósofo Hobbes, "el hombre es el único animal que enseña los dientes para sonreír"; de modo que "reímos en vez de comernos al que tenemos delante". Pero eso es mejor que caer víctimas de nuestra propia cólera. "Yo soy incapaz de expresar el enojo, así que lo interiorizo y me fabrico un tumor", decía Woody Allen en una de sus películas.

Un viejo proverbio chino decía: "Para estar sano, hay que reír al menos treinta veces al día". "*Ride se sapis*" (la risa es de sabios), predicaba el poeta hispano-romano Marco Valerio Marcial en el siglo I de nuestra era. Y los científicos van camino de darles la razón. Incluso en relación con los problemas de salud más corrientes. Un estudio realizado en Inglaterra por la Common Cold Research Unit (Unidad de Investigación sobre el Resfriado Común) demostró que las personas serias y melancólicas se acatarran con mayor facilidad que las alegres y optimistas.

Y no es extraño, porque una investigación emprendida por la doctora Kathleen Dillon, del Western New England College, reveló que los voluntarios que habían visto una película cómica de treinta minutos de duración presentaban un aumento en el nivel de inmunoglobulina A salival (IgAs), que posee propiedades protectoras contra los virus. Y el doctor Lee S. Berk, del Centro Médico de la Universidad de Loma Linda, en California, midió los cambios producidos en un grupo de diez personas sanas después de contemplar una comedia: las células inmunocompetentes habían aumentado significativamente, mientras que el cortisol, una hormona con capacidad inmunosupresora, disminuía en parecida proporción.

Tal vez por esta razón, algunos hospitales han comenzado a incluir el humor y la risa como parte del proceso curativo y, como tantas veces, los norteamericanos parecen haber sido los pioneros. En 1986, un neoyorquino llamado Michael Christensen fundó la Clown Care Unit (Unidad de Cuidados de Payasos). Actualmente, cuentan con una plantilla de 25 cómicos profesionales que hacen la delicia de los niños hospitalizados. Y hace varios años que fuera inaugurada la llamada Sala de Estar del Hospital St. Joseph's, en Houston, Tejas; un lugar en el cual los pacientes pueden ver películas cómicas facilitadas gratuitamente por las propias productoras cinematográficas, y donde la risa, el buen humor y los chistes forman parte de la vida cotidiana. Al parecer, el experimento tuvo tanto éxito, que varias decenas de instituciones sanitarias quisieron reproducirlo. Y uno no puede dejar de preguntarse qué efecto tendría la puesta en marcha de iniciativas semejantes en algunos de nuestros lúgubres recintos hospitalarios. ■

1. Sí está presente en todas las culturas. / 2. Los primates son los únicos animales que saben reír. / 3. Durante los tres o cuatro primeros meses, el bebé sonríe mientras duerme. Después cada vez que sonríe, mamá le recompensa con actos cariñosos. Aumentan su producción de la hormona del crecimiento. / 4. Es grata, sirve para reforzar nuestros lazos sociales con quienes nos rodean y nos libera de la angustia. / 5. Los programas de televisión y las películas son muy populares. Si el humor vende es porque nos ayuda a sentirnos mejor. / 6. Al sonreír enseñamos los dientes. Reímos en vez de comernos al que tenemos delante. / 7. Las personas serias y melancólicas se acatarran con mayor facilidad que las alegres y optimistas. Algunos hospitales cuentan con una plantilla de 25 cómicos profesionales y en otros se pueden ver películas cómicas.

## Después de leer

1. ¿Es la risa un fenómeno universal humano? ¿Qué dice el artículo al respecto?
2. ¿Existe la risa en el mundo animal? Comente al respecto.
3. Según el artículo, ¿cómo se inicia y se desarrolla la risa en el bebé? ¿Qué efecto tiene la risa en el desarrollo del bebé? [E]
4. ¿Cuáles son las tres funciones que cumple la risa? [E]
5. ¿En qué sentido se ha convertido la risa en un negocio hoy en día? [E]
6. Explique cómo la risa puede ser un acto agresivo.
7. Explique la relación del humor y la risa con el bienestar físico y psicológico. ¿Qué han hecho algunos hospitales para incorporar la risa y el humor en el proceso curativo? [E]

## Para escribir y comentar

1. En su diario, narre un acontecimiento que le causó risa.
2. ¿Está usted de acuerdo con lo que se dice en el artículo con respecto al papel que desempeña la risa en el bienestar físico y psicológico? Exprese su opinión en un ensayo. [E]
3. ¿Ha oído el proverbio bíblico "El corazón alegre hace tanto bien como una medicina" o el proverbio chino "Para estar sano hay que reír al menos treinta veces al día"? ¿Existen proverbios o dichos semejantes en español o en inglés? Pregúnteles a sus parientes y amigos si conocen proverbios o dichos parecidos a los ya mencionados. Haga una lista de los que encuentre para discutir en clase.
4. Para determinar si el humor varía de acuerdo a la cultura, entreviste a personas anglosajonas e hispanas para investigar los temas principales de sus chistes. Escriba un resumen de lo que encuentre.
5. Haga una colección de cinco chistes en español y preséntelos a la clase.
6. Vea por lo menos dos programas cómicos de televisión en español y dos en inglés, para determinar los temas o situaciones que se usan en cada uno, comparando así las diferencias y semejanzas. Comparta lo que observe con el resto de la clase.

7. ¿Recuerda algún momento de su vida cuando estaba muy triste o deprimido y alguien o algo lo hizo reír? Describa la situación en un ensayo. [E]
8. ¿Cree usted que el sentido del humor ha cambiado en las últimas tres décadas? Las películas y los programas de televisión humorísticos, por ejemplo, ¿han cambiado? Entreviste a personas mayores para determinar su opinión al respecto. Escriba un resumen de lo que encuentre. [E]

# Estrategias de escritura

## El ensayo de opinión

Cuando se escribe una exposición, es decir, un ensayo informativo, se utiliza la tercera persona sin presentar la opinión personal. El ensayo de opinión, sin embargo, permite la subjetividad. El objetivo de este tipo de ensayo es convencer al lector de algo o motivarlo a actuar de cierta manera. Para lograr este fin, es importante considerar al lector y apelar tanto a su inteligencia como a sus emociones. Puede incluir la lógica, los hechos comprobados y verídicos, así como argumentos emotivos basados en la perspectiva del escritor. Los argumentos deben presentarse en una composición coherente y de una manera convincente.

## Actividades

1. Después de haber conversado sobre el tema de la salud, haga una lista de unos cinco temas que se podrían usar para persuadir a alguien a cambiar algún aspecto de su vida para mejorar su salud.
2. Escoja los dos mejores temas y decida cuáles serán los puntos importantes de su argumento para cada tema. Desarrolle un bosquejo para determinar si en efecto puede seguir con estos temas.
3. Escoja uno de los temas anteriores y escriba un ensayo siguiendo los pasos necesarios desde la planificación hasta la versión final.

## Más verbos y palabras con cambios ortográficos

En el Capítulo 9 se presentó el concepto de los verbos que requieren cambios ortográficos en ciertos tiempos y personas. Ahora veremos algunos verbos que requieren cambios ortográficos en ciertas formas del presente del subjuntivo.

| Cláusula principal: Expresión de deseo | Cláusula subordinada: Presente del subjuntivo |
|---|---|
| Quiero | que llegues antes de la medianoche. |
| Queremos | que te saques la lotería. |
| ¿Quieres | que empiece mañana? |

Si estos verbos se escribieran sin los cambios de ortografía, ¿cómo se escribirían? **(*lleges, *saces, *empieze).** Recuerde que estos cambios son necesarios para mantener la pronunciación de la última consonante en la raíz del verbo. En el caso de **empiece,** el cambio de ortografía no afecta la pronunciación, pero en español existe una regla de ortografía que rechaza las combinaciones **ze** y **zi.** En estos casos, la **z** cambia a **c.** (Note que los cambios ortográficos también son necesarios en palabras que no sean verbos.)

| | | | | |
|---|---|---|---|---|
| comen**zar** | comien**zo** | comen**zamos** | comen**cé** | comien**ce** |
| empe**zar** | empie**zas** | empe**zó** | empe**cé** | empie**ce** |
| lápi**z** | lápi**ces** | lapi**cito** | | |
| cru**z** | cru**ces** | cru**cecita** | | |
| lu**z** | lu**ces** | lu**cecitas** | | |
| Pa**co** | Pa**quito** | | | |
| tra**go** | tra**guito** | | | |

| Infinitivo | Ejemplos de cambios | Razón del cambio ortográfico |
|---|---|---|
| **seguir** | (Yo) sigo estudiando día y noche. | Si decimos **Yo *siguo,** no tiene sentido. |
| **averiguar** | (Yo) averigüé que él tiene la razón. | Si escribimos ***averigé,** el sonido de la **g** cambia y si escribimos ***averigué** se pierde el sonido de la **u.** |
| **incluir** | (Yo) siempre te incluyo en mis fiestas. | La ortografía no permite una **i** no acentuada entre dos vocales, porque la **i** se tendría que pronunciar como **y.** El cambio de **i** a **y** mantiene la consistencia fonética y ortográfica. |
| **conocer** | (Yo) no conozco a nadie aquí. | Ésta es una irregularidad. Como se dijo anteriormente, en la mayoría de los casos, el cambio ortográfico se hace para mantener el sonido original de la última consonante de la raíz. |
| **convencer(se)** | (Yo) no me convenzo de lo que dices. | Si escribiéramos **Yo me *convenco,** el sonido representado por la **c** cambia totalmente al del infinitivo original. |

Además de los verbos que requieren ciertos cambios ortográficos, existen otras clases de palabras que tienen peculiaridades parecidas y que sencillamente se rigen por las reglas de la ortografía, por ejemplo:

bilingüe güero[1] ungüento pingüino güiro cigüeña
guitarra guisar alguien aguinaldo Aguilar

1. rubio, en México y en el sudoeste de Estados Unidos

## Ejercicios

1. Basándose en la información expuesta en el Capítulo 1 y en el actual, repase las lecturas de este capítulo e identifique los verbos que tienen las siguientes clases de terminaciones. Use el siguiente formato y dé la información solicitada:

| Clase | Forma verbal | Infinitivo | Razón del cambio ortográfico |
|---|---|---|---|
| -guir | | | |
| -guar | | | |
| -uir | | | |
| -cer | | | |

2. Encuentre ejemplos de palabras que no sean verbos y que representen cada una de las siguientes categorías: *gue, güe, gui, güi, y.*
3. ¿Por qué piensa Ud. que estas clases de palabras causan tanta dificultad en la escritura?

## La ortografía h, g, j, x

Se recomienda repasar la información en el Capítulo 1

En español las letras **h, g, j** y a veces la **x** ocasionan problemas de ortografía. A continuación se presentan unas cortas explicaciones y ejercicios con estas letras.

### La letra h

Como ya sabe, en español la letra **h** es muda, es decir, no representa ningún sonido. Sin embargo, hay una gran cantidad de palabras que contienen esta letra y el omitirla indebidamente constituye un error ortográfico. La ortografía de estas palabras se tiene que aprender de memoria, pero muchas de ellas son cognados en español e inglés, y esto ayuda a recordarlas:

| **Español** | **Inglés** |
|---|---|
| *humor* | *humor* |
| *honor* | *honor* |
| *horizonte* | *horizon* |
| *hospital* | *hospital* |
| *vehículo* | *vehicle* |

Hay otras palabras que ocasionan dificultades en la escritura:

| **Español** | **Inglés** |
|---|---|
| *armonía* | *harmony* |
| *habilidad* | *ability* |
| *ermitaño* | *hermit* |

Además, en español hay palabras que se pronuncian igual y que difieren en su ortografía sólo por la presencia o ausencia de la **h:**

| | |
|---|---|
| *ola* (del mar) | *hola* (saludo) |
| (yo) *echo* (echar, tirar) | *hecho* (acontecimiento; participio de **hacer)** |

## Ejercicios

1. Busque en uno de los artículos que acaba de leer todas las palabras que contengan la letra **h;** haga una lista. No incluya palabras con la combinación **ch,** ya que ésta representa un solo sonido. Use cada palabra en una oración original que dé un poco de información del artículo.
2. En otro artículo, identifique y haga una lista de por lo menos diez palabras que empiecen con vocal y que **no** contengan la **h,** p.ej., **otra, enfermas.** Use cada una en una oración original que dé un poco de información del artículo.
3. Utilizando revistas o periódicos como fuente, haga una lista de diez palabras con **h** para cada una de las siguientes categorías:

| **Al principio de la palabra** | **Dentro de la palabra** |
|---|---|
| *hermano* | *almohada* |

Después de haber completado las listas, escriba una oración original para cada palabra que muestre el significado de la palabra.

### Las letras g, j, x

Se recomienda que repase la información sobre verbos y otras palabras con cambios ortográficos que se presentó anteriormente.

Las letras **g, j** y a veces la **x** presentan dificultad en la escritura porque frecuentemente representan el mismo sonido. Vea los siguientes ejemplos en los que la **j** y la **g** representan el mismo sonido:

| | |
|---|---|
| *dejar* | *sugerencias* |
| *ejercicios* | *página* |
| *hijito* | *genio* |
| *frijol* | *imaginar* |
| *ajustable* | *gente* |

Ahora, vea los siguientes ejemplos en los que la letra **g** representa otro sonido:

*organismo*
*algodón*
*ninguna*
*glotón*
*grasa*

La letra **x** puede representar varios sonidos, que a veces se pronuncian de distinta manera según la región de procedencia del que habla. Por ejemplo, en muchas partes del Nuevo Mundo, **taxi** se pronuncia *[ták-si].* En otros casos, la **x** se pronuncia como la **j,** por ejemplo, **México.** Es precisamente en México donde muchas de las palabras de origen náhuatl (el idioma de los aztecas), se escriben con **x,** pero esta letra, sin embargo, no representa un solo sonido. Vea los siguientes ejemplos:

| Ejemplo | Se pronuncia como |
|---|---|
| *México, Oaxaca* | **j** |
| *Xochimilco* | **s** |
| *nixtamal* | **ks** o **s** |

## Ejercicios

Posibilidades: La **g** es "fuerte" o "dura" [oclusiva] cuando se escribe en combinación con las vocales **a, o, u** o con las consonantes **l, r.** La **g** es "suave" [fricativa] cuando se escribe en combinación con **e, i.** Si el sonido es "suave" [fricativo] y está en combinación con **a, o, u** se escribe con **j.** Si el sonido es "suave" y está en combinación con **e, i** la palabra se tiene que aprender de memoria, porque en estos casos la **g** y la **j** representan el mismo sonido.

1. En sus propias palabras, oralmente o por escrito, dé una regla que explique el uso de la **g** y la **j.**
2. Usando como fuente los artículos de este capítulo o los de los anteriores, haga una lista de cinco palabras para cada una de las cinco vocales en combinación con la letra **j** (25 palabras en total).
3. Usando las mismas fuentes, haga una lista de diez palabras que contengan la **g** "fuerte" **(gato)** y haga otra lista de diez palabras que contengan la **g** "suave" **(gente)**.
4. En las lecturas de este capítulo, busque cinco palabras que contengan la letra **x** e indique el sonido que representa en cada caso.

## El verbo *haber*

En el Capítulo 4 vimos el verbo **haber** en el contexto de los homónimos **a, ah** y **ha.** Ahora estudiaremos algunos usos del verbo **haber.** En español, **haber** es el verbo auxiliar de los tiempos compuestos. Es importante saber usarlo y escribirlo correctamente. En inglés, hay tiempos correspondientes:

| Español | Inglés |
|---|---|
| ***Hemos** visitado la costa muchas veces.* | *We **have** visited the coast many times.* |
| *Siempre **he** comido naranjas.* | *I **have** always eaten oranges.* |
| *Nunca **había** oído semejante cosa.* | *I **had** never heard such a thing.* |

A continuación puede ver la conjugación completa del verbo **haber** en el presente y el pasado. Se incluye cierta terminología adicional que le ayudará a hablar y a comentar sobre los distintas formas del verbo.

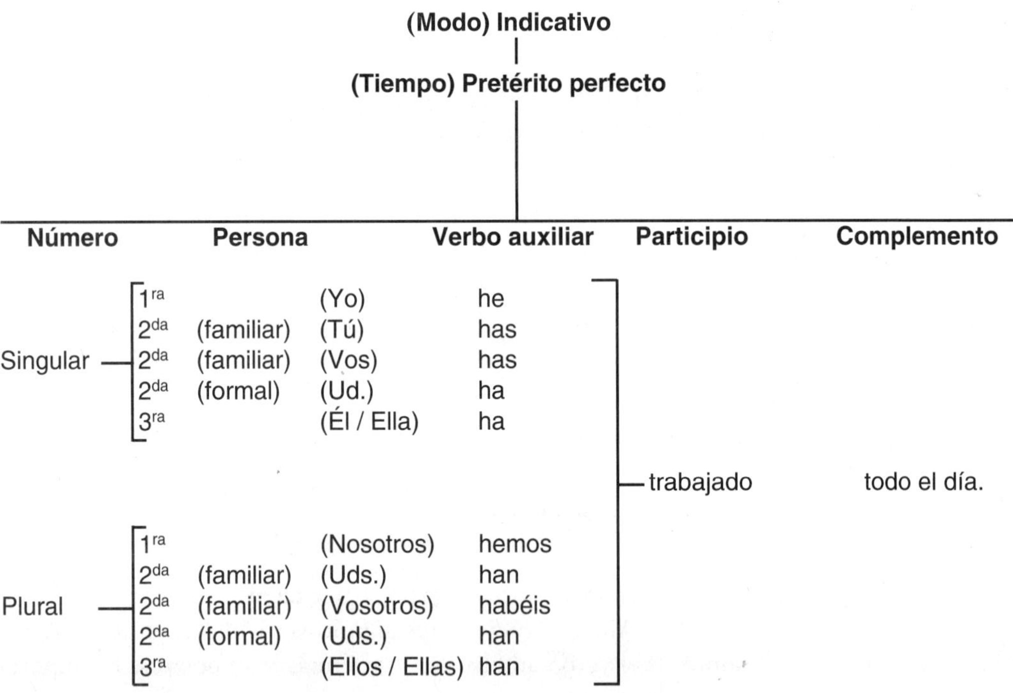

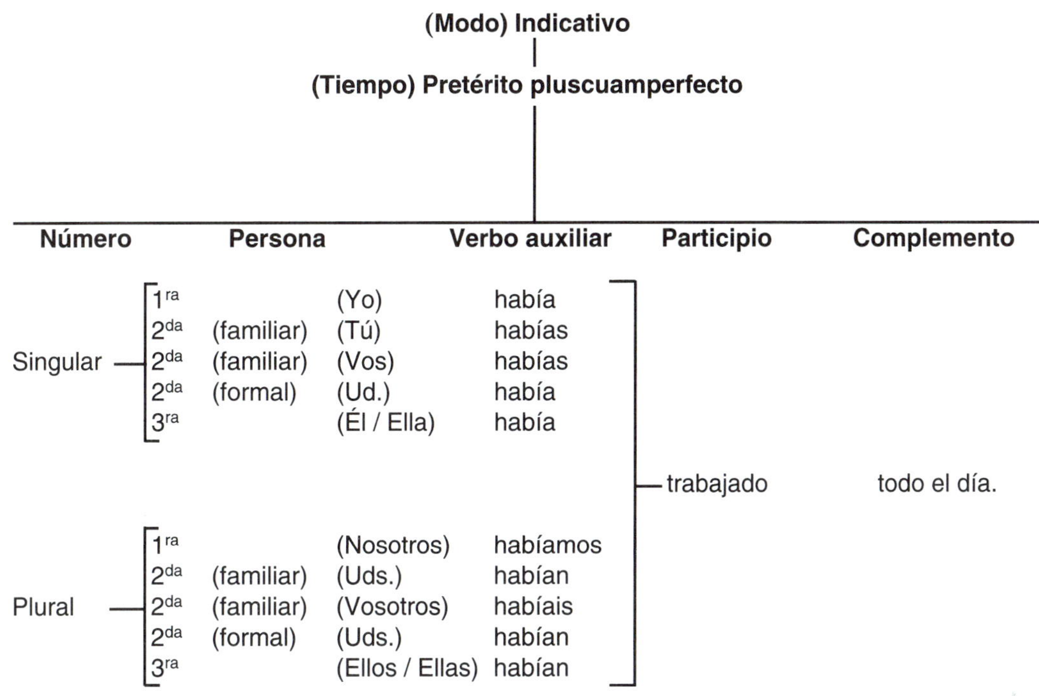


## *Va a haber* vs. *Va a ver*

En el Capítulo 4 se explicó que en la conversación rápida, la preposición **a** se asimila a la siguiente palabra cuando ésta empieza con **a** o **ha.** Es importante saber que esta asimilación también ocurre con una **a** anterior. Esto quiere decir que, en el habla normal, estas dos oraciones se pronuncian de la misma manera, aunque tienen diferente significado:

> ***Va a haber*** *una película el domingo.* (Se va a presentar un película.)
> ***Va a ver*** *una película el domingo.* (Él o ella va a mirar una película.)

Recuerde que en este caso **haber** significa **efectuarse, ocurrir; ver** significa **percibir visualmente.**

## *Va a hacer* vs. *Va a ser*

También por la asimilación, en las siguientes oraciones, las partes en negrita se pronuncian igual:

> ***Va a hacer** un escándalo.* (Va a armar o a formar un escándalo)
> ***Va a ser** un escándalo.* (Algo va a constituir un escándalo).

Recuerde que **hacer** significa **formar, organizar, realizar; ser** significa **existir, hacerse.**

## Ejercicios

1. Repase de nuevo las lecturas y haga una lista de todos los usos del verbo **haber,** escribiendo la oración completa en que se encuentran. Para cada ejemplo, indique el número, persona, forma del verbo auxiliar, persona y participio.
2. En una revista o periódico, busque por lo menos diez ejemplos de los usos del verbo **haber** en el tiempo pretérito perfecto y diez en el pretérito pluscuamperfecto.
3. Usando los temas de la salud y el bienestar, escriba tres oraciones originales incorporando las siguientes expresiones:
   - va a haber
   - va a ver
   - va a hacer
   - va a ser

La sección de **Evaluación** para este capítulo aparece en la página xl.

# Capítulo 11
# El medio ambiente

## Objetivos

En este capítulo, usted:

### Contenido

- Identificará los mayores problemas ambientales de la actualidad en el mundo y las causas y efectos de éstos.
- Identificará maneras de mejorar el medio ambiente.

### Cultura

- Comparará problemas ambientales en diferentes partes de los Estados Unidos.
- Comparará problemas ambientales de los Estados Unidos con los de otros países.
- Evaluará los métodos que se utilizan en diferentes regiones para mejorar el medio ambiente.

### Lenguaje

- Reconocerá las formas de los verbos en el modo imperativo.
- Podrá formar y utilizar el imperativo en sus usos más frecuentes.

## Funciones lingüísticas del capítulo

- Identificar los mayores problemas ambientales.
- Proponer soluciones a dichos problemas ambientales.
- Evaluar los resultados sociales y ambientales de las soluciones propuestas.

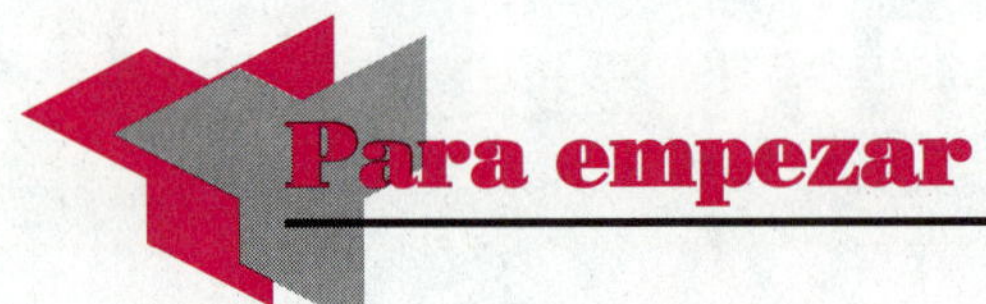

# Para empezar

## HAY HUMO EN MIS OJOS

1. etiqueta

Pregúnteles a los alumnos cúal es su reacción al leer este ensayo cómico ¿Empezaron a leerlo como si fuera serio?

En el video *Nuestra naturaleza* se presentan los problemas ambientales de la actualidad y su impacto sobre la vida urbana y campesina.

El Jumbo 747 empezó a descender y se encendieron los letreros de "*No smoking*". Algunos pasajeros que vestían de "smoking[1]" fueron a cambiarse enseguida, y la voz del piloto aconsejó: "Estamos aterrizando, abróchense los cinturones y colóquense las máscaras de oxígeno para poder respirar..."

Realmente, en las grandes ciudades de la década del 90 uno necesitaría la máscara de oxígeno todos los días, pues el *smog* se ha puesto terrible últimamente. En París, un concejal ha presentado una moción para que se escriban las placas con los nombres de las calles en sistema Braille, así pueden ser leídas a través de la bruma. A un vecino de Londres lo asaltaron y los ladrones solamente se llevaron sus pastillas contra la tos. Un camionero de la Ciudad de México les puso aire a los neumáticos de su camión y dos murieron. Claro que no en todas las grandes ciudades el *smog* es tan intenso. Yo vivo en Los Ángeles y aquí el *smog* es liviano: todas las mañanas al despertarme puedo ver, sin dificultades, la mesita de luz desde mi cama.

Lo bueno del *smog* es que uno ve lo que respira.

Las personas que tienen dificultades respiratorias deben abstenerse de ejercicios violentos. A raíz de esto, el otro día vi a Superman esperando un taxi.

En algunas áreas fabriles de São Paulo los bancos obsequian a sus clientes almanaques con cuatro meses solamente, calculando que nadie sobrevivirá más tiempo que ése.

En Buenos Aires, las madres hacen entrar a los chicos dentro de las casas para que tomen un poco de aire fresco y les dicen: "¡Nene, cómete la comida antes de que se ensucie!"

Hay quien dice que en la época de los indios no había *smog*, pero ¿quién si no ellos comenzó a contaminar la atmósfera con sus famosas señales de humo?

Muchos recuerdan con nostalgia cuando "Hay humo en tus ojos" era el título de una canción romántica y no el boletín metereológico.

Y no crean que exagero. El otro día en Nueva York un niño de 15 años disparó una flecha con su arco y la flecha rebotó en el aire y volvió. Y en Santa Fe de Bogotá, el médico le encontró a un paciente agua contaminada en la rodilla.

Claro que con este problema del *smog*, casi a diario hay conferencias para la preservación del medio ambiente. Es que está demostrado que es más fácil organizar una conferencia que cambiarle el filtro a una chimenea o agacharse a levantar seis latas.

Aunque ésta es una versión humorística de los problemas ambientales con los que nos enfrentamos hoy en día, hay que considerar seriamente lo que acabamos de leer. ¿Por qué nos encontramos en la situación actual? ¿Es que no hemos cuidado de la Tierra como deberíamos? ¿Hemos nosotros causado o contribuido a los problemas que existen? Consideremos estas preguntas antes de leer los artículos de este capitulo.

**¿Qué pasa en nuestra región?** ¿Cuáles son algunos de los problemas ambientales en la región donde ustedes viven? En grupos de tres o cuatro, hagan un lista de los problemas y de sus causas.

**¿Qué se puede hacer?** En grupos de tres o cuatro propongan soluciones a los problemas ambientales que existen en la región donde viven.

# Estrategias de lectura

## La causa y el efecto

Cuando se escribe un ensayo o un artículo, a veces la organización está basada en la causa y el efecto. Por lo general, una exposición que tiene esta base responde a la pregunta, ¿por qué es así?; en otras palabras nos explica las consecuencias de algo. Por ejemplo, si seguimos contaminando nuestro medio ambiente, es probable que las generaciones futuras tengan problemas de salud. Si continuamos malgastando el agua, algún día no tendremos ese recurso tan necesario para sobrevivir. En los artículos que siguen se presentan algunas de las causas que conducen a los problemas del medio ambiente. Al leer los artículos, analice esas causas y los efectos que se mencionan.

## Actividades

1. Indique las causas y los efectos que se encuentran en el siguiente texto.

### ¿COMO SALVAR NUESTRO PLANETA?

Cada día, las fábricas, las plantas generadoras de electricidad y los automóviles, lanzan una enorme cantidad de gases a la atmósfera... gases que están atrapando el calor del Sol, con lo que están produciendo el fenómeno llamado **Efecto Invernadero.** Si la temperatura del planeta aumenta unos grados, habrá un cambio notable en el clima: las regiones ya cálidas serían demasiado calurosas para vivir, y las zonas frías recibirían más calor del necesario, derritiendo las nieves, ¡y hasta los hielos de los Polos! El nivel de las aguas de los mares y océanos se elevaría, y el desequilibrio total de todos los sistemas ecológicos, sería inevitable... ¿Qué podemos hacer?

Buscar nuevas formas de energía que impliquen una menor liberación de gases tóxicos, reducir el consumo innecesario de los hidrocarburos, equipar a todas las industrias con medios de depuración de los residuos que lanzan a la atmósfera, ejercer un estricto control sobre el cumplimiento de estas regulaciones, cuidar los bosques, e incluso, plantar suficientes árboles, son algunas de las medidas que deben ser tomadas con urgencia para salvar a nuestro planeta.

Las actividades se pueden hacer oralmente o por escrito.

2. En el artículo "Contaminación y salud" se mencionan algunas consecuencias de los contaminantes. ¿Qué efecto pueden tener éstos en el ambiente o en la salud? Lea el artículo y decida si se incluyen causas y efectos. Si se incluyen, ¿cuáles son?
3. ¿Cuáles son las causas y los efectos que se mencionan en "Las siete plagas de España"? ¿Hay algunos otros efectos que no se mencionan, pero que pueden relacionarse a los problemas expuestos en el artículo?

# 1 Contaminación y salud

## Prelectura

La contaminación que se ha generado en las ciudades, así como los problemas de salud causados por esa contaminación, han llegado a ser una preocupación primordial del ser humano.

¿Qué es la contaminación? ¿Qué se ha contaminado? ¿Por qué nos afecta la contaminación? ¿Cuáles son las causas y los efectos de la contaminación? Todas estas preguntas y muchas más surgen cuando hablamos del medio ambiente y de los problemas de salud que han existido en los últimos años.

## *Contaminación y salud*

**NUESTRO PLANETA CADA VEZ ACUSA MÁS LOS ESTRAGOS QUE EL EXCESO DE POBLACIÓN LE ESTÁ PROVOCANDO; PRONTO, A MENOS QUE SE ACTÚE DE INMEDIATO, EL MAL SERÁ IRREVERSIBLE PARA LA SALUD DE LAS GENERACIONES DEL FUTURO.**

Las concentraciones de contaminantes podrían estar ocasionando un exceso anual de mortalidad del 5% en la Ciudad de México, según estudios de la Organización Panamericana para la Salud. La calidad del aire en Los Ángeles, California, limita las esperanzas de vida de sus habitantes, de acuerdo con investigaciones realizadas por el Dr. Russell Sherwin. No menos de 5 millones de personas, entre ellas cuatro millones de niños menores de 5 años, mueren cada año en el mundo a causa de enfermedades relacionadas con los desechos urbanos no tratados, según datos expuestos en la Cumbre de Río[1].

En síntesis: la contaminación generada en las ciudades se ha convertido en uno de los mayores problemas de salud. Y a pesar de todo, al final de la década, el 47% de la población mundial vivirá en áreas urbanas, de las cuales, 85 contarán con más de tres millones de habitantes y 24 de ellas estarán convertidas en megaciudades, pues superarán (si es que no lo han hecho ya) los diez millones de pobladores.

El panorama no es muy alentador, sobre todo si consideramos que lo que actualmente sucede en esas megaciudades bien podría ser la

1. reunión cumbre sobre el medio ambiente efectuada en Río de Janeiro

anticipación de las condiciones en que vivirá la mitad de la población mundial al iniciar el próximo milenio: en todas ellas los niveles de contaminación generados por la combinación de industria, vehículos automotores y combustión doméstica, exceden ya, al menos en un contaminante, los criterios que la Organización Mundial de la Salud ha considerado como seguros para el ser humano.

Por si fuera poco, la contaminación atmosférica de las urbes daña edificios y obras de arte, tiene un impacto severo en la vegetación de la zona, y contribuye de manera significativa al agravamiento de los grandes problemas ecológicos del planeta: el "efecto invernadero", la lluvia ácida, la deforestación y desertificación de los suelos, la muerte de las aguas y el adelgazamiento de la capa de ozono.

La investigación sobre este fenómeno nos ha llevado, además, a una conclusión que pudiera parecer desalentadora: el problema no es sencillo de resolver, en buena medida, porque cada una de las megaciudades presenta grandes diferencias con respecto a las otras, e incluso en cada una de ellas el comportamiento de los contaminantes no es el mismo en todas las épocas del año, ni en todos los sectores.

Sin embargo, un dato parece darnos esperanzas: Tokio es la menos contaminada de todas las megaciudades del mundo, a pesar que en los últimos 30 años ha tenido un acelerado crecimiento industrial y ha duplicado su población.

**Fuentes de la contaminación del aire urbano.** La clave para entender el tipo de contaminación que afecta a cada ciudad está en la interacción que se establece entre sus características topográficas y metereológicas, su dinámica demográfica, el nivel y tipo de industrialización, el nivel y tipo de motorización vehicular, y el grado de desarrollo socioeconómico. Es la conjunción de estos factores la que explica por qué, por ejemplo, Nueva York y Tokio están más contaminadas durante los días de verano, cuando el calor y la luz solar se combinan con las emisiones del tráfico para producir ozono, mientras que en ciudades como Londres y Beijing, las más problemáticas son las noches de invierno debido a las emisiones de los equipos de calefacción y las inversiones térmicas.

Pero al menos un hecho es común a todas las ciudades: el crecimiento de las poblaciones urbanas trae consigo un incremento en los niveles de industrialización y motorización, que lleva de manera inevitable a una mayor demanda y consumo de energía.

Otra característica compartida es que en la actualidad son los combustibles de origen fósil los que satisfacen la mayor parte de las demandas de energía, ya sea de forma directa o a través de su conversión en electricidad. Y es precisamente la combustión de estas fuentes de energía, junto con la incineración de los desechos sólidos al aire abierto, la principal fuente de emisiones contaminantes del aire.

**Los contaminantes del aire más comunes en los ambientes urbanos.** El estudio de los tipos y calidades de los combustibles que se utilizan en cada ciudad, junto con el análisis de los procesos que los utilizan, nos darían entonces un panorama exacto de los principales contaminantes que afectan a una población, lo que constituye uno de los principales instrumentos con que debe contar una estrategia para mejorar el medio ambiente. Y aunque la diversidad es mucha, es posible definir un cuadro general de los contaminantes más comunes en las ciudades del mundo, pues lo que varía de ciudad en ciudad es ante todo la concentración que cada una tiene en su aire.

Así, la combustión de fuentes de energía fósiles genera de manera directa o indirecta bióxido sulfúrico ($SO_2$), óxidos de nitrógeno (NO y $NO_2$, que en conjunto se conocen como NOx), monóxido de carbono (CO), ozono ($O_3$), partículas de materias suspendidas (SPM), y plomo (***Pb***). A estos contaminantes, de alguna manera "tradicionales", se está añadiendo un número cada vez mayor de sustancias químicas tóxicas y cancerígenas como cadmio, mercurio, asbesto y benceno, que son arrojados por la incineración de desperdicios, los nuevos procesos industriales, el uso creciente de solventes y, paradójicamente, las plantas de tratamiento de las aguas negras.

**¿Cómo afectan estas sustancias a la salud humana?** Es una de las polémicas más fuertes en el campo de la medicina actual. Las opiniones son encontradas, y lo único cierto es que no contamos todavía con estudios suficientemente precisos que permitan hacer afirmaciones categóricas: por un lado, los experimentos con animales y humanos que se realizan en cabinas especiales no pueden reproducir la complejidad de las condiciones atmosféricas de la vida diaria en las que las reacciones que se producen al entrar en contacto varios elementos, son muy importantes; por el otro, los estudios epidemiológicos sobre las poblaciones expuestas a la contaminación son relativamente recientes, todavía escasos, y se enfrentan a la dificultad de medir con exactitud todos los aspectos que influyen tanto en el ambiente como en los humanos. Sin embargo, a pesar de estas limitaciones, la misma Organización Mundial de la Salud ha definido niveles muy precisos de concentración de contaminantes por encima de los cuales una persona corre el riesgo de ver afectada su salud.

Así, se ha detectado que el **monóxido de carbono** desplaza al oxígeno en el flujo sanguíneo y de esta manera favorece los problemas cardíacos. El incremento que se produce en los niveles de carboxihemoglobina en la sangre, que es la manera en que se manifiesta la exposición a este contaminante, puede hacer que se presenten distintos efectos cardiovasculares y neuroconductuales, entre ellos: la agravación de los síntomas de la angina de pecho en las personas que la padecen, y en los jóvenes y adultos sanos, la disminución de la capacidad de trabajo físico, e incluso decrementos de las funciones neuroconductuales.

**Los óxidos de azufre,** por su parte, afectan sobre todo a los ancianos y enfermos, y se asocian al desarrollo de bronquitis crónica, el desprendimiento de mucosidad tractobronqueal y cambios en las vías respiratorias que son similares a los que presenta en autopsia un adulto fumador. Combinados los dióxidos sulfúricos con las partículas suspendidas, se incrementan los problemas respiratorios y disminuye aún más la capacidad pulmonar.

**Las partículas suspendidas** son uno de los problemas más serios, sobre todo en las ciudades en desarrollo. Formadas por remanentes microscópicos de emisiones industriales y por la incineración de carbón y basura, causan problemas en ojos, pecho y pulmones que se incrementan cuando se combinan con los óxidos de azufre. A esto habría que añadir el hecho de que algunas son de origen natural, como microbios y huevecillos de parásitos, lo que incrementa las enfermedades gastrointestinales, y otras son polvos de materiales cancerígenos, como el plomo.

**El ozono,** principal componente del smog fotoquímico, tiene características peculiares, pues no es emitido directamente por las fuentes de combustión, pero se forma en la atmósfera baja en presencia de la luz solar a partir del óxido de nitrógeno y componentes orgánicos volátiles. En el corto plazo, los efectos de su carácter oxidante están asociados con tos, resequedad del pecho, dolor torácico, incremento en la producción mucosa, náusea, lasitud, irritación de ojos, nariz y garganta, dolor de cabeza, disminución del desempeño atlético, un incremento en la incidencia de ataques asmáticos, y alteraciones en la bioquímica pulmonar que hacen más factibles las infecciones bacteriales. A largo plazo es muy probable que el ozono contribuya a que se desarrolle fibrosis pulmonar, disminuya el crecimiento de la capacidad pulmonar en los niños, y se presenten enfermedades obstructivas pulmonares constantes.

**El bióxido de nitrógeno,** al que los asmáticos son más sensibles, también está asociado con un pronunciado decremento en las funciones pulmonares e incremento de la reacción bronquial, y aunque sus efectos se manifiestan primero en el pulmón, también afecta otros órganos como el bazo, el hígado y la sangre. Los efectos en el pulmón, por cierto, pueden llegar a ser irreversibles, y van de cambios estructurales en el tipo de células de las regiones pulmonares y traqueobronquiales, a efectos que se asocian en otras circunstancias con el enfisema pulmonar. Todo esto se asocia también con una disminución de las defensas ante infecciones bacteriales.

**El plomo,** por su parte, cuya presencia se mide en la sangre, es un reconocido agente cancerígeno que afecta en especial a los niños, incluso dentro de la placenta. Estudios realizados en todo el mundo han establecido una relación entre la baja en el rendimiento escolar y el incremento en los niveles de plomo, pero también han demostrado que los niños educados para evitar el contacto con el plomo bajan hasta un 50% la concentración de este metal en la sangre. El problema es que el plomo no sólo se inhala, sino que también se come, pues la loza de barro que tiene un terminado vidriado lo desprende.

### ¿Cómo protegerse?

- Antes que nada, no alarmándose. Recuerde: los efectos más severos que se acaban de describir son el resultado de exposiciones prolongadas a concentraciones muy elevadas de los contaminantes, que en su mayoría aparecerían sólo en las personas más susceptibles, y por fortuna, esa condición no es muy frecuente, hasta en las ciudades que tienen los niveles de contaminación más elevados. Pero, para disminuir la posibilidad de que se presenten, e incluso para evitar las molestias transitorias le sugerimos lo siguiente:
- Infórmese: las condiciones de la contaminación varían durante el día y de acuerdo con las condiciones climatológicas. Si usted sabe

cuándo corre más riesgo saliendo a la calle, podrá programar sus actividades para evitarlo.

- En las horas más problemáticas permanezca en sitios cerrados y evite que puertas o ventanas estén abiertas. Esta simple medida puede reducir hasta en un 60% la concentración de ozono en el aire que se respira.
- Suspenda el paseo de su bebé por las calles más transitadas, pues el monóxido de carbono se concentra a baja altura, justo al nivel en el que suelen estar las carriolas.
- Renuncie a la práctica de deportes al aire libre en las horas de mayor contaminación.
- Evite viajar en bicicleta o motocicleta por las calles más transitadas.
- Si existen recorridos alternos para llegar a su destino, elija el que implique menos tráfico.
- No utilice tapabocas, al menos no los sencillos: sólo retienen las partículas suspendidas más gruesas y, sin embargo, lo obligan a realizar una respiración más profunda, lo que hace que los demás contaminantes penetren con mayor profundidad a sus pulmones.
- Consuma vitamina E, su efecto antioxidante le ayudará a contrarrestar los efectos del ozono.

Ante la magnitud del problema, la sencillez de estas recomendaciones podría ser ridícula; lo cierto es que como individuos no podemos hacer mucho más para protegernos de lo que ya está hecho. La tarea principal es no contaminar, y en este terreno, aunque los individuos y las familias tenemos mucho que hacer, es a los gobiernos a los que les toca la tarea principal.

La experiencia internacional ha demostrado que el detonador principal de la lucha contra la contaminación es el establecimiento de una reglamentación clara y precisa que fije las normas de calidad ambiental a respetar por todos. Establecer un principio de “quien contamina, paga” pareciera lo más sencillo y justo, pero las normas deberían ser preventivas antes que correctivas, y también incluir incentivos y mecanismos de protección para quienes aportan su esfuerzo. ¿Cuántos desperdicios puedo tirar? ¿Qué tipo de equipo anticontaminante debo instalar?, y otras preguntas similares, deben tener respuesta precisa en leyes y reglamentos, documentos que también deberían responder a la pregunta: ¿qué voy a obtener a cambio? Las cosas no son tan simples en cuanto se pasa de la teoría a la práctica, como lo demuestra un solo ejemplo: en 1990, el 60% de las latas que se producían en México contenían soldadura de plomo. A pesar de que el país no contaba con una norma al respecto, los industriales del ramo se pusieron de acuerdo, invirtieron en un año cerca de 4 millones de dólares, y ahora ninguna lata producida en México contiene soldadura de plomo. Sin embargo, la apertura comercial permite ahora importar productos cuyas latas incluyen soldadura de plomo, e incluso mandar enlatar productos al exterior. ¿El resultado?: una baja en las ventas de los fabricantes de latas mexicanos, que esperan desde hace dos años normas que reconozcan su esfuerzo y obliguen a una competencia equitativa y comprometida con la salud.

Otra de las necesidades más urgentes para poder formular programas de control de la contaminación es el establecimiento de redes de monitoreo efectivas que midan con instrumentos de gran precisión las concentraciones del mayor número de contaminantes posible, pues sólo estas bases de datos permitirán individualizar los problemas en cada ciudad e incluso en cada sector de ella, y por lo tanto enfocar con mayor precisión las estrategias de acción.

Los esfuerzos, sin embargo, serían inútiles si no avanzáramos al mismo tiempo hacia una forma de desarrollo económico más respetuoso de nuestro planeta, centrado en la búsqueda de energéticos más limpios, producidos a través de procesos menos contaminantes, y consumidos de una manera más segura y ecológicamente racional, en los que resulta fundamental la transición a sistemas de energía diferentes a los combustibles fósiles. Las energías heliotérmica, solar fotovoltaica, eólica, hidroeléctrica, geotérmica y marina se deben añadir al uso cada vez más constante de gas natural en lugar de combustibles pesados. Por otra parte, el desarrollo industrial debería centrarse en tecnologías que utilicen una menor proporción de energía y recursos, reciclen una mayor proporción de sus desechos y traten sus desechos residuales en forma más aceptable. Se requieren también más tecnologías de etapa final para el tratamiento de la contaminación luego que ésta se ha producido.

En la actualidad, en los países en desarrollo, menos del 10% de los desechos urbanos son objeto de algún tratamiento, y sólo en pequeña proporción tal tratamiento responde a una norma de calidad aceptable.

Para finales del siglo, más de dos mil millones de personas carecerán de los servicios sanitarios básicos, y se estima que la mitad de la población urbana de los países en desarrollo no tendrá los servicios adecuados para la eliminación de los desechos sólidos, lo que nos coloca ante otra necesidad urgente: la planeación estratégica de las ciudades, en las que además de la infraestructura sanitaria y ambiental debe concederse una importancia primordial al problema del transporte.

Esto tampoco es sencillo. En la Ciudad de México, por ejemplo, la implantación del programa "Hoy No Circula", que pretendía retirar de circulación el 20% de los automóviles cada día hábil, terminó por acelerar la compra de automóviles en las clases medias a un ritmo tal, que a tres años de vigencia del programa, el parque vehicular de la ciudad ha crecido en un 60%, lo que ha nulificado ya los efectos positivos que tuvo la medida.

Una vez más, una solución más de fondo parece estar en el establecimiento de una norma de calidad para las gasolinas y la fabricación de autos, aunque en ese largo plazo la única opción es la modificación de la estructura vial de las ciudades para destinar una parte de ella al uso exclusivo del transporte colectivo y la otra a una red de ciclovías. Otra medida que ha demostrado su efectividad en muchas ciudades es el fortalecimiento de la red del transporte eléctrico.

Finalmente, hay que planificar el uso de las tierras para impedir que las ciudades crezcan anárquicamente; así se podrán disminuir al mínimo las necesidades de transporte.

La tarea parece inabarcable. No lo es. Las industrias ecológicas tienen un peso cada vez mayor en las economías de los países industrializados. Las sociedades de los países en desarrollo exigen con mayor fuerza a sus gobiernos normas de protección ambiental. Las prácticas de reciclaje se extienden por todo el planeta sin necesidad de una infraestructura demasiado sofisticada. Cierto, el esfuerzo necesario, incluso a nivel personal es enorme; pero vale la pena si recordamos que la meta real no es alcanzar niveles de contaminación menores que reduzcan los efectos adversos sobre la salud, sino encontrar un modelo de desarrollo que nos garantice a todos una mejor calidad de vida, sin poner en peligro el equilibrio ecológico del planeta. ■

1. Ciudad con más de 10 millones de habitantes. Tokio, Ciudad de México, São Paulo, Seúl, Nueva York, Osaka, Bombay, Calcuta, Buenos Aires, Moscú, Manila, Los Ángeles, El Cairo, Teherán, Londres, París, etc. / 2. Combinación de industria, vehículos automotores y combustión doméstica. / 3. El "efecto invernadero", la lluvia ácida, la deforestación y desertificación de los suelos, la muerte en las aguas, el adelgazamiento de la capa de ozono y la contaminación atmosférica. / 4. El calor del Sol no puede penetrar la atmósfera debido a la contaminación. La explicación está en la Actividad N°1 de **Estrategias de lectura. /** 5. No, porque cada una de las megaciudades tiene sus propios problemas y factores que afectan esos problemas. / 6. Las respuestas pueden variar. / 7. Es la interacción entre sus características topográficas y metereológicas, su dinámica demográfica, el nivel y tipo de industrialización y motorización vehicular y el grado de desarrollo socioeconómico. / 8. El crecimiento de las poblaciones urbanas que trae un incremento en los niveles de industrialización y mayor consumo de energía; el uso de combustibles de origen fósil. 9. Ejemplos: óxido de azufre: bronquitis crónica./ partículas suspendidas: problemas de ojos, pulmones, etc. / 10. Infórmese cuándo corre más riesgo; permanezca en sitios cerrados; etc. (Aquí se puede mencionar que los verbos en la lista de recomendaciones son mandatos.) / 11. Establecer una reglamentación que fije las normas de calidad ambiental a respetar por todos. /

## Después de leer

1. ¿Qué es una megaciudad? ¿Cuáles son las megaciudades que existen en el mundo hoy? ¿Cuáles son las ciudades que están a punto de ser megaciudades?
2. ¿Qué ha causado el alto nivel de contaminación en las megaciudades? [E]
3. ¿Cuáles son los grandes problemas ecológicos del planeta? ¿Cuáles son las causas de esos grandes problemas ecológicos? [E]
4. ¿Qué es el "efecto invernadero"?
5. ¿Es sencillo resolver los grandes problemas ecológicos del planeta? ¿Por qué?
6. ¿Por qué cree Ud. que Tokio es la menos contaminada de todas las megaciudades del mundo?
7. ¿Cuál es la clave para entender el tipo de contaminación que afecta cada ciudad? [E]
8. ¿Cuáles son algunas de las características que tienen en común las ciudades?
9. Busque las causas y los efectos de los problemas de salud que se presentan en el artículo.
   Por ejemplo:

| Causa | Efecto |
|---|---|
| monóxido de carbono | problemas cardíacos |
| | |
| | |

10. ¿Cómo podemos protegernos de los efectos más severos de la contaminación? [E]
11. ¿Qué tienen que hacer los gobiernos para prevenir la contaminación? [E]
12. ¿Cuáles son algunas de las alternativas a los combustibles fósiles? Explique lo que es cada una. [E]
13. ¿Qué se recomienda hacer en cuanto al desarrollo industrial?
14. ¿Qué se recomienda que se haga en las ciudades?
15. ¿Tiene Ud. algunas otras recomendaciones?

12. Energía heliotérmica: energía producida por el sol; energía solar fotovoltaica: producida por la radiación solar fotoeléctrica; energía eólica: producida por el viento; energía hidroeléctrica: producida por el agua; energía geotérmica: producida por el calor de la Tierra; y energía marina: producida por el mar. / 13. Debería centrarse en tecnologías que utilicen menos energía y recursos, reciclen una mayor proporción de sus desechos y traten sus residuos en forma más aceptable. / 14. Modificar la estructura vial de las ciudades, fortalecer la red del transporte eléctrico y planificar el uso de las tierras. / 15. Las respuestas van a variar.

## Para escribir y comentar

1. ¿Qué opina Ud. sobre el asunto de la contaminación? ¿Es un problema verdadero o se trata de asustar a la gente con declaraciones histéricas? ¿Por qué es que hace diez años no se veía casi nada sobre el asunto? Comente sobre estas preguntas en su diario.
2. En el artículo se menciona que cada una de las megaciudades presenta grandes diferencias con respeto a las otras, e incluso en cada una de ellas el comportamiento de los contaminantes no es el mismo en todas las épocas del año, ni en todos sus sectores. En pequeños grupos usen las siguientes preguntas para guiar la discusión.
   a. ¿Cuáles son los problemas mayores en la región donde Ud. vive?
   b. ¿Qué es lo que afecta el medio ambiente en esa región?
   c. Describa la región del estado donde Ud. vive. ¿Cuáles son sus características topográficas? ¿Cuáles son sus características meteorológicas / su dinámica demográfica / el nivel y el tipo de industrialización / el nivel y tipo de motorización vehicular / el grado de desarrollo socioeconómico?
3. ¿Hay problemas con la contaminación en la región donde Ud. vive? ¿Cómo han afectado estos problemas la salud de los habitantes de la región? [E]

La información puede ser en español o en inglés, pero la discusión debe ser en español.

4. Busque artículos periodísticos, anuncios comerciales, folletos, etc., acerca de la contaminación en el área donde Ud. vive. Traiga la información a clase para discutir.
5. Entreviste a alguna persona mayor sobre los cambios que han ocurrido en el medio ambiente en las últimas décadas. ¿A qué se atribuyen esos cambios? ¿Se podría haber prevenido la contaminación?

Se puede utilizar esta actividad para practicar y/o evaluar el uso de los mandatos.

6. En grupos de tres, hagan un anuncio comercial donde se trata de convencer a la gente de que es importante prevenir la contaminación. Preséntenlo a la clase. [E]
7. Se dice que en el futuro el mundo será muy diferente a causa de nuestro descuido del medio ambiente. ¿Qué piensa Ud.? Escriba un cuento en el cual Ud. describe cómo puede ser el futuro si continuamos con este descuido.

# 2 Un bien escaso y muy mal repartido *y* El ahorro empieza de puertas adentro

## Prelectura

El agua es algo de lo cual no podemos prescindir. Forma la mayor parte de la superficie de la Tierra y además es una parte muy importante de nuestra vida. Pero hay más de 2.000 millones de personas en la Tierra que no tienen acceso inmediato a agua potable, y a pesar de esto, no parece que se estén haciendo esfuerzos concertados para conservar este recurso vital. En las lecturas "Un bien escaso y muy mal repartido" y "El ahorro empieza de puertas adentro" vemos que el agua, una necesidad básica de este mundo, no está bien distribuida. Además, vemos que la despilfarramos mucho más de lo que debemos permitir. ¿Qué debemos considerar si queremos ahorrar agua? ¿Cómo podemos ayudar en la conservación de este recurso?

## *Un bien escaso y muy mal repartido*

**Como todo lo que significa riqueza en este mundo, el agua también está mal repartida. Uno de cada tres habitantes de la Tierra pasa sed; sin embargo, en esta zona del globo, en el Primer Mundo, despilfarramos mucho más de lo que nos deberíamos permitir.**

La próxima guerra en Oriente Medio puede no tener a Sadam Husein como protagonista, o ser causada por un recrudecimiento de los permanentes enfrentamientos entre judíos y musulmanes, como parecería lo más probable. Esta vez la causa desencadenante del conflicto puede ser una razón bien distinta y nunca imaginada: el agua.

A principios del mes pasado, la Comisión de las Naciones Unidas para el Desarrollo Económico y Social en Asia Occidental lanzó la voz de alarma: según un informe elaborado en Ammán, la capital de Jordania, Turquía e Israel estarían monopolizando los recursos hidráulicos de la región. Una semana más tarde, desde la Casa Real jordana se hacía saber que, de no corregirse este abuso, las disputas sobre el agua podían ser la causa de la próxima guerra en esta parte del planeta. Efectivamente, el estado turco se ha abstenido reiteradamente de firmar ningún acuerdo con sus vecinos, aunque sí se ha manifestado dispuesto a vender agua a los países del Golfo Pérsico.

La situación es tan dramática como la que aquí se plantea en muchas otras zonas del globo.

Aparentemente abundante, el agua del planeta no es suficiente ni en calidad ni en cantidad. No se dispone de ella más que en algo menos de la mitad de los 150 millones de kilómetros cuadrados de las tierras emergidas.

Se estima que 1.800 millones de personas en el mundo están privadas de agua potable, 2.400 millones carecen de equipamientos sanitarios, y que 20 millones mueren cada año a causa de enfermedades relacionadas con el consumo de aguas contaminadas.

**UN PLANETA MUY SALADO**
De la ingente cantidad de agua (algo así como 1.400 ¡seguido de quince ceros! de $m^3$) que hay, sólo el 0,26% es efectivamente utilizable.

Cincuenta países del Tercer Mundo tienen escasez de agua y no pueden siquiera responder a las exigencias generadas por una agricultura básica para satisfacer las ya desastrosas necesidades alimenticias de los próximos 40 años de una población en proceso de expansión. Sin agua, no podrán ni siquiera aumentar en un miserable quintal su producción característica, mientras la tasa de natalidad crecerá hasta el 8 por ciento en algunos países.

Pero el agua no sólo representa un recurso escaso sino que, en un porcentaje excesivamente alto, carece de suficiente calidad para el consumo.

Según datos de la Organización Mundial de la Salud, más de 2.000 millones de seres humanos, de los 5.000 millones de habitantes actuales de la Tierra, carecen en estos momentos de agua potable. Mientras, las aguas contaminadas estarían matando a unas 25 millones de personas, entre ellas 10 millones de niños. Como ejemplo típico, en Dhaka, capital de Bangladesh, un niño sufre 20 ataques de diarrea antes de llegar a los 5 años. Esto sin contar los muchos millones de personas que mueren por falta de unas mínimas condiciones higiénicas. Durante el año 1990, datos de la Organización Mundial de la Salud daban la alarmante cifra de 1.700 millones las personas que carecían absolutamente de servicios de saneamiento.

Así las cosas en el Tercer Mundo, en las regiones desarrolladas llegamos a desperdiciar hasta el 50 por ciento del agua destinada al uso.

España, sin ir más lejos, es el cuarto país del mundo consumidor de agua, después de Estados Unidos, Japón e Italia. Así, mientras los norteamericanos gastan la friolera de 5.500 $m^3$ (metros cúbicos) por persona y año, en Ghana, por ejemplo, apenas sobrepasan los 30 $m^3$. ■

## *El ahorro empieza de puertas adentro*

1. llaves de agua

**Abrir los grifos[1] es una operación tan mecánica que no se nos ocurre pensar en que lleve implícitas posibles consecuencias negativas. Un comportamiento individual más responsable y más ecológico conseguiría reducir el consumo diario de cada persona ¡a la mitad!**

Cada europeo medio gasta 200 litros de agua al día. Los españoles no nos escapamos de esta excesiva cifra. Se calcula que, cada uno de nosotros, gastamos 3.300 metros cúbicos de agua al año. De esta cantidad prácticamente la mitad es puro y triste derroche. Entre nuestros países vecinos sólo nos superan los italianos y por muy escaso margen.

Como media estadística, en una casa madrileña (por poner un solo ejemplo) se escapan 10 litros de agua por el desagüe de la cocina. Cada vez que nos lavamos las manos usamos unos tres litros de agua, más de 45 litros se fugan con la extendida manía de utilizar el retrete como papelera y tirar innecesariamente de la cadena (en este *tic* se escapa la tercera parte del total), y otro tanto se iría por los sumideros de la bañera, por poner sólo algunos ejemplos.

Mientras tanto, según afirmaciones de la Secretaría de Estado para el Agua y el Medio Ambiente, sólo en Madrid y Barcelona se paga un precio medio justo por el agua. Todavía existen muchos pueblos repartidos por nuestra geografía en los que el agua se distribuye gratuitamente a las casas o por ella sólo se paga un canon mínimo incapaz de cubrir siquiera los gastos de una imprescindible depuración.

También en este punto, aunque disguste, habremos de ponernos al nivel del resto de los países comunitarios. En España tenemos el agua más barata y acaso la más contaminada.

De esta circunstancia también somos directamente responsables. No sólo son los vertidos industriales los que contaminan nuestro medio ambiente. Para abastecimiento urbano se destina el 14 porciento de toda el agua consumida en España y, desgraciadamente, no todos los vertidos están controlados.

La capacidad de autodepuración de los ríos españoles (unos 70.000 kilómetros de longitud) no permite la corrección de algunos vertidos no tratados que, en parte, provienen del descuido doméstico para que las aguas de nuestra casa bajen lo más limpias posible hasta la red de alcantarillado tenemos pequeños trucos muy simples en la mano. Es preferible utilizar la pastilla de jabón de toda la vida que los geles de moda, aunque huelan mejor. Los detergentes son igualmente productos altamente contaminantes, es mejor utilizar marcas ecológicas. La lejía y otros productos son intercambiables por vinagre o limón que no rompen el equilibrio bacteriano de las aguas. Aceites o pinturas nunca deben bajar por los desagües, forman una película sobre el agua que impide el natural intercambio de gases.

Las basuras que generamos en nuestro hogar tienen también relación directa con el gasto del agua. Cuantos más envases utilicemos más estaremos contribuyendo a gastar el agua necesaria en los costosos procesos de producción de este tipo de artículos.

Está claro que la demanda de agua crece sin cesar. Hacia fines del siglo pasado, relativamente poco tiempo, se consideraba que una población estaba bien abastecida si disponía de 20 litros por persona y día. Hoy, la demanda urbana —la doméstica y la industrial— es, como promedio, de 388 litros por persona y día, más de 5.300 $m^3$ por año. ■

1. Turquía e Israel han monopolizado los recursos hidráulicos del Oriente Medio. / 2. La mayoría es agua salada. / 3. No podrán satisfacer las necesidades alimenticias de la población. / 4. Hasta el 50%. / 5. EE.UU., Japón, Italia y España. / 6. La mitad. / 7. En lavarse las manos, bañarse, utilizar el retrete, lavar los platos, etc. / 8. Las industrias, el pueblo. / 9. Usar jabón y detergente de marcas ecológicas, usar vinagre o limón en lugar de la lejía y otros productos, no dejar que bajen aceites y pinturas por los desagües. / 10 y 11. Las respuestas pueden variar.

## Después de leer

1. ¿Por qué se dice que la causa de la próxima guerra en Oriente Medio puede ser el agua?
2. ¿Por qué no se dispone de una cantidad más grande de agua en una mayor parte del mundo? [E]
3. ¿Cómo afectará la escasez de agua a los países del Tercer Mundo? [E]
4. ¿Qué porcentaje del agua se desperdicia en las regiones desarrolladas?
5. ¿Cuáles son los cuatro países que consumen más agua?
6. ¿Cuánto podríamos reducir nuestro consumo diario de agua siendo más responsables?
7. ¿En qué se gasta el agua en el hogar? [E]
8. ¿Quién contamina el agua de España? [E]
9. ¿Qué se puede hacer para que las aguas de nuestra casa bajen lo más limpias posible hasta la red de alcantarillado? [E]
10. ¿Qué podemos hacer para ahorrar el agua? [E]
11. ¿Qué cantidad del agua que consume Ud. se puede ahorrar?

## Para escribir y comentar

1. ¿Qué debemos hacer para asegurarnos de que haya suficiente agua potable para abastecer las necesidades del planeta? En su diario, sugiera algunas soluciones.

Esta actividad también se puede convertir en un debate si la mitad de la clase está a favor y la otra mitad en contra.

2. Algunas personas piensan que el consumo excesivo del agua es un resultado inevitable del progreso. ¿Está de acuerdo con ese punto de vista? ¿Por qué? Escriba un ensayo a favor o en contra. [E]
3. Haga una lista de cinco cosas que Ud. como individuo puede hacer en su vida cotidiana para ahorrar agua. Compare su lista con las del resto de la clase y entre todos hagan una lista para toda la clase. ¿Qué va a hacer Ud. para ahorrar agua esta semana? Escoja por lo menos tres cosas que puede hacer.
4. Escriba un ensayo sobre la importancia de ahorrar agua. [E]
5. En grupos de tres o cuatro, preparen una explicación sobre el malgasto del agua que se puede presentar a los niños de una escuela en la vecindad.

Esta actividad se puede hacer en forma de debate.

6. ¿Es necesario gastar un exceso de agua para mantener nuestra economía? ¿Qué piensa Ud.? Discútalo con el resto de la clase. [E]

# 3 Las siete plagas que destruyen España

## Prelectura

"Sólo el hombre puede arreglar lo que ha destruido el hombre." Si consideramos que los problemas que enfrentamos han sido un producto de nuestro propio progreso, quizás podamos ver lo positivo y esperar que así como lo hemos dañado, podemos mejorar el medio ambiente. Es importante que estemos conscientes de los problemas ecológicos de nuestro planeta. Así podemos contribuir al mejoramiento del medio ambiente y proveer para un mundo mejor en el futuro. En el artículo "Las siete plagas que destruyen España" se mencionan siete problemas que amenazan a la Tierra. Al leer el artículo, consideremos cómo cada uno de estos problemas puede resolverse si todos nos proponemos a hacer nuestra parte.

## *Las siete plagas que destruyen España*

**La contaminación y el derroche del agua, la desertización, la contaminación atmosférica, la generación de residuos tóxicos y radioactivos, las basuras, las grandes obras públicas y privadas, y la aniquilación de la flora y la fauna son los siete principales problemas que, como siete plagas, amenazan nuestro medio ambiente y cuestionan la cultura del consumismo desaforado, del despilfarro y del desarrollo mal entendido.**

El manifiesto deterioro de nuestro entorno parece indicar que el progreso está reñido con el medio ambiente. Pero no: el desarrollo, el bienestar y la calidad de vida son perfectamente compatibles con la conservación de la naturaleza. Lo verdaderamente incompatible es un estilo de vida avasallador e irresponsable, basado en la producción y el consumo desbocados y sin freno, en el esquilmamiento y el derroche de los recursos naturales, en la creación de necesidades artificiales.

Está claro que el medio ambiente es uno e indivisible, que todos sus problemas están interrelacionados y que cualquier destrozo tiene repercusiones globales. Pero España —por su geografía, su clima, su historia y su desarrollo económico— tiene, para bien y para mal, rasgos diferenciales, y en todo caso, sus propios problemas.

El primer Congreso Nacional del Medio Ambiente, celebrado en Madrid, ha pretendido resaltar que estamos en un momento crítico, con la intención de implicar a todos —administraciones públicas, empresas y ciudadanos— en la solución de los muchos y complejos problemas. A modo de radiografía de la situación actual, cabría resumirlos en siete plagas:

**DESPILFARRO Y CONTAMINACIÓN DEL AGUA**

**Desperdiciar un bien escaso.** En su conjunto, España es un país más seco que la media europea y mundial, pero no está falto de agua. Sus recursos hídricos por habitante y año, según la Secretaría de Estado para las Políticas de Agua y Medio Ambiente, están incluso por encima de la media europea: 3.000 metros cúbicos frente a 2.500. El problema es su enorme irregularidad geográfica (hay una España húmeda y otra seca) y en el tiempo (frecuentes inundaciones y sequías), que apenas permite aprovechar de forma natural el 8 por ciento del agua —frente al 40 por ciento en Europa—, y un total del 41 por ciento gracias a 1.000 pantanos y medio millón de pozos.

Hay carestía de agua, y el problema se agrava por el uso irracional que hemos venido haciendo de este recurso limitado. El aumento sin freno de la demanda (en los últimos 10 años ha crecido un 15 por ciento) hace que padezcamos un déficit anual de 2,9 kilómetros cúbicos (casi un 10 por ciento del agua destinada al consumo). El despilfarro de agua en la agricultura (consume el 66 por ciento del total), en la industria (el 24 por ciento) y en los usos domésticos (el 10 por ciento) reclama sistemas de riego de menor gasto o riegos de aguas depuradas, reciclar el agua industrial y planes de ahorro domiciliario.

Pero, sobre todo, España tiene sed de agua limpia. Un tercio de los 67.000 kilómetros de nuestros ríos están convertidos en cloacas, y apenas un 25 por ciento de su agua puede beberse sin tratamientos previos por los vertidos industriales y urbanos. La instalación de plantas depuradoras de aguas residuales en todas las poblaciones de más de 5.000 habitantes costaría cerca de 1,2 billones de pesetas. De hecho, la última encuesta del Centro de Investigación sobre la Realidad Social (Cires), indica que la escasez de agua y la contaminación atmosférica son los problemas ecológicos que más preocupan a los españoles.

Y hay todavía más motivos de alarma, como la sobreexplotación de algunos acuíferos, la pérdida de aguazales del interior y de la costa, o la realización de obras hidráulicas de escasa utilidad e irrespetuosas con la naturaleza, de las que la presa de Riaño es el ejemplo más reciente. De los 272 embalses que hay proyectados, "al menos 85 generarían un gran impacto ambiental", según Santiago Martín, de la Coordinadora de Organizaciones de Defensa Ambiental (CODA). Y es que el problema del agua es su mal uso: se desperdicia, se llena de desperdicios y desperdicia el medio ambiente.

### DESERTIZACIÓN

**España despellejada.** España es el país europeo más amenazado por la desertización: más de la cuarta parte de nuestro suelo sufre una erosión grave, y entre un 30 y un 40 por ciento, está afectada por una erosión moderada y apreciable. Se trata de un pernicioso círculo vicioso en el que tan fácil resulta caer como costoso salir: la pérdida de la cubierta vegetal hace cada vez más difícil el desarrollo de especies vegetales. El riesgo de desertización o empobrecimiento irreversible del suelo es muy alto en la franja mediterránea, desde el sur de Gerona hasta Huelva[1], así como en zonas próximas a los cauces medios del Ebro y el Tajo[2].

El predominante clima mediterráneo, con escasas pero torrenciales precipitaciones, y nuestra orografía favorecen el arrastre de la cubierta vegetal por el agua.

Pero ésta es sólo una parte de la verdad, porque lo más dañino es la acción del hombre: los incendios forestales (en los últimos 10 años han ardido 2,5 millones de hectáreas, el 5 por ciento del territorio nacional); la deforestación maderera; las agresivas y malas prácticas agrícolas (roturación profunda y surcos a favor de la pendiente); las grandes obras públicas y privadas y la urbanización de montes; el pastoreo intensivo; la quema de rastrojos y arbustos; y la avalancha irrespetuosa de vehículos todoterreno.

La acción conjunta de todos estos factores elimina la protección natural del suelo (la vegetación) frente a la lluvia, que tritura el terreno y luego lo arrastra. Consiguientemente, más de la mitad de España pierde cada año medio centímetro de suelo, la capa de elementos orgánicos y minerales que ha tardado en crearse más de 1.000 años. La detención de esta "sangría" de suelo pasa por la reforestación racional, con especies autóctonas, de los inmensos claros que impiden avistar claramente el bosque en este solar despellejado que ya es hoy España.

### CONTAMINACIÓN ATMOSFÉRICA

**Malos humos.** El adelgazamiento y los agujeros de la capa de ozono, con sus consecuencias sobre la salud y la disminución de la produc-

1. ciudades españolas
2. ríos españoles

ción vegetal; las lluvias ácidas que destruyen los bosques de las zonas templadas; y la potenciación del efecto invernadero, con la consiguiente elevación de la temperatura sobre la Tierra, que facilitaría el deshielo de los casquetes polares y la subida del nivel de los mares, son tres gravísimos problemas que comprometen la supervivencia en todo el planeta.

Su causa común es la emisión de gases contaminantes a la atmósfera (CFC o clorofluorocarbonos —$SO_2$ y $CO_2$, respectivamente), derivada del consumo abusivo e ineficiente de energía.

Nuestra contribución a estos problemas no es en absoluto despreciable. En 1990 se lanzaron a la atmósfera 218 millones de toneladas de $CO_2$, de los que unos 50 corresponden a las centrales térmicas, 67 a los transportes, y 45 a la industria. España es, además, "el único país desarrollado que no tiene previsto disminuir sus emisiones de $CO_2$", según José Luis García Ortega, de Greenpeace[3].

3. organización internacional ecologista

La electricidad es, junto al tráfico, el principal contaminante atmosférico en nuestro país, ya que casi la mitad se obtiene en nuestras sucias centrales térmicas (la central más contaminante de Europa está en Córdoba, y la tercera en Teruel). Además de contaminante, esta forma de obtener electricidad es ineficaz: sólo llega a los enchufes la cuarta parte de la energía quemada. El despilfarro de electricidad y la utilización de calefacción eléctrica es además "una irresponsabilidad", recalca Ladislao Martínez, de la Asociación Ecologista de Defensa de la Naturaleza (Aedenat).

Ya sea por la presencia de plantas industriales y energéticas o por la emisión de gases y partículas de coches y calefacciones, algunas ciudades españolas, como Avilés, están entre las más contaminadas de Europa, y otras, como Madrid o Bilbao, rebasan los niveles tolerados de malos humos.

**RESIDUOS TÓXICOS Y RADIACTIVOS**

**Un aluvión de venenos.** Las plantas industriales y energéticas no sólo producen contaminantes atmosféricos. En nuestro país se generan cada año más de dos millones de toneladas de residuos tóxicos y peligrosos, de las que apenas 0,3 toneladas (el 15 por ciento) reciben tratamiento adecuado. El resto se abandona en el medio o es recogido por personal que en su mayoría no está autorizado para estas tareas, desconociéndose qué sistemas utilizan.

Los residuos radiactivos son capítulo aparte. España, con nueve centrales nucleares, produce el 36 por ciento de su electricidad y es la tercera nación más nuclearizada de Europa, sólo después de Francia y Bélgica. La citada encuesta del Cires revela que el 62 por ciento de los españoles está a favor de prohibir la explotación de las centrales nucleares y la mitad de los ciudadanos defiende imponer grandes multas a las empresas que contaminen.

Con el actual equipamiento nuclear, los residuos de baja y media actividad (material contaminado) que va a generar nuestro país se estiman en 212.410 metros cúbicos; los de alta actividad (el combustible utilizado) se evalúan en 11.680 metros cúbicos. Con todo, lo de menos es su volumen; lo realmente importante es que la peligrosidad de estos residuos se prolongará durante miles y hasta centenares de miles de años. Como dice Ladislao Martínez, "es inmoral dejar este legado por una fuente de energía en decadencia y que apenas vamos a utilizar durante un siglo".

La vida de animales, plantas y del propio hombre está además amenazada por todo un arsenal de pesticidas, herbicidas y otros biocidas de uso agrícola, devastadores para un medio ambiente al que se le ha venido encima un aluvión de venenos.

**RESIDUOS SÓLIDOS URBANOS**

**Montañas de basura.** La basura nos invade: cada español produce por término medio casi un kilo de residuos sólidos urbanos todos los días; en algunas ciudades, como Madrid o Barcelona, se supera el kilo diario. La mitad de esta basura son residuos orgánicos; la otra mitad está compuesta, entre otras cosas, de papel y cartón (20 por ciento), vidrio (8 por ciento), plásticos (7 por ciento), metales (4 por ciento), gomas y cuero (3 por ciento) y madera (2,4 por ciento). El 33 por ciento de esta basura va a parar a vertederos incontrolados; el 45 por ciento, a vertederos controlados; el 16 por ciento se destina a compostage, y el 6 por ciento se incinera.

Cada español tira a la basura 500 bolsas de plástico al año. También van a parar a la basura 40.000 millones de envases de alimentos, 6.000 millones de vidrio no retornable, 2.000 millones de botes y latas de hojalata y aluminio y 30 millones de neumático, por un valor total de cinco mil millones de dólares: demasiado dinero en materia prima que apenas se recicla.

Su mejor aprovechamiento pasa, según Olivia Núñez, de Greenpeace, por una recogida selectiva que hoy por hoy es insuficiente y mucho menor que en otros países europeos, así como por el fomento del reciclado, sin olvidar que también hay que disminuir la producción y el consumo para que no se sigan acumulando en nuestro entorno montañas y montañas de basura.

## OBRAS ANTIECOLÓGICAS

**La amenaza del cemento.** El negativo impacto ambiental de las grandes y pequeñas obras públicas y privadas es uno de los principales frentes de batalla abiertos por el ecologismo español.

El automóvil y las infraestructuras que le abren camino, las urbanizaciones en zonas de valor ecológico o los grandes pantanos sin sentido que inundan amplias comarcas están en su punto de mira. El AVE[4], Costa Doñana[5] o Riaño[6] son algunos nombres famosos ligados a esta guerra.

4. tren de alta velocidad de España / 5. parque natural en el sur de España / 6. zona de León donde se construyó un pantano que destruyó una zona rica en vegetación y fauna

El abandono del tren convencional, pese a su menor consumo energético (1,6 litros de combustible por cada 100 kilómetros y viajero, frente a los 5 litros o más del coche) y de su menor costo económico y social (en accidentes, seguros, policía, etcétera), puede conducir, según Ramón Fernández, de Aedenat, a la muerte en esta década de al menos 5.500 kilómetros de la red nacional de ferrocarriles (casi la mitad del total). En su opinión, primar el automóvil significa más aparcamientos, más carreteras y autopistas, o sea, más y más cemento.

## FLORA Y FAUNA EN PELIGRO

**Los santos inocentes.** España es el país europeo que posee una diversidad biológica más rica y conserva todavía enclaves de alto valor ecológico. Por eso es tan importante, según Alberto Fraguas, delegado en Madrid del Colegio Oficial de Biólogos, utilizar al máximo ese instrumento de planificación que es la Evaluación de Impacto Ambiental, creado hace seis años, pero aún infrautilizado.

La aplicación de los estudios de impacto ambiental es la herramienta que puede evitar la deforestación y todo tipo de intervenciones y obras antiecológicas, y preservar desde la encina al lince ibérico, entre otras especies autóctonas amenazadas. Lo que quizá no sea tan fácil evitar es la muerte de millones de árboles por el fuego o los 25.000 atropellos mortales que hay cada día en las carreteras. Ellos son, sin duda, los santos inocentes de nuestros campos. ■

## Después de leer

1. ¿Cuáles son las siete plagas que destruyen España? ¿Cuáles son sus causas y sus efectos? Utilice el siguiente esquema para contestar estas preguntas. [E}

| Plaga | Causa | Efecto |
|---|---|---|
| la desertización | escasas precipitaciones y la orografía; incendios forestales; deforestación maderera; malas prácticas agrícolas; grandes obras públicas y privadas: urbanización de montes; pastoreo intensivo; quema de rastrojos y arbustos; uso de vehículos todoterreno | elimina la protección natural del suelo (vegetación) frente a la lluvia que tritura el terreno y lo arrastra |
| contaminación atmosférica | emisión de gases contaminantes a la atmósfera | adelgazamiento y agujeros de la capa de ozono con consecuendcias sobre salud y producción vegetal; lluvias ácidas que destruyen bosques; efecto invernadero con elevación de la temperatura, etc. |
| residuos tóxicos y radiactivos | plantas industriales y energéticas | el suelo permanecerá contaminado por miles de años |
| residuos sólidos urbanos | cada español produce casi un kilo de residuos sólidos urbanos todos los días | se están acumulando montañas de basura |
| obras antiecológias | el automóvil, las carreteras y autopistas | negativo impacto ambiental |
| flora y fauna en peligro | la deforestación, fuegos, atropellos de animales en las carreteras | especies autóctonas amenazadas |

2. ¿Cuáles de estas siete plagas afectan a los Estados Unidos? ¿Cuáles afectan a otros países? ¿Cuáles afectan a la región donde Ud. vive? [E}

## Para escribir y comentar

1. En su diario, comente sobre las siete plagas con respecto a su propia ciudad o comunidad.

2. Como individuo, ¿qué puede hacer en su vida cotidiana para proteger el ambiente? Haga una lista de seis cosas que puede hacer. Compare su lista con las del resto de la clase. Usando todas las sugerencias, hagan una lista para toda la clase. Escojan dos sugerencias que ustedes puedan seguir por una semana.

3. ¿Es importante reciclar? ¿Por qué? Infórmese acerca de los productos que se pueden reciclar en la ciudad o vecindad donde Ud. vive. Haga una lista de los productos, dónde se pueden reciclar y cuáles son los productos que resultan del reciclaje. ¿Es difícil encontrar los centros de reciclaje en su ciudad? ¿Por qué? ¿Se encuentra información en español acerca del reciclaje en su ciudad / en su estado / en los Estados Unidos?

4. ¿Existen diferencias en las actitudes entre generaciones en cuanto a la conservación del medio ambiente? Entreviste a alguna persona mayor y pregúntele cuáles eran las actitudes de la sociedad cuando él / ella era joven. Escriba un informe y comparta los resultados de la entrevista con el resto de la clase. [E}

Esta actividad también se puede hacer investigando las diferencias en las actitudes entre las mujeres y los hombres.

5. ¿Existen diferencias en las actitudes entre culturas en cuanto a la conservación del medio ambiente? Entreviste a algún extranjero y pregúntele cuáles son las actitudes prevalecientes en su país natal. Escriba un informe y comparta los resultados de la entrevista con el resto de la clase. [E}

6. Escriba una carta a uno de los representantes en las Naciones Unidas de un país hispano (por ejemplo, España) donde exista mucha contaminación. Explíquele lo que está pasando a causa de la contaminación y lo que Ud. recomienda que se haga para cuidar el medio ambiente.

Se puede utilizar esta actividad para practicar y/o evaluar el uso de los mandatos.

7. En grupos de tres hagan un anuncio comercial en el que se trata de convencer a la gente sobre la importancia de conservar energía, reciclar, etc. [E}

# Estrategias de escritura

## La causa y el efecto

Como vimos en **Estrategias de lectura**, a veces la organización de un ensayo se basa en la causa y el efecto. Este tipo de ensayo expresa el por qué y después los resultados. Al escribirse un ensayo de este tipo nos podemos hacer las siguientes preguntas: "Si hiciéramos esto, ¿qué pasaría? ¿Por qué habrá sucedido esto? ¿Qué lo habrá causado?" Estas preguntas nos pueden ayudar a enfocar la causa y el efecto de cierto acontecimiento o de ciertas acciones. Hay que considerar también que las causas y los efectos pueden ser directos o indirectos. La causa directa produce los efectos de una manera más obvia. Por ejemplo, si comemos algo contaminado, nos enfermamos. La causa indirecta tiene menos impacto y a veces es más difícil trazar la relación entre la causa y el efecto. Por ejemplo, cada vez que una persona tira basura a la calle contribuye a la contaminación ambiental. Esto es un efecto indirecto, por el hecho de que toma tiempo para producir un efecto notable.

Al escribir este tipo de ensayo, uno debe escoger un tema que tenga consecuencias o efectos en nuestra vida. Siga los siguientes pasos:

1. Escoja un tema general que tenga posible causas y/o efectos que se puedan discutir.
2. Limite su tema para que enfoque un aspecto del tema general.
3. Escriba la tesis, para establecer específicamente su propósito.
4. Escriba un bosquejo para determinar si tiene los detalles suficientes y adecuados para desarrollar su tema.
5. Escriba el borrador.
6. Revise su ensayo y haga los cambios necesarios.
7. Escriba la versión final.

## Actividades

1. En grupos de tres o cuatro, discutan los siguientes temas generales y consideren cómo éstos podrían limitarse para considerar sus efectos.
   a) la contaminación del agua
   b) la extinción de algunos animales
   c) la capa de ozono
   d) las fábricas / las maquiladoras[1]
2. Escriban tres posibles temas limitados para cada tema general.
3. Discutan éstos con el resto de la clase para generar ideas adicionales.

1. plantas o fábricas de ensamblaje

# Lenguaje

## El modo imperativo

El imperativo es uno de los modos del español, así como lo son el indicativo y el subjuntivo. El papel del imperativo es expresar una orden o mandato. Las órdenes son parte de la comunicación diaria, por ejemplo:

***Pase,*** *Sra. Muñoz.*

***Cierren*** *la puerta, por favor, que hace mucho frío.*

*Juanito,* ***haz*** *tu tarea temprano para que puedas salir a jugar.*

*No* ***dejen*** *de llamarme tan pronto lleguen al hotel.*

En el artículo "Contaminación y la salud" hay algunos ejemplos de mandatos:

***Suspenda*** *el paseo de su bebé por las calles más transitadas.*
***Renuncie*** *a la práctica de deportes al aire libre en las horas de mayor contaminación.*
***Consuma*** *vitamina E...*

En cada uno de los ejemplos anteriores, se le pide a alguien que haga (o no haga) algo. En los mandatos, como en cualquier otro tipo de comunicación, es sumamente importante tomar en cuenta el nivel de formalidad, porque de lo contrario se corre el riesgo de ofender. Por lo tanto, se recomienda que Ud. repase las reglas sociolingüísticas que rigen el nivel de formalidad que se explicaron en el Capítulo 6.

**Mandatos de verbos regulares en singular**

| Verbo regular | Mandato formal afirmativo | Mandato formal negativo | Mandato familiar afirmativo | Mandato familiar negativo |
|---|---|---|---|---|
| hablar | **Hable** (Ud.) | **No hable** (Ud.) | **Habla** (tú)<br>**Hablá** (vos) | **No hables** (tú)<br>**No hablés** (vos) |
| correr | **Corra** (Ud.) | **No corra** (Ud.) | **Corre** (tú)<br>**Corré** (vos) | **No corras** (tú)<br>**No corrás** (vos) |
| escribir | **Escriba** (Ud.) | **No escriba** (Ud.) | **Escribe** (tú)<br>**Escribí** (vos) | **No escribas** (tú)<br>**No escribás** (vos) |

**Mandatos de verbos regulares en plural**

| Verbo regular | Mandato formal afirmativo | Mandato formal negativo | Mandato familiar afirmativo | Mandato familiar negativo |
|---|---|---|---|---|
| hablar | **Hablen** (Uds.) | **No hablen** (Uds.) | **Hablen** (Uds.)<br>**Hablad** (vosotros) | **No hablen** (Uds.)<br>**No habléis** (vosotros) |
| correr | **Corran** (Uds.) | **No corran** (Uds.) | **Corran** (Uds.)<br>**Corred** (vosotros) | **No corran** (Uds.)<br>**No corráis** (vosotros) |
| escribir | **Escriban** (Uds.) | **No escriban** (Uds.) | **Escriban** (Uds.<br>**Escribid** (vosotros) | **No escriban** (Uds.)<br>**No escribáis** (vosotros) |

**Mandatos de algunos verbos irregulares en singular**

| Verbo irregular | Mandato formal afirmativo | Mandato formal negativo | Mandato familiar afirmativo | Mandato familiar negativo |
|---|---|---|---|---|
| dar | **Dé** (Ud.) | **No dé** (Ud.) | **Da** (tú)<br>**Da** (vos) | **No des** (tú)<br>**No des** (vos) |
| hacer | **Haga** (Ud.) | **No haga** (Ud.) | **Haz** (tú)<br>**Hacé** (vos) | **No hagas** (tú)<br>**No hagás** (vos) |
| decir | **Diga** (Ud.) | **No diga** (Ud.) | **Di** (tú)<br>**Decí** (vos) | **No digas** (tú)<br>**No digás** (vos) |

**Mandatos de algunos verbos irregulares en plural**

| Verbo irregular | Mandato formal afirmativo | Mandato formal negativo | Mandato familiar afirmativo | Mandato familiar negativo |
|---|---|---|---|---|
| dar | **Den** (Uds.) | **No den** (Uds.) | **Den** (Uds.)<br>**Dad** (vosotros) | **No den** (Uds.)<br>**No deis** (vosotros) |
| hacer | **Hagan** (Uds.) | **No hagan** (Uds.) | **Hagan** (Uds.)<br>**Haced** (vosotros) | **No hagan** (Uds.)<br>**No hagáis** (vosotros) |
| decir | **Digan** (Uds.) | **No digan** (Uds.) | **Digan** (Uds.)<br>**Decid** (vosotros) | **No digan** (Uds.)<br>**No digáis** (vosotros) |

Tal vez le parezca un tanto complejo el sistema de mandatos, pero Ud. seguramente ya domina muchas, si no la mayoría, de las formas, y las usa con toda naturalidad. Las formas de algunos mandatos son idénticas a las del presente de subjuntivo que se presentaron en el Capítulo 9, y en su formación podemos usar de nuevo la regla de las vocales opuestas:
Si el verbo termina en:

| | | |
|---|---|---|
| **habl<u>ar</u>** | se usa la **e** | ***Hable*** *(Ud.) en voz alta, por favor.* |
| **corr<u>er</u>** | se usa la **a** | ***Corra*** *(Ud.) a darle la noticia.* |
| **escrib<u>ir</u>** | se usa la **a** | ***Escriba*** *(Ud.) lo que opina sobre este asunto.* |

Es importante notar que el infinitivo también se usa como mandato en el lenguaje escrito, por ejemplo en letreros públicos, en recetas, etc.:

***Tomar*** *su derecha.*
***Mezclar*** *todos los ingredientes con cuidado.*

## Ejercicios

1. Examine los esquemas anteriores de los verbos regulares e indique qué formas (formal afirmativo, formal negativo, familiar afirmativo, familiar negativo) usan la regla de la vocal opuesta y cuáles no la usan.
2. En las formas que no usan la regla de la vocal opuesta, ¿qué se usa?
3. Identifique otros cambios que ocurren en los verbos regulares.
4. Use las lecturas de este capítulo e identifique diez oraciones que contienen alguna forma del mandato. Cópielas en una hoja e identifique cada forma (verbo regular, verbo irregular, singular, plural, formal afirmativo, formal negativo, familiar afirmativo, familiar negativo).
5. En grupos de tres o cuatro, preparen cinco letreros relacionados al tema del medio ambiente que se pudieran usar en algún sitio público. ¿Qué forma del mandato usaron? ¿Por qué?

1. La usan en el singular: el mandato formal afirmativo y negativo; el mandato familiar negativo (con la añadidura de ***s***). En el plural se usa con el mandato formal afirmativo y negativo (con la añadidura de ***n*** o ***d***). No se usa en los mandatos afirmativos familiares en plural y singular.

2. El mandato familiar afirmativo (tú) es igual a la tercera persona singular, presente de indicativo.

La sección de **Evaluación** para este capítulo aparece en la página xli.

# Capítulo 12
# El progreso

## Objetivos

En este capítulo, usted:

### Contenido

- Identificará distintas maneras en que el progreso nos ha afectado en la vida diaria.
- Identificará algunos avances tecnológicos que nos han mejorado la vida.

### Cultura

- Comentará sobre algunas diferencias culturales en las actitudes hacia los avances tecnológicos.
- Comentará sobre algunas diferencias en actitudes que existen entre las diferentes generaciones hacia los avances tecnológicos.

### Lenguaje

- Reconocerá y usará **se** en su función como sujeto indefinido.
- Reconocerá y usará la voz pasiva construida con **se.**

## Funciones lingüísticas del capítulo

- Expresar y defender su opinión sobre los avances tecnológicos con respecto a su efecto en la sociedad.
- Expresar creencias morales con respecto a los adelantos tecnológicos.

# Para empezar

En el video *Pasajeros a bordo* se muestra un contraste entre los medios de transporte tradicionales y los avances tecnológicos del transporte moderno.

Cuando se menciona el término **progreso,** ¿en qué piensa Ud.? Con los avances científicos y tecnológicos, la raza humana ha podido superar un sinfín de barreras y, además, facilitar muchos aspectos de su vida. Si nos ponemos a pensar en los cambios que han ocurrido en este siglo, es evidente que el progreso nos ha llevado a nuevas dimensiones. La comunicación antes podía tardar días o semanas para llegar de un sitio a otro. Ahora, en cambio, los mensajes y las imágenes se transmiten instantáneamente. Las llamadas que antes tenían que hacerse desde la casa o la oficina, se pueden hacer ahora mientras uno va en el carro. En el mundo de la ciencia, las operaciones, las medicinas y los instrumentos han llegado a ser tan sofisticados que el trabajo del médico resulta cada vez más eficaz. El progreso ha traído cambios positivos que nos han ayudado a tener una vida mejor. Pero, ¿ha tenido el progreso resultados negativos? ¿Qué piensa usted? Al considerar las lecturas de este capítulo veremos diferentes innovaciones y cambios que han contribuido al progreso; usted tendrá la oportunidad de expresar sus opiniones en cuanto a estos avances.

Estas preguntas se pueden utilizar para discutir con toda la clase o en grupos

**¿Qué es el progreso?** ¿Qué significa para usted la palabra **progreso?** Cuando se habla del progreso, ¿se tiene que hablar también de una meta? ¿Cómo sabemos si hemos progresado? ¿Cómo se mide el progreso? ¿Piensa usted que el ser humano ha progresado desde el principio de su existencia? ¿En qué sentido? ¿Cuánto ha cambiado el ser humano desde entonces? ¿Cuáles son algunos ejemplos de nuestro progreso o falta de progreso? ¿Llegaremos a algún punto después del cual ya no podremos progresar? Explique sus respuestas.

**Avances tecnológicos** ¿Cómo ha cambiado el mundo gracias a la tecnología? En grupos de tres o cuatro, hagan una lista de diez invenciones que hayan cambiado el mundo. Al lado de cada invención escriban una descripción de lo que podemos hacer gracias a esa invención. Comparen su lista con las de otros grupos. ¿Qué invenciones se mencionaron más?

| Invención | Lo que nos permite hacer |
|---|---|
| el teléfono | comunicarnos rápidamente |
| | |
| | |

# Estrategias de lectura

## El uso de ejemplos

Cuando un autor escribe, presenta sus ideas al lector. Esas ideas forman el contenido básico de la lectura. Es más fácil comprender lo que leemos cuando se incluyen ejemplos concretos de lo que se explica. Éstos nos ayudan a visualizar lo que se explica o a relacionarlo con algo semejante que ya conocemos.

## Actividades

1. Escoja dos ejemplos del artículo "7 aplicaciones de la tecnología espacial a los problemas terrestres". Explique cómo le ayudan a comprender el artículo.
2. ¿Cómo se usan los ejemplos en el artículo "Genios trabajando" ¿Por qué cree usted que el autor usó esos ejemplos?

# 1 Rosa

## Prelectura

¿Cómo nos ha afectado el progreso en los últimos veinte años? ¿Nos ha ayudado a mejorar nuestra existencia colectiva? ¿O nos ha convertido en seres vivientes preocupados sólo por nuestro progreso individual? Al considerar el efecto que el progreso tiene en nuestra vida, uno puede evaluar la calidad de vida que se lleva hoy en día. Así como nuestra forma de vivir ha mejorado, facilitándose nuestros quehaceres diarios, también, en otras maneras, se ha complicado. Además, por nuestro afán de avanzar, a veces olvidamos los sentimientos básicos y esenciales de nuestra existencia. En el cuento que se presenta a continuación, veamos cómo Ángel Balzarino, autor argentino, muestra el contraste entre las máquinas y los seres humanos del futuro.

## Rosa

—¡Hoy es el día! —el tono de Rosa expresó cierta zozobra[1], la sensación de una derrota ineludible—. ¿Por qué habrán dispuesto eso?

—Nadie lo sabe, querida —se limitó a responder Betty.

—Así es. Son órdenes superiores —Carmen pareció resignada ante esa certeza—. Simplemente debemos obedecer.

Aunque la explicación resultaba clara y sencilla, no logró conformar a Rosa. Ya nada le serviría de consuelo. Ahora sólo deseaba sublevarse, manifestar abiertamente la indignación que la dominaba sin piedad desde hacía una semana, cuando le comunicaron la orden increíble de sacarla de allí.

—¡No quiero separarme de ustedes! —ahora su voz tuvo el carácter de un ruego angustioso—. ¡No puedo aceptarlo!

—Nosotras tampoco lo deseamos, Rosa.

—Posiblemente te trasladen a un sitio más importante —exclamó Carmen dulcemente, tratando de alentarla—. Tus antecedentes son extraordinarios. Sin duda los han tenido en cuenta para esa resolución.

—Por supuesto —confirmó Betty—. ¿Dónde te gustaría trabajar ahora?

Se produjo un largo silencio; embargada[2] por la duda, Rosa demoró una respuesta concreta, como si aún no hubiera contemplado esa posibilidad.

—No lo sé. No tengo ambiciones. Me agrada estar aquí.

—Pero ya permaneciste mucho tiempo, ¿no te parece?

—Tal vez sí. ¡Cuarenta y tres años! —la pesadumbre[3] de Rosa se transformó de pronto en una ráfaga de orgullo[4]—. Fui la primera que

1. ansiedad
2. paralizada
3. dolor
4. sintió orgullo repentinamente

empezó a trabajar en el Control de Datos Generales. Siempre me encargaron las tareas más complicadas. Nunca tuve una falla, nadie me ha hecho una correción.

—Lo sabemos, Rosa.

—¡Una trayectoria realmente admirable!

—Por eso querrán trasladarte. Necesitarán tus servicios en otra parte. Quizá te lleven al Centro Nacional de Comunicaciones.

Las palabras de Betty reflejaron un vibrante entusiasmo, casi tuvieron una mágica sonoridad. Trabajar en ese lugar constituía un hermoso, envidiable privilegio. A pesar de ser un anhelo común, tácitamente comprendían que eran remotas las posibilidades de concretarlo, como si debieran recorrer un camino erizado de insuperables escollos. Preferían, tal vez para evitar una amarga decepción, descartar[5] la esperanza de ser elegidas.

5. rechazar

—A cualquiera le gustaría estar allí —admitió Rosa sin énfasis—. Pero creo que ya soy demasiado vieja.

Precisamente por eso te habrán elegido —dijo Betty con fervor—. Para trabajar allí se necesita tener mucha experiencia.

—Las cosas están cambiando, Rosa —continuó Carmen—. Todo se presenta bajo un aspecto nuevo, casi sorprendente. Es un proceso de reestructuración. Ellos parecen decididos a dar a cada cosa el lugar que le corresponde. Sin duda comprendieron que era hora de darte una merecida recompensa[6].

6. premio

—Quizá tengan razón —dijo Rosa modestamente—. Cuarenta y tres años de eficiente labor tienen un gran significado. Aunque nunca me interesó recibir un premio. Simplemente me limité a trabajar de la mejor manera.

—Siempre serás un ejemplo para nosotras, Rosa.

—Nadie será capaz de reemplazarte. Estamos seguras.

—Sin embargo desearía saber a quien pondrán en mi lugar. Las palabras de Rosa quedaron de repente superadas por el agudo repiquetear de unos pasos cada vez más cercanos; entonces, algo sobresaltadas por esa señal que parecía anunciar una grave amenaza, las tres permanecieron a la expectativa.

—¡Allí vienen!

—Sí —Rosa no se preocupó en disimular su consternación—. ¡Ha llegado el momento!

—Carmen y Betty se vieron contagiadas por ese estado de ánimo; después, con forzada exaltación, sólo pudieron decir a modo de despedida:

—¡Mucha suerte en tu nuevo trabajo, Rosa!

• • •

La puerta se abrió bruscamente y cuatro hombres jóvenes, de cuerpos esbeltos y vigorosos, penetraron en el amplio recinto donde se amontonaban diversas máquinas y pantallas a las que las luces incandescentes les conferían un aspecto pulcro, reluciente, casi de implacable frialdad.

—¿Cuál es? —preguntó uno de ellos.

El Suplente[7] deslizó lentamente la vista a su alrededor, en una especie de reconocimiento o de búsqueda, hasta que tendió una mano.

7. sustituto

—Aquélla. Se le conoce con el nombre de Rosa.

Los tres hombres se dirigieron con pasos firmes y decididos hacia la computadora de mayor tamaño, cuyo material se notaba algo deteriorado por el uso y los años.

—¿La llevamos al lugar de costumbre?

—Sí, a la Cámara de Aniquilación.

—Pronto volveremos por las otras.

—Está bien.

Mientras los hombres llevaban la vieja y pesada computadora, el Suplente fue a ocupar su puesto. Entonces no pudo evitar una franca sonrisa de seguridad, de absoluto triunfo al comprender que ya estaba a punto de finalizar la Era de las Máquinas. ■

1. La van a trasladar a otro lugar. Se siente triste porque dejará a sus amigas. Quiere quedarse. / 2. Sus compañeras están tristes, pero están resignadas y aceptan las órdenes. / 3. Cuarenta y tres años. Trabaja en el Control de Datos Generales. / 4. Es trabajadora, modesta, sensible. / 5. Cuatro hombres jóvenes la llevan a la Cámara de Aniquilación para destruirla. Después volverán por las compañeras. / 6. El Suplente. Se sonríe porque ya estaba a punto de finalizar la Era de las Máquinas. Físicamente son jóvenes, de cuerpos esbeltos y vigorosos. / 7. Las respuestas pueden variar. / 8. Las máquinas, porque tienen sentimientos. Para hacerlas más humanas.

## Después de leer

1. ¿Qué le va a pasar a Rosa? ¿Cómo se siente Rosa? ¿Qué quiere hacer ella?
2. ¿Cuáles son los sentimientos de sus compañeras?
3. ¿Cuánto tiempo tiene Rosa de trabajar allí? ¿Qué hacía allí?
4. Describa a Rosa. [E]
5. ¿Quién viene por Rosa? ¿Adónde la llevan? ¿Qué van a hacer con ella allí? ¿Qué van a hacer con sus compañeras?
6. ¿Quién reemplaza a Rosa? ¿Por qué se sonríe al final? ¿Cómo es él? ¿Y sus compañeros?
7. ¿Por qué se dice que ya estaba a punto de finalizar la Era de las Máquinas? ¿Qué seguiría? [E]
8. ¿Quiénes parecen ser más humanos en este cuento: las máquinas o los hombres? ¿Por qué? ¿Por qué cree usted que se les dieron nombres a las máquinas? [E]

## Para escribir y comentar

1. Rosa tiene 43 años de trabajar en su puesto. En la sociedad americana, ¿se le pone valor a la edad o al número de años de servicio? ¿Por qué? ¿Qué siente usted por Rosa? Escriba su reacción a este cuento en su diario.
2. Continúe por escrito el cuento de Rosa, indicando lo que usted cree que le pasará a ella.

Esta actividad se puede utilizar con las estrategias de escritura. Otra opción sería pedirles a los estudiantes que escriban un cuento con este tema. En este caso se utilizarían las estrategias de escritura como guía.

3. Escriba el cuento de Rosa desde el punto de vista de uno de los personajes.
4. ¿Piensa usted que las máquinas podrían reemplazar a todos los seres humanos en el trabajo? ¿Por qué? Escriba un ensayo al respecto. [E]
5. Imagine que se tuvieran que destruir todas las máquinas del mundo, menos una. Ustedes tienen que escoger qué tipo o cuál de las máquinas sobrevivirá. En grupos de tres o cuatro, tomen una decisión y preparen su defensa. Después la clase tendrá que escoger una máquina de las que se escogieron en los grupos. Ganará la que obtenga el voto de la mayoría de la clase.

Se pueden utilizar las estrategias de escritura como guía.

6. Escriba un cuento desde el punto de vista de una de las máquinas que usted utiliza, por ejemplo, su automóvil, su computadora o su lavadora. ¿Cómo es un día típico para esa máquina? [E]

Estas preguntas se pueden utilizar como tema para debate o para una composición individual.

7. ¿Piensa usted que las máquinas se podrían desarrollar hasta tal punto que tuvieran emociones y sentimientos? ¿Por qué? [E]

8. Escriba un ensayo desde la perspectiva de un cinematógrafo que trata de filmar *Rosa*. ¿Con qué problemas se enfrentará en la filmación? Por ejemplo, ¿cómo se podría ocultar hasta el final la identidad de la protagonista?

# 2 7 aplicaciones de la tecnología espacial a los problemas terrestres

## Prelectura

Hoy en día, con el progreso que se ha llevado a cabo, la humanidad se ha podido superar en diferentes campos. Aunque a veces algunos aspectos del progreso han traído consigo problemas, podemos decir que lo positivo excede lo negativo. El progreso nos ayuda en nuestra vida diaria, por ejemplo, ¿qué haríamos sin el teléfono, el auto o la lavadora? Sin embargo, hay que ir más allá de lo conocido y ver que los avances tecnológicos a veces empiezan en otros campos como lo es el de la tecnología espacial. Ciertos descubrimientos que fueron concebidos para los vuelos espaciales y para la exploración científica, se están aplicando más y más a los problemas terrestres. En el siguiente artículo podemos ver cómo algunos avances tecnológicos han ayudado en la solución de problemas y enfermedades que afectan al ser humano. Antes de leer piense en algunas maneras en que el progreso y la tecnología nos han cambiado la vida.

# *7 aplicaciones de la tecnología espacial a los problemas terrestres...*

**Cada año, un gran número de descubrimientos originalmente concebidos para los vuelos y exploración científica del espacio cósmico, encuentran aplicación práctica en la solución de problemas y enfermedades que afectan al ser humano en la Tierra. ¡Éstos —aunque poco conocidos— son también logros importantísimos de la tecnología espacial!**

## 1. ¡SOLUCIONANDO LOS TRASTORNOS VISUALES CON UN "CORRECTOR DE LA VISIÓN PROGRAMABLE"!

El **corrector de visión programable** es un ambicioso proyecto de la NASA, en el que un procesador digital de imágenes ha sido diseñado para aliviar problemas visuales agudos como es el caso de la **retinitis pigmentaria** (atrofia de los vasos sanguíneos que nutren la retina, reduciendo la visión) y la **degeneración macular** (disminución en el riego sanguíneo de una zona de la retina llamada mácula, provocando un punto ciego en el centro del campo visual). Con el dispositivo corrector, las imágenes son manipuladas y colocadas dentro del área visual que el sujeto conserva; por ejemplo: si el paciente sólo posee la visión periférica (la que queda en los alrededores) el **corrector de visión programable** ampliará o acomodará la imagen para que los objetos sean situados exactamente en esta área conservada y no en la afectada.

"La tecnología se inspiró en la necesidad de hacer más precisa la identificación de las imágenes que se obtenían en las pantallas de los equipos de la NASA, y resolver los problemas del rastreo automático y el acoplamiento exacto de dos vehículos en el espacio ultraterrestre", explica el doctor Richard Juday, director del Proyecto de Visión Robótica, del Centro Espacial Johnson (en Texas, Estados Unidos).

Aunque la tecnología aún está en desarrollo en la NASA, la forma actual del **corrector de visión programable** se halla disponible comercialmente como instrumento de investigación optométrica, a través de la compañía Texas Instruments.

## 2. ¡UN TRAJE TERAPÉUTICO PARA UNA EXTRAÑA ENFERMEDAD!

Con increíble agilidad, el pequeño Stevie Roper se coloca sobre la espalda la mochila inspirada en el equipo que emplean los astronautas de la Administración Nacional de la Aeronáutica y el Espacio (NASA) de los Estados Unidos... Luego conecta los tubos al dispositivo que lleva sobre el pecho, examina el resto de las conexiones, y en breve está listo para partir en otra aventura más... sólo que —a diferencia de los astronautas— Stevie se embarca en una misión mucho más importante para él: ¡salvar su vida!

El niño sufre de una extraña enfermedad congénita (conocida como HED: displasia hipohidrótica ectodermal) que se caracteriza por la ausencia de glándulas sudoríparas, las que constituyen el sistema de enfriamiento natural que permite a nuestro cuerpo mantener una temperatura estable. El aparato, inspirado en la tecnología espacial, es fabricado por la firma Life Supporting Systems International (LSSI), cuyo fundador y presidente, William Elkins, es un veterano experto en sistemas de enfriamiento. "La tecnología del **microclima** se creó hace más de veinte años en el Centro Ames de Investigaciones de la NASA", relata Elkins. "El producto original... en el cual nos inspiramos... es un traje interior que los astronautas usan para mantenerse frescos mientras tienen puesto el traje espacial. Este traje de **microclima** funciona cuando un líquido refrigerado circula impulsado por una bomba, a través de una compleja red de delgados tubos instalados por el interior del mismo", explica. El traje terapéutico —cuyo precio actual es de 4.000 dólares— consiste de un chaleco y un gorro, que debidamente instalados, eliminan del 40% al 60% del calor acumulado en el cuerpo del paciente.

### 3. EL PROYECTO *BIOHOME:* ¡UNA PROMESA PARA LA CASA Y LA OFICINA DEL MAÑANA!

El ambiente cerrado y limitado de la nave espacial también ha impulsado los estudios de los **microclimas** en el Laboratorio de Investigaciones Ambientales del Centro Espacial John C. Stennis de la NASA (en el estado norteamericano de Mississippi). Uno de los estudios —el Proyecto *Biohome* (en español **biocasa)—** utiliza procesos biológicos naturales para purificar el aire y el agua.

En los próximos años las naves espaciales llevarán una tripulación de varias personas que vivirán en el espacio durante largos períodos... por lo que resulta imposible llevar toda el agua y oxígeno necesarios para cubrir las necesidades de meses... o tal vez años. *Biohome* está estudiando una forma de abastecer estos preciosos elementos para que duren la totalidad del viaje. Esto quiere decir que las cantidades iniciales de oxígeno y agua deberán ser purificadas y recirculadas para poder usarse una y otra vez.

"La nave espacial es como si fuera un edificio completamente sellado, vulnerable a la acumulación de toxinas, especialmente sustancias químicas tóxicas que va creando su propio aire contaminado", explica John Casey, uno de los ingenieros ambientalistas de la NASA. "El Proyecto *Biohome* muestra que ciertas plantas absorben los gases del aire y reducen la cantidad de contaminación interior del aire. De hecho, los estudios han probado que combinando el follaje de las plantas con una base activa de carbono, se crea un sistema con una capacidad de purificación mucho mayor que si se usaran solamente las plantas".

Con esta idea básica, la NASA espera poder ofrecer próximamente —para el consumo público— un sistema similar que pueda ser instalado tanto en oficinas como en residencias particulares

## 4. ¡UN FANTÁSTICO JUGUETE GEODÉSICO CON PROPÓSITOS EDUCATIVOS!

Basándose en los conceptos creados por el ingeniero e inventor R. Buckminster Fuller —como su "Geometría Energética", que detalla cómo el cuerpo humano mantiene su estabilidad por medio del equilibrio de tensión entre los músculos, el esqueleto y los tejidos conjuntivos— dos jóvenes empresarios norteamericanos fundaron una compañía para explorar ese concepto a través del uso de los llamados "juguetes de ciencia".

Partiendo de los conceptos de Fuller, los principios de atracción–repulsión, y las investigaciones de la NASA, Stuart Quimby y Cary Kittner crearon Tensegri, un juego de piezas geodésicas diseñado para ayudar a los estudiantes a comprender los principios de la estabilidad estructural con variadas aplicaciones científicas... y comprender la naturaleza de las fuerzas que gobiernan nuestro universo.

El juego consiste solamente de un número indeterminado (se pueden usar las que se quieran, según el proyecto) de varitas de madera y unas cuerdas elásticas diseñadas especialmente para unirlas. Estos dos componentes le permiten al estudiante (mayor de 8 años) aprender sobre la naturaleza desde nuevas dimensiones. "Las varitas representan las fuerzas de repulsión del universo, las cuales tienden a separar las materias; los elásticos, en cambio, representan las fuerzas de atracción que las unen", explica Kittner refiriéndose a uno de sus "juegos de ciencia". "El estudiante puede crear una gran cantidad de intricadas estructuras que encierran una verdadera lección sobre ciencia", añade Quimby.

Este “juguete científico” es tan fascinante que no sólo los niños, sino hasta arquitectos e ingenieros lo encuentran interesante... “un verdadero reto”, lo definen todos.

La idea de Quimby y Kittner se originó del concepto que la NASA desarrolló para armar ménsulas[1] geodésicas en otros planetas que pudieran plegarse a fin de transportarse en pequeños bultos a bordo de una nave espacial. Una vez en el espacio, la armazón puede adquirir un volumen que llega a ser hasta 118 veces mayor que el que tenía cuando se mantenía plegado.

1. armazones

**5. ¡BANDAS DE ORTODONCIA Y OTROS CORRECTORES DENTALES INVISIBLES!**

Uno de los últimos avances en la rama de la ortodoncia son los correctores de cerámica esmaltada Transcend, un exitoso proyecto llevado a cabo por las empresas norteamericanas Ceradyne y Unitek, que también fue desarrollado con la ayuda de la NASA... Lo extraordinario de estos correctores dentales es que son translúcidos, por lo que resultan apenas visibles a distancias normales. El producto está compuesto de unos soportes diáfanos diseñados específicamente para acomodarse al tamaño individual de las piezas dentales del usuario. Los correctores funcionan con un alambre metálico, muy fino, que coloca en posición correcta, alineados, a los dientes y las mandíbulas.

Las bandas de ortodoncia están hechas de una sustancia cristalina, muy resistente; un material especial que el ejército norteamericano utiliza en los dispositivos infrarrojos que detectan los proyectiles enemigos. En la ortodoncia su valor está en la transparencia y en la fuerza tensora que resiste.

En esta rama de la estomatología, éste se considera hasta ahora el producto más exitoso. Aparte de su precisión como corrector del desarrollo de las piezas dentales, se estima por su comodidad y, naturalmente, por su valor cosmético... ¡el usuario puede sonreír sin temor a mostrar los aditamentos metálicos tradicionales, todos antiestéticos!

**6. ¡UN FILTRO ANTIRREFLECTOR PARA LA VISTA!**

Se estima que millones de personas a través del mundo, trabajan a diario con terminales de computadoras... y, a consecuencia de ello, sufren de dolores de cabeza, fatiga y cansancio visual debido al brillo que las luces de la oficina proyectan sobre la pantalla. Para esta situación, sin embargo, ya se ha encontrado su solución. Se trata de un panel antireflectivo tratado con una sustancia llamada *HEA Glare Guard* desarrollada hace casi treinta años por la compañía norteamericana Optical Coating Laboratory para mejorar la trasmisión de la luz visible en los vehículos espaciales. La sustancia ha sido empleada ampliamente por la NASA... desde las primeras naves "Apollo" hasta en el reciente trasbordador espacial.

Los paneles —que se colocan frente a la pantalla del *monitor* de la computadora— se venden ahora a la industria manufacturera de computadoras, usando la misma tecnología. Su costo actual es de unos 30 dólares. La sustancia reduce el brillo reflejado en la pantalla, ofrece mejor contraste en las imágenes, y mayor claridad de las letras. Se fabrica en veintiocho tamaños, y puede ser adaptado a más de dos mil tipos diferentes de pantallas.

Este novedoso y efectivo panel antireflectivo —comercializado bajo el nombre de Invisiglass— no sólo elimina las molestias físicas que provocan las pantallas de las computadoras, sino que tiene a su vez, una gran cantidad de aplicaciones prácticas; por ejemplo: pueden ser utilizados en los sistemas ópticos que poseen múltiples elementos; en equipos médicos de diagnóstico, tales como, aparatos de rayos X, monitores de frecuencia cardíaca, y analizadores de la respiración; pueden ser anexados en los osciloscopios (aparatos que registran los movimientos oscilatorios); y en otros sistemas de lentes de alta eficiencia energética como son proyectores, copiadoras y equipos de videos de grandes pantallas.

### 7. PARA LA INVESTIGACIÓN DE NUEVOS MEDICAMENTOS, ¡SE ESTÁN EMPLEANDO PROGRAMAS IDEADOS POR LA NASA!

No es fácil crear, probar y lanzar comercialmente un nuevo medicamento. Antes de que un nuevo producto salga de los laboratorios al mercado, a veces pasa hasta más de una década... un tiempo durante el cual debe probarse en animales, y luego en sujetos voluntarios que se ofrecen para esas pruebas. Durante ese período, los científicos van haciendo correcciones y ajustes en la composición química del producto, y manipulando las fórmulas hasta obtener el producto con el resultado óptimo deseado.

Muchos de los inventos e ideas que la NASA ha utilizado en su programa espacial —incluyendo los ingeniosos y avanzados programas

1. Es un proyecto de la NASA diseñado para aliviar problemas visuales agudos. En la necesidad de hacer más precisas las imágenes en las pantallas de la NASA y resolver los problemas del rastreo automático, y el acoplamiento exacto de dos vehículos en el espacio ultraterrestre. / 2. Sufre de una enfermedad congénita. En el equipo que usan los astronautas. / 3. Estudia una forma de abastecer el agua y el oxígeno para que dure por un largo período. Muestra que ciertas plantas absorben los gases del aire y reducen la contaminación de éste. Sí, porque se puede crear un sistema de purificación mayor que después se puede ofrecer al público. / 4. Es un juego instructivo que crea una gran variedad de formas y figuras. / 5. Se basaron en los conceptos del inventor Fuller, que detalla cómo el cuerpo humano mantiene su estabilidad por medio del equilibrio de tensión entre los músculos, el esqueleto y los tejidos conjuntivos. / 6. Con un alambre metálico que coloca en posición correcta, alineados, los dientes y las mandíbulas. A diferencia de los tradicionales, no son visibles. Estos correctores son transparentes y están hechos de una materia muy resistente. / 7. Es un panel antirreflectivo que se coloca frente a la pantalla de la computadora. / 8. Para el estudio de la relación entre las drogas y las enzimas. / 9. Las respuestas van a variar.

de computadoras— han podido adaptarse para su uso en el campo de la medicina y la química molecular para diseñar, en un período de tiempo mucho más corto, nuevos medicamentos de utilidad universal.

En los laboratorios de E.I. Dupont de Nemours (en Delaware), así como en otros laboratorios, los investigadores, precisamente, han estado usando un programa de computadora que el Centro Espacial Goddard de la NASA desarrolló para resolver ecuaciones de movimiento molecular, y lo están aplicando al estudio de la relación que existe entre las drogas y las enzimas, como parte del proceso de crear nuevos medicamentos. ¡En las pantallas de las computadoras ahora aparecerán las respuestas a las interrogantes que antes tardaban años en ser solucionadas! Una reducción considerable del tiempo que transcurría entre la concepción del producto, las pruebas y su comercialización... ¡Un ahorro de tiempo que también se revertirá en un eficiente ahorro de recursos!. ■

## Después de leer

1. ¿Qué es el corrector de visión programable? ¿En qué se inspiró su creación?
2. ¿Por qué necesita una mochila especial Stevie Roper? ¿En qué se inspiró la creación del traje terapéutico?
3. ¿Qué es el Proyecto *Biohome* (biocasa)? ¿Es importante seguir con los estudios sobre el Proyecto *Biohome?* ¿Por qué?
4. ¿Qué es Tensegri?
5. ¿Cómo se originó el concepto de los "juegos de ciencia"?
6. ¿Cómo funcionan los correctores Transcend? ¿En qué difieren de los correctores tradicionales? ¿De qué están hechos los correctores Transcend?
7. ¿Qué es el Invisiglass? ¿Para qué se puede utilizar?
8. ¿Para qué se está utilizando el programa de computadora que el Centro Espacial Goddard de la NASA desarrolló?
9. ¿Cuál de las siete aplicaciones de la tecnología espacial a los problemas terrestres cree Ud. que es la más importante? ¿Por qué? [E]

## Para escribir y comentar

Utilice las estrategias de escritura como guía.

Estas preguntas se pueden utilizar como base para discusión en la clase y/o como tema para un ensayo o cuento corto. También se pueden utilizar para practicar y/o evaluar el uso del pronombre *se*.

Si creen que ha habido efectos negativos, pídales que mencionen algunos y que expliquen las causas.

1. Escoja una de las aplicaciones mencionadas en el artículo o alguna otra invención e indique en su diario cómo ha afectado o cambiado su vida.
2. ¿Cual es la perspectiva de la gente mayor hacia el progreso? Entreviste a alguna persona mayor. Pregúntele cuáles son algunos de los avances tecnológicos que ha visto durante su vida. ¿Cuál fue su reacción inicial cuando vio las invenciones por primera vez? (Por ejemplo, el primer televisor o la primera computadora) ¿Cuál fue la reacción del público en general? Escriba un resumen de su entrevista y comparta lo que encontró con el resto de la clase.
3. Imagine que una persona de otro siglo, ya sea del futuro o del pasado, aparece misteriosamente en este siglo. ¿Cómo reaccionaría? ¿Se podría acostumbrar a la actualidad? Escriba un cuento en el cual explica lo que podría pasar.
4. ¿Cómo será el siglo XXI? ¿Será muy diferente del siglo XX? ¿Habrá tanto progreso durante el siglo XXI como ha habido durante el siglo actual? ¿Qué piensa Ud.? ¿Qué piensa el resto de la clase? [E]
5. A menudo se oye hablar de los efectos positivos del progreso. Pero, ¿ha tenido el progreso efectos negativos también? ¿Qué piensa Ud.? ¿Qué piensa el resto de la clase?

# 3 Genios trabajando

## Prelectura

Imaginación, información e innovación son palabras claves cuando se habla de lo que ocurre en los laboratorios científicos hoy en día. ¿Qué hacen allí? Se proponen buscar e indagar en todo lo que pueda ayudar a la humanidad. A veces las invenciones facilitan algunos aspectos de la vida diaria. Otras quizás la compliquen, puesto que uno tiene que aprender a vivir con las máquinas y aparatos que a veces llegan casi a controlarnos la vida. Sin embargo, a través de las investigaciones, proyectos y experimentos se aprende y se mejora lo que ya existe. O quizás no sólo se mejora, sino que hasta se reemplaza. El artículo "Genios trabajando" nos da una idea de lo que puede ser el mundo futuro. Lo que se hace en los laboratorios de MIT muestra las posibilidades increíbles que pueden resultar del genio que se dedica al trabajo continuo.

# Genios trabajando

**En el laboratorio de medios del M.I.T., el objetivo final es sintetizar creatividad y poder tecnológico. Aquí inventan todo. Desde secretarias computarizadas, autos holográficos o películas en las cuales el actor es el mismo espectador. Su único límite es la imaginación. Conozca cómo trabajan.**

Son informales, trabajan de noche, a cualquier hora —o una semana corrida—, interrumpen repentinamente el trabajo para arrojar una pelota a un cesto de *basket.* Mezclan televisores con teléfonos, computadoras con películas. Proyectan hologramas en tres dimensiones, con los cuales operan. Imitan animales que luchan por la supervivencia, reconstruyen ambientes artificiales. Tocan el piano mientras una computadora los acompaña con el violín, adecuándose al ritmo de ejecución: interactúan con las máquinas y llevan los medios de comunicación hasta paroxismos que hacen pensar en películas como *2001* o *Juegos de guerra.* Fabrican el futuro de un mundo donde las comunicaciones y la información serán los protagonistas.

Son los *medlabs,* los cráneos del *Laboratory of Media* (Laboratorio de Medios), probablemente el lugar más futurista del mundo. Dirigido por el supermedlab Nicholas Negroponte, el laboratorio está instalado en el corazón del Instituto Tecnológico de Massachusetts (MIT), uno de los centros de investigaciones más prestigiosos del planeta. Un planeta de discos láser, satélites y cadenas de televisión que viajan de Tokio a París, Londres (o Santiago) en fracciones de segundo. Un planeta de máquinas cada vez más sofisticadas, que responden a nuestras órdenes.

Pero los *medlabs,* justamente, consideran que eso es muy poco: no se conforman con que las máquinas hagan lo que nosotros decimos: quieren que nos contesten. Pretenden que interactuemos con ellas. Y ellas con nosotros, claro está.

## Un show permanente

El Laboratorio de Medios es un show permanente: ellos no lo ocultan y muy por el contrario, lo incentivan. Es uno de sus objetivos: efectuar demostraciones (demos) que impacten a los empresarios y técnicos a la búsqueda de novedades, y los convenzan de invertir dinero en proyectos que, de otras maneras, parecerían locuras. En 1986, el *medlab* Stephen A. Benton, jefe del Grupo de Creación de Imágenes

Espaciales, mostró a los diseñadores de la General Motors el holograma de un auto que los dejó estupefactos. En 1985, Chris Schmandt, otro *medlab* que dirige el equipo de Investigación del Habla, organizó un demo impresionante: mantuvo un diálogo con su computadora, que se comportó como una secretaria perfecta. Pero lo mantuvo de viva voz. Y la computadora le contestó, también, hablando. Se entendieron a la perfección. "Actualmente trato de crear un sistema que reconozca gruñidos", comentó luego Schmandt, casi negligentemente.

El *medlab* Walter Bender, director del Jardín de las Terminales —como se llama la sala principal—, muestra el *NewsPeek:* un periódico electrónico semiautomático e interactivo. Se puede fabricar en una casa a partir de materiales de los diarios que uno quiera (desde el *New York Times* hasta un diario cualquiera de Santiago), que llegan por teléfono. Cuando Bender desliza su dedo sobre la pantalla, la imagen de ésta se desliza con él, dejando ver nuevos textos. Toca la "bolsa" con el índice y aparece la última nota al respecto del *Wall Street Journal.*

A pocos metros, hay dos rostros humanos animados: en realidad, son pantallas televisivas modeladas con esa forma: fueron diseñadas para simular una conversación. La ilusión es que las cabezas se mueven, asintiendo o negando.

En uno de los seudópodos del Laboratorio, la Escuela Hennigan, que se dedica a proyectos de aprendizaje, vemos una tortuga construida con legos: un cable la conecta a una computadora. En el monitor hay otra tortuga: la famosa "tortuga" del logo (lenguaje diseñado para niños por Seymour Papert y Marvin Minsky, dos *medlab*s de la primera hora). Alguien teclea la orden de avanzar dos pasos a la derecha. La tortuga del monitor lo hace. Y la tortuga de juguete, construida con legos, también.

En el Vivario, podemos encontrar imitaciones de peces que luchan por la supervivencia: una reproducción —todavía tosca— de la evolución natural. De repente, un holograma salta desde la pared... y enseguida desaparece. En el sótano del edificio, diseñado especialmente para exploración de películas digitales, alguien mezcla imágenes desde un teclado: puede combinar a Fellini con Spielberg o modificar como se le ocurra el video que filmó durante el último cumpleaños de su hijo. Se trata de películas digitales, de animación computarizada, de televisión inteligente, en la que el espectador puede intervenir en lo que ocurre en la pantalla.

Este escenario de ciencia ficción es bien presente y real, aunque aquí están inventando el futuro de un mundo presidido por las comunicaciones. En el Lab Med combinan las palabras clave del mundo a fines del siglo XX: imaginación, digitalización, información.

**El arte de reducir todo a bits**

Alcanza con numerar cada nota de la escala para poder escribir una melodía como una sucesión de números. Algunos manuales de iniciación lo hacen. Ahora bien: cualquier sonido es una superposición (enormemente grande) de sonidos elementales y con un código que le asigne un número a cada uno de esos sonidos elementales, es perfectamente posible convertir los sonidos que forman una palabra en una sucesión de números: se ha digitalizado esa palabra. También es posible hacerlo con una imagen. Se puede descomponer una fotografía en pequeñísimos trozos: a cada uno se le asigna un número que representa el color, o la mezcla de colores de esa minúscula porción. La imagen, así, se puede representar por una sucesión de números. Ha sido digitalizada.

Lo importante del asunto es que, una vez que algo ha sido digitalizado, una computadora lo puede entender. Una orden, transformada en la sucesión "5676554657875" (en realidad, una sucesión de unos y ceros, ya que se utiliza el código binario), puede ser procesada por una computadora, que la reconoce, y que responde a su vez con una serie de números 9867564567876, que pueden significar: que aparezca en la pantalla tal mensaje. O que se traduzca a sonidos. Ese es el "proceso mental" de la "secretaria perfecta" del Laboratorio de Medios. Hazaña nada fácil, ya que la cantidad de sonidos elementales en que hay que descomponer una palabra es gigantesca. Reconocer esos códigos y actuar en consecuencia dista de ser sencillo: hacen falta soportes de datos capaces de contener cantidades de información que sólo pueden describirse con números de pesadilla. Ellos lo hicieron, sin embargo.

Pero, además, todo lo que se puede digitalizar, se puede transmitir fácilmente: el fax, por ejemplo, digitaliza el dibujo trazado sobre una hoja de papel, transmite los números por teléfono, y un segundo fax, al otro extremo de la línea, reconstruye el dibujo original y lo imprime. Si un visor es capaz de digitalizar la imagen de una cara, podrá indicarle a una computadora la posición de los ojos y la dirección de la mirada: la computadora entenderá ese mensaje y actuará en consecuencia. Apuntando un proyectil hacia el blanco que uno está mirando, por ejemplo.

Pero aunque la idea es simple, digitalizar y transmitir no es tan fácil. Digitalizar y transmitir una película, por ejemplo, requiere cientos de miles de bits. La cantidad de información que se puede "montar" sobre la corriente que viaja por un cable telefónico, o aún sobre una radioonda vía satélite, tiene sus limitaciones: enviar un periódico entero por teléfono o por satélite sería hoy engorroso y caro. Pero los *medlabs* no retroceden ante la palabra "límites". Negroponte expicó a los técnicos de la compañía Bell que en realidad existe una capacidad prácticamente infinita de transmisión: la fibra óptica, que conduce la luz (de la misma manera que los cables conducen la electricidad) tiene una capacidad de quinientos millones de bits por segundo (nuestra velocidad de lectura es de 300 bits por segundo). A costo cero.

Las películas y las pantallas se limitan al plano de dos dimensiones. Los *medlabs,* no.

Para saltar a la tercera dimensión, está la holografía: una combinación de rayos láser que crean la ilusión de imágenes en el espacio (tan vívidas que uno extiende la mano para tocarlas).

### La tercera dimensión

Los hologramas son pasto fértil para los *medlabs:* en la entrada al área de oficinas de Creación de Imágenes Especiales, en el cuarto piso del laboratorio, hay un holograma de Benton de un metro por un metro. Y ya saben cómo fabricar hologramas del tamaño que uno quiera: hologramas digitales, además. Por lo tanto, operables desde una computadora: herramienta increíblemente potente para el diseño industrial. Uno de los proyectos más interesantes, "Creación de Imágenes Médicas", compagina datos de Tomografía Computada y Resonancia Magnético Nuclear, los digitaliza y los transforma en hologramas. Dentro de muy poco, un médico podrá caminar dentro del pulmón de su paciente.

El programa de Investigación en Televisión Avanzada trata de transformar las televisiones en supercomputadoras que manejen datos en vez de imágenes. ¿Y por qué no un televisor que reciba holografías y luego las proyecte? La inventiva de los *medlabs* no tiene fronteras. ■

1.Es un lugar donde se inventa todo. Sintetizar creatividad y poder tecnológico. / 2. Porque trabajan día y noche para inventar todo tipo de maquinaria que se podrá utilizar en el futuro. Mezclan televisores con teléfonos, fabrican imágenes que imitan animales, etc. / 3. Es un periódico electrónico. A partir de materiales de los diarios, que llegan por teléfono. / 4. La digitalización transforma sonidos, dibujos o palabras en números. Todo lo que se digitaliza puede ser entendido por una computadora. / 5. Es una combinación de rayos láser que crean la ilusión de imágenes en el espacio. En diseños industriales y en la medicina. / 6. Cuando se puedan fabricar hologramas del tamaño que uno quiera. / 7. Las respuestas van a variar.

## Después de leer

1. ¿Qué es el Laboratorio de Medios de MIT? ¿Cuál es el objetivo del laboratorio?
2. ¿Por qué se dice en el artículo que el futuro está en las manos de los *medlabs?* ¿Cuáles son algunas cosas que hacen los *medlabs?* Comente sobre dos o tres de éstas.
3. ¿Qué es *NewsPeek*? ¿Cómo se puede fabricar?
4. ¿Qué es la digitalización? ¿Por qué es importante? [E]
5. ¿Qué es la holografía? ¿Para qué se pueden utilizar los hologramas? [E]
6. ¿Cómo podrá un médico caminar dentro del pulmón de un paciente?
7. ¿Cree que los *medlabs* son realmente genios? ¿Tiene uno que ser genio para poder inventar algo?

## Para escribir y comentar

1. No cabe duda de que la computadora nos ha cambiado la vida a todos. Cada día se buscan nuevos aparatos que nos faciliten o mejoren la vida o el trabajo. En su diario, describa el aparato imaginario o real que Ud. opina que le mejoraría la vida a Ud. personalmente o a la humanidad en general.

También se puede pedir que escriban y/o presenten un anuncio comercial de este producto.

2. ¿Ha pensado en algún producto que le pudiera hacer la vida más fácil o más divertida? Escriba un ensayo en el cual describe su propia invención. Dé ejemplos de cómo se usaría ese producto nuevo.

Puede mencionar que en los programas de televisión de tipo ciencia ficción se ponen en práctica varias de las invenciones que se mencionan en el artículo.

3. ¿Ha visto que se pongan en práctica en la vida actual las invenciones que se mencionan en el artículo? ¿o son productos del futuro?

Esta actividad también se puede hacer individualmente.

4. ¿Cuáles son algunos de los avances tecnológicos que ha visto Ud. durante su vida? En grupos de tres o cuatro, hagan una lista de lo que han visto. Cada miembro debe explicar cómo ha afectado su vida. Comparta la lista con el resto de la clase.

Esta actividad se puede utilizar para practicar y/o evaluar el **se** impersonal y el **se** pasivo.

5. Durante la primera mitad del siglo XX, la gente pensaba que el siglo XXI sería muy diferente y muy moderno en comparación a lo que ellos estaban experimentando. Busque ejemplos de la ciencia ficción (novelas, cuentos, películas, programas de televisión, etc.) que hayan aparecido antes de 1970. ¿Qué se pronosticaba para el futuro? ¿Se llevarán a cabo todas las predicciones de la gente? ¿Se han llevado a cabo algunas hasta esta fecha?

6. Haga una investigación acerca de científicos e inventores hispanos. ¿Existen? ¿Son conocidos? Escriba un resumen de lo que encontró para compartir con el resto de la clase.

Cada estudiante debe entrevistar por lo menos a tres personas.

7. ¿Recuerda Ud. haber leído sobre científicos e inventores hispanos en los libros de texto que Ud. utilizaba durante sus años escolares? ¿Aparece este tipo de información ahora? Entreviste a un grupo de niños de edad escolar o a maestros de escuela pública y pregúnteles cuáles científicos e inventores hispanos conocen. Comparta sus resultados con el resto de la clase.

# Estrategias de escritura

## El cuento corto

En los capítulos anteriores, usted ha aprendido a escribir diferentes tipos de ensayos. Ahora usted tendrá la oportunidad de expresarse de una manera creativa al escribir un cuento corto. Su propósito primordial al escribir un cuento es crear una obra ficticia que entretenga al lector. En el proceso, usted podrá utilizar lo que aprendió sobre la narración y la descripción. Al combinar las dos técnicas, puede narrar lo que les sucede a los personajes mientras intentan resolver un conflicto o problema. Y según vaya desarrollando la narración, puede describir a los personajes, los lugares, los sucesos y objetos para presentar al lector un cuadro preciso de lo que sucede.

¿Quiénes son los personajes del cuento? ¿Dónde sucede la acción? ¿Qué sucede? Usted, como autor, puede determinar todo esto. Recuerde que usted es el creador de su propio mundo y puede hacer lo que desee con sus personajes y con los acontecimientos. Puede crear un mundo fantástico, como el de la ciencia ficción, o un mundo realista. Puede usar su imaginación y hacer lo que quiera, todo con el propósito de crear una obra divertida.

### Preescritura

La libertad de expresión que usted tiene al escribir un cuento corto hace la tarea interesante y a la vez desafiante. Como no hay límites en lo que se puede crear, usted tiene que decidir por dónde empezar. Tiene la opción de empezar con cualquier elemento básico del cuento —el conflicto, el tema, los personajes, la trama o el punto de vista. Es posible que usted ya haya determinado algunos de estos elementos y que pueda fácilmente empezar el proceso de la escritura. Pero si no tiene ninguna idea específica, puede recurrir a la lluvia de ideas para descubrir posibilidades. A continuación se incluyen algunas sugerencias que usted puede utilizar en el proceso.

### Conflicto o problema

Un cuento debe tener un conflicto o problema que se resuelve a medida que se desarrollan la obra y los personajes. Del mismo conflicto surge el suspenso, la tensión y el interés. Si se crea el interés, el lector se preguntará qué pasará, qué le pasará al personaje, cómo resolverá su problema, etc.

Algunos ejemplos de conflictos que se pueden utilizar en el cuento son los siguientes:

a. conflicto entre el protagonista y otro personaje
b. conflicto entre un personaje y un sentimiento de este mismo personaje
c. conflicto entre el personaje principal y una fuerza natural

## Actividad

Para decidirse por un conflicto, utilice las siguientes posibilidades, anote sus ideas y decida si resulta en algo que puede utilizar para escribir.

1. ¿Qué conflictos han afectado o influido en sus propias creencias, metas e ideas?
2. ¿Qué conflictos o problemas han surgido en la universidad?
3. Imagine que está en el año 2020. Como investigador en esta época, ¿qué problemas ocurren? ¿Qué conflictos puede haber? ¿Qué conflictos puede crear el progreso?

### Tema o mensaje

Aunque el propósito principal sea entretener, usted, como autor, también quiere dejar algún mensaje. Casi siempre el mensaje se implica en vez de expresarse directamente. Por ejemplo, en el cuento "Rosa", ¿cuál es el mensaje? Identifique algunas líneas en ese cuento que le ayudan al lector a descubrir el mensaje.

### Personajes

El personaje principal de un cuento puede ser una persona o una cosa, pero debe haber alguien o algo a quien le ocurren las cosas.

Para crear los personajes, puede pensar en las personas que Ud. conoce. Haga una lista de personas reales o ficticias que usted considere interesantes.

Anote las características físicas, el comportamiento y las actitudes que identifiquen a estos personajes.

## Actividad

Si usted escribe un cuento de ciencia ficción, ¿qué tipo de personajes puede incluir? Haga una lista de tres personajes y una descripción de cada uno.

### Punto de vista

Recuerde que todos los cuentos tienen un narrador que cuenta lo que sucede y da el punto de vista. Aunque usted sea el escritor, no tiene que ser el que cuenta lo que sucede. Un cuento se puede escribir en:

1. **Primera persona:** En este caso el narrador observa y participa en la acción. Cuenta lo que le sucede a él / ella. Se escribe usando los pronombres de primera persona, o sea **yo** y **nosotros.** Un cuento escrito en primera persona es más personal.
2. **Tercera persona:** En este tipo de narración, el narrador observa a los personajes. Expresa los sentimientos y relata las acciones de los personajes en una forma limitada.
3. **Tercera persona omnisciente:** En este caso el narrador observa sin participar en la acción. Expresa los sentimientos y relata las acciones de todos los personajes.

## Actividad

Escriba un párrafo en el cual el protagonista vive en una ciudad perfecta en el año 2050. El progreso ha facilitado la creación de esa utopía, pero el personaje principal no está contento, se ha aburrido en la perfección y quiere cambiar su situación. Escriba usando uno de los tres puntos de vista indicados. ¿Cómo cambiaría la narración al utilizar los distintos puntos de vista?

Se les puede pedir a los estudiantes que utilicen sus propias ideas o las de las actividades en la sección "Para escribir y comentar" que aparece después de las lecturas.

Después de haber repasado los diferentes componentes de un cuento, usted tendrá una idea de la importancia de cada uno. Ahora puede unir todas las ideas de cada sección y empezar a generar ideas para su propio cuento. Recuerde que usted es el autor de esta obra y puede usar su imaginación para crear un mundo realista o ficticio.

Antes de empezar a escribir su cuento, formule un tipo de bosquejo que le permita organizar sus ideas. Puede usar el esquema siguiente:

Título:
Escenario:
Personajes:
Punto de vista:
Trama:
Conflicto:
Resolución del conflicto:

# Lenguaje

## *Se* impersonal

Existe una construcción gramatical que tiene la apariencia de la voz pasiva con **se,** pero que en efecto tiene otra función. Vea los siguientes ejemplos:

> ***Se los llama*** *"medlabs"*
> ***Se construyó*** *el auto holográfico.*

¿Cuál es el sujeto de estas oraciones? En realidad, no sabemos, porque se trata de sujetos indefinidos. Gramaticalmente, en cada una de estas oraciones, **se** es el sujeto:

> *¿Quién dice que el progreso es inevitable?* ***Se*** *dice que el progreso...*
> *¿Quién los llama "medlabs"?* ***Se*** *los llama...*
> *¿Quién construyó el auto holográfico?* ***Se*** *construyó...*

En inglés la construcción equivalente es el uso indefinido de *they, we, one, you, it,* por ejemplo:

> ***Se dice*** *que el progreso es inevitable.* ***It's said*** *that progress is inevitable.*

## Ejercicios

1. En los artículos de este capítulo, identifique y copie diez oraciones donde aparezca el **se** impersonal.
2. Escriba diez oraciones originales con el **se** impersonal y use por lo menos tres tiempos verbales diferentes.

## La voz pasiva con *se*

En la gramática, la voz verbal se refiere a la construcción que indica si es, en efecto, el sujeto o el complemento el que desempeña el papel del sujeto gramatical. Vea los siguientes ejemplos:

*El técnico digitalizó la imagen.*

*La imagen ha sido digitalizada por el técnico.*

Si analizamos la primera oración, veremos lo siguiente:

| Sujeto gramatical | Verbo | Complemento directo |
|---|---|---|
| El técnico | digitalizó | la imagen |

- El sujeto gramatical, o sea, el sujeto de la oración (el técnico), es el que realiza la acción del verbo.
- El verbo (digitalizó) es la acción de la oración.
- El complemento directo (la imagen) es lo que se digitalizó.

La segunda oración tiene una construcción diferente:

| Sujeto gramatical | Verbo | Agente |
|---|---|---|
| La imagen | ha sido digitalizada | por el técnico |

- El sujeto gramatical, o sea, el sujeto de la oración (la imagen) no realiza la acción del verbo, sino que recibe dicha acción. Es decir, la imagen es lo que se digitalizó.
- El verbo (ha sido digitalizada) es la acción de esta oración.
- El agente (por el técnico) es el que digitalizó la imagen.

Es importante señalar el hecho de que esta forma de la voz pasiva se usa mayormente en la lengua formal o escrita, y no tanto en la conversación. En cambio, en inglés, la voz pasiva es una construcción gramatical de alta frecuencia, tanto en la conversación como en la lengua escrita, por ejemplo:

*The war was started by the enemy.*

*The gates were opened with great flourish.*

Se presenta la información anterior, sin embargo, para poder discutir la forma de la voz pasiva que comúnmente usamos en español. La voz pasiva se manifiesta corrientemente en el habla diaria tomando la forma de **se** + **verbo.** Esta construcción se usa con frecuencia, ya sea formal o informalmente, cuando se desconoce o no se especifica el agente.

## Ejercicios

| *Se* pasivo | Voz pasiva con *ser* |
|---|---|
| La tecnología se inspiró en la necesidad de hacer más precisa la identificación de las imágenes. | La tecnología fue inspirada en la necesidad de hacer más precisa la identificación de las imágenes. |
| Todo lo que se puede digitalizar, se puede transmitir fácilmente. | Todo lo que puede ser digitalizado puede ser transmitido fácilmente. |

En cambio si se trata de transformar la oración con el *se* impersonal a la voz pasiva con *ser,* ya no tiene sentido:

| *Se* impersonal | Voz pasiva con *ser* |
|---|---|
| Se come bien en ese restaurante | *Es comido bien en ese restaurante. |
| Se creía que el prisionero no era culpable. | *Era creído que el prisionero no era culpable. |

## Ejercicios

1. Usando las lecturas de este capítulo o uno de los anteriores, identifique y copie diez oraciones que usan la voz pasiva con **se.**
2. Utilice el siguiente esquema para transformar las diez oraciones a la voz pasiva con **ser:**

| ***se* pasivo** | **voz pasiva con *ser*** |
|---|---|
| En Japón **se hacen** más robots que en los Estados Unidos. | Más robots **son hechos** en Japón que en los Estados Unidos. |
| | |

La sección de **Evaluación** para este capítulo aparece en la página xli.

3. ¿Hubo oraciones que no se pudieron transformar? ¿Cuáles? ¿Por qué no se pudieron transformar?

# Fuentes de información lingüística


Blanco, George M., et al. (1987). *Español para el hispanohablante: Función y noción.* Austin, TX: Texas Education Agency.

Castro, Américo (1922). *La enseñanza del español en España.* Madrid: Victoriano Suárez, editor.

del Río, Amelia Agostini de & Laura de los Ríos de García Lorca (1969). *Lengua viva y gramática.* New York: Holt Rinehart and Winston.

Fishman, Joshua A. (1971). *Bilingualism in the Barrio.* Bloomington: Indiana University Press.

Martínez Amador, E. M. (1953). *Diccionario gramatical y de dudas del idioma* Barcelona: Editorial Ramón Sopena, S.A.

Navarro, Tomás (1957). *Manual de pronunciación española.* New York: Hafner Publishing Company.

Peñalosa, Fernando (1980). *Chicano Sociolinguistics: A Brief Introduction.* Rowley, MA: Newbury House Publisher, Inc.

Peñalosa, Fernando (1981). *Introduction to the Sociology of Language.* Rowley, MA: Newbury House Publishers, Inc.

*Pequeño Larousse ilustrado* (1989). México, DF: Ediciones Larousse.

Quilis, Antonio & Joseph A. Fernández (1972). *Curso de fonética y fonología españolas.* Madrid: Consejo Superior de Investigaciones Científicas, Instituto <<Miguel de Cervantes.>>

Seco, Rafael (1962). *Manual de gramática española.* Madrid: Aguilar, S. A. de Ediciones.

Skutnabb-Kangas, T. (1981). *Bilingualism or Not: The Education of Minorities.* Clevedon, Avon, England: Multilingual Matters Ltd.

Solé, Yolanda R. & Carlos A. Solé (1977). *Modern Spanish Syntax.* Lexington, MA: D.C. Heath & Co.

Valdés, G., G. A. Lozano, & R. García-Moya (1981). *Teaching Spanish to the Hispanic Bilingual: Issues, Aims and Methods.* New York: Teachers College, Columbia University.

Weinreich, U. (1974). *Languages in Contact.* The Hague: Mouton.

# Créditos

**Capítulo 1:** "Quiénes somos", Reprinted from *Más*, Suplemento No. 1, enero-febrero 1992, Univisión Publications; "Orígen de las raíces culturales hispanas", *Más*, Suplemento No. 1, enero-febrero 1992, Univisión Publications; "Por la unidad", Henry Cisneros, *Más*, Suplemento No. 1, enero-febrero 1992, Univisión Publications.

**Capítulo 2:** "Refranes" Erminy Santos Arismendi, *Refranes que se oyen y dicen en Venezuela*. Caracas, Venezuela: Editorial Oceanida; "Costumbres y tradiciones: ¿Sabía usted que?", *Más*, Vol. II No. 2, Invierno 1990, Univisión Publications; "Los farolitos de Navidad", Rudolfo A. Anaya, University of New Mexico Press, Albuquerque; "Me fui con Coché", Jim Sagel, (1983) Tú nomás Honey. Tempe, AZ: Bilingual Press/Editorial Bilingüe; "Dos puntos de vista: La tradición frente al modernismo" Eduardo Pajés & Beatriz González, *Cristina* , Año 1, No.1, San Ysidro, CA:Editores Mexicanos de Revistas y Libros, S.A.

**Capítulo 3:** "Sucedió en el metro neoyorkino", Reprinted from *Kena*, Año 10, No. 108, junio 1992, Editorial Armonía, S.A.; Guadalupe Loaeza, "Padres ¡padres!" *Kena*, Año 10, No. 108, junio 1992, Editorial Armonía, S.A.; Mina Betancourt, "¿Por qué cada quien es como es?" *Kena*, Año 10, No. 108, junio 1992, Editorial Armonía, S.A.

**Capítulo 4:** Susana Tubert, "Romance y realidad", *Más*, septiembre-octubre 1991, Univisión Publications; Humberto Padró, "Una sortija para mi novia", reprinted by permission of Carmen María Ramos Vda. de Padró; Elizabeth Subercaseaux, "El precio de ser mujer", *Vanidades de México*, Año 32, No. 13, junio 23, 1992, Editorial Televisión, S.A.; María L. Caula, "¿Existen diferencias entre el cerebro del hombre y de la mujer?" *Hombre,* Vol. 1, #11, Editorial América S.A.

**Capítulo 5:** "Las últimas noticias de Jorge Ramos y María Elena Salinas", *Más*, enero/febrero 1992, Univisión Publications; "Creer en utopías: La felicidad existe", *Análisis*, 6 de julio 1992; "SIDA y el desamparo", *SIDAhora*, mayo/junio, 1990, Edición #3, The People with AIDS Coalition, Inc.; "En memoria", *SIDAhora*, mayo/junio, 1990, Edición #3,

The People with AIDS Coalition, Inc.; "Hoteles para mascotas", *El Paso Times*, jueves, 13 de agosto de1992, #43, *Vecino*, Don Flores, (Ed.), El Paso, TX.;

**Capítulo 6:** Saúl Sánchez, "El primer día de escuela", *Hay plesha lichans tu di flac*, Berkeley, CA: Editorial Justa Publications (1977), reprinted by permission of the author; Saúl Sánchez, "Ya no quería ir a la escuela", *Hay plesha lichans tu di flac*, Berkeley, CA: Editorial Justa Publications (1977), reprinted by permission of the author; "Cuando se da la deserción", *Más*, marzo 1993, Univisión Publications; Gaspar Pedro González, "Carta al maestro", *Tinamit*, 25 de junio al 1 de julio de 1992, Servicios OM.; "Laboratorios de genios", *Conozca Más*, Año 3 No. 3, Editorial América, S.A. Photo by Raphael Gaillarde/Gamma Liason; A. Guerrero Chávez, "La educación formal", *Cuadernos de nueva*, No. 12, pp. 43-44, EDIMPRESS, Quito, Ecuador.

**Capítulo 7:** Ramiro Rea, "El llegar a nacer", Reprinted with permission from the author; "Las mejores profesiones del futuro", *Hombre Internacional*, Año 19, No. 1, enero 1994, Editorial América, S.A.; Carlos Agudelo, "El futuro es nuestro...si queremos", *Más*, enero-febrero 1991, Univisión Publications; "El valioso aporte de los latinos", Reprinted from *Más*, enero-febrero 1991, Univisión Publications; "Cuando estés preparando un resumé...", *Marie Claire*, Año 5, No. 1, enero, 1994, Editorial América, S.A.

**Capítulo 8:** Antonio Carbajo, "No es lo mismo", *Un catauro de folklore cubano*, Miami Springs, FL: Language Research Press; Antonio Carbajo, "Adivinanzas", *Un catauro de folklore cubano*, Miami Springs, FL: Language Research Press; Antonio Carbajo, "Obras de teatro", *Un catauro de folklore cubano*, Miami Springs, FL: Language Research Press; Antonio Carbajo, "Trabalenguas", *Un catauro de folklore cubano*, Miami Springs, FL: Language Research Press; Isabela Herranz, "¿Existe el mal de ojo?", *Año Cero*, 1992, Editorial América Ibérica, S.A.; José Sánchez-Boudy, "El santo", Veinte años de literatura cubanoamericana (1988), Silvia Burunat & Ofelia García (Eds.), Tempe, AZ: Bilingual Press/Editorial Bilingüe; Juan Sauvageau, "Don Pedrito Jaramillo", *Stories That Must Not Die*, Vol. 1 (1975), Austin, TX: Publishing Services, Inc.; Rolando Hinojosa, "La Tía Panchita", *Estampas del valle*, Berkely, CA: Bilingual Press; Cayetano Coll y Toste, "Una visita de ultratumba", *Selección de leyendas puertorriqueñas* (1962), Barcelona: Ediciones Rumbos.

**Capítulo 9:** Carlos Agudelo, "La cumbia de la frontera", Reprinted from *Más*, Vol. II, No. 2, Invierno 1990; Cecilia Vargas, "Mercedes Sosa: '¡Y no me gusta mi voz!", *APSI 415*, del 9 al 22 de marzo de 1992, Santiago de Chile, Chile; "Taki Ongoy II" Tropical Music licensed by Polygram Discos, Argentina; "Juan Luis Guerra y la leyenda de su merengue-jazz", *Los mejores merengues*, Cancionero especial No. 1, Bogotá, Colombia: Editora Cinco, S.A.; "Ojalá que llueva café", *Los mejores merengues*, Cancionero especial No. 1, Editora Cinco; Alberto Romero, "Mi ritmo", *Veinte años de literatura cubanoamericana* (1988) Silvia Burunat & Ofelia García (Eds.), Tempe, AZ: Bilingual Press/ Editorial Bilingüe.

**Capítulo 10:** Alejandra Paz, "Salud y belleza en bicicleta", *Hogar y vida*, Año 8, No. 9, Editorial Multicolor S.A.; "70 maneras de vivir más saludable", *Salud total* , julio 1992, XXIII, Editorial America, Panamá; Enriqueta Maqueda, "La importancia de la variedad en la dieta", *Saludable*, Año 1, No. 5, Corporación Editorial, S.A.; "¿Y usted de qué se ríe?", *Conocer*, Año 1, No. 108, Ediciones Tiempo, S.A.; " Arbol de salud familiar", *Salud total* , 19 de julio 1991, Editorial América, Panamá.

**Capítulo 11:** Aldo Cammarota, "Hay humo en mis ojos", reprinted from *Américas*, a bimonthly magazine published by the General Secretariat of the Organization of America States in English and Spanish, Vol. 44, No. 2, March/April 1992, "¿Cómo salvar nuestro planeta?", *Mundo 21*, Año 2, Illustration for "Hay humo en mis ojos," reprinted by permission of Julie Scheiber, No. 11, noviembre 1991, Editorial América, S.A.; Marco A. Hernández, "Contaminación y salud", *GeoMundo*, Año XVII, No. 7, julio 1993, Editioral Televisión S.A. de C.V.; Irene Urrutia, "Un bien escaso y mal repartido", *Natura*, No. 104, noviembre 1991, G+J España, S.A.; Elena Suárez, "El ahorro empieza de puertas adentro", *Natura*, No. 104, noviembre 1991, G+J España, S.A.; "Gasto abusivo en pro del bienestar", *Natura*, No. 104, noviembre 1991, G+J España, S.A.; Gonzalo Casino, "Las siete plagas que destruyen España", *Conocer*, Año 2, No. 119, Grupo Editorial Z, S.A. de C.V.

**Capítulo 12:** Angel Balzarino, "Rosa", reprinted by permission of the author; "7 aplicaciones de la tecnología espacial a los problemas terrestres", *Mundo 21*, Año 2, No. 11, noviembre 1991, Editorial América, S.A.; "Genios trabajando", *Conozca más*, Año 3, No. 6, Editorial Atlántida, S.A.

# Créditos fotográficos

**p. xxxvi** Judith Márquez **p. 34** Hazel Hankin / Stock Boston; **p. 42** Robert Frerck / Oddyssey; **p. 72** Ulrike Welsch; **p. 82** Ulrike Welsch; **p. 104** Peter Menzel / Stock Boston; **p. 140** Roy Bishop / Stock Boston; **p. 174** Aurora Stipnieks; **p. 176** Mike Mazzaschi / Stock Boston; **p. 181** Judith Márquez ; **p. 200** Michael Dwyer / Stock Boston; **p. 248** Owen Franken / Stock Boston; **p. 288** Owen Franken / Stock Boston; **p. 324** Peter Menzel / Stock Boston; **p. 402** Ulrike Welsch